IHS

TARTARIÆ PARS

Peking
Cinan
Siganfu
CHI:
NA.
INDIA. OCEANUS CHINENSIS

ATHANASII KIRC

CHINA

AMSTELODAMI,
Apud Johannem Janssonium à Waesberge et Elizeum Weyerstraet

ATHANASII KIRCHERI
E SOC. JESU

CHINA
MONUMENTIS

QVA

Sacris *quà* Profanis,

Nec non variis

NATURÆ & ARTIS
SPECTACULIS,

Aliarumque rerum memorabilium
Argumentis

ILLUSTRATA,

AUSPICIIS
LEOPOLDI PRIMI
ROMAN. IMPER. SEMPER AUGUSTI

Munificentissimi Mecænatis.

A Solis Ortu
Laudabile

usque ad Occasũ
Nomen Dñi.

AMSTELODAMI,

Apud *Joannem Janssonium à Waesberge & Elizeum Weyerstraet,*
ANNO cIɔ Iɔc LXVII. *Cum Privilegiis.*

JOANNES PAULUS OLIVA
SOCIETATIS JESU
PRÆPOSITUS GENERALIS.

CUm Opus, cui titulus China Illuftrata, à P. ATHANASIO KIR-
CHERO noftræ Societatis Sacerdote confcriptum, tres ejufdem Societatis
Theolôgi recognoverint, & in lucem edi poffe probaverint, poteftatem fa-
cimus, ut typis mandetur, fi ita iis, ad quos pertinet, videbitur : in cujus
rei teftimonium has literas manu noftrâ fubfcriptas, Sigilloque noftro munitas
damus, Romæ 14 Novembris 1664.

JOAN. PAULUS OLIVA.

VENERABILI
ET
RELIGIOSISSIMO PATRI
P.JOANNI PAULO
OLIVÆ,
Supremo Societatis JESU
MODERATORI.

Istit sese venerando conspectui TUO, RELIGIOSISSI-
ME PATER, in novo hoc in-
genii mei partu grande illud
ac immensum pæne Tartaro-
rum Sinarumque Imperium, absoluto u-
nius Monarchæ dominio arbitrioque, id
quod mirum cuipiam videri possit, admi-
nistratum : tantæ verò amplitudinis, ut
in terreni Globi ambitu, si potentius, si
majus populosiusque quæsieris, par huic
non invenias. Solum *Sinarum* Regnum
videas innumeris, iisque florentissimis
Urbibus ità instructum, ut earum quamque si integram dixeris Provinciam, haud
absurdum dixeris: ità frequentibus excul-

tum

DEDICATIO.

tum Oppidis, Caftellis, Villis, Delubris, Fanis, ut fi muro illo trecentarum leucarum omnibus fæculis memorabili undequaque claufum foret, *China* tota quanta quanta non Regnum, fed una Civitas non immeritò dici poffet, in qua tantam rerum omnium humano generi neceffariarum ubertatem videas, ut quod fagax Naturæ induftria reliquis Mundi Regnis fparfim diftribuit, id totum in unico hoc fummatim comprehendiffe videatur. Non dicam hoc loco de fumma Tartarici Regni vaftitate, quæ in tantam amplitudinem fefe extendit, ut nemo hucufque inventus fit, qui in eo longè latéque exporrectarum Regionum terminos detexerit. Cum itaque tale tantumque, quod in hoc Opere defcripfi, fit Imperium, hoc unicè, quotquot Divinæ gloriæ promovendæ zelo ardent, fummè deplorant, in tanta gentium populorumque immenfitate, innumeros adhuc reperiri incognitarum partium populos, quibus denfâ errorum caligine offufis, & in tenebris & umbra mortis conftitutis ex operariorum paucitate via veritatis nondum

DEDICATIO.

dum innotuerit, nondum juſtitiæ lumen illuxerit. Tametſi enim jam à decem luſtrorum curriculis in hac vaſtiſſima vinea quovis modo excolenda, non ſine inſigni animarum lucro, inconfuſibiles Societatis J E S U operæ ſummo labore ſtudioque incredibili deſudaverint ; parum tamen id omne cenſeri debet, ſi vineæ ſpinis ſentibuſque ubique locorum adhuc oppletæ, ſylveſcentem vaſtitatem intueamur ; in qua quot incultarum partium diſtrictus, tot vigere videas differentium Sectarum; quam curioſarum, tam ſuperſtitioſarum monſtruoſa inſtituta, quam multa, tam ſtulta Dæmonum commenta, quibus

> Dæmonis ira premens odiis & fraudibus Orbem
> Semper, nec damnis hominum exſaturata quieſcit.

Hinc Neophyti, qui Salutis æternæ ſemitam jam Superni luminis irradiatione invenerunt, tanta pereuntium animarum ruina perculſi, ad TE veluti PATREM ſupremum Soc. J E S U Moderatorem ſollicitis

DEDICATIO.

citis anxiifque animis confugiunt; ad TE
afflictarum animarum vota, veluti ad unicum damnorum fpiritualium Inftaurato-
rem convertuntur , ut quemadmodum
jam à compluribus annis Apoftolico con-
cionatoris munere functus , Euangelicæ
prædicationis femitam , fummo totius
Urbis & Orbis applaufu , quâ voce, quâ
libris in lucem editis illuftrafti, nec non
tantæ Infidelium multitudini quid obfit,
quid profit, diuturno experimento com-
probafti, ita quoque jam Divina Providentia Inftituti verè Apoftolici puppim
clavumque adeptus, infelicium animarum fortem mifertus, quæ ad eos in ovile
CHRISTI introducendos remedia con-
grua nofti, fubminiftres. Quod tunc opportunè futurum fperamus, fi in defi-
cientium paulatim feniorum Patrum locum, novos femper novofque (ne fylvefcente paulatim Ecclefia , tot annorum
fructus, tanto Noftrorum Patrum labore
& fudore collectus, irritus reddatur) fub-
ftituas Divinæ Legis propagatores. Interim noftrarum partium erit continuis ad
DEUM OPTIMUM MAXIMUM effufis
preci-

DEDICATIO.

precibus T E apud Cœlites fuffulcire, ut quæ pro Divini Nominis gloria & ad Sinicæ Ecclefiæ incrementum in ultimis illis Terrarum finibus , magnæ mentis Tuæ capacitate fieri poffe cogitâfti , infigni meritorum cumulo tandem conficias. Vale RELIGIOSISSIME PATER, DEO, ECCLESIÆ, & toti SOCIETATI diu fuperftes.

Romæ 8. Decembris Anno MDCLXVI.

Religiofiff. Pat. Vr^æ.

Servus humill. & obfequent.

ATHANASIUS KIRCHERUS.

** PRO-

PROOEMIUM
AD
LECTOREM.

QUod jam dudùm in meorum librorum Catalogo pollicitus fum, modò, fidem liberando, præstandum duxi, eo vel potiffimum confilio inductus, quod à duobus circiter luftris ingentem rerum Sinicarum, vicinorumque Regnorum de antiquitatibus & fuperftitionibus, quibus dictas Gentes miferandum in modum involutas referebant, copiam coacervarim; quarum quidem primò *P. Martinus Martinius Tridentinus*, eximius ille *Atlantis Sinici* fcriptor, olim privatus meus in Mathematicis difcipulus, non exiguam fupellectilem communicavit, qui uti ingenio acuto & perfervido, mirumque in modum curiofo, Mathematicifque difciplinis ad hæc probè inftructo pollet : ità quoque nil curiofarum rerum, five mores iftarum gentium, five naturam rerum fpectes, quo gratam fibi pofteritatem, potiffimum Geographiæ & Aftronomiæ fcriptores obligaret, omifit. Undè rerum inquifitione non contentus, inquifita propriis oculis examinanda, examinata in Reip. Litterariæ emolumentum confcribenda cenfuit, quod & in *Atlante* fuo egregiè præftitit. Succeffit huic *P. Michaël Boim Polonus*, qui à Rege & Imperatore *Sinarum Conftantino*, ejufque Matre *Helena* ad Chriftianam fidem operâ *P. Andreæ Xaverii Koffler Auftriaci* recens converfâ ad *Innocentium* X. *Romam* miffus, admiranda, & pofterorum memoriâ digniffima contulit, prout in decurfu hujus Operis patebit : Poft quem appulit ad nos *P. Philippus Marinus Genuenfis*, *Japoniæ* Procurator, ex cujus relatione partim oretenus, partim ex libro, qui *de Miffionibus Patrum Societatis Jefu in* Japoniam, Chinam, Tonchinum, *cæteraque noviter detecta Regna fufceptis*, infcribitur, plurima fanè accepi, queis ad fpartam meam exornandam, mirum in modum mihi profuit. Subfecuti funt

P.P. qui fua ad hoc opus fcribendum contulerunt & follicitârunt.

hunc

hunc *Romæ* adhuc fubfiftentem alii duo Patres Germani, quorum primus *P. Joannes Gruberus Linzenfis Auſtriacus*, alter *P. Henricus Roth Auguſtanus*, Viri ſtudiorum cultu infignes, nec non magna rerum experientiâ docti, eam mihi rerum rariffimarum ubertatem contulerunt, ut iis deſcribendis ingens copia pænè me inopem feciffe videatur. *P. Joannes Gruberus* Mathematum cultu infignis Anno 1656. ad *Sinas* abiturus, hic *Romæ* à me ad omnia & ſingula, eâ qua par eſt, fide, quæ Reip. Geographicæ nonnihil luminis adferre poffent, obſervanda follicitatus: quæ obnixè ab eo contenderam, ultra quam dici poteſt, fideliter præſtitit. Abiit hic anno ſupramemorato *Româ*, & *Anatoliâ*, *Armeniâ*, *Perſide*, *Ormuzio*, *Cambajâ*, *Indiâ*, omnibuſque denique Regnis Oceano adjacentibus peragratis, tandem feliciter *Macaum Sinarum* portum attigit: ubi nonnihil viribus inſtauratis, univerſam *Sinarum* latitudinem emenſus, civitatibuſque principalibus pelluſtratis, tandem ultimam *Chinæ* Metropolim *Pequinum*, Monarchæ *Sinarum Tartarorumque* Regiam attigit, ubi biennio commoratus, finguliſque ſummo ſtudio obſervatis, juſſu ſuperiorum Provinciæ Sinicæ negotiorum cauſa denuò *Romam*, unâ cum Ven. *Patre Alberto Dorville* miſſus, univerſam *Aſiæ* longitudinem, itinere hucuſque ab *Europæis* intentato, emenſus, quæ mira & nobis incognita obſervavit, expoſuit. Qui in *Mogorum* Regno, *Agræ* Metropoli, ſupramemorato *P. Alberto Dorville*, viro longiori vita digno, labore itinerum fracto, defunctoque, in laborum itineriſque ſocium ſibi *P. Henricum Roth*, virum prudentiâ & doctrinâ conſpicuum, *Agræ* tum rei Chriſtianæ promovendæ intentum, adſcivit, trium linguarum, Perſicæ, Indoſtanicæ, & Brachmanicæ inſtructiffimus. Qui dum hæc ſcribo, mecum continuò morantur, eaque quæ ad Divini Numinis gloriam, & boni communis emolumentum, quovis modo profutura norunt, communicare non ceffant. Quoniam verò Patribus continuò in ſalute animarum procuranda diſtentis, neque otium tempuſque & media, ad rariorum quarundam rerum, quas in ſuis per vaſtiffimas illas Mundi

Iter P. Joannis Gruberi.

P. Albertus Dorville Afræ obit.

** 2

Regio-

Regiones fufceptis itineribus obfervârunt, notitias tum defcribendas, tum in lucem edendas fuppetat, hoc unum à me contenderunt, ut illa, quæ tanto labore & fudore compererant, fcriptis commiffa blattis & tineis non cederent, fed in unum volumen congefta, in Reipub. Litterariæ bonum publicæ luci traderem ; Quod hoc Opere me præftiturum pollicitus fum. Ut verò majori cum methodo procederem, id in fex partes dividendum duxi ; ac prima quidem Pars exhibet marmoreum illud monumentum toto Orbe celeberrimum, cujus caufâ hoc Opus à nobis cœptum fuit, ante quadraginta quinque annos in *China*, in villa quadam Metropolitanæ Urbis *Siganfù* primò detectum, (in quo doctrina orthodoxa ante mille circiter annos à Sacerdotibus *Chaldæis* in *Chinam* introducta, Syro-Sinicis characteribus infculpta videtur) plenâ interpretatione exponitur.

I I. Pars oftendit varia in *Chinam* à fidei prædicatoribus fufcepta itinera à *D. Thoma Apoftolo*, ad hæc ufque tempora continuata.

I I I. Pars exhibet Idololatriæ in remotiffimis iftius terrarum finibus natæ originem, item de diverfis ritibus, & abominandis in Deorum cultu cerimoniis, ad *Ægyptiorum* ritus παρᾳλλήλως comparatis.

I V. Pars de curiofis Artis & Naturæ miraculis, quæ in vafto illo *Sinarum* Imperio comperta, tum quoad fitum, civilemque gubernandi *Sinis* ufitatam rationem, tum quoad ea quæ in triplici Naturæ, id eft, mineralium, plantarum, animalium Regno à noftris obfervata fuerunt, explicantur : atque unâ Noftrorum de variis rebus exoticis editæ hiftoriæ à cavillationibus multorum vindicantur.

V. Pars Sinicæ architecturæ in fabricis Ædium, Pontium, Aquæductuum, Murorum, aliarumque inventionum *Europæis* incognitarum admiranda exhibet.

V I. Demum de Litteris Sinenfibus earumque fabrica fufè tractat. Horum itaque Patrum fubfidio fultus, hæc de origine & Antiquitatibus Orientalium *Afiæ* Regnorum molitus fum, in quibus fi quid Reipublicæ Chriftianæ dignum occurrerit, illis cumprimis adfcribas velim.

IN-

INDEX
CAPITUM,
Quæ in hoc
OPERE
CONTINENTUR.

Prœmium ad Lectorem.

PARS PRIMA.

Monumenti Syro-Sinici interpretatio.

PARS SECUNDA.

De variis Itineribus in *Chinam* susceptis.

** 3 *jam*

INDEX CAPITUM.

PARS TERTIA.

De Idololatria ex Occidente primùm in *Persidem, Indiam,* ac deinde in ultimas Orientis, *Tartariæ, Chinæ, Japoniæ* Regiones successivâ propagatione introducta.

PARS QUARTA.

China curiosis Naturæ & Artis miraculis illustrata.

Index Capitum.

Pars Quinta.

De Architectonica cæterifque Mechanicis artibus *Sinenfium*.

Pars Sexta.

De *Sinenfium* Literatura.

INDEX
FIGURARUM,
Suis locis à Bibliopego inserendarum.

Athanasii Kircheri

CHINÆ
ILLUSTRATÆ
PARS I.
MONUMENTI
SYRO - SINICI
INTERPRETATIO.

Caput I.

Causa & occasio hujus Operis.

Iam sex circiter lustra aguntur, cum in *Prodromo Copto* monumenti cujusdam Syro-Sinici in China anno 1625. reperti expositionem adduxi, quod tametsi apud sensatioris animi Lectores, rei novitate perculsos, non exiguum plausum meruerit, ubi tamen mox iniqui rerum Censores & Aristarchi non defuerunt, qui nasutis argutiis, & nonnullis quidem asteriscis, at non nisi obtusis plumbeisque id suffigere non destitère, Monumentum videlicet istiusmodi in rerum natura nunquam fuisse, atque adeo id purum putum Jesuitarum figmentum esse, non sibi duntaxat, sed & aliis persuadere omnibus modis contenderunt; Tales merito suo sunt & haberi debent pro iis, qui omni divina humanaque fide repudiata, nil quod ipsi non viderint, approbent, nil quod proprium ipsis cerebrum non dictaverit credendum censeant. Tales sunt, qui non secus ac importunæ muscæ, ad quamvis pinguedinem obviam advolantes, quod sincerum & integrum obfuscare, quod purum, impuro ac thrasonico quodam afflatu commaculare non desistunt. Quos inter quidam ex modernis Scriptoribus fuit, qui exiguo suo honore hujus Monumenti veritatem omni conatu, insolenti sanè scommate elidere non est veritus, dum id modo Jesuiticà fraude introductum, modo purum putum figmentum à Jesuitis, tum ad Sinenses decipiendos, tum ad thesauros eruendos confictum asserit: cujus nomini partim ex Christiana charitate parco, partim quia prudentum literatorumque virorum judicio indignus, cui responderetur videbatur: cum Monumenti hujus veritas, tot illustrium Scriptorum ἀυτοψία, tot libris eà de re vel ab ipsis Sinensibus magnæ authoritatis *Colais*, & Christiana lege initiatis, *Leone* & *Paulo*, per universum Imperium evulgatis (qui in Coll. Rom. Musæo exteris passim, unà cum Monumenti autographo ex China transmisso exhibentur) stabilita, confirmata,

A   mata,

Censorum & Aristarchorum quorundam de hoc Monumento judicium.

mata, nec non ab Orbe Christiano approbata, parum curet, quid Thrafo clancularius in ultimo Mundi angulo oblatret, qui fi à calumniis & fcommatis abftinuiffet, remque prudenter fub dubio propofuiffet, forfan melius fibi fuoque operi confuluiffet; fed ita jufto Dei judicio fit, ut qui divini Nominis gloriam, contra confcientiam & charitatem cavillis & farcafmis traducere nituntur, ut plurimum tandem proprii nominis laborumque naufragium patiantur.

Hifce itaque motus, ne tanti momenti fide fua deftitutum monumentum, veritatis pateretur naufragium, ab imis radicibus telam rei ordiendo, hoc opufculo fufcepti Monumenti veritatem, ingenti eorum qui Monumentum, non duntaxat oculis propriis ex noftris Patribus infpexerunt, fed vel ipforum Sinenfium atteftatione firmatam, ita Divinâ gratiâ opitulante ftabilire contendam, ut in pofterum de eo nullus amplius dubitandi locus relinquatur, atque adeo vel ipfi Heterodoxi ex hujus Syro-Sinicæ epigraphes interpretatione fateri cogantur, nihil vel ante decem fæculorum decurfum aliud à divini Verbi Prædicatoribus doctum fuiffe, quod orthodoxæ horum temporum doctrinæ non fit undequaque confonum & conforme, imo idem; adeoque doctrinam olim in China Euangelica prædicatione fparfam, eandem quam univerfalis Ecclefia Catholica Romana hodierna die credendam proponit, uti poftea multiplici argumentorum pondere comprobabitur.

Ut verò res defiderato ordine & methodo peragatur, ante omnia duplicem, eamque integram & finceram hujus Lapidis interpretationem, ex libro Sinicis characteribus impreffo, ab ipfis Sinenfibus literatis expofitam, à P. verò *Michaële Boimo* Sinicæ linguæ peritiffimo, uti ex ejus *ad Lectorem Epiftola* paulò poft patebit, Sinicarum vocum pronunciatione genuina verbotenus expreffam, alteram verò expofitionem,

vitata phrafi Sinica auribus noftris non adeò affueta, ad genuinos Tabulæ fenfus percipiendos aptiorem, unâ cum Scholiis adjungendam duxi, ne quicquam quo hoc Monumentum illuftrius evaderet, omififfe viderer. Quoniam verò meritò quifpiam dubitare poffet, quomodo & qua via magni illi Euangelii Chriftiani fatores natione Syro-Chaldæi in ultimas illas terrarum oras penetraverint, certè non congruum tantum, fed omnino ad veritatem rei adftruendam, neceffarium videbatur, in tenebrofo illo variorum itinerum labyrintho, Lectori perplexo, hujus opufculi faculâ, id eft, Geographicis ratiociniis prælucere, ex quibus, ni fallor, Lector, non Chriftianæ folummodo doctrinæ, fed & fuperftitionum fabularumque Sinenfium ante falutis noftræ adventum, ex iifdem prorfus Regionibus, id eft Ægypto, Græcia, Syria, Chaldæa originem quondam derivaffe, luculenter intelliget. Ubinam verò vaftum illud Sinarum Regnum fit, in quod Euangelium penetraffe noftrum Monumentum docet, paucis indigitabo potius, quam defcribam, de quo tamen fi Lector plura noffe defiderabit, eum ad P. *Nicolai Trigautii*, & *Joannis Samedi Hiftorias*, nec non *Martini Martinii Atlantem*, aliofque innumeros remitto, ubi de fitu Chinæ ejufque mirabilibus, de natura, proprietate, ac feracitate Regionum, de Urbium maximarum hominumque multitudine, de politica denique difciplina, qua nulli in Mundo Monarchiæ cedere videtur, quam uberrimè defcripta reperiet. Noftrum erit ea folummodo quæ uti controverfa funt, ita quoque Lectores mirè circa nominum æquivocationem dubios perplexofque reddunt, explicare, nec non rariora, & ab aliis non tacta, reconditarum rerum in eo Regno, aliifque vicinis obfervatarum arcana, tum naturæ, tum artis prodigia hoc opere, veluti opportuno loco, in curiofi Lectoris gratiam adducere.

CHINA

Doctrina in Monumento tradita conformis orthodoxæ Ecclefiæ.

Duplex hujus Monumenti interpretatio.

Unde provenerit in Chinam & lex Chrifti, & fabulæ fuperftitionefque Ethnicæ doctrinæ.

IMPERIUM SINICUM

Imperium Sinicum
in XV Regna seu Provincias
distributum una
cum genuino situ Urbium Metropo-
litanarum, Montium, Fluminum, &c.

OCEANUS

TUNCHING.

QUANGSI

QUANTUNG

FOKIEN

KIANGSI

HUQUANG

QUEICHEU

SUCHUEN

HONAN

XANSI

PEKING

PECHELI

XANTU

CORREA PENIN-SULA

JAPONIA

TIBET REGN. et SISAN

LAO.

CHEKIAN

OCEANUS

Tropicus Cancri.

Defcriptio Chinæ.

CHINA Regnorum omnium maximum vaſtiſſimumque, uti ad ultimum Aſiæ terminum terreni globi conditor relegavit, ita quoque veteribus prorſus incognitum uſque ad annum 1220. permanſit, quod M. Paulus Venetus, uti poſtea patebit, primus nobis ſub nomine Catai detexit: ab Ortu ſiquidem Eoo circumdatum Oceano, à Borea Tartariam habet adjacentem muro diremptam, cujus inexplorati adhuc termini ad Mare Glaciale uſque extenſi, haud dubiè cum Anian ſive Freto ſive Iſthmo, Americæ Septentrionali alicubi continuantur, quamvis in hunc uſque diem (quemadmodum magno ſanè conatu à noſtris Sinenſibus Patribus inveſtigatum fuit) ingentium horum Regnorum terrarumque limites à nemine adhuc detecti ſunt. Ab Occaſu partim altiſſimorum montium jugis, partim arenoſo deſerto, cæteriſque Regnis paulò poſt recenſendis circumdatur. Ab Auſtro denique Oceano Meridionali, Regniſque Tonchino, Cocincina, Lao, aliiſque limitatur. Latitudo incipit à 18. gradu & uſque ad 43. ſeſe extendit, id eſt, 1440 milliarium Italicorum intervallo à Meridie in Boream diſtenditur. Ab Occaſu verò in Ortum, eàdem ferè intercapedine conſtat, unde Sinenſes illud in ſuis mappis ſub quadrati forma exprimunt, quamvis à noſtris Geographis, majori Mathematum notitia inſtructis, illud ferè figura Lunæ tuberoſæ deſcribatur. Ad nominum confuſionem quod attinet, illa tanta eſt, quanta eſt vicinarum gentium diverſitas: Luſitani & Hiſpani Chinam: Veteres, ut eſt apud *Ptolomæum*, Sin & Serica, Arabes Sin, Saraceni Cataium vocant: quarum appellationum nullam apud ipſoſmet Sinas non dicam uſitatam, ſed ne nomine quidem notam eſſe vel inde patet, quod Sinenſibus ab omni memoria in more poſitum fuit, ut quoties imperandi jus ex una familia in aliam pro humanarum rerum viciſſitudine tranſit, toties

ipſum quoque Regnum novo nomine ab eo qui regnare incipit, inſigniatur; quod qui facit, ſpecioſum aliquem titulum Regno pro arbitratu & beneplacito ponit. Ita olim *Tan* appellatum legitur, quòd ſine termino latum dicitur. Alias *Yu*, quod quietem indicat. deinde *Hni* ſub magni Ducis nomine indigitatum. *Sciam* quoque dictum reperio, quaſi diceres, Regnum ornatiſſimum: *Cheu* Regnum refert, quod perfectione omnia reliqua Regna excedat. *Han* quoque, qua voce lacteam viam nominant: unde fit ut ſingulæ propè Nationes, illud propriis differentibuſque nominibus inſigniant. Hodie nunc *Cium quo* nunc *Chium hoa* appellatur, quorum prius hortum ob ſummam amœnitatem rerumque abundantiam & ubertatem: alterum verò medium ſonat, eo quod Sinæ Regnum ſuum in medio orbis terræ, quem pariter quadratum eſſe volunt, ſitum putent.

Diviſio Imperii Sinici.

Totum Imperium dividitur in quindecim Regna, vaſtiſſimis qua fluminibus, qua montibus diſterminata, quorum novem numerantur ex parte Auſtrali, ſex ex parte Boreali. Totum hoc Regnorum complexum natura omnibus veluti inacceſſum voluit. Ab Ortu & Auſtro Oceano æſtuum vehementia vix pervio: ex Occaſu ad prærupta montium juga nemini aditum promittit: à Septentrione partim immenſæ vaſtitatis deſerto, partim verò muro nongentorum milliarium Italicorum à *Xio* Rege annis circiter ducentis ante ſalutis noſtræ ortum, operà millenis hominum millibus contra Tartarorum irruptiones, quinque annorum ſpacio extructo munitum, adeoque tot munimentis armatum, etiamnum ſua perſiſtit mole. Si ſolum murum attendas, id opus admiratione plenum eſt, quod Veteres haud dubiè, ſi ejus notitiam obtinuiſſent, inter ſeptem Mundi miracula connumeraſſent. Sed nomina Regnorum ſubdamus.

Termini Imperii Sinici.

China à ſuis ſub quadrati figura exprimitur.

Nominum quâ Imperium inſignitur diverſitas & confuſio.

Borealia Regna Imperii Sinici, funt

1. HONAM.
2. XEMSI.
3. XANSI.
4. XANTUM.
5. PECHIN.
6. LEAUTUM.

Auftralia Regna Imperii Sinici, funt

1. CANTON, vel, QUANTUNG.
2. QUAMSI.
3. YUNNAN.
4. FUKIEN.
5. KIAMSI.
6. SUCHUEM.
7. UTQUANG.
8. CHEKIAM.
9. NANKIM.

Verum ut epitomicôs omnia complectamur, hic primò univerfi Imperii in quindecim fua Regna divifi Geographicum Schema apponemus, ut fingulorum fitum propius intuearis. Et ne quicquam rerum memorabilium quoad Urbes, Montes, Flumina, Lacus, cæteraque fcitu digna omififfe videamur, Geographico hoc Schemate quod omnium Regnorum defcriptionem continet, prælufimus, ex quo veluti unica Synopfi, quidquid in toto Imperio confideratione dignum occurrit, reperias.

Caput II.

Monumenti Sinico-Chaldæi ante mille circiter annos ab Euangelicis Chriftianæ Legis propagatoribus in quodam Chinæ Regno, quod Xemfi dicitur, erecti, & anno tandem 1625. primum infigni Chriftianæ Legis emolumento detecti, fida, fincera, & verbalis

INTERPRETATIO.

Inconftantia rerum humanarum.

A eft rerum humanarum inconftantia, ut ficuti omnia fuis intricata viciffitudinibus ex bono in malum, ex profpero in adverfa, ex alto in ima, ex optima legum conftitutione in peffimos rerum ftatus, & contrà, perpetua quadam pericyclofi volvi revolvique, abunde ex Hiftoricorum monumentis intuemur, ita quoque in hac miferanda rerum cataftrophe, nil nobis firmum, ftabile, folidumque promittere valemus; quod vel maximè in fidei propagatione meridiana luce clarius elu-

Chriftianæ legis variæ revolutiones.

celcit. Quas Ægyptus, Græcia, univerfa denique Europa in fidei Chriftianæ propagatione, viciffitudines paffa fit, non eft quod hic defcribam, cum illa paffim nota fint. Ecclefias quas olim fanctitate, juftitia, & incredibili fidei zelo ferbuiffe legimus, modo non duntaxat intepuiffe, fed omni fide orthodo-

xâ fublatâ, partim Idololatriis, partim Mahumetanæ legis impura pefte, partim denique Hæretica pravitate contaminatas interiiffe, cum dolore gemebundi fpectamus; ut proinde occultam circa hæc divinorum judiciorum abyffum non tam inveftigare, quam eam cumprimis admirari, & proinde noftram cum timore & tremore falutem operari debeamus. Scit Deus quos elegerit ex omni carne, novit quos ex univerfa humani generis maffa ad vitam æternam præordinavit, & quemadmodum hortulanus nunc ex hac, nunc ex illa arbore melioris notæ fructus, & jam ad maturitatem perductos reliquis omiffis neglectifque colligit, ita infcrutabilis divinæ providentiæ altitudo ex millibus paucos, quos ipfe folus novit, eligit, & nunc ex hoc, modo ex illo orbis terræ angulo, veluti fructus vitæ æternæ deftinatos

Abdita Dei judicia.

fuis

suis quandoque reservatos temporibus & locis depromit. Patet hoc ex ipsa Euangelii semente jam vel à primævis Christianæ fidei initiis, sive ab Apostolo Sancto Thoma, de quo postea, sive à successoribus Sinarum Regno illata, cujus Ecclesia uti statim à principio summo fervore ardens, ingentia, quoad animarum lucrum, incrementa sumpsit, ita quoque intepescente paulatim fervore sive ex improbitate hominum, vitæque luxu abominando, sive illegitimis diversarum gentium ritibus divino cultui contrariis, sive denique deficientibus paulatim Pastoribus, sylvescens tandem à divinæ Legis tramite prorsus degener in conclamatum errorum enormium barathrum prolapsa fuit ; donec divina Clementia tantarum ruinæ animarum miserta, certis quæ ipsa sibi suis reservavit temporibus, denuò per viros Apostolicos conculcatam Vineæ sepem sylvestribus feris tanto tempore expositam novis germinibus pampinisque instaurare sibi complacuisset: quam vicissitudinem quater in Sinarum Regno accidisse in sequentibus quam amplissimè docebitur. Quarum ultima, quando arrisit ei qui tempora & momenta posuit in sua potestate, à Societatis JESU Religiosis, optato potiùs, quàm sperato eventu (uti grandium principia moliminum difficillima sunt) accidit. Tentatus quidem sæpiùs à diversis in Regnum omnibus alienigenis sub gravissimis pœnis interdictus aditus ; sed uti nec ratio, nec consilium contra Dominum, ita quoquè ineffabili providentiæ suæ dispositione effectum est, ut nostris tandem etsi non sine summis laboribus, difficultatibus, persecutionibusque aditus concessus fuerit, eo cum fructu animarum, quo majorem non dicam sperare, sed ne vel optare quidem poterant. Dum itaque strenuè in Vinea Domini laboratur, DEUS Opt. Max. quàm grata sibi sit ea, quam spargebant, doctrina, utpotè quæ illa eadem esset, quam ante mille cir-

Fervor primorum in China Christianorum eorumque declinatio.

Quatuor vicissitudines Christianæ fidei in China.

Difficilis in Chinam aditus.

citer annos alii Christianæ Vineæ cultores jam dudum introduxerant ; id admirando quodam eventu, eo ipso tempore attestari sibi complacuit, ut hoc pacto doctrinâ cœlesti veluti ex profunda quadam tenebrarum caligine emergente, mox grande illud ex innumerorum gentilium conversione, Ecclesiæ Christianæ incrementum uti satis admirari, ita Divini Numinis in eo providentiam satis laudare & deprædicare non cessaremus. Res ita sese habet.

Anno 1625. cum in. *Siganfù* Metropolis Regni *Xensi* pago quodam pro fundamento ædificii sustinendi apto fossa fieret, accidit, ut inter excavandum fossores in lapideam tabulam Sinicâ scripturâ spectabilem inciderent, cujus extractæ quantitatem mox mensurare aggressi, ejusdem longitudinem 9½ nostrorum palmorum, latitudinem 5, grossitiem unius circiter palmi repererunt ; in fronte in pyramidem terminabatur, Cruce affabrè sanè expressam ; Ajunt, qui eam studiosè lustrarunt, Crucem in cornibus liliorum in modum repandam, cujusmodi similem Meliaporæ in Sepulchro Divi Thomæ Apostoli spectari asserunt, haud absimilem ei, quam Equites S. Joannis Hierosolymitani portant, partim collo appensam, partim vestibus palliisque assutam ; sub hac Cruce sequitur Epigraphes Sinico charactere ac idiomate per totam Lapidis superficiem expressus titulus, uti ex adjecta figura patet: Et quemadmodum Sinæ naturali & veluti pondere quodam in res curiositate refertas feruntur, ita quoque vel primus hujus detecti Lapidis rumor ingentem mox Literatorum undiquaque confluentium multitudinem attraxit: cujus rei novitate permotus Loci Gubernator, venerabilis antiquitatis monumentum altiùs contemplatus, ut complures ad celebritatem Urbi hoc monumento comparandam ex universo Regno, quod jam fama complêrat, alliceret, id abaco affabrè elaborato intra

Divina providentia in resuscitatione perditæ fidei.

Inventio Monumenti Syro-Sinici.

Crucis figura in apice Monumenti.

Sinæ curiosi.

Monumenti inventi in universum Imperium evulgatio.

A 3　　　　　　Bonzio-

Bonziorum templi pomerium tecto superimposito, partim ne ab injuriis temporum detrimentum aliquod incurreret, partim ut quotquot forent, hujus tam insoliti monumenti spectatores id pro sua commoditate legere, examinare & describere possent.

Et quoniam marginibus lapidis Sinicis Characteribus intermisti videbantur Characteres Sinis ignoti, anxiis suspendebantur animis, ut quid illi referrent, cognoscerent, quibus tandem nostrorum diligentia plenè satisfactum fuit, uti in sequentibus patefiet. Primus omnium *Leo Mandarinus* Christiana lege jam imbutus, ob ingens Christianæ fidei emolumentum, quod indè emersurum sperabat, illud exactè descriptum toti Regno evulgavit. Quo concitati & nostri Patres primum, illud mox ubi legissent, Divini Numinis providentiam satis admirari non potuerunt, dum tempore novellæ Christi Vineæ, monumentum tanti ad gentilium conversionem momenti, ut emergeret sibi complacuit; undè continere se nescii, ad illud propriis oculis lustrandum, in *Siganfù*, maximam *Xensi* urbem Metropolitanam se contulerunt: quorum primus fuit *P. Alvarus Samedus* Lusitanus, cujus verba tantò libentius hìc produco, quantò majori necessitudinis vinculo, dum hìc Romæ Procuratorem ageret, mihi obstrictus fuit, nec non omnia mihi oretenus, quæ circa hoc Monumentum observarat, recensuit. Ita autem loquitur *Fol. 158. in sua de rebus Sinensibus Historia* Italicè edita.

Doppo tre anni nel 1628. passorono alcuni Padri à quella Provincia con l'occasione d'un Mandarino Christiano, qui Philippus dicebatur, che lì andava, li detti Padri con l'autorità di detto Mandarino alzorono e Chiesa, e Casa nella Metropoli di Siganfù, poiche Iddio benedetto, che volle fosse scoperta una sì bella memoria del possesso preso in quel paese della sua divina Legge, fusse anche servito, che si facilitasse la sua restitutione nell' istesso luogo.

Fù conceduto à me d'essere delli primi, e stimai felice quella stanza per l'occasione di veder la pietra, ed arrivato d'altre cose non mi curai. La viddi, la lessi, e tornai à leggere e rimirarla à bell' agio, ed alla longa, e considerando la sua antichità, ammirai, come fosse così intera, ed hauesse le lettere così chiare, e nettamente scolpite. Nella sua grossezza ha molte lettere Cinesi, lequali contengono molti nomi delli Sacerdoti e Vescovi di quel tempo: Vene ha però molte altre, lequali allora non furono connosciute, perche ne sono Hebraiche, ne Greche, e che però quanto intendo, contengono li medesimi nomi, accioche se per aventura alcuno straniero non sapesse leggere quelle del paese, intendesse forse le peregrine. Passando poi per Coccino arrivai à Cranganor residenza dell' Arcivescovo della costa, per consultar sopra queste lettere col P. Antonio Fernandez della nostra Compagnia, peritissimo nelle lettere di questa Christianità di S. Thomaso, mi disse, che erano lettere Siriache, e quelli che lì s'usavano. Hæc P. Alvarus Samedus.

Verùm cum vix esset, qui dictarum literarum notitiam haberet, tandem Romam transmissæ in meas manus pervenerunt, quarum interpretationem in *Prodromo Copto* ni fallor, primus exhibui, uti posteà fusius ostendetur; neque tamen omnes obtinere valui, utpote quarum nonnullæ in separatis chartis descriptæ forsan ad specimen solummodò aliquod sumendum, ex Autographo excerptæ fuerunt; Verùm cum non ita multo post tempore Autographi absolutum exemplar, quod & hodierno die in nostro Collegii Romani Musæo adhuc spectandum exponitur, ad me transmissum fuisset; tunc enimverò unà cum exactiori tum Sinensium tum Chaldæorum Characterum interpretatione hoc veluti loco opportuno, omnia & singula conficienda duxi.

Pater Martinus Martinius post Samedum Romam veniens, non solùm Monumenti rationem oretenus mihi retulit, sed & *in suo Atlante* ejusdem fusè meminit his verbis, *Fol. 44. ubi de Xensi Provincia*

Marginal notes:

Leo Mandarinus primus id evulgavit.

P. Alvarus Samedus primus è nostris illud vidit & descripsit.

P. Samedus primus, qui Monumentum à Sinis effossum propriis oculis vidit.

Syriacarum literarum interpretatio.

P. Martinius in suo Atlante hujus mentionem facit.

vincia agit. *Quod imprimis celebrem hanc Provinciam facit, est antiquissimus ille Lapis partim Syriacis, partim Sinicis Characteribus exaratus de Lege Divina per Apostolorum successores ad Sinas allata; in eo Episcoporum ac Sacerdotum illius temporis nomina, & Imperatorum Sinensium in eo favores & indulta leguntur; brevis etiam, sed exactissima & planè admiranda Legis Christianæ explicatio, eloquentissimo stylo Sinico composita continetur, de his multa favente Deo dabit secunda decas epitomes historiarum Sinensium; Repertus est hic lapis anno 1625. cum in civitate Samyun erutâ terrâ fossa quædam fundamentis muri cujusdam collocandis præpararetur. De invento mox certior factus Loci Gubernator, cum venerandæ antiquitatis, cujus amantissimi sunt Sinæ, vestigia prorsus fuisset intuitus, continuò scripto quodam in Monumenti laudem edito, in altero ejusdem magnitudinis lapide totam inventi saxi periochen incidi curavit, iisdem characterum notarumque ductibus qua par erat fide servatis, cujus prototypon Exemplar Patres nostri Romam unà cum interpretatione transtulerunt, ubi hodiéque in Musæo Collegii Romani adservatur. Est autem lapidis figura in modum parallelogrammi extensa, quinque palmis lata, uno crassa, decem ferè longa; in fronte Crux est, qualis ferè Equitum Melitensium: hujus accuratiorem notitiam si quis desideret, inveniet rem totam fusius explicatam deductamque in Prodromo Copto R. P. Athanasii Kircheri, & in Relatione de Sinis R. P. Alvari Samedi. Obliteratam hanc Legis Dei notitiam longissimique temporis intervallo deletam ex hominum memoria, restaurarunt denuò Patres Societatis nostræ, pluribus DEO vivo & vero templis erectis, ac pietate summa administratis: Duo ibi è Patribus nostris Vineam illam Domini novellam strenuè excolunt, eorum unus in ipsa Metropoli sedem fixit, alter per Provinciam ad Dei promovendum cultum, atque animarum bonum huc illucque, ubi major exigit necessitas, subindè proficiscitur, ut omnibus ubique salutis panem petentibus frangat ac communicet.* Hæc Pater Martinus Martinius.

His demùm accessit *P. Michaël Boimus*, qui exactam præ omnibus hujus Monumenti relationem mihi attulit, omnes defectus in eo describendo, ex manuscripto Sinensi, quod penes me habeo, emendavit, novam denuò minutamque totius Tabulæ interpretationem verbotenus factam operâ socii sui Andreæ Don Sin ex ipsa China oriundi, nec non linguæ nativæ peritissimi orditus, me præsente confecit; quæ quidem omnia testata voluit, sequenti *Epistola ad Lectorem* data, qua totius rei seriem, & quicquid tandem circa hujusmodi Monumentum consideratione dignum occurrit, exactè descripsit, quamque veluti luculentum veritatis testimonium huic interpretationi, ipso annuente, ad æternam rei memoriam præfigendam censui, Lapideum verò Monumentum juxta Autographum ex China allatum, quod in Musæo meo in hunc usque diem superstes est, genuinis suis notis & characteribus tam Sinicis, quam Chaldæis, Scholiis etiam additis, incidendum curavi: *Epistola* dicta *P. Michaëlis Boimi* sequitur.

P. Michaël Boimus Polonus
è Soc. JESU, Lectori benevolo Salutem.

INter monumenta Catholicæ fidei prædicatæ, in Sinarum Imperio reperta, præcipuum sibi vendicat locum marmoreus Lapis Sinicâ scripturâ, cum Characteribus Syriacis antiquis, Estrangelo nuncupatis, & subscriptione Chaldæorum Sacerdotum, mille ante annos circiter exaratus.

Quamvis verò à *P. Athanasio Kirchero* Soc. JESU in *Prodromo Coptico* Latina, & post illum à *P. Alvaro Samedo* Procuratore Sinarum, Italica, qui oculis inspexerat Monumentum, jam fuerit interpretatio illius impressa, quia tamen solum scripturæ lapidis sensum uterque secutus, ille quoque necdum Syriacas omnium

„ mnium Sacerdotum subscriptiones in-
„ terpretandas ex China obtinuerat:
„ placuit eapropter integrè scripturam
„ ipsam, tam Sinicis Characteribus, quàm
„ Latinis, cum Latina interpretatione de
„ verbo ad verbum, retentâ phrasi Sini-
„ cà, fideliter evulgare, atque etiam sub-
„ scriptiones omnes Syrorum Syriacas à
„ peritissimo Linguarum interprete *P. A-*
„ *thanasio Kirchero* commentatas, cum Si-
„ nicis aliis, tanquam luculentissimis testi-
„ bus Veritatis Catholicæ, universis pro-
„ ponere, atque ut uno verbo dicam, La-
„ pidem ipsum oculis totius Mundi Sini-
„ co idiomate, prout anno Christi 782.
„ exaratus fuit, exponere; ut vel ex hoc
„ antiquissimo testimonio quilibet conji-
„ ciat, quàm vera sit doctrina moderna
„ Catholicorum, cum eadem planè in op-
„ posito Mundo apud Sinas mille retrò
„ annis, videlicet à nato Christo, anno

Origi-nale La-pidis ha-betur Romæ in Mu-sæo Col. Rom.

„ 636., fuerit prædicata. Sinicum Lapidis
„ Originale habetur Romæ in Musæo
„ Collegii Romani Societatis Jesu, &
„ Exemplar aliud in Domus Professæ Ar-
„ chivo. Ego verò etiam Librum attuli
„ ab Sinis Doctoribus & gravissimis Ma-
„ gistratibus eo ipso tempore, quo Lapis
„ repertus fuerat, Sinicè impressum, in
„ quo scriptura Lapidis juxta archetypi
„ sui veritatem verissimè & exactissimè
„ expressa exhibetur.
„   Exhortantur illi *in* adjunctis Libro
„ *Prologis Galeatis* universos Sinas, ut tan-
„ dem Magistros magni Occidentis (ita
„ Patres Societatis Jesu appellant) ad-
„ eant, & videant eandem prorsus Legem
„ apud Sinas eos prædicare, quam de-
„ cem retrò sæculis ipsorum majores cum
„ tot Imperatoribus fuissent amplexati;
„ quamque Sinici libri à Patribus Socie-
„ tatis Jesu impressi ante Lapidem re-
„ pertum exhibuerant. Restat nunc, ut
„ breviter, quomodò marmoreus ille La-
„ pis detectus sit, explicemus.

* San-tiano.

„   Cum post obitum in Insula *San* cheu*
„ Sinarum S. Francisci Xaverii, venera-
„ bilis P. Matthæus Riccius, aliique Pa-

tres Societatis Jesu in Sinarum inte- „
riora Euangelium Christi intulissent, „
Residentiasque & Ecclesias in nonnul- „
lis Provinciis erexissent, adeoque non „
exiguum progressum sanctæ fidei pro- „
pagatio in Provincia *Xen-sy* fecisset; „
Anno Christi 1625. nonnemo è So- „ *Inven-tio La-pidis.*
cietatis Jesu Patribus à Doctore Phi- „
lippo invitatus, in patria illius *San yuen,* „
viginti baptizavit personas, & cum eo- „
dem Doctore ad videndum Lapidem, „
quem paulò ante aliquot menses in Me- „
tropoleos *Sy-ngan fù* conjuncta *Cheu-che* „
villa, dum rudera pro pariete ædifi- „
cando eruerent, invenerant, abiit. Is „
scripsit (quod idem posteà alii Patres, „
qui in *Sy-ngan fù* Residentiam & Ec- „
clesiam constituerunt, cum Christianis „
& ipsis gentilibus affirmarunt) Lapi- „ *Figura & for-ma La-pidis.*
dem repertum, latum esse quinque pal- „
mis, grossum uno palmo, longum no- „
vem & amplius palmis; fastigium Lapi- „
dis adinstar pyramidis oblongæ duorum „
palmorum, & latæ unius, efformatum; „
in vertice scalpro exsculptam Sanctam „
Crucem supra nubeculas, quæ brachiis „
lilia imitaretur, referre; Præter Sinicam „
scripturam, ad latus sinistrum, & in- „
frà, videri Syriaca nomina Syrorum Sa- „
cerdotum, atque etiam alia nomina Si- „
nica eorundem Sacerdotum subtus ad- „
juncta. (consuetudo est Sinis plura no- „
mina habere; unde etiam hodie Chri- „
stiani & nomen Sanctorum in Baptismo „
acceptum, & aliud Sinicum retinent.) „
Admonitus Gubernator Loci de Monu- „
mento reperto, perculsus & novitate rei, „
& etiam omine (namque illi eo ipso die „
filius mortuus fuerat) elegantem com- „
positionem in laudem Monumenti re- „
perti fieri, ac in alio simili Lapide mar- „
moreo insculpi præcepit, utrumque verò „
in fano Bonziorum *Tau Sù* dictorum, „
milliari uno distante à muris Metro- „
poleos *Sy-ngan-fù,* ad perpetuam rei „
memoriam reponi procuravit. „

Plura alia Catholicæ fidei prædictæ „ *Varia Chri-stianæ fidei ve-*
Sinis vestigia subsequentibus annis re- „
perta

stigia eodem tempore reperta.

» perta funt, quæ planè Deus videtur non
» nifi eo tempore voluiffe palam fieri, quo
» fidei prædicatio operâ Patrum Societatis
» JESU pervafit Sinas ; nempe ut vetera
» & nova teftimonia identitati fidei Ca-
» tholicæ aftipularentur invicem, ac ma-
» nifefta perfpicuaque Euangelii veritas
» proftaret univerfis. Similes imagines
» S.Crucis in Provincia *Fŏkiĕn* anno Chri-
» fti 1630. In *Kiăm sy* Provincia lumine
» etiam miraculofo emicante à gentilibus
» confpecto anno Chrifti 1635. Et item
» in *Fŏkiĕn* montibus & civitate *Cyuĕnchĕn*
» anno Chrifti 1643. cruces inventæ fue-
» runt. Imò ipfe venerabilis P.Matthæus
» Riccius cùm primùm in Sinas penetra-
» vit, *Xĕ tsú kiăo*, nomen Crucis doctrinæ
» reperit, quo nimirum Chriftiani antiqui-
» tus Crucis doctrinæ difcipuli apud Sinas

Chriftiani multi in China tempore M.Pauli Veneti.

» vocarentur ; & omninò viguiffe Chri-
» ftianos in Sinarum Regnis cùm prima
» vice Tartari trecentos ante annos inva-
» fiffent Sinas, conjunctofque Saracenis,
» Judæis, Neftorianis, atque Gentilibus,
» tempore etiam Marci Pauli Veneti, qui
» in *Catay* pervenerat, (quæ eft ipfiffima
» Sina)ibidem vixiffe, mihi nullum du-
» bium effe poteft.

An S. Thomas Apoftolus in China prædicaverit.

»   An autem S. Thomas, vel alius Apo-
» ftolus Sinis prædicaverit Euangelium,
» necdum res certò comperta videtur.
» *P. Nicolaus Trigautius* colligit ex aliqui-
» bus teftimoniis Ecclefiæ Malabaricæ
» Archiepifcopatus *Granganor*, feu *de Serra*
» Chriftianorum S.Thomæ fic dictorum,
» quod ibi, ficut & in *Meliapor* (quæ olim
» *Calamina*, & modò à Lufitanis *San Thome*
» vocatur) prædicaverit S.Apoftolus, eò
» quod ex Gaza feu thefauro in Officio
» S.Thomæ recitatur : *Per S. Thomam*
» *Sinæ & Æthiopes converfi funt ad verita-*
» *tem ; per S. Thomam Regnum cælorum*
» *volavit & afcendit ad Sinas.* Et in Anti-
» phona : *Æthiopes, Indi, Sinæ, Perfæ, in*
» *Commemoratione S.Thomæ offerunt adora-*
» *tionem nomini Sancto tuo.* Item in Canone
» Synodali antiquo : *Epifcopi Magnæ Pro-*
» *vinciæ, nimirum reliqui Metropolitæ Sinæ,*

Indiæ, Pafes, mittant literas confcenfiones. «
Adde quòd qui regebat illam Eccle- «
fiam *de Serra* in adventu Lufitanorum, «
fe fubfcribebat Metropolitanum totius «
Indiæ & Sinæ. Verùm enimverò confi- «
deratis penitiùs rebus, ex iis circum- «
ftantiis ac veftigiis, quæ poft P.Tri- «
gautium clarere cœperunt, necdum «
concludi certò poteft, S. Thomam «
Apoftolum per fe apud Sinas diffemi- «
naffe Euangelium ; Nam licet veftigia «
fidei Chrifti reperta, apertè oftendant «
illatam fuiffe fidem Chrifti in Sinas; ni- «
hilominus tamen illa ipfa veftigia mon- «
ftrant penetraffe fidem ad Sinas, cùm «
regnaret familia *Heúhan* trium Regno- «

1. Quo tempore fides Chrifti pervenerit ad Chinam.

rum, (quod modò eft *Nán kim*, Re- «
gnum tertium) nimirum in Provincia «
Kiam sy ad ripam fluminis, fiquidem «
Crux ferrea circiter librarum trium mil- «
lium pondere videtur, & legitur infixa «
fuiffe Sinica æra, quæ cadit in annum «
à Chrifto nato 239. Undè fides & præ- «
dicatores illius apud Sinas Auftrales cer- «
tò evincuntur, fuiffe ferè ante 1415 an- «
nos. Elapfis verò annis hifce ab ortu «

2. Abolita fides à quo inftaurata.

Chrifti, extinctam Legis notitiam ite- «
rum renovatam per Sacerdotes de *Tá-* «
cyn Judæa, feu Suria in *Xensy* Boreali «
Regno Sinarum, regnante familia Re- «
gia *Tani* anno Chrifti 636. ficut inven- «
tus Lapis teftatur. Ubi relatis prædica- «
toribus fidei Chrifti illius temporis apud «
Sinas, nulla fit prorfus mentio S.Tho- «
mæ, aut alterius Apoftoli; quod tamen «
multum conducebat ad intentionem il- «
lorum, qui Lapidem erigebant ad per- «
petuam memoriam, confignare ; videli- «
cet prædicatores fidei iterum prædicaf- «
fe illam Legem, quam S. Thomas, aut «
alius Apoftolus prædicaverat apud Si- «
nas. Proindè evincitur, illos de *Ta* «
cyn prædicatores non habuiffe notitiam «
S. Thomam, aut alium Apoftolum Si- «
nis vulgaffe doctrinam Chrifti ; & fi- «
gnum conjecturamque fieri poffe, fortè «
nec S. Thomam, nec alium Apoftolum «
intuliffe Euangelium Sinis, aut ut mode- «

ratiffi-

„ ratiffimè loquamur, nihil de hoc certò
„ deduci poffe ex veftigiis repertis; Supe-
„ riora verò allata folùm probare poffe,
„ Sacerdotes illos ex Ecclefia S. Thomæ,
„ vel Babyloniæ, quæ tum regebat Mala-
„ baricam *de Serra* Chriftianorum S. Tho-
„ mæ (ficut pofteà invenerunt Lufitani)
„ miffos fuiffe ad erigendum Sedem Epi-
„ fcopalem, inferendamque fidem Sina-
„ rum populis, cùm hoc vel ipfa lingua
„ Syriaca antiqua *eftrangelo*, quæ in illa
„ Ecclefia retinetur, & olim in Babylone
„ atque Syria in ufu fuerat, verofimiliter
„ teftetur. Orationes porrò in laudem
.„ S. Thomæ compofitæ bene intelligi pof-
„ funt, quòd nempe per merita S. Apo-
„ ftoli, & ex ejus Ecclefia Sacerdotes
„ fidem, quam à S. Thoma acceperant,
„ forte primi in Sinas omnium intulerint,
„ ideoque jure merito S. Thomæ eorum
„ converfionem debere attribui. Quarè
„ cùm nulla mentio S. Thomæ Apoftoli
„ reperiatur in hucufque veftigiis fidei
„ prædicatæ detectis, affeverare certò non
„ poffumus, Sanctum Thomam, vel alium
„ Apoftolum Sinis prædicaffe Euange-
Chri-   „ lium; Multis verò poft feculis Chriftiani
ftiani
fub Pre- „ Prefte Joannis (quem *M. Paulus Venetus*
sbytero
Joanne   „ *Ufun Can* vocat) fuère, quos exiftimo
Crucis   „ Crucis Doctrinæ Cultores vocatos, &
culto-
res.   „ cum Tartaris, aut paulò ante in Sinas
„ penetraffe; nam illi de Judæa, vel potiùs
„ Syro-Chaldæa, aut Malabarica, uti mul-
„ to Tartaris Chriftianis antiquiores, ita
„ quoque fuos fequaces difcipulos claræ
„ Doctrinæ *Kin Kiao* appellari volebant.

Crediderim autem, Prædicatores illos "
non ex Judæa veniffe; nam Syros fuiffe, "
Syriaca lingua & nomina teftantur; fe "
tamen de Judæa dixiffe, quòd Legem, "
quæ in Judæa exorta fuerat, prædicave- "
rint. Verùm ex quonam loco venerint "
illi Sacerdotes Syri, ficut & illorum fub- "
fcriptiones Syriacæ, has R. P. *Athana-* "
fii Kircheri optimè de univerfa antiqui- "
tate meriti Viri, induftriofis Commen- "
tationibus relinquimus; quas ut majori "
fide & foliditate perficeret, in hunc fi- "
nem eandem quoque fcripturam à no- "
bili Juvene Sina *Don Chin Andrea*, indi- "
viduo itineris mei Romam ad Sedem "
Apoftolicam comite, Sinicis characteri- "
bus novo labore propria manu, ex libro "
(qui jam à Sinicis Doctoribus fummæ "
tum authoritatis tum fidei viris impref- "
fa, & in univerfum Imperium divulgata "
fuerat) excerptam, & à me de verbo ad "
verbum Latinè traductam, ac numeris "
interpunctam obtulimus, Librum verò "
prototypo Lapidis prorfus congruum, "
in Mufæo ejufdem, rariorum rerum vel- "
uti quodam promocondo, ad perpetuam "
rei memoriam, unà cum facti attefta- "
tione propria manu, aliorumque è Chi- "
na oriundorum fubfcripta pofuimus. "
Romæ, 4. Nov. Anno 1653. "

P. MICHAEL BOIM.
ANDREAS DON SIN, SINA.
MATTHÆUS SINA.
*Oculati infpectores Monumenti, nec non
hujus Tabulæ ex Prototypo defcriptores.*

CAPUT III.

De triplici Interpretationum Modo & Ratione
Nota ad Lectorem.

Antequam ad exactam Monu-
menti noftri expofitionem pro-
cedamus, triplicem prius inter-
pretandi methodum hic exhibitam enu-
cleandam cenfuimus, ne Lector tot verborum nominumque fuis numeris figna-
torum divifionibus perplexus, anceps,
dubiufque hæreret.

Prior itaque Interpretatio, nihil aliud
docet, nifi modum, quo Characteres
nomi-

nominum verborumque quæ in Monumenti Tabula continentur, Latinè pronunciari debeant.

Interpretatio II. verbalis indicat; quid Characteres nominum verborumque in Monumento contentorum propriè significent.

Interpretatio III. paraphrasticam quandam Monumenti expositionem continet, qua vitatâ phrasi Sinicâ quantum fieri potuit, utpote Europæis auribus inusitata, latentes Tabulæ sensus paulo fusius explicantur, in Latinam linguam translati.

Notet itaque Lector; Quod, sicuti universus in Monumento Sinicæ scripturæ contextus in 30 Columnas divisus est, ita quoque sequentem Tabulam in totidem dividendam censuimus; ita quidem ut voces Sinicæ Latinis literis expressæ, iis quæ in Columnis Monumenti continentur, quoad numerorum naturalem dispositionem quam exactissimè respondeant: quod ea de causa fecimus; ut Lector curiosus uniuscujusque Sinici Characteris pronunciandi modum protinus ex numerorum corresponsu cognoscere posset. Exempli gratia: Si nosse desideres quomodo hic Character Sinicus 月, qui in tertia sede Columnæ 10. Tabulæ continetur, Sinice pronunciandus sit: sic ages; quære in sequenti Interpretationis I. Tabula 10. Columnam, & tertius in eadem locus offert vocem Sinicam (Chun yue) & sic Sinicus Character 月 pronunciandus est. Rursus si nosse desideres, quomodo hic Character 王, qui in Columna 7. quartum locum occupat, pronunciandus sit; Quære in sequenti Tabula 7. Columnam, & 4. in ea locus dabit vocem Sinicam (Sem) Latine expressam; quæ est genuina Characteris 王 pronunciatio. Non aliter in 王 omnibus & singulis Sinicæ Tabulæ vocibus, cum Latinæ Tabulæ vocibus juxta numerorum seriem comparandis tibi procedendum esse scias.

Si vero quispiam non pronunciandi solummodo modum, sed & Characteris quoque Sinici, v.gr. 月 significationem nosse desideret; is Interpretationis II. verbalis Tabulam adibit, & in ea Columnæ 10. tertius locus offeret vocem (Luna), quæ est dicti Characteris significatio. Sic in Col. 7. quartus locus dabit vocem (vita) quæ est Characteris 王 vera significatio. Et sic in cæteris 王 omnibus pari modo procedes; quæ hoc loco Lectori insinuanda duximus, ut quid vocibus tot numeris signatis vellemus, eum non lateret. Vides igitur, in Tabula Sinica 29. Columnas, præter Columnam titularem 0. signatam, esse; quarum singulas juxta naturalem numerorum seriem, suis ordine numeris aliquousque signavimus: quod verò omnes numeris non sunt signatæ usque ad Col. calcem, hoc ideo factum est; primo ne Columnas tot numeris intricaremus; deinde, quia sperabamus futurum, ut Lector seipso facile locum desiderati Characteris sit reperturus. V. gr. si quis scire desideret quomodo hic Character 大 qui in col.18. occurrit sine numero, pronuncietur; is à principio Columnæ 18. ordine numerorum procedet usque ad dictum Characterem, & inveniet eum 9. loco constitutum. hic itaque in sequenti Tabula Col. 18. nono loco inventus, dabit (Ta) pronunciationem Characteris 大, & in Interpretatione II. Col.18. 大 nono loco unà dabit ejus significationem, quæ est (instituit.) Si vero subinde in Tabula duo Characteres iisdem numeris signati occurrerint, id indicat amplificationem quandam, quam Scriptor binis Characteribus ideo expressit, quod unam tamen rem quoad substantiam significarent.

Restat ut vocales sive accentus, quibus voces Sinicæ in sequenti Tabula signantur, exponamus. Est idioma Sinarum valde limitatum; unde quemadmodum multitudine literarum omnes alias Mundi Nationes superat, ita quoque vocabulorum paucitate cedit omnibus ; Nam numerus eorum vix mille sexcenta vocabulorum excedit: omnes quoque voces definunt in vocalibus, & paucæ terminatione hac privatæ, ut plurimùm in *m.* & *n.* definunt ; suntque cunctæ monosyllabæ & indeclinabiles, tam nominum quam verborum; Qua de causa Lingua redditur valde æquivoca, ita ut sæpe verbum in locum nominis, & nomen in locum verbi assumatur. Mirum tamen non immerito cuipiam videri posset ; quid tot ac tanti Characteres, qui in eorum Onomastico quod dicitur *Haipien,* id est Mare magnum, ad sexaginta millia numerantur, in tanta vocum uti diximus paucitate conferant: quod ut pateat ; sciendum est, voces Sinicas uti paulo ante ostendimus, vix 1600 excedere. Cujusmodi sunt v. gr. *Ca, cau, can. Ce, che, chi, chim. Ci, co, chu. Fe, fò, fi,* &c. uti ex Dictionario eorum patet. Sed uti unaquæque harum vocum, diversissimas significationes habet ; ita quoque illæ nisi ex accentu differenti intelligi nequeunt. Accentus itaque sunt, tum ad scribendum, tum loquendum, ad intelligendas hujusmodi voces necessarii. Hinc ad facilitandam linguam Sinensem, N N. P P. juxta Musicas notas U T, R E, MI, F A, S OL, LA, ascensus descensusque Sinicorum accentuum in pronunciatione observandorum disposuerunt. Sic v. gr. unica dictio *Ya* scripta Latinis literis, notis quinque signata, ut diversas significationes exprimit, ita quoque diversis vocibus & accentibus, quemadmodum à Sinis di-

versis Characteribus exprimitur, pronunciari debet. Vocales sunt illæ quæ sequuntur:

$$\Lambda - \cup / \setminus o.$$

Prima nota Λ respondet Musico accentui U T : sonus verò seu enunciatio Sinica, quam ipsi *Chŏ pĭm* vocant, idem notat, ac prima vox prodiens æqualis.

Secunda nota — respondet Musico R E, & Chinicè vocatur *Pĭm xĭm*, quasi dicas clara vox æqualis.

Tertia nota $\setminus$ respondet Musico MI, & vocatur à Sinis *X̄ăm xĭm*, id est, vox alta.

Quarta nota / respondet Musico FA, & Sinicè significat *Kĭŭ xĭm*, abeuntis alta vox.

Quinta nota $\cup$ respondet Musico SOL, Sinicè *Gĕ xĭm*, id est ingredientis properans vox. Reliqui duo accentus *o* & *ɔ* planam vocem indicant.

Hoc pacto uti paulo ante innuimus, hæc dictio monosyllaba *Ya*, ex se indifferens est, sed pro diversitate vocalium quibus insignitur, differentes significationes exprimit, uti sequitur:

Yâ, Dens.
Yā, Mutus.
Yà, Excellens.
Yá, Stupor.
Yä, Anser.

Quæ omnia hic præmittenda censuimus, ut quid per tot notas, quibus sequentis Tabulæ Sinicæ voces insigniuntur, significetur, Lectorem non lateret. Sed hisce jam præmissis, Lapidis sane admirandi interpretationem ordiamur.

Quod in Regno Sinarum prop: Urbem Siganfu,
regno Christianæ Religionis fructum ementiuntur.
Anno 1625 detectum fuit.

Matthæus Sina Oriundus ex
Siganfu Romæ A. 1664.

大秦景教流行中國碑

INTERPRETATIO I.

Quâ

Characterum Sinicorum, qui in Monumento Sinico continentur,
pronunciatio genuina per Latinos Characteres exprimitur.

7. *Chum*	4. *Kiaó*	1. *Tá*
8. *Kuĕ*	5. *Lieû*	2. *Gyí*
9. *Poeÿ.*	6. *Hiń*	3. *Kiḿ*

4. COL.	3. COL.	2. COL.	1. COLUMNA.	0.
1. *uû*	1. *sú*	1. *lĥ*	1. *yĕ*	1. *Kiḿ*
2. *tĕ.*	2. {*xí* / *chi* }	2. *kiᵘ*	2. *giû*	2. *kiᵃó*
3. *gyeń*		3. *ngań*	3. *chᵃḿ*	3. {*lieû* / *hiń* }
4. *pĕ*	3. *chumí.*	4. *chiḿ*	4. *geń*	
5. *chueń*	4. *kiĕ*	5. *ý*	5. *chiń*	4. {*chumí* / *kuĕ* }
6. *xᵃó.*	5. *mań*	6. *lĥ*	6. *gyĕ*	
7. *gyĕ*	6. *tuḿ*	7. *tień*	7. *syeń*	5. *poeÿ*
8. *mŏ*	7. *yú*	8. *tý*	8. *sycń*	6. *suḿ*
9. *vaḿ*	8. *poÿ*	9. *kᵃÿ.*	9. *lĥ*	7. *piń*
10. *tû.*	9. {*fú* / *chi* }	10. *gĕ*	10. *uû*	8. *siń*
11. *kieù*		11. *yuĕ.*	11. *yueń*	
12. *mí*	10. *muÿ.*	12. *yuḿ*	12. *siᵃó*	
13. *bieú*	11. *xí*	13. *lĥ*	13. *geń*	
14. *fŏ.*	12. *ÿ.*	14. *cheú*	14. {*liḿ* / *hiù* }	9. {*Tá* / *gyí* }
15. *yú*	13. *faḿ*	15. *yĕ*	15. *heú*	
16. *xí.*	14. *pĕ*	16. *só.*	16. *heú*	10. *xí*
17. *rigŏ*	15. *lŏ*	17. *gyaḿ*	17. *lĥ*	11. *ceḿ*
18. *faḿ*	16. *xĕ*	18. *chiḿ*	18. *miᵃó*	12. {*kiḿ* / *gyḿ* }
19. *yĕ*	17. *ú*	19. *taḿ*	19. *yeù*	
20. *fueń*	18. *chuḿ.*	20. *uĕ.*	20. *suḿ*	13. *xŏ.*
21. *xiḿ*	19. *kień*	21. *geń*	21. *hiueń*	
22. *kiḿ*	20. *fuÿ*	22. *liĕ*	22. *kiû*	
23. *suń*	21. *kiĕ*	23. *só*	23. *lĥ*	
24. {*mí* / *xí* / *ŏ.* }	22. *chĕ.*	24. *giń*	24. {*sᵃó* / *hoá* }	
	23. *kiḿ*	25. *piĕ*		
	24. *chĕ*	26. *sú*	25. *miᵃó*	
25. *gyĕ*	25. *fá*	27. {*leaḿ* / *hŏ.* }	26. {*chumí* / *xiḿ* }	
26. *yú*	26. *lŏ*			
27. *chiù*	27. *hoĕ*	28. *liń*	27. *ÿ*	
28. *gueÿ.*	28. *chĩ*	29. *chiń*	28. *yueń*	
29. *tûm*	29. *uĕ*	30. *hoá*	29. *suń*	
30. *giń*	30. *ÿ*	31. *hᵃÿ*	30. *chĕ*	
31. *chŏ*	31. *tŏᵘ*	32. *hoĕn*	31. *kí*	
32. *tᵃÿ.*	32. *suḿ.*	33. *yueń*	32. *gueÿ*	
33. *xiḿ*	33. *hoĕ*			

34. *tień*

4. COL.	3. COL.	2. COL.	1. COLUMNA.	O.
34. tieñ	34. cuñ	34. { chĩ / yñĩ,	33. rigò	
35. syucñ	35. yeù	35. hiù	34. sañ	
36. kiñí,	36. ỳ	36. lh̃	35. yé	
37. xĕ	37. { luñ / lh̃,	37. pú	36. miaó	
38. ñyù		38. ymĩ,	37. xiñĩ,	
39. tañ	38. boĕ	39. sŏ	38. uû,	
40. xiñĩ	39. taò	40. { tam̃ / chĩ	39. yueñ	
41. yù	40. sú	41. yñĩ	40. chiũ	
42. { tá / cyñ,	41. ỳ	42. pueñ	41. chù	
	42. yaò	43. uû	42. { õ / lô / õ / yù	
43. kiñĩ	43. fŏ,	44. hĩ		
44. sŏ	44. hoĕ	45. xĩ		
45. kaó	45. fã	46. kí	43. poñ	
46. cyañĩ	46. xeñ	47. yú	44. { xĕ / çù	
47. { pŏ / sú	47. ỳ	48. { sŏ / túñ	45. ỳ	
48. tú	48. kiaó		46. tyñĩ	
49. hoçỳ	49. giñĩ	49. xĩ	47. sú	
50. ỳ	50. chĩ	50. uám,	48. fañĩ,	
51. laỳ	51. liú	51. chéu	49. kù	
52. cuñĩ	52. { yñĩ / yñĩ,	52. xĕ	50. yueñ	
53. yuèñ	53. ngeñ	53. xuñĩ	51. fuñĩ	
54. { lh̃ / xĕ	54. yñĩ	54. cyñ,	52. lh̃	
55. sú	55. { miñĩ, / miñĩ,	55. hièñ	53. señĩ.	
56. xiñĩ.	56. mam̃,	56. piñĩ		
	57. gèñ.	57. tá		
		58. yú.		

9. COL.	8. COL.	7. COL.	6. COL.	5. COLUMNA.
{ lô / pueñ,	1. sỹeñ,	1. tuñĩ	1. çù	1. yeù
1. cheñ	2. sỹ	2. lĩ	2. ham̃,	2. { xuĕ / chĩ
2. cyñĩ	3. syñĩ	3. seù,	3. ỳ	3. kieñ
3. yuñĩ	4. fañ,	4. señĩ	4. teñĩ	4. fã,
4. lh̃	5. sŏ,	5. { yuñĩ / chĩ	5. miñĩ	5. lĩ
5. saỳ	6. chiñĩ		6. cuñĩ	6. kiã
6. chiñĩ	7. { chañĩ / chĩ	6. lú,	7. hañĩ	7. kuĕ
7. kiñĩ,	8. taó,	7. sûñ,	8. liñĩ,	8. yù
8. vám̃	9. miaó	8. siù,	9. yú	9. tá
9. fuñĩ	10. lh̃	9. { sò / ỳ	10. xĩ	10. yeù,
10. liŏ	11. nañĩ		11. yù	11. xuĕ
11. ỳ	12. miñĩ,	10. yeù	12. kĩ	:
12. chĩ	13. cuñĩ,	11. uaỳ	13. cỳ,	12. sañ
13. kieñ	14. yuñĩ,	12. hiñĩ,	14. neñĩ,	13. yĕ
14. hieñ.	15. chaó	13. cyŏ	15. sú	14. ciñĩ.
		14. tyñĩ,	16. sú	

15. cheñ,

9. COL.	8. COL.	7. COL.	6. COL.	5. COLUMNA.
15. { cheń, quoń, kieú, sù.	16. ymĭ.	15. { sò, ỷ	17. pú.	15. funi
16. chĭ	17. kiam̂	16. uû	18. { tym̂, ú	16. uû
17. yú	18. chim̂	17. nuỳ	19. xiń	17. yeń
18. { chavi, ngàn.	19. kim̂	18. çym̂.	20. chiń.	18. chi
19. tỷ	20. kiaó.	19. pú	21. kim̂	19. syń.
20. sù	21. gueỳ	20. biŏ	22. leû	20. kiaó.
21. çaỳ	22. taó.	21. { çań, boĕ	23. lĭ	21. taô
22. chiń	23. fĭ	22. kiuń	24. xĕ	22. leam̂
23. { fań, cuń, yueú, liń.	24. xim̂	23. kueỳ	25. çyĕ	23. yum̂
24. çuń	25. pú	24. çyeń	26. pú.	24. yú
25. chań	26. cuń	25. yú	27. nań	25. chim̂
26. sỷ	27. xim̂	26. giń.	28. yueń	26. syń.
27. kiaó.	28. fĭ	27. pú	29. boậ	27. chĭ
28. piń	29. taó	28. syú	30. ỳ	28. pá
29. ymĭ	30. pú	29. { bŏ, çaỳ.	31. fũ	29. kim̂
30. gĕ	31. tá.	30. yĕ	32. liń	30. tú.
31. nuỷ.	32. taó	31. kim̂	33. pień	31. lień
32. fań	33. xim̂	32. ỳ	34. fã	32. chiń
33. kiń	34. fù	33. yú	35. yŏ	33. chiń.
34. xù	35. kiĕ	34. ngò	36. xuỳ	34. chiń.
35. tień.	36. { tień, hiá	35. chaỳ	37. fũm	35. kĭ
36. ueń	37. ueń	36. ỳ.	38. tiĕ	36. sań
37. taó	38. mim̂	37. fo	39. feŭ	37. cham̂
38. kiń	39. { taỳ, suń, ueń	38. chĕ	40. boâ	38. chĭ
39. gueỳ.	40. { hoâm, tỷ	39. lĭ	41. lĭ	39. mueń.
40. xiń	41. kuâń	40. chim̂.	42. kiĕ	40. kàỳ
41. chĭ	42. boâ	41. boĕ	43. hiŭ	41. seń
42. chiń	43. { kĭ, yuaí	42. ỳ	44. pĕ.	42. miĕ
43. chiñ.	44. miń	43. çym̂	45. yń	43. sù.
44. tĕ	45. xim̂	44. xim̂	46. xĭ	44. hiueń
45. liń	46. liń	45. gueỳ	47. xé	45. kiń
46. chueń	47. gĭń.	46. kú.	48. çú	46. gĕ
47. xeú.	48. { tá, gỹ	47. çyĕ	49. yum̂	47. ỳ
48. { chén, quoń	49. kuĕ	48. xĭ	50. sú	48. pŏ
49. xĕ	50. yeù	49. lĭ	51. chaó	49. ngań
50. yeù	51. xam̂	50. çań.	52. ỳ	50. fù.
51. lĭ	52. tĕ	51. tá	53. bŏ	51. mŏ
52. nień.	53. yuĕ	52. pí	54. uû	52. uam̂
	54. ô.		53. çuń	55. kiŭ	53. yú
		54. uań.	56. kiĕ	54. xí
		55. çyĕ	57. mŏ	55. yú
		56. gĕ	58. chiń	56. çyĕ
		57. yĕ.	59. giń	57. çuỳ.
			60. { hoeỳ, chĭ	58. chaó.
			61 yń..	

14. COL.	13. COL.	12. COL.	11. COL.	10. COLUMNA.
1. xĭ	1. kĕŭ	1. xim̀	1. ŭĕ	1. cyeǹ
2. muǹ	2. taó.	2. cyĕ	2. lĭ	2. cyĕ.
3. pĕ	3. giǹ	3. tem̀	3. giñ	3. { chŭn / yue.
4. chim̀.	4. yeù.	4. yam̀.	4. siueǹ	4. taó
5. ki.ĩ	5. lŏ.	5. yûm	5. hiñ	5. uŭ
6. yǹi	6. kam̆	6. hoeý	6. { tien / hiá.	6. cham̀
7. kim̀	7. fă	7. fá	7. sò	7. mim̀.
8. fŏ.	8. fĭ	8. kiaý	8. sŭ	8. xiñ
9. { xim / liĕ	9. kim̀	9. ngaǹ	9. cyĕ	9. uŭ
10. mieǹ	10. pŭ	10. sỹ	10. yŭ	10. cham̀
11. { sĕ / çŭ	11. him̀.	11. yŭ	11. kim̀	11. tý
12. yum̀	12. chŭ	12. tĕ	12. { y / nyǹi / fam̀.	12. suỹ
13. choam̀.	13. fĭ	13. kĭ	13. çaò	13. fam̀
14. tem̀	14. tĕ	14. kiĕ	14. { tá / cyǹi / kuĕ	14. xĕ
15. kĕŭ	15. pŭ	15. haǹ	15. xí	15. kiaó
16. yŭ	16. liĕ.	16. gueý	16. yĕ	16. miĕ
17. { tum̀ / cheŭ.	17. tŭ	17. { sŭ / sum̀i	17. sò.	17. cý
18. { syeǹ / tieǹ	18. yŭ	18. { tá / cyñ	18. tŭ	18. kiuñ
19. mŏ.	19. quam̀	19. kuĕ	19. cem̀	19. seǹi
20. hi.ă	20. quŏ.	20. nân	20. { lĭ / xĕ	20. { tá / cyñ
21. sŭ	21. { vên / ŭĕ	21. tum̀	21. yĕ	21. kuĕ
22. tá	22. cham̀	22. { xaǹi / hŭ / chǐ	22. giñ	22. tá
23. siaó	23. miñ		23. çuǹi	23. tĕ
24. xaǹi	24. kaó	23. haỳ	24. cheŭ	24. { ō / lŏ / puèn
25. pam̀i	25. çuñ	24. pĕ	25. tĕ	
26. yŭ	26. tá	25. kiĕ	26. vam̀i	25. yuèn
27. { sỹ / kaó.	27. tý	26. chum̀	27. cyñi	26. cyam̀i
28. yeù	28. kĕ	27. { paò / chǐ	28. kiǹi	27. kim̀
29. giŏ	29. cum̀	28. xaǹi	29. sỹ	28. syam̀i
30. cem̀	30. cyeǹi	29. sỹ	30. xim̀i	29. laỳ
31. xeù	31. çŭ.	30. uam̀	31. kiŭ	30. kieǹ
32. { lŏ / hǎn.	32. { guǹi / sĕ	31. cyeǹi	32. tam̀i	31. xam̀i
33. tá	33. chiñi	32. kim̀i	33. taó	32. kiǹi
34. tĕ	34. çuñi.	33. hoǎ	34. kuam̀i	33. cyâm
35. { kiĕ / liĕ	35. lĭ	34. lim̀i	35. kim̀i	34. kĭ
36. pim̀i	36. yŭ	35. tum̀i	36. fum̀i	35. kiaó
37. kiñi	37. chŭ	36. cyĕ	37. tum̀i	36. chĭ.
38. fam̀i	38. cheŭ.	37. cham̀i	38. xeǹi	37. yueǹi
39. kueý	39. kŏ	38. fum̀i	39. siueǹi	38. miaó
	40. chĭ	39. niĕ	40. lim̀i	39. { uŭ / gueý
	41. kim̀i	40. xuỳ.		40. quoǹ
	42. xĕ	41. kĭ		41. kĭ
	43. gĕm̀i			
	44. çuñi			

14. COL.	13. COL.	12. COL.	11. COL.	10. COLUMNA.
40. fuì	45. { ŏ / lŏ / pueñ	42. tú,	41. yeú	42. yueñ
41. uĕ	46. gueỳ	43. chŏ	42. sú,	43. çuñ,
42. uaỳ	47. chúi	44. hŏ	43. cyañ	44. sem̀
43. kaó	48. kuĕ	45. uoñ'	44. tý	45. chiñ
44. ceñ,	49. tá	46. pú,	45. syĕ	46. liĕ
45. cuñ	50. fẳ	47. { tañ / boeñ / hiañ	46. chiñ	47. yaò,
46. chiñ'	51. chù,	48. miñ	47. { chueñ / mó	48. sú
47. yueñ	52. { fẳ / leû	49. yuĕ	48. xĭ	49. uû
48. uañ,	53. xĕ	50. chù	49. piĕ,	50. fañ
49. kiú	54. taó,	51. yĕ	50. tien	51. xuĕ,
50. guĕỳ	55. kuĕ	52. kuañ	51. sú	52. l̀
51. gừĕ	56. fŏ	53. piĕ,	52. fañ	53. yeú
52. nieù,	57. yueñ	54. sŏ	53. saỳ	54. uañ
53. { yueñ / çuñ / chĭ.	58. hieú,	55. uñ.	54. ym̂	55. syueñ
			55. lañ	56. cỳ.
			56. kim̀	
			57. muẽn.	

19. COL.	18. COL.	17. COL.	16. COL.	15. COLUMNA.
1. yueñ	1. xĭ	1. paô	1. cuñ	taó	
2. kú	2. yueñ	2. cyam̀	2. kieñ	1. { hoañ / tý
3. neñ	3. xeñ	3. { cuỳ / çuý,	3. kô	2. liñ
4. tyñ	4. çu	4. { xŏ / xŏ	4. pañ,	3. nyñ
5. tŏ,	5. lĥ	5. tañ	5. gĕ	4. kuĕ
6. ñgŏ	6. fŏ	6. hiâ,	6. kiŏ	5. teñ
7. { kieñ / chuñ / xiñ / xiñ / vẽn / uû	7. çŏ	7. { siŏ / chă	7. xú	6. ù
	8. kaỳ	8. huñ	8. quañ,	7. uañ,
8. { hoâm / tý,	9. tá	9. cuñ,	9. tieñ	8. cyñ
9. pí	10. kiñ	10. teñ	10. yeñ	9. liñ'
10. pá	11. liñ	11. hiañ	11. chĭ	10. fŏ
11. chiñ	12. lĥ	12. cyaô	12. chê̂,	11. yù,
12. chù	13. hoañ	13. gĕ,	13. sañ	12. { kieñ / liŏ
13. chĕ	14. yĕ	14. chuñ	14. çaỳ	13. tam̀
14. yeú	15. kieñ,	15. laỳ	15. tá	14. tam̀',
15. miñ,	16. { taỳ / çuñ / ueñ / uû	16. pĕ	16. ợñ	15. fẳ
16. heñ	17. { hoâm / tý,	17. nañ'	17. kuĕ	16. tuñ
17. kieú	18. kueỳ	18. xañ	18. yeú	17. çañ,
18. cheû	19. chañ	19. siuñ	19. ceñ	18. yaò
19. ỳ	20. xiñ	20. kiĕ,	20. { kiĕ / hŏ	19. lĥ
20. gueỳ	21. yuñ,	21. { poeỳ / çĕ	21. chén	20. kim̀
	22. çûñ.	22. yù	22. sym̀	21. çuñ'
			23. hiañ	22. taó
			24. hoâ	23. xĕ
			25. uañ	

C

19. Col.

21. syï
22. kimì
23. miñ.
24. hoá
25. tumì
26. yueñ
27. lï.
28. chŏ
29. uû
30. quéy
31. syŭ
32. chï
33. yú
34. fam
35. tá
36. lŏ
37. hiŭ.
38. chueñ
39. cynì
40. lŏ
41. xŏ.
42. quam
43. çû
44. kieú
45. chum
46. kú.
47. xeñ
48. tay
49. pí
50. kiuñ
51. { señ / chě.
52. ngò
53. sieù
54. hi.î.

18. Col.

23. sú
24. { uû / guéy.
25. muỳ
26. yú
27. kiam
28. { tañ / chì
29. xiñ
30. yâm
31. tiêñ
32. hiam
33. y̆
34. haó
35. chimì
36. cuñ.
37. { fueñ / yú
38. chuèn
39. y̆
40. kuañ
41. kimì
42. chum
43. gě
44. kieñ
45. y̆
46. muỳ
47. lï.
48. kú
49. nem
50. quam
51. semì.
52. ximì
53. y̆
54. ty̆.

17. Col.

23. tumì
24. hay
25. cy̆
26. chiñ
27. taó
28. uû
29. pú
30. kó
31. sò
32. kò
33. kò
34. miñ
35. xiñ
36. uì
37. pù
38. çó.
39. sò
40. çó
41. kò
42. xŏ.
43. { sŏ / cuñ / ueñ / miñ / hoam̂
44. { ty̆
45. yú
46. { limì / uû
47. temì
48. ú
49. kiuñ
50. chuñ
51. liě
52. kimì.

16. Col.

26. gě
27. chaó
28. çuñ.
29. chaó
30. ceñ
31. { lŏ / han.
32. ceñ
33. { pú / huì
34. temì.
35. yě
36. cyě
37. giû.
38. yú
39. tá
40. tě
41. { kiě / hŏ.
42. yú
43. { kimì / kimì
44. cum
45. syeù
46. cuñ
47. tě.
48. yú
49. xí
50. tiêñ
51. tú.
52. xí
53. paù
54. ngě
55. ly̆
56. tumì
57. xú.

15. Columna.

24. xï
25. kimì
26. lï
27. tô
28. chiñi.
29. { tuñ / paó
30. çŏ.
31. limì
32. tá
33. { cyam / kiuñ
34. { kaó / liě / sù.
35. sumì
36. ú
37. ximì
38. gyě
39. chiñ
40. xï
41. muỳ
42. { ngañ / chì.
43. sù
44. kiuén
45. pě
46. piě
47. fumì
48. kimì
49. gmy̆
50. tâ
51. luì
52. geñ
53. suy̆
54. yueñ.

24. COL.

1. sú
2. muy
3. pĕ
4. ỹ
5. kim
6. sú
7. kiñ
8. kien
9. kî
10. giñ
11. yuen
12. kĕ
13. kum
14. poey
15. ỹ
16. yam
17. bieŭ
18. liĕ
19. sú
20. yuĕ
21. chiñ
22. chù
23. uŭ
24. yuen
25. xiñ
26. yĕ
27. cham
28. gei
29. kiuen
30. yú
31. cyam
32. boá
33. kĭ
34. tý
35. liĕ
36. tien
37. fuen
38. xim
39. chŏ
40. tay
41. kieú
42. tú
43. { uŭ / pien
44. gĕ
45. xim

23. COL.

1. tâm
2. çun
3. xĕ
4. lam
5. yû
6. giû
7. { boey / sú
8. fi
9. kem
10. hiaó
11. kim
12. muen
13. ỹn
14. giñ
15. xî
16. lî
17. muy
18. suy
19. cyĕ
20. sú
21. xî
22. { cen / tú
23. { kien / sú
24. cym
25. cum
26. liŏ
27. chù
28. { ú / siun
29. guey
30. chĕ
31. lay
32. lĥ
33. fam
34. chĭ
35. bân
36. chĕ
37. lay
38. lĥ
39. ỹ
40. chĭ
41. pím
42. chĕ
43. leaó

22. COL.

1. çun
2. giuen
3. yú
4. { sŏ / fam / yĕ
5. { sŏ / çuoi
6. pî
7. chĭ
8. may
9. suỹ
10. kien
11. cyñ
12. yú
13. ngó
14. muy
15. pú
16. çú
17. ỹ
18. yú
19. bñ
20. kien
21. guey
22. cum
23. chaò
24. yă
25. çó
26. kiun
27. lĥ
28. mŏ
29. nêm
30. san
31. lŏ
32. sú
33. pú
34. cyĕ
35. yú
36. kiă
37. yén
38. { lim / ngên
39. chñ
40. { pŏ / lĭ
41. pú

21. COL.

1. { sú / xî / tien / chum / kien
2. sú
3. { çú / kiă / xà
4. cem
5. { ỹ / sú
6. bŏ
7. lĥ
8. baó
9. boey
10. uen
11. taó
12. tum
13. biñ
14. yuen
15. çú
16. { uam / xĕ / chĭ / chim
17. { cyn / lay
18. chum
19. biñ
20. xŏ
21. kaó
22. san
23. tay
24. yŏ
25. chuen
26. xĕ
27. cyuen
28. chĭ
29. kiaó
30. cyĕ
31. yú
32. tan
33. tyñ
34. nay
35. cĕ
36. num

20. COLUMNA.

1. chi
2. tá
3. { yeû / kiĕ
4. { yú / cht
5. kiay
6. { çan / yĕ
7. giŏ
8. sú
9. fam
10. yû
11. xî
12. { tien / biá
13. cyñ
14. giñ
15. nen
16. lĭ
17. uĕ
18. nêm
19. cyñ
20. çun
21. nen
22. cham
23. çan
24. nen
25. lŏ
26. tien
27. { semi / biam
28. ...
29. ymi
30. cyñ
31. fă
32. çú
33. chim
34. chĕ
35. ngò
36. kim
37. liĕ
38. nen
39. { sú / chi
40. cum

46 ngan

24. COL.	23. COL.	22. COL.	21. COL.	20. COLUMNA.
46. ngaí	44. lh	42. { çŭ / kí	37. yú	41. { yumí / yĕ.
47. miĕ.	45. kí	43. chī	38. uaní	42. tá
48. kién	46. chī.	{ kiñ	39. chaní	43. xí
49. chiní	47. sù	44. { tan	40. chumí	44. chù
50. chiñ	48. chĕ	45. hoĕ	41. { xŭ / limí	{ kiñ
51. yueñ.	49. çaní	46. gemí	42. { fueñ / yamí	{ çŭ
52. { chĕ / chĕ	50. lh	47. kí	{ kiuñ	{ kuamì
53. uên	51. ngaŭ	48. kieŭ	43. { uamì	45. { lŏ
54. hoăm.	52. chī	49. xí	{ kuŏ	{ tá
55. tao	53. cyñ	50. hoe	{ cumí	{ fu
56. quoñ	54. cyĕ	51. chumì	44. { çŭ	46. tuñ / sŏ / faní
57. cyên	55. { tá / sŏ	52. quaní	{ ý	47. { cyĕ / tá / fŏ.
58. uaní.	56. uí	53. fã.	45. çŏ.	
	57. neñ.			

29. COL.	28. COL.	27. COL.	26. COL.	25. COLUMNA.
32. tá	1. { lŏ / hŏ	1. tymí	1. uú	1. xiní
33. tañ	2. chaŏ	2. chiní.	2. çaý	2. xî
34. { kieñ / chumí	3. sú.	3. çaó	3. kú.	3. fã
lh	4. pĕ	4. ngŏ	4. { yueñ / çuñ / kĕ	4. lumí.
nieñ	5. maní	5. kiú	5. xiñí	5. kieñ
suý	6. cyù	6. hiă.	6. kĕ	6. quŏ
çay	7. cĕ.	7. taý	7. syeú	7. queñ
çó	8. taó	8. çumí	8. chiñ	8. chaní.
niŏ	9. gueý	9. hiaó	9. chiñí.	9. { mîn / miñí
taý	10. { quamì / ý	10. ý.	10. yú	10. kimì
ceú	11. ymí	11. tĕ	11. pañ	11. kiaó.
yuĕ	12. gueý	12. hŏ	12. yamí	12. yeû
cyĕ	13. miĕ	13. tiĕñ	13. hoeý	13. queý
tá	14. kiám	14. tý.	14. tiĕñ	14. ngó
hoeý	15. miní	15. kaý	15. xú	15. tañ
señ	16. yeñ	16. taý	16. hoeý	16. faŭ
ueñ	17. { ý. / yñ :	17. sem	17. ymí.	17. kiñ
gĕ	18. sañ	18. chiñí.	18. hoăm	18. kieñ
kieñ	19. yĕ.	19. uĕ	19. tú	19. xĭ
lĭ	20. chù	20. çú	20. çuý.	20. çuñ
xî	21. neñ	21. muý	21. çañ.	21. çañ
fã	22. çó	22. lĭ.	22. çuý	22. { chueñ / chamì
chù	23. ý	23. hiamì	23. tú	23. pĕ
cemí		24. ý	24. kaó	24. fŏ
nymʹ		25. paŏ	25. kiñ.	25. kiaý
xú		26. cuñí.		
		27. giñ.		

chi

29. COL.	28. COL.	27. COL.	26. COL.	25. COLUMNA.
chi	23. chiñ	28. ỳ	26. xŏ	26. ço,
tuñ	24. neñ	29. çó	27. cyĕ	27. uañ
fañ	25. xŏ,	30. xĭ,	28. kieñ	28. { paĩ / chĭ
chĭ	26. kieñ	31. sú	29. hĭ	29. kam̃
kiñ	27. fuñ	32. sŏ	30. giñ	30. { kaŏ / çuñ
chuñ	28. { gueỳ / ỳ	33. laỳ	31. laỳ	31. cyeñ
yĕ	29. siuñ	34. gueỳ,	32. kĭ	32. çû,
chaŏ	30. yueñ	35. yuĕ	33. kiñ,	33. kem̃
ỳ	31. kiĕ.	36. kiuĕ	:	34. chŏ
lañ		37. piĕ	34. { sŏ / çuñ	35. cyñ̃
cyeñ		38. sŏ,	35. laỳ	36. yû,
hîñ		39. { kieñ / chuñ	36. fŏ,	37. hŏ
taỳ		40. tuñ	37. tieñ	38. cuñ
cheũ		41. kiĕ,	38. gueỳ	39. pí
sú		42. cyñ̃	39. uĭ	40. lañ,
sú		43. sieũ	40. kiá,	41. { pieñ / muoñ
çañ		44. miñ	41. ximñ	42. { chuñ / tú
kiuñ		45. tĕ,	42. gĕ	43. chiñ
liũ		46. uû	43. yú	44. taŏ
sieũ		47. sŏ	44. cyñ̃,	45. syueñ
hieñ		48. sú	45. cyâm	46. miñ,
xú,		49. yñ̃,	46. fuñ	47. xĭ
		50. uêñ	47. { saŏ / yĕ,	48. fuñ
		51. cyñ̃	48. çó	49. fă
		52. uañ	49. queỳ	50. chù,
		53. yû,	50. hoañ	51. gîñ
		54. chŏ	51. xĕ	52. yeũ
		55. liñ	52. cyeũ	53. lŏ
		56. :	53. kĭ	54. kañ,
		57. yñ̃	54. yuñ̃	55. uĕ.
		kiñ	55. syĕ,	
		kieñ	56. chĭ	
		uĕ	57. foĕ.	
		sĕ,		

PRÆFATIO.

Expofitis in præcedenti Tabula terminis Sinicis, feu quod idem eft, quomodo Characteres Sinici in Lapide comprehenfi, Latinè pronunciandi fint; jam in fequenti Interpretatione, voces in præcedenti expofitas, pari numerorum correfponfu, exponemus. Ita autem res fe habet.

INTERPRETATIO II.

Verbalis Latina Monumenti Sino-Chaldaici.

Lin. 1.
Tab. titulus.

De magna *Cyn* (Judæa videlicet) clariffimæ Legis promulgatæ in *Ciumi kuë* (id eft, Sinarum Imperio) Monumentum.

o. Clariffimæ Legis promulgatæ in Sina Lapis æternæ laudis & prologus. *Ta cyn* (id eft, Judææ) Ecclefiæ Sacerdos, *Kim cym*, retulit.

Columna prima.

1. PRincipium fuit femper idem, verum, quietum, primorum primum, & fine origine, neceffario idem, intelligens & fpirituale, poftremorum poftremum & excellentiffimum exiftens, ordinavit cælorum polos, & fecit ex nihilo excellentiffimè; perfecti omnium Sanctorum, pro origine adorant, quem ille folus perfonarum trium unica perfectiffima fubftantia non habens principium, veritas Dominus *holooy* ftatuit Crucem per pacificare quatuor partes Mundi, commovit originis fpiritum & produxit.

Col. 2.

2. Duas mutationum caufas (Sinicè dicuntur *ym* & *yam*, hoc eft, materia & forma) obfcurum vacuum mutavit, & cœlum, terram aperuit, Solem, Lunam circumvolvit, & diem noctem fecit, Ar-

tifex operatus univerfas res. idem erigere voluit hominem, ornato donavit amabiliffimam pacificæ unionis fubordinationem (id eft, juftitiam originalem) præcipiebat quietem fluctibus maris, integra originis natura vacua humilifque & non plena fuperbaque, fequi appetituum fluctuationem corde, de fe, neque leviffimè defiderabat, promanavit à *Sotan* (id eft, Diabolo) extenfus dolus, clam ornavit naturam puram & fimplicem otiofa pace magnificam in

Col. 3.

3. Illius permanentiæ medio odium occultavit fimul per laudem malitiæ ad intra, iftud caufavit ter centum fexies decem quinque fectas, humeri hominum fequebantur ordinem veftigiorum contendentes texere regularum retia, aliqui monftrabant res creatas pro credendo

princi-

[32]principio, [33]aliqui [34]vacuum [35]habebant pro [36]origine [37]duarum caufarum, [38]aliqui præ-[39]ftabant [40]facrificium [41]ad accerfendam for-[43]tunam, [44]aliqui [45]conquirebant [46]falfa bona [47]ut [48]deciperent [49]homines, [50]prudentiæ co-[51]gitationum [52]inventiones [53]dolofæ, amoris [54]paffione, [55]gaudentes [56]laborabant [57]fic

Col. 4.

[1]4. Abfque eo, quod [2]poffent confe-qui, [3]torrebantur [4]arctiffimè [5]revolutique [6]cremabantur; [7]aggregantes [8]tenebras [9]fine [10]via; [11]à multo tempore [12]deperdentes ex-[13]cellentem beatitudinem; [14]in hoc tempo-[15][16]re perfonarum trium una [17]communicavit [18][19][20]feipfam clariffimo venerabiliffimoque [21]Mi Xio; [24]operiendo abfcondendoque [27]veram majeftatem; [28]fimul homo prodiit [32]in fæculum; [33]Spiritus de cœlis, [34]fignifica-[36]vit lætitiam, [37]Virgo fœmina peperit [40]Sanctum in Tayn [41](hoc eft, Judæa) cla-[43]riffima conftellatio annuntiavit felicita-[47]tem; Po su [48](Reges ex illa terra Orien-[49]tali) viderunt claritatem, [50]& venerunt [52]offerre munera fubjectionis completa [55]bis decem quatuor fanctarum.

Col. 5.

[1]5. Eft prophetiarum antiqua Lex; [5]gubernavit familias, regna [6](id eft, om-nes) cum magna doctrina, [9]locutus trinæ [13]unitatis puram, fpiritualem fine verbo-[18]rum ftrepitu, [19]novam Legem; [21]perfecit [22]bonos mores cum directa fide; [26]ordinavit [27]octo finium & beatitudinum loca & gra-[31]dus; Locum igneum purgandi pulveris, [34]perficiendæ integritati, [36]aperuit trium

[38]virtutum fcholam; [39]referavit vitam, [40]ex-[42]tinxit mortem; [44]appenfus claro die, [46]ut [48]deftrueret inferni tenebrofi civitates, & [51]regionem; [52]diaboli dolos cum hoc tota-[55]liter deftruxit, directo

Col. 6.

[1]6. Pietatis navigio, [2]ut fubirent illu-[5]ftriffimas manfiones, animabus fpiritua-[9]libus in illo tempore cum jam fuccurrif-[14]fet; potentiæ negotia hìc confummaffet; [18]feipfo elevatus medio die afcendit in [21]cœlum; Scripturarum remanferunt bis [24]decem feptem tomi; [26]aperta eft origina-[29]lis converfio, [30]ut poffent homines ratio-[33]nales ingredi; [34]Lex lavacri aquæ fpiritûs [38]abluendo fuperficiem exornat, & puri-[42]ficando, fpiritum interius dealbat; fi-[46]gnaculo Crucis difperfi in quatuor [52]partes Mundi, ad congregandos & pa-[54]cificandos fine labore pulfant ligna, ti-[58]moris, pietatis, gratitudinifque voces [61]perfonando.

Col. 7.

[1]7. Orientem facrificando, refpiciunt [4]vitæ gloriofæ iter, nutriunt barbas, quia [10]habent extra converfari cum aliis; cir-[13]cumradunt fummitatem verticis capi-[15]tis, quia carent ad intra affectibus paffio-[19]num; non fovent fatellitia fervorum, [23]æquales nobilibus ignobilibus cum ho-[27]minibus; non coacervant divitias, etiam [31]pauperibus erogant, cum, nobis; jeju-[36]nant, ut fubjiciant intellectui fcientiam, [39]& perficiant; vel ut quietent timoris paf-[45]fiones propter fortitudinem; feptem vi-[48]cibus

cibus offerunt laudis orationes magno adjutorio vivorum & mortuorum, septem dierum primo

Col. 8.   8. Sacrificant, purificant corda, aversiones peccatorum absolvendo; vera virtutum Lex excellit & difficillimè nominari potest; operibus actionibusque illuminat tenebras umbrasque, cogimur vocare illam claram Legem; sola Lex sine Imperatoribus non magnificatur, Imperatores sine Lege non ingrandescunt; Legem Imperatores edictis dilatando Mundum exornant claritate; *Tay çun-uen* Imperatoris clarissimi Sinarum Regni, temporibus ad illustrissimum sapientissimum Imperatorem venit homo de *Tayn* (id est, Judææ) regno, habens supremam virtutem, nuncupatus

Col. 9.   9. *Lo-puen*, directus à cæruleis nubibus & deferens veræ doctrinæ scripturas, contemplando ventorum regulam ad decurrenda laborum pericula; *Chen quon Kien sú* (est nomen Sinici anni cadentis in Christi annum 636.) pervenit in aulam Imperator, præcepit Colao Vasallo, *Fam cum yuen lim* (est nomen Colai) mittere regios scipiones (isti sunt rubri, & cum Imperator aliquid mandat, semper deferuntur) ad Occidentis suburbana hospiti obviam recipiendo, ingredientem intra palatium fecit transferri doctrinæ Legis libros, in palatio inquisivit de Lege diligentissimè, in penetralibus

profundissimæ doctrinæ, rectæque veritatis, de proposito mandavit illam promulgari dilatarique; *Chen quon* (anni sic dicti) decimus erat secundus annus, (hoc est, Christi 639.)

Col. 10.   10. Autumni septima Luna edictum Regis positum inquit Lex non habet ordinarium nomen, sancti non habent semper eundem locum, decurrunt Mundum proponendo Legem, creberrimè succurrentes multitudini populorum *Tacyn* (Judææ) Regni magnæ virtutis, *Lo puen* de longè portans Legis scripturas imaginesque, venit illas offerre in supremam Regiam, inquirendo sigillatim illius Legis intentum reconditum, excellens sine superficie; vidimus suæ originis radicalis principium, à mortalium creatione statutam necessitatem, verborum sine superfluitate doctrinam, rationem habentem oblivionis sustentaculum proficuam

Col. 11.   11. Rebus, utilissimam hominibus, extendente opera in Mundo, ideò præcipio Magistratibus, ut in Regia, *ynym fam* ædificent *Tacyn* (Judææ) Regni Ecclesiæ unum locum, ponant Sacerdotes bis decem & unum homines. *Çun cheu* (est cujusdam antiqui viri nomen) virtute extincta, in nigro curru ad Occidentem recessit, verum Regiæ familiæ *Tam* doctrinæ claritas clarissimo spiritu Orientem perflavit, vulgata edicta sunt à Magistratibus, reposuerunt Imperatorum pictas vera effigies, in templi parietibus Imperatorum figuræ exuperantes, quinque coloribus cumulata luce illustrabant portas.

12. Sanctis

Col. 12.

12. Sanctis exemplis advenit felici-tas, æternùm splendentis Legis terminus, examinando Occidentis terrarum de-scriptionum monumenta, & *Han guey* familiarum Regiarum Historiographos, *Tacyn* Regnum ab Austro unitur coralli rubri maribus (id est Rubro Mari) à Septentrionali polo omnium pretioso-rum lapidum montibus; ab Occidente immortalium hominum loco floridissi-marum arborum, ab Oriente unitur loco *Cham sum* mortuæque aquæ; ex illius terra prodit igne *lavanda tela, balsa-mum odoriferum, lucidæ Lunæ †gem-mæ, noctu lucentes lapides pretiosi, consuetudinem non habent.

*Albestus in deserto Arabiæ. †Selenites lapis.

Col. 13.

13. Ratiocinandi populi, habent læ-titiam pacificam, legem præterquam cha-ritatis nullam aliam sequuntur; Reges sine virtutibus non constituunt; terræ mundus largus amplus, moribus florent illustrissimis; *Cao çun* magnus Imperator scivit reverenter imitari majores suos; expressit factis suum parentem, & in omnibus Regnis ubilibet ordinavit fieri claræ Doctrinæ Ecclesias; & sicut anteà venerabatur *Olo puen*, sic fecit illum cu-stodem Regni magnæ Legis dominum; Lex dilatata per decem *tao*, (id est, per omnia Regna) felicitatis radice cumu-latissima;

Col. 14.

14. Ecclesiæ implebant centum ci-vitates (id est, omnes) familiæ Regiæ ful-gebant felicitate; *Xim lie* anno Bonzii usi viribus erexerunt ora (id est, Legem vituperaverunt) in *tum Cheu* (est Civitas in *Honan* Provincia) *Sien tien* (anno Christi 713.) finiente. Vulgares viri val-dè etiam illam irriserunt, calumniatique. sunt in *Sy Kao* (antiqua est Regis *Uen nam* aula in *Xen sy* Provincia) erat *Gio* (Joannis est Sinico more vocabulum) Sacerdos. Caput *Lo han* magnæ virtutis *Kië lië*, & *Kim* terrarum nobiles discipu-li, rebus exterioribus superior ille Sacer-dos unà cum aliis, pietatis cœlestis retia & fila dirupta resarcivit *Iuen çun-chi-*

Col. 15.

15. *Tao* Imperator mandavit *Nym* Regni aliorumque quinque Reges per-sonaliter descendere ad felicitatis man-sionem (id est in Ecclesiam) erigere alta-ria, aulasque Legis, trabes columnas-que concisas solidavit, & magis radica-vit; Legis petra tunc inclinata etiam ite-rum rectificata fuit. *Tien pao* (anno Chri-sti 747.) anno inchoato mandavit ma-gnum Generalem *Kao lie su* (Eunuchus fuit) deferre quinque Imperatorum effi-gies veras, Ecclesias intra reponendas, dedit serici centum telas offerendas festi lætitiæ augendæ gratia, Draconis barbæ licet longæ sint

Col. 16.

16. Arcus armaque ex illo penden-tes possumus attingere tamen manu (hoc est, absens quamvis sit Imperator, tamen sui memoriam in dictis rebus re-liquit)

D

[6]liquit) [7]Solis cornua [8]dilatabantur clariſſi-[9]mè, [10]cœlorum [11]color vicinus [12]exæquabat [13]omnia ; [14]Tertio [15]anno [16]Tacyn [17]Regni [18]erat [19]Sacerdos [20]Kie ho, [21]qui iter [22]dirigens per [23]ſtellas [24]pervenit in [25]Sinas [26]reſpiciens So-[27]lem, [28]Imperatorem reveritus eſt ex illius [29]mandato [30]Sacerdos [31]Lo han, [32]Sacerdos Pu [33]lum [34]atque [35]alii [36]ſeptem [37]viri [38]cum [39]magnæ [40]virtutis [41]Kie ho [42]in [43]Nim kim [44]Palatio exer-[45]cuerunt [46]opera [47]virtutum ; [48]in illo [49]tempore [50]Regia [51]edicta [52]in templorum tabulis (ſeu [53]portis) [54]in ipſo [55]frontiſpicio deferebant [56]draconum [57]Imperialium picturas.

Col. 17.

[1]17. Pretioſo [2]ornatu [3]ſplendore pe-[4]trarum fulgentes illuſtriſſimæ [5]minii ru-[6]bicantis, [7]nubes, [8]ſcripturam conſpicuam [9]reddebant, [10]in vacuo [11]aſcendebat claritas [12]irrigando [13]diem, [14]Amor [15]beneficiaque [16]Bo-[17]reæ [18]Auſtrique [19]montibus exæquabantur [20]altiſſimis, [21]exundantiaque [22]cum [23]Orientis [24]maris [25]comparari poterat [26]profundo ; [27]Lex [28]non [29]niſi [30]conſentanea rationi [31]eſt, quod [32]eſt autem [33]tale convenit [34]nomen opti-[35]mum & famam habere, Imperatores [36]abſque [37]illa [38]non operantur, [39]quod autem [40]illi [41]operantur, conſentaneum eſt pro-[42]mulgari ; [43]So çum [44]uen min [45]Imperator in [46]Lim uû [47]& aliis [48]quinque [49]civitatibus [50]mul-[51]tas [52]erexit claræ Doctrinæ

Col. 18.

18. Eccleſias, Antiquam bonitatem adjuvit & felicitatem cœpit aperire ma-ximum feſtum lætitiæ deſcendit & Im-peratorum operâ ſuſcitatâ ſunt, [16]Tay çun

[17]uen uu [18]Imperator [19]lætitiæ [20]reſeravit ſan-[21]ctum circuitum, [22]proſecutus [23]negotia [24]non fruſtranea, [25]quolibet [26]in Dei [27]incarnati Na-[28]talis diei [29]tempore [30]mandabat incenden-[31]dum [32]Imperialem odorem [33]per hoc ad-[34]monens [35]alios operari [36]meritoria opera, [37]mittebatque [38]convivia [39]ad [40]illuſtrandum [41]clariſſimæ [42]Legis [43]populos ; nempè cœ-[44]lorum [45]habuit [46]pulcherrima [47]lucra, [48]ideo-[49]que potuit [50]dilatare [51]mortales, [52]Imperato-[53]rium habuit locum & [54]dignitatem

Col. 19.

[1]19. Originariam, [2]ideò noverat [3]ſu-[4]perare venena [5]noſter [6]Kien chim xim xin [7]uen uu [8]Imperator, [9]inſtituit octo [10]modos [11]regiminis [12]ad [13]renovandam [14]ſubſtituen-[15]damque tenebris [16]lucem, [17]aperuit [18]novem [19]ordines [20]ut [21]ſolum [22]renovaret [23]claræ Doctri-[24]næ mandatum [25]dirigendæ [26]penetrandæ-[27]que illius excellentiſſimæ rationi, [28]orat [29]ſi-[30]ne verecundia [31]cordis, [32]pervenit [33]ad [34]Mun-[35]di ſupremum, [36]& humilis [37]eſt, [38]promulgat [39]pacem [40]& veniam [41]dat [42]aliis, [43]illuſtriſſimæ [44]eſt clementiæ [45]& auxilio eſt [46]omnibus af-[47]flictis, [48]bona [49]elargitur [50]multitudini [51]popu-[52]lorum, [53]& noſtrorum [54]componendorum [55]operum

Col. 20.

[1]20. Maximè [2]ſtudioſus, [3]profudit di-[4]rectionis [5]gradus [6]decurrendos, [7]obſequi [8]fecit [9]ventorum [10]pluviarumque [11]tempora, [12]Mundum [13]pacificavit, [14]homines [15]ſciunt ſe [16]regere, [17]res [18]poſſunt [19]diſponere, [20]vivi [21]nove-[22]runt [23]florere, [24]mortui [25]poſſunt lætari, ope-[26]ribus [27]mortalium [28]bona [29]fama reſpondet,

Natura

[30]Natura profudit [31]ex [32]fe [33]perfectionem, [34]quia [35]noftræ [36]clariffimæ Doctrinæ [37]Lex [38]poteft negotiorum [39]opera [40]perficere, [41]ma-[42]gnos largitus (titulos) [44]Dominus; [45]*Kin su Kuam lo ta fu* (eft titulus Officii intra au-[46]lam) & [47]fimul *So fam cye tu fo su* (Officii extra aulam eft titulus.)

Col. 21.

[1]21. *Xi tien chun Kien* (alius titulus [2] [3]Officii in aula) donavit purpuream ve-[4]ftem [5]Sacerdoti [6]*Y su* [7]pacificatori, aliifque [8]defideranti [9]benefacere, [10]bonum nomen [11]& [12]famam [13]Legis [14]promulganti, [15]de longe in [16]*Vam xe chi chim* [17]venienti [18]medio [19]vere, [20]virtutibus [21]fuperabat [22]tres [23]generationes, [24]fcientias [25]dilatabat [26]decem [27]perfectiffimè, [28]à principio [29]fervierat [30]in palatio [31] [32]Regis, [34]pofteaque fcriptum [35]fuit nomen [36]illius [37]in [38]Regio [39]libro [40]ex [41]*Xu lim de fuen yan* [42]Re-[43]gulum [44]cum cu [45]y in principio.

Col. 22.

[1]22. Adjuverat [2]armigerantem in [3]*So*-[4]*fam*, *So cun* [5]([6]Imperator) [7]miferat illum, ut [8]fequeretur [9]præeuntem, [10]etiamfi videre-[11]tur [12]fua perfona [13]cum dormientibus [14]intra, [15]nunquam [16]fe [17]mutavit [18]in [19]operibus [20]exte-[21]rioribus, [22]fuit Rex Reipublicæ pro un-[23]guibus [24]dentibufque, [25]fuit [26]Exercitui pro [27]auribus [28]oculifque, [29]fciebat [30]repartiri red-[31]ditus [32]beneficiaque, [33]nunquam [34]aggrega-[35]bat [36]pro [37]fua [38]domo, [39]obtulit [40]*Lim ngen* ex [41]Poli ([42]vitrum pretiofum) dedit *Cu Ki*, [43]ex, [44]aureos [45]tapetes, [46]interdum [47]reftaurabat [48]antiquas Ecclefias, [49]interdum [50]multipli-[51]cabat [52]ampliffimas [53]Legis

[1]23. Aulas, [2]honorando [3]exornando-[4]que [5]domiciliis [6]Mundum, [7]ficut volati-[8]lium quibufdam alis, [9]diligenter [10]exercuit opera; [11]clariffimæ Legis [12]difcipulus obfe-[13]quens [14]caritati, [15]diftribuebat [16]lucra; [17]quo-[18]libet anno [19]convocabat [20]quatuor [21]Eccle-[22]fiarum Sacerdotes, [23]inferviebat [24]affectuosè [25]& reverenter [26]ad minimum [27]omnibus [28]quadraginta diebus, [29]famelici [30]qui [31]venie-[32]bant, [33]etiam pafcebat [34]illos, [35]frigore [36]alge-[37]bant [38]qui venientes [39]veftiebat [40]illos, [41]ægro-[42]tabant [43]qui, [44]curabat [45]& erigebat [46]illos, [47]mo-[48]riebantur qui, [49]fepeliebat [50]& quiefcere [51]faciebat [52]illos, [53]temporibus [54]*Ta-fo* [55]non au-[56]diebatur

Col. 23.

Opera mifericordiæ.

[1]24. Ifta pulchritudo ([2]folebat hic fuf-[3]cipere [4]hofpites & [5]peregrinos [6]lautiffimè) [7]albis [8]veftiebantur [9]claræ [10]Doctrinæ [11]viri, [12]& modo [13]videntur ifti [14]homines volui [15]fculpere [16]univerfis [17]perennis [18]memoriæ [19]Lapidem, [20]ut [21]divulgentur [23]felicia [24]opera, Sermo inquit, [25]verus Dominus [26]fine prin-[27]cipio, [28]puriffima [29]quies [30]femperque [31]ea-[32]dem, omnipotens [33]totius [34]Mundi [35]artifex [36]Creator [37]ftatuit [38]terram, [39]erexit [40]cœlum, [41]communicando [42]feipfum, [43]prodit in [44]mun-[45]dum falutem [46]inftituit [47]infinitam, ut Sol [48]refplendens [49]afcendit, [50]tenebras [51]extinxit, [52]totam verificavit [53]veritatis excellentem [54]profunditatem, [55]Sereniffimus [56]*Ven* [57]Impe-[58]rator Legis diadema tulit ante alios Reges

Col. 24.

Diverfitas veftium inter Regulares.

[1]25. Ufus [2]bene tempore, [3]abolevit turbas,

Col. 25.

D 2

turbas, cœlos dilatavit, terras extendit, clariſſimæ illuſtriſſimæ doctrinæ Legis verbis reduxit noſtrum Sinarum Imperium *Tam*, traduxit Scripturas, erexit Eccleſias, vivis mortuis fuit inſtar navis centum felicitatum gradus ſecit decem millium Regnorum pacem, *Cao çun* imitatus majores, etiam ædificiis perfecit Mundum, Pacis palatia humili luce impleverunt Sinarum terras, veram Legem extendit clariſſimè, contulit titulos Legis domino, mortales habebant lætitiam, pacem, res

Col. 26. 26. Carebant infortuniis calamitatibuſque, *Yuen çun Ki* Imperator ſcivit ſe componere ad veritatem rectitudinemque, mandavit tabulas erigere lucidiſſimas Regiis ſcripturis florentiſſimè fulgentes, Imperatorum imaginibus clariſſimorum reſplendentes, illas omnia Regna valdè venerabantur, populi omnes renovabantur, homines geſtiebant illa felicitate *So*, *Cum*, rediit iterum Imperatoriæ Majeſtatis dirigere curſum Imperialis Sol pepulit tenebras, felicitatis aura eliminavit noctem, fecit illam redire Imperiali domui, felicitatiſque odore æternum extinxit ſtititque impetus furentium.

Col. 27. 27. Pacificavitque pulverem rebellantium, fecit noſtrum magnum *Hia* (ita etiam Sina vocatur) Imperium, *Tay cum hiao y* virtutibus univit cœlos & terram, aperuit beneficiis vitæ opera rebus auxiliatus pulcherrimo incremento, odores dedit in gratiarum actionem piiſſimus ad faciendas eleemoſynas beneficentià faciebat deſcendere Majeſtatem, Luna, Sol perfectiſſimè conjunctæ in illo (id eſt omnia ſubjecta habuit) *Kien chun* gubernavit polos (id eſt Mundum) perfecit compoſuitque intellectus virtutem, robore pacificavit quatuor maria, exornavit adunavitque decem millium terminos, candelæ inſtar deſcendit in hominum ſecreta, ut ſpeculum repræſentans rerum colorem.

Col. 28. 28. Mundum illuminavit reſuſcitavitque, centum barbaris dedit leges, Lex ſola ampliſſimè reſpondet unicè perfectioni, coacti nomen illius dicemus, Lex eſt Trinitatis unius, Imperatores ſciebant operari, Vaſallus debuit referre. Erigo florentiſſimum Lapidem monumentum æternæ laudis originalem felicitatem magni Imperii Sinarum familiæ Regiæ *Tam* Imperatoris *Kien chun* ſecundo anno, cum eſſet principium Autumni menſis ſeptimo die magni luminis florentiſſimi ornatus die, (hoc eſt, Dominico) erectus Lapis.

Col. 29. 29. Illo tempore Legis Dominus (Epiſcopus) Sacerdos *Nym Xu* regebat Orientalium terrarum clariſſimæ Legis populos. *Chao y lam*, qui anteà fuerat *Tay chen ſu ſu çan Kim*. Vocatus Officialis *Liu ſieu* propria manu ſcripſit.

Sacerdotum eſt dare & explicare Legem.

INTERPRETATIO III.

Seu

DECLARATIO PARAPHRASTICA

Inscriptionis Sinicæ, primùm è Sinico in Lusitanicam, ex hac in Italicam, & demùm ex Italica in Latinam linguam de verbo ad verbum translata, ut sequitur.

o. Declaratio *del Xiù Più*, vel ut Commentator ait, facta à Sacerdote Regni Judææ, qui vocabatur *Kim Lim*.

Creatio rerum.

Kis, quid in Sinensi lingua.

Lapsus Adami.

I. DIco itaque hoc modo, ille qui semper verus fuit & quietus, omnis expers principii, intellectus profundissimi, & semper duraturi, excellente potentiâ suâ ex nihilo creavit res omnes, infinita majestate sua & sanctitate fecit Sanctos. Hæc est essentia Divina, trina in personis, & in substantia una, Dominus noster, verus sine principio, *Olò, ò yu* (quod in Chaldæo idem ac *Eloha* significat) in figura Crucis fecit quatuor Mundi partes, commovit Chaos, fecit duo *Kis* (hoc est, duas virtutes, seu duas qualitates dictas *Inyam*; Commentator habet, duo principia) fecit mutationem in abysso, id est, mutavit tenebras, comparuit cœlum & terra, fecit ut Sol & Luna motibus suis noctem & diem causarentur, res omnes fabricatus est. Verùm creando primum hominem ei præterea justitiam largitus est originalem, dominum eum constituendo totius Universi, qui de sua natura primò vacuus erat & vilis, seipso plenus, intellectu plano & æquali, & sine mistura nullum habens appetitum inordinatum.

II. Postquam verò Sàtanas fraudibus suis usus, effecit; ut Adamus id quod ex se & sua natura purum erat & perfectum, inficeret; hoc est, fecit ut malitia in ipsum intrare inciperet perturbatura pacem, & hujus suæ simplicitatis æqualitatem & discordiam illa fraude intro-

duxit. Idcircò trecentis sexaginta quinque sectis unâ post alteram obortis, unaquæque earum maximum quem poterat numerum ad se trahebat. Aliqui creaturam Creatoris loco habebant. Alii principium rerum omnium vacuum ponebant, & ens reale (alludit ad hoc secta Pagodûm & Literatorum Sinensium) quoniam illi asserunt, quod principium, è quo omnia prodière, sit vacuum; quod idem illis est, ac subtile, sensibus imperceptibile, etiamsi in se reale sit & positivum principium. Literati verò dicunt, quod principium rerum non solùm reale sit & positivum, sed præterea quod talis sit figuræ & corpulentiæ, ut sensibus comprehendi queat. Quidam sacrificiis quærebant beatitudinem. Quidam bonitate quadam gloriabantur ad decipiendos homines, qua in re omnem suam scientiam & industriam collocabant, omni diligentia & intentione suis affectibus servientes. Verùm frustra laborabant & sine profectu, semper in pejus progredientes, quemadmodum contingit iis, qui è vase cretaceo ignem elicere volunt, obscuritatem addentes obscuritati, & hoc ipso veram semitam perdentes ad viam vitæ reverti nescientes.

365. sectæ.

III. Tunc una de Divinis personis sanctissimæ Trinitatis dicta Messias restringendo tegendoque Majestatem suam, & se humanæ naturæ accommodando homo factus est. Quam ob rem

Incarnatio Filii Dei.

D 3 ad

ad hoc gaudium annunciandum Angelum ablegavit, & de Virgine in Judæa natus est. Stella magna felicitatis hujus fuit annunciatrix. Reges ejus claritate perspecta munera oblaturi venerunt, ut Lex, & Prophetiæ viginti quatuor Prophetarum adimplerentur. Gubernavit autem Mundum Lege magna, condidit Legem Divinam, spiritualem sine verborum strepitu, fide vera consummavit: octo disposuit beatitudines: rés mundanas mutavit in æternas : aperuit portam trium virtutum (Theologicarum) vitam dedit destruendo mortem. In persona sua ad inferos descendit, & omnia confudit dæmonia ; nave pietatis suæ ad cœlum conduxit bonos, & justorum animas in salutem vindicavit. Hisce denique finitis sua potentia circa meridiem in cœlum ascendit, relinquens viginti septem Doctrinæ tomos ad portam magnæ conversionis Mundi aperiendam. Baptismum ex aqua & spiritu instituit ad abluenda peccata, & Mundum ad puritatem reducendum. Cruce utitur, ut omnes absque exceptione comprehendat, excitat omnes voce charitatis, reverentiam exhibere jubens versus Orientem, ut pergant in via vitæ gloriosæ.

Apostolorum, Sacerdotum seu Ministrorum Christi vita.

IV. Ministri ejus ornamenti exterioris causa barbam alunt, & coronas in capite faciunt (id est verticem radunt) ut ostendant se nullo intus affectu malo teneri. Mancipiis non utuntur : in alto & basso (id est, in prospero & adverso) seu humili omnibus se faciunt æquales: divitias non congregant, sed eas omnibus faciunt communes: jejunia colunt cùm ad mortificandas passiones, tum ad præcepta Divina servanda : magni faciunt homines supra se elevatos & (à rebus mundanis) abstractos : septies in die orationes tam pro vivis, quàm pro defunctis faciunt : septenis diebus semel ad animam à peccatis purgandam, puritatemque ei restituendam sacra faciunt. Quia Lex vera, & constans excellens est,

difficile est ei congruum nomen reperire, cum ejus effectus sit illuminare, & omnia claritate perfundere ; undè necessarium fuit eam appellare *Kiṁ kiaò*, hoc est, Legem claram & magnam.

Legis Christianæ excellentia.

V. Lex ubi personæ Regiæ desunt, non extenditur, nec dilatatur: personæ verò Regiæ absque Lege nequaquam magnificantur. Lege itaque, & Regibus concordantibus, & in unam veluti rem coëuntibus illicò Mundus illuminatur. Igitur Rege dicto *Taì cùm veú huanìti* tempestate illa celebri, singulari prudentia & sanctitate (Chinam) administrante, venit ex Judæa summæ virtutis Vir vocatus *Olò puen*, qui à nubibus deductus veram Doctrinam importavit: deductus etiam per ventos, & chartas hydrographicas multa pericula & labores sustinuit, & tandem anno *Chiṅ quoṅ* & *ieú siè* (erat ille annus Christi sexcentesimus trigesimus sextus) ad Curiam Regiam appulit. Rex verò famoso *Colào*, qui *Fam Kieù lym* dicebatur, præcepit, ut accepto jumento obviam novo hospiti versus Occidentalem partem procederet, hoc est, versus Suburbium Civitatis, eumque omni benevolentia exceptum in Regiam introduceret. Jussit Rex traduci Doctrinam in Palatio, ibidemque unà investigavit veritatem Legis. Intellexit Rex esse veram Legem, & seriò per totum Regnum cum efficacia & honore jussit divulgari & dilatari, & in hoc anno 12. *Ciṅ quoṅ* 7 mense Autumni (erat is annus Domini 636.) rescripsit in hunc modum. (Promulgationis tenor est iste, qui sequitur) Lex vera non habet nomen determinatum, nec sancti locum habent, ubi consistant, determinatum : excurrunt ad omnes partes, ut Mundum doceant, ad Mundo laboranti succurrendum, velis, remis ad utilitatem afferendam intenti. Ex hoc Regno *Tancin* (sive Judæa) *Olò puén* magnæ virtutis homo de locis adeò diffitis Doctrinam, & imagines Regiæ nostræ Curiæ præsentaturus asportavit.

Lex in Chinam apportatur.

Per Chinam divulgatur.

Imaginum SS. cultus.

Cujus

Cujus nos intentum docendi à fundamentis examinantes, invenimus doctrinam ejus admodum excellentem, & fine strepitu exteriori, fundatam principaliter in Creatione Mundi. Doctrina ejus non est multorum verborum, nec superficietenùs suam fundat veritatem, salutem hominibus adferens & profectum: Undè congruum est, ut toto nostro Imperio divulgetur. Mandarinis quoque, qui *Nim sam* dicuntur, in eo Curiæ loco præcepit, magnam ut Ecclesiam exstruerent, eidemque viginti & unum Ministros deputarent. (Author *Kim Cim* laudat hìc Regem) scilicet ad vires Monarchiæ *Cheù Olad iù* (caput hoc est sectæ *Stai iù*, alii *Taufu*) debilitandas. In curru nigro versus Occidentem discessit, (hoc est extra Chinam.) Verùm ubi magnus *Tam* illustris factus est cum *Tao*, sanctum Euangelium Chinæ illatum est. Paulò indè Rex effigiem illius *(Olò puèn)* qui, ut diximus, primus Euangelium attulit, depingi curavit, & muro appendi; excellens ejus figura resplenduit portis Ecclesiæ, & memoria semper fulgebit in Mundo.

VI. Juxta Geographos, qui partium Occidentalium mentionem faciunt, & juxta Historicos duorum Regnorum *Hai* & *Guei*, Regnum *Tan cin* (id est Judæa) ab Austro confine est Mari rubro, ab Aquilone relinquit Montes gemmarum, ab Occidente *Boco das fullas* (quod quid sit, difficile est conjicere, ego Carmelum suspicor esse) in prospectu versus Sanctos. Ab Oriente denique contermina est huic loco *Ciam fam* & aquæ, quam mortuam dicunt. Hæc terra cineres eructat igne calentes (forte intelligit Lacum Asphaltitim) producit balsamum, gemmas minutas & carbunculos (quibus insinuat Ægyptum cum reliqua ora Rubri maris, in qua prædicta reperiuntur) Latronibus caret & Assasinis, populus in pace vivit & gaudio; in Regnum non admittunt nisi Euangelium; dignitates nulli, nisi virtute meri-

tis conferuntur: ædificia sunt grandia: (verbo) Regnum celebre est poësi, alii ordine, & bonis moribus.

VII. *Docdo*, alii *Caozum*, *Cùm*, filius *Tai çùm*, gubernacula Regni adiit anno Domini 651. (continuando Author *Kim cim* hæc dicit) *Caò vim*, alii *Caozum*, magnus Imperator minimè virtutibus Avi sui degener, novit cum honore continuare intentum Avi sui, & dilatare & honorare res patris sui, præcipiens in omnibus Provinciis fieri Ecclesias, unàque honorans *Olò puèn* titulo Episcopi magnæ Legis, quæ gubernat Regnum Chinæ. Tum lex Dei promulgata est per decem Provincias (quibus Sinense Regnum continebatur) & Regnum summa pace fruebatur, Ecclesiis replebantur omnes urbes, & domus felicitate Euangelii florebant.

VIII. In hoc anno dicto *Xim liè* (qui tum annus Domini 699.) Bontii Pagodum sectatores suis usi viribus extulerunt voces, (id est blasphemarunt nostram sanctam Legem) in loco qui dicitur *Tum Cieù* (erat is forte in Provincia *Honan*) & in fine hujus alterius anni dicti *Sien tien* (qui respondet anno Domini 713.) quidam privati homines in *Sieno*, quæ erat antiqua Regia *Veñ vam*, (Commentator vult esse *Siganfu*, in Provincia *Xensi*) ausi sunt nostram sanctam Legem sannis, ludibrio & vituperio proscindere.

IX. Hoc tempore erat quidam princeps Sacerdotum (videtur fuisse Episcopus) nomine Joannes, & alius magnæ virtutis Vir, nomine *Kie Lie*. Hi duo cum aliis nobilibus popularibus suis non famâ minus, quàm rerum mundanarum contemptu celebribus, cœperunt iterum ritè Euangelium suum excellens explicare continuando, & fila (malitiâ Cacodæmonis) pridem rupta reficere. Rex dictus *Hiuen cum chi tao* (cœpit hujus Imperium anno 719.) quinque Regulis præcepit, ut in persona adirent felicem domum (hoc est Ecclesiam) & erigerent altaria. Tum columna Legis, quæ

Ecclesiam exstrui curat.

Effigies Olò puen primi Sinensium Apostoli.

Descriptio situs Judææ juxta Sinensium Geographos.

In decem Provinciis Chinæ prædicatur Euangelium.

Persecutio movetur contra legem.

Lex revivifcit.

quæ ad breve tempus jacuit proſtrata, cœpit rurſum erigi, & incrementa ſumere. In höc principio anni *Tien pao* (quod erat anno Domini 743.) præcepit Rex *Ota Ciam Kuen* (nomen tituli) dicto *Cuoliè ſiè* (erat is Eunuchus ſummâ apud Regem gratiâ valens & authoritate) ut effigies veras quinque Regum prædeceſſorum Avorum ſuorum deportaret, & in Eccleſia collocaret, unáque centum pretioſarum rerum cimelia in Eccleſiam deferret ad ſolemnitatem hanc celebrandam (dicit author *Kim Cim* in laudem ipſorum Regum) Barbæ longæ Draconis etiamſi longè ſint, nihilominus arcus & enſes .ejus manibus apprehendi poſſunt (alludit ad hiſtoriam

Fabula Sinenſium. quandam antiquam ejuſdem Regis) qui fingebatur aſcendiſſe in aëra Draconi inſidens, quem ſervi, qui ſe dicebant ituros cum Rege, variis armorum generibus inſtruxerant; qui verò remanſerant, barbam Draconis vellicantes, arma quædam tulerunt, in memoriam Regis, in iis veluti præſentem eum intuentes. (Alludit itaque Author hujus ſcripturæ ad hanc hiſtoriam, ut declaret effigies memoratorum Regum, Regi præſentium & viventium loco fuiſſe; ideò ſubjungit, Claritudo, quam reddunt hæ imagines, oſtendit eos nobis præſentes adeſſe.)

Anno 745. appulit alius Prædicator ex Judæa. X. Anno tertio *Tien paò* (annus is erat Domini 745.) fuit in Judæa, alii in India, Sacerdos quidam *Kiehò*, qui ſtellarum ope ductus in Chinam appulit, & reſpiciens Solem, (erat hæc cærimonia eorum, qui ad Regis admittebantur colloquium) ad conſpectum noſtri Imperatoris intromiſſus eſt. Rex autem juſſit, ut Sacerdos Joannes & Paulus cum aliis ejuſdem profeſſionis viris, & cum præſente tantæ virtutis Viro *Kie hò* ad palatium *Hmi Kim* vocatum, ad adorandum, & ad ſancta (devotionis) opera exercenda ſeſe conferrent. Hoc tempore literæ Regiæ in tabellis Eccleſiæ ſervabantur, pretioſe ſe-

cundum ordinem ornatæ, ſplendentes colore rubro & cæruleo, & penna Regia replebat vacuum, aſcendens, & ad Solem uſque pertingens : favor ejus & dona altitudini montis Auſtri comparantur, & abundantia beneficiorum profunditatem æquat maris Orientalis. Ratio non poteſt non probare approbatum, & memoratu dignum. Ideò Rex dictus *Sa Cum nen men* ſive *Ven min* (qui regere cœpit anno 757.) in hoc *Lim ſui ſen*, & quinque urbibus recenti mandato Eccleſias fieri juſſit. Erat hic Rex eximiæ indolis, ſub quo porta felicitatis toti Regno aperta eſt, hac felicitate, gaudio, & plauſu exiſtentibus, res gubernationis Regalis maximè elevatæ ſunt. Anno 757. Rex *Sa cum nen, men*, & ejus virtutes.

XI. Rex *Tai cum ven vù* (adiit Imperium anno 764.) bonorum temporum particeps factus, negotia Regni ſine difficultate adminiſtrabat : Feſto naſcentis Chriſti ſingulis annis in gratiarum actionem mittebat odoramenta cœleſtia, & ad honorandos hujus ſanctæ Legis miniſtros, rerum omnium, & annonæ Regiæ aſſignabat proviſionem; Certè cœlum Mundo tribuit pulchritudinem & perfectionem, & ideò liberaliter res producit; Hic Rex imitabatur cœlum, idcirco noverat alere & ſuſtentare ſuos. Anno 764. Regis *Tai cum* virtutes.

XII. Rex *Kien cium xim ven vù* (regnans anno 781.) octo utebatur modis ad præmiandos bonos, & caſtigandos malos. Novas rationes ad Euangelii ſtatum inſtaurandum, promovendumque inſtituit. Regimen ipſius erat admodum excellens ; Rogamus Deum pro ipſo, non verecundantes in hoc. Magnæ virtutis erat, humilis, pacificus & doctus, tolerabat proximum, abundabat charitate ad omnes juvandos, & benefaciebat omnibus viventibus. Hæc eſt vera via, & ſcala ſanctæ Legis noſtræ, facere ut pluvia & venti ſolitis temporibus revertantur, Mundus ſit quietus, homines benè gubernati, res ſingulæ rectè diſpoſitæ, viventes benè vivant, Anno 781. Euangelii & Legis Chriſtianæ effectus.

vivant, defuncti gaudio perfruantur. Hæc habere in promptu, & rationem reddere, in veritate procedit ex noftra fancta fide, & omnes effectus funt fortitudinis & potentiæ fancti Euangelii noftri.

XIII. Rex Sacerdoti dicto *Usù* magno Legis promulgatori hofce titulos dedit *Kin iù*, quàm *lò tai fù* (officium eft in Regia aula) & *Soù fum ciè tù fù lèi* (officium extra aulam) *Xi tien thum Kieñ* (officium quoque aliud eft, quorum explicationem non inveni in Exemplari.)

Dona Regis facta prædicatori Verbi DEI. Item dicto Sacerdoti magnæ Legis promulgatori veftimentum Ecclefiafticum coloris cærulei (Italicè *di color pavonazzo*) donavit. Erat Sacerdos ifte pacificus, aliis benefacere gaudebat, virtutis opera fummo ftudio peragendo. Advenit ille in Chinam regione remota è loco dicto *Vam xi ciù chim* regionis Pagodum, quod idem ac regio longè diffita India. Ejus res geftæ tres generationes famofas Chinæ fuperarunt, & reliquas fcientias perfectè dilatavit. In principio Regi in aula ferviebat, poft ejus nomen Libro quoque Regio illatum.

XIV. Regulus *Fuen yam*, dictus quoque *Cò çù y*, titulo *Chum Xulim* illuftris, in principio bellicis ftudebat negotiis in partibus *Sofam*. Rex verò dictus *Sò çùm* præcepit *Ay sù*, five *Y sù*, ut *Cò çù y* favorabiliùs cæteris promoveret (videtur quod Rex jufferit eum effe Confiliarium *Cò çù y*) etiamfi vehementer à Capitaneo amaretur, non curavit tamen ftylum ejus ordinarium procedendi; erat enim ungues & dentes Reipublicæ, oculi & aures Exercitus (phrafis Sinica) fciebat diftribuere reditus fuos, non domi accumulare. Obtulit Ecclefiæ rem preciofam dictam *Poli* (videtur fuiffe ex vitro) hujus loci *Cìñ regueñ*, alii *Lintiguen*. Prætereà tapetes auro intertextos hujus loci, *Ciè Kì* dictos: refecit Ecclefias veteres de novo fundans, & ftabiliens atrium & domum Legis: adornans domus, & hofpitia fplendentia inftar pha-

fianorum volantium, præter exercitia fanctæ Legis noftræ operibus ftudebat charitatis, quotannis quatuor Ecclefia- Regis opera charitatis. rum Sacerdotes congregando, quibus toto corde inferviebat, de rebus omnibus neceffariis providebat fpatio dierum quinquaginta, adhuc famelicos faturabat, nudos cooperiebat, infirmos curabat, mortuos fepeliebat.

XV. Tempore *Tà sò* cum omni parfimonia fua fimilis non eft audita bonitas (erat hic *Tà sò* Bontius fecta Pagodus) qui in maxima quadam Congregatione Bonziorum, in qua agendum erat de rebus fectæ fuæ, officio fungebatur hofpitum excipiendorum, & procurandarum rerum unicuique neceffariarum. (Ideò Author tractando de operibus charitatis *Oy fiè* hunc *Tam sò* anteponit.) Sed tempore hujus Euangelii fimiles homines videmus fanctis operibus vacantes. Idcircò, ut in lucem irent opera Felix Ecclefiæ Sinenfis ftatus Lapidi inciditur. tam heroica, Lapidi huic magno ea infculpere volui.

XVI. Dico itaque, DEUS verus, expers principii, purus, quietus & immutabilis eft, ille fuit primus Creationis artifex, aperuit terram, elevavit cœlum; Una ex perfonis pro æterna mortalium falute factus eft homo, afcendit in altum Solis inftar, deftruens tenebrofum, & in omnibus profundam veritatem ftabiliens.

XVII. Splendidiffimus ille Rex, qui veriffimè primus primorum Regum fuit, opportunitate ufus omnem fuftulit difficultatem, cœlum dilatatum eft, terra extenfa. Clariffimum eft Euangelium noftrum, quod Regno *Tam* illatum eft, afferendo doctrinam, Ecclefias erigendo, pro vivis & defunctis loco fuit navigii: omnem felicitatem exaltans, quietem dedit univerfo Mundo.

XVIII. *Caò çum* infiftendo veftigiis Ecclefiarum erectio. Avi fui denuò ad novas Ecclefias exftruendas animum adjecit. Templa pacis alta & magnifica terram repleverunt omnem. Lex vera induit pulchritudi-

E   nem.

nem. Titulo honoravit Episcopum, tranquillitate & gaudio populi sine laboribus potiti.

XIX. Sapiens Rex *Ni uen çum* novit ingredi vias veras & rectas : tabulæ Regiæ erant magnificæ & illustres, literæ Regiæ in iis florebant & resplendebant. Figuræ Regiæ elucebant: Omnis populus profundè eas venerabatur , omnia dilatabantur , & homines ex eo gaudio summo perfruebantur.

XX. Hic Rex *Sò çum*, regnando in propria persona venit ad Ecclesiam; Sol sanctus resplenduit : nubes felices omnem caliginem & obscuritatem noctis dispulerunt. Felicitate in Regia domo aggregata , mala cessarunt, sublatisque dissensionibus Imperium nostrum restitutum est.

XXI. Hic Rex *Tai cum fù* obediens fuit, virtute cœlum æquavit & terram; dedit vitam populo , & rebus singulis progressum. Odoramenta in gratiarum actionem misit Ecclesiæ, exercuit opera charitatis. Sol & Luna in ejus uniebantur persona, hoc est, omnes ad obedientiam ei præstandam advolabant.

XXII. Hic Rex *Kien cum* in regimine constitutus claram reddebat virtutem : armis quatuor maria pacificavit : literis decem millia confinium illustravit : instar candelæ secreta hominum illuminavit , & velut in speculo detecta cernebat omnia, totum resuscitavit orbem : cuncti Barbari regulam vivendi acceperunt.

XXIII. Lex, ô quanta, quam perfecta, & quam ad omnia sese extendit ! volens eam nuncupare non potui non Legem Divinam appellare. Reges noverant res suas disponere, ego Vasallus eas possum enarrare, ideò erigo hunc Lapidem prædivitem, in præconium magnæ felicitatis.

XXIV. In nostro Potentatu magni *Tam,* anno secundo hujus *Kien cium* (videlicet anno Domini 782.) die septimo

mensis Autumni , die Dominica , hic Lapis erectus fuit, Episcopo *Him ciù* Ecclesiam Sinensem administrante ; Mandarinus nomine *Liu sièci yen* , tituli erat *Ciao y cum*, alii *Chio y lam*, in quo Officio ante eum fuit *Tai cieù siè su Cai Kiun* , hanc sua manu confecit inscriptionem.

Atque hæc est explicatio inscriptionis saxo insculptæ, in qua illud sanè summa admiratione dignum est, adeò variam & multiplicem rerum , quam hoc saxum continet, relationem, tam arctò spatio, & characteribus non nisi mille octodecim comprehendi potuisse : Fuit autem hujus scripturæ duplex facta interpretatio ; præsens admodum conformis est illi , quæ facta fuit *Pequini* , deindè etiam à *P. Michaële Boimo* denuò ex Sinico Exemplari exposita , quæ & elegantior est , & magis propria, Sinicæque phrasi magis conformis ; & quamvis ob eandem causam appareat minus elegans in nostra lingua, est ea nihilominus elegantissima, & quoad stylum & phrasim Sinicam maximè ab omnibus iis, qui se dictæ Linguæ magistros profitentur, laudata. Colligitur autem ex hoc Monumento, primò Legis Christianæ in Regnum Sinicum , quæ ante mille circiter annos contigit , introductio. Item quanto cum honore & veneratione ab Imperatoribus ea fuerit recepta ; quomodo & per quantas Provincias fuerit promulgata ; quantum 150. annis , quibus maximè floruit, fuerit dilatata : quales denique persecutiones bis sustinuerit ; ita iis paulatim suppressa, ut nisi ejus in hoc Monumento remansisset notitia, nulla ejus vestigia amplius superessent. Certè in *Chronicis Sinensibus* , de ejus in Chinam introductione præter memoratorum Regum & Mandarinorum nomina, vix quicquam invenitur. Inventus autem est hic Lapis paucis ante annis, quam Patres Societatis JESU in Chinam appellerent ; Undè apparet tam eximiarum & sublimium rerum interpretationem

Divina providentia in detecto Monumento.

tionem non fuisse reservatam, nisi iis, qui divinarum humanarumque rerum scientiâ egregiè instructi, ejusdem Doctrinæ Legisque vetustate temporum obliteratæ, futuri erant annunciatores propagatoresque. Atque hæc quidem quoad inscriptionem Sinico Charactere factam sufficiant. Quoniam verò multa in hac interpretatione obscura sunt, ea Scholiis illustranda duxi, unà cum consensu doctrinæ omnium Orthodoxorum Orientalium, quæ in ea continetur.

CAPUT IV.

De Cruce in supremo Lapidis apice incisa.

Conversiones rerum utplurimum prodigia solent præcedere.

ITa Divinæ providentiæ comparatum est, ut cum insignior in Regno quopiam aut Reipublicæ statu rerum imminet immutatio, illam, priusquàm contingat, veluti prodigiis quibusdam ostentorumque monstris exprimere soleat. Quanta paulò ante adventum Christi prodigia in Imperio Romano visa sint, plena sunt omnium Historicorum monumenta. Quanta excidium Hierosolymitanum portenta præcesserint, legat, qui volet, Ægesippum, Josephum, aliosque. Quæ uti in omnibus Rerumpublicarum revolutionibus irrefragabili Scriptorum testimonio confirmantur, ita in Japonia quoque & vasto Sinarum Imperio jam ad conversionem maturo, de nova sacrosanctæ Crucis inventione verificata sunt.

In Japonia Crux inventa infcissa arbore.

In Japonia findentibus arborem Crux inventa rei novitate omnes in admirationem traxit. Legimus in *Historia Indiarum Occidentalium* fuisse in Mexicano Regno virum Sacrificiorum præsidem, quemque Prophetæ loco habebant; hic dicitur paulò ante Americæ

Prophetia de inventione Americæ.

sive Novi Mundi inventionem dixisse, venturum ac jam propè imminere tempus, quo peregrina gens ex Oriente appulsa totum Regnum eorum subjugaret imperio, atque idolorum statuas vel ad primum Crucis, quam secum portabant, conspectum fugituras, quod eo prorsùs modo, quo prædixit, evenit; Siquidem Ferdinandus Cortesius vixdum incogniti Regni oram appulerat,

cum eccè Vexillum nigrum rubea Cruce signatum expandens, virtute ejus mirifica atque unà rerum bene gerendarum in Deum fiducia fretus, gentilibus sibi subjectis, universo Regno potitus est; Non dicam hìc de arbore in Crucis formam paulò ante fidem Christi in Regnum Chilense introductam excrescente; cum hisce *Annalium Indicarum Societatis nostræ* monumenta plena sunt, quemadmodum in *Opusculo nostro de prodigiosis Crucibus in vestibus hominum anno* 1660. *Neapoli visis* fusè à me tractatum fuit. Sed ut ad Sinas revertamur, varia Crucis signa in China reperta fuisse suprà in *Præfatione ad Lectorem* innuit P. *Boimus.* Ad *Chiang* fluvium in Provincia *Honan* eodem propè tempore, quo hoc Monumentum, ingens Crux ferrea reperta fuit: In nonnullis quoque Provinciis Cancri reperti sunt antehac nunquam visi, qui albæ Crucis schemate in dorso insigniebantur. Imò in ipsa Provincia *Xiamsi* nonnullos homines, quos Crucis adoratores dicebant, inventos esse, ab Hebræo quodam Sinensi Mandarino primum didicit P.Matthæus Riccius. Verùm quoniam res consideratione digna est, eam ex *P.Trigautii historia* paucis perstringemus.

Nunc ad Christianæ veritatis reliquias colligendas & persequenda vestigia eò me libentius accingo, quòd in Europæis nostris scio fore gratissimum. Ex eodem Judæo aliisque indiciis id annis superioribus accepimus. Cum jam apertè P. Matthæo Riccio constitit Li-

Crux Regni Chile.

Crux ferrea ingens in Honan inventa.

Cancri cruce insigniti antea nunquam visi.

P. Nicolaus Trigautius de Crucis adoratoribus.

centia-

centiatum illum Sinensem esse Legis antiquæ Professorem, ad aliquod apertius, quàm quod eatenus habebamus rei Christianæ vestigium deprehendendum animum applicuit. Et quidem quam diù hoc eos nomine appellavit, nihil assecutus est, sed paulatim variis eos Legis dogmatis describens, ubi de Cruce sermonem miscuit, quod maximè optabat, assecutus est. Apud Sinas Crucis nullus est usus, & ideò neque nomen, quamobrem nostri nomen illi Sinicum imposuerunt; illud à charactere, qui denarium numerum significat, & perfectam Crucem hoc signo ✛ exprimit, mutuati. Et fortassè non sine numine accidit, ut idem hodie nostri Cruci nomen imponerent, quod veteres olim apud Sinas, eadem sermonis penuria compulsi jam antè indiderant: utrique enim Scie-cu, id est denarii numeri characterem appellarunt, nec in eo sacrarum literarum exemplo, à quibus litera T designatur, discesserunt, perfectiorem etiam Crucis figuram mutuati. Cum igitur de Cruce hoc nomine appellata sermo illatus esset, Israëlita ille narravit, in Metropoli Cai sum fù ejus patria, & in alio Emporio celeberrimo Lincino nomine Provinciæ Sciantum, & in Sciansi Provincia externos quosdam vivere, quorum majores è Regnis Occiduis advenerant, eos esse Crucis adoratores, eamque solere in cibo potuque digito exprimere, sed neque se, neque illos arbitrari scire, cur eum ritum adhibeant. Hoc Israëlitæ testimonium cum eo consentiebat, quod jam diù Patres ex variis audierant, de eodem Crucis exprimendæ ritu variis in locis usurpato. imò infantibus in fronte Characterem eundem salutaris signi atramento exprimi contra puerilia infortunia. Cum his quoque consentit id, quod Hieronymus Rusellus in Commentariis ad Cosmographiam Ptolomæi, cum de Sinis loquitur, annotaverat. Et quoniam de Cruce apud Sinas agimus, omitti minimè debet aliud ejus vestigium. Vidit unus è nostris Patribus in antiquarii manibus venalem nolam ex ære Campano perelegantem, in cujus apice sacra ædicula insculpta erat, & ex adverso ædiculæ Crux, in circuitu verò Græci aliquot Characteres. Comparare sibi eam voluit, qui vi-

dit, sed in pretio minimè conventum, nec unquam posteà ad exscribendos illos Characteres antiquarius ille comparuit. Addebat idem ille Israëlita, illos ipsos Crucis adoratores, Doctrinæ partem, quam ipsi precationum loco recitabant, è suis ipsorum libris desumi, & utrisque esse communem, fortassè Davidicum Psalterium intelligebat. Hos asserebat fuisse permultos in Aquilonaribus maximè Provinciis, & literis & armis ita floruisse, ut suspicionem Sinis naturâ facillimis rerum novarum fecerint. Eam suspicionem arbitrabatur ab Saracenis Christiani nominis hostibus toto terrarum orbe acerrimis excitatam ante annos non amplius sexaginta. Ea suspicio eo pervenit, ut cum à Magistratibus manus injici sibi timerent, omnes hac illac diffugerint, & alii se Saracenos, alii Judæos, plerique idolorum cultores mortis metu professi sint: eorum templa in idolorum fana commutata sint, & templum quidem Crucis apud suos ipse suo nomine, quo nunc ex quo fanum est, dicitur, appellabat. Et ex eo tempore tanto sunt metu consternati, ut nihil aliud occultent, quàm se ex ea gente prognatos. Unde factum est, ut cum frater noster eò se contulisset, ad Christianorum reliquias explorandas, & familiarum nomina ab Judæo commemorata secum deferret, nemo ex iis fuerit, qui se talem profiteretur, ideò fortassè quod frater noster ex vultu Sina esse nosceretur, & suspicarentur fortassè eum exploratorem esse ab Magistratibus transmissum, nec hactenus per nostrorum paucitatem Europæus eò Sacerdos mitti potuit, quanquam opus erit per otium ibi sedem figere ad varios metus eximendos, quod aliquando Deo benè volente præstabitur. Hæc Trigautius.

Certè tempore M. Pauli Veneti anno 1286. in Tartaria uti plurimi Christiani fuerunt, ita Crucis quoque venerationem & usum maximè floruisse, ipse αὐτόπτης testatur: Cum enim Naiam religione Christianus Cublai magni Tartarorum Imperatoris Regnum ambiret, & jam alterius Regis Caydu auxiliariis copiis exercitum quadringentorum millium comparasset, eum Cublai necdum

[Marginal notes, left column:] Crucis figura Sinæ denarium numerum notant. — Alia vestigia Christianæ fidei.

[Marginal notes, right column:] Latent Crucis cultores. — Historia Naziam Christiani ex M. Paulo Veneto.

» necdum ad pugnam paratum ex impro-
» visio, æquo ferè exercitu in vastissima
» planitie adortus, totum penè *Naiam*,
» exercitum delevit. Et quoniam *Naiam*,
» uti suprà dixi, religione Christianus
» erat, non tamen more Christiano vive-
» ret, nihilominus Vexillum suum prin-
» cipale signo Crucis instruxerat, nec
» paucos secum habebat Christiani nomi-
» nis professione claros ; Judæi verò &
» Saraceni exercitus *Cublai* post fœdam
» hostis acceptam cladem Christianis im-
» potentiam Christi, Vexillo suo, cui
» *Naiam* Crucis signum imposuerat, *Cu-*
» *blai* potentiam superare non valentis
» exprobrare cœperunt : Qui injuriam
» Christo arrogatam non ferentes apud
» Imperatorem querelas contra Judæos &
» Saracenos deponere non destiterunt.
» Qua de causa Imperator convocatis Ju-

dæis, Saracenis & Christianis, ad hos «
conversus ita dixit : *Deus noster & Crux* « Testi-
ejus noluit quidem Naiamo *præsidium ullum* « monium
afferre, verùm vos proindè proptereà nolite « Cublai
erubescere, quia Deus bonus & justus iniqui- « de Chri-
tati & injustitiæ patrocinari minimè debuit : « que cru-
Naiam *domini sui proditor extitit, atque* « ce.
contra omnem æquitatem rebellionem excita- «
vit, & quidem Dei vestri auxilium in sua ma- «
litia imploravit ; sed ille ut Deus bonus & re- «
ctus illis criminibus favere noluit. Undè & «
Judæis Saracenisque Christiani nominis hosti- «
bus interdictum, ne Christianorum Deum «
aut Crucem ejus amplius blasphemiis proscin- «
dere præsumerent, atque hoc pacto illis silen- «
tium impositum est. Hæc ex *M. Paulo Vene-* «
to. Ex quo patet, Christianam Religionem maximè iis in regionibus floruisse, de quibus posteà fusius.

CAPUT V.

De Articulis fidei cæterisque cerimoniis & ritibus in Monumento
contentis.

Rinitas Sacrosancta adeò ex-
pressis verbis in Monumento
continetur, ut ejus fusiorem
expositionem minimè necessariam du-
cam ; postquam enim essentiam natu-
ramque Dei in secundo puncto diligen-
Sacrosan- ter per attributa convenientia exposuis-
cta Trini- set, addit posteà : [*Hæc essentia Divina, tri-*
tas. *na in personis, & in una substantia.*] quod sufficit innuisse. Hæc triuna substantia *Olooy*,
quod in Chaldæo ⲟⲛⲁ *Eloho* indicat
forsan. In figura Crucis fecit quadri-
partiti Mundi partes. Commovit chaos,
alludit ad primordialem rerum creatio-
nem ex chaotica massa peractam. [*Fecit*
duo Kis,] id est, principia, quæ Commentator *Sina* nil aliud esse dicit, quàm materiam & formam, vel ut alii, cœlum &
terram, quorum illud activum, hoc passi-
vum rerum principium est. [*Idcirco* 365.
sectis obortis.] quæ ad literam minimè in-

telligenda sunt, sed per quandam cata-
chresin seu hyperbolen, tot nimirum sectas, quot dies in anno sunt, exortas, id
est, quasi omni die nova secta, post primi hominis lapsum, & originalis justitiæ
jacturam, prodierit.

In IV. puncto docet Incarnationem Incarnatio
Filii Dei, ex Virgine in Judæa ; Stellam Filii Dei.
præviam Magis cum muneribus ad Chri-
stum adorandum exponit. [*Ut Lex &*
Prophetiæ 24. *Prophetarum adimplerentur.*]
alludit ad quatuor Prophetas majores,
minores quatuordecim, quibus si jun-
gas Abraham, Isaac, Jacob, Job, Moy-
sen, Samuel, David & Zachariam, patrem S. Joannis Baptistæ, habebis 24. 24. Pro-
Prophetas. Deinde prosequitur Christi phetæ qui.
post mortem descensionem ad inferos,
ascensionem ad cœlos ; relictis post se
27. Libris, qui sunt Testamentum no- 27. Libri
vum, id est quatuor Euangelia, Actus novi fœderis qui.

E 3 Aposto-

Apoſtolorum, quatuordecim Epiſtolæ S. Pauli, tres S. Joannis, una S. Jacobi, duæ S. Petri, una Judæ Thadæi, & Apocalypſis, qui faciunt 27. Libros novi fœderis.

In V. puncto exponit primò Sacerdotum habitum, utpotè qui barbam alebant, verticem in formam coronæ radebant, quod uſitatum fuiſſe Sacerdotibus & Epiſcopis animarum, Eccleſiaſticæ primorum temporum cærimoniæ ſatis oſtendent; atque hic mos in hunc uſque diem, atque à multis tum Orientalis, tum Occidentalis Eccleſiæ ſervatur.

Sacerdotum habitus.

Commendat prætereà in ſancti Euangelii teſtimonium mortificationem paſſionum & perturbationum animi, æquanimitatem, contemptis divitiis paupertatem voluntariam; communem in omnibus vivendi rationem, ut in primitiva Eccleſia, & moderno tempore in communi Religioſorum convictu uſu venit. Extollit prætereà jejunium tum ad præceptorum Divinorum obſervationem, tum ad carnis ſtimulos compeſcendos remedium opportunum, imò neceſſarium.

Mortificatio paſſionum, & paupertatis voluntariæ votum.

Communis victus.

Jejunia.

Septies in die orationes tam pro vivis, quàm pro defunctis faciunt. Alludunt autem, tum ad ſeptem horas Canonicas, tum ad orationes pro animabus in Purgatorio detentis inſtitutas, in quibus è pœnis liberandis, ſuffragia Eccleſiæ Catholicæ multa poſſe, tota Eccleſiaſtica antiquitas luculenter docet; fruſtra autem orarent pro animabus jam cœleſti beatitudine fruentibus, cum jam finem ſuum ſint conſecutæ; fruſtra pro in inferno detentis, cum in inferno nulla ſit redemptio poſſibilis; ergò pro animabus in purgante igne exiſtentibus; ut proindè vel ex hoc Monumento Heterodoxi veteris Eccleſiæ cum moderna conſenſum diſcere non erubeſcant. Atque hæc fuit doctrina primorum Chriſtianorum & Orientalis & Occidentalis Eccleſiæ, uſque in hæc uſque

Septem horarum Canonicæ preces.

Purgatorium.

tempora continuata: Quod ut luculenter innoteſcat Heterodoxis, hic nonnulla teſtimonia Chaldæorum, ſive Syrorum adducam, ex quibus doctrina propagatorum Syro-Chaldæorum Euangelicæ Doctrinæ intra Sinas, ſenſus de Purgatorio apertè oſtenditur. Primò Syro-Chaldæi in ipſo Miſſæ pro defunctis hymno, ita cantant:

ܟܘܣܐ ܕܢܘܪܐ ܘܫܠܗܒܝܬܐ ܒܚܢܢܟ ܡܪܝ
ܒܣܝܡܐ ܡܢ ܚܠܡܝ ܘܕܡܟܬܠܗ ܕܒ
ܘܩܘܡܘ ܘܐܬܬܢܝܚܘ ܓܠܐ ܣܒܪܟ

id eſt, *Inpetum ignis & flammæ diſſipa Domine clementiâ tuâ à defunctis, qui in te crediderunt, & obdormierunt, & quieverunt in ſpe tua.* Atque hujuſmodi haud antiquiori carent authoritate, traditione ſcilicet Apoſtolicâ, quæ tam in diverſarum Orientalium nationum Conſtitutionibus inſerta, quàm in Conciliorum procœmialibus cum hujuſmodi titulo legitur: *De defunctis, & quomodò facienda pro iis commemoratio eſt, & eſt præceptum Pauli Apoſtoli: ſunt tamen qui dicant eſſe præceptum Jacobi.* Verba ipſa ſunt apud *Melchitas & Maronitas* c.39. apud *Coptitas* c.22. apud *Jacobitas* c.5. ſect.1. Sic autem Conſtitutio incipit:

Oratio pro defunctis.

اعمل في اليوم الثالث ذكراً
الذين رقدوا بامرايس والصلوة
من اجل ان المسيح مات وقام
للثلاثة ايام ويصير لهم ايضا تسعة
ايام لتذكرة الاحيا والاموات
واعمل لهم الثلاثين مثل السنة
العتيقة لان بنوا اسراييل حزنوا
علي موسي ثلاثين يوما ويعمل
لهم ايضا ذكراً السنة بد لهم
ويعطوا من مالهم صدقة للمسا
كين واننا نامن ان يفعل
ذلك باهل الصفاف والايمان
والصلاح فاما من اجل اصحاب
الكبار والكفار فانه لو
صدق

الخطايا كما نقيت الثوب
الابيض من الدنس ۞

صدق عنهم بكلما في
الدنيا من المال لم ينفعهم
ذلك شي ۞

id eſt, Facito tertia die commemorationem pro iis, qui obdormierunt, in pſalmis & precibus, quia Chriſtus mortuus eſt, & tertia die reſurrexit. Fiat quoque commemoratio pro illis nona die in memoriam vivorum & defunctorum; facito quoque pro eis trigeſimum diem juxta antiquæ Legis ritum, quoniam filii Iſraël luxerunt ſuper Moſe 30. diebus. Item fiat pro iis anniverſarius, & erogetur de illorum bonis eleemoſyna pauperibus. Et ſanè credimus id fieri pro iis, qui ſunt præditi continentiâ, fide & juſtitiâ; Nam pro majorum criminum patratoribus & infidelibus etſi in eleemoſynam erogetur, quicquid in Mundo hoc bonorum eſt, nil illis proderit. ubi expreſsè diſtinguunt peccatum veniale à mortali; ita ut, qui venialibus peccatis contaminati ex hoc Mundo abierint, ignis purgationem uſque ad exactam omnium peccatorum venialium emaculationem ſuſtineant: qui verò mortalibus aggravati hinc exceſſerint, pro iis nulla amplius ſpes reliqua ſit ex inferno liberationis. Quæ omnia fuſiùs pertractata vide apud *Abrahamum Ecchelenſem* Syriacæ linguæ in Romano Athenæo Profeſſorem, in *Catalogo librorum Chaldæorum Hebedjeſu.* Certè eò tendunt omnia defunctorum Officia & Liturgiæ non ſolùm Syrorum, Chaldæorum, ſed & Coptitarum, Arabum, Æthiopum, Græcorum, Armenorum, Latinorumque Officia, eleemoſynæ & ſuffragia inquam tendunt, ut animas juſtas ex pœnis purgantis ignis liberarent. Imò vel ipſos Mahumedanos id credere, ex *Libro,* quem *Subtilitatum* inſcribunt, patet, in quo pro defunctis orare ſolent, hoc verborum contextu:

Mahumedani Purgatorium credunt.

اللهم روح ارواحهم ونور
قبورهم وغسلهم بالماءوالثلج
وترّد حرارتهم ونقهم من

---

id eſt, O Deus, requieſcere fac animas eorum, & illumina ſepulchra eorum, & ablue eos aqua & nive, & refrigera calores eorum, & purga eos à peccatis, ſicuti purgatur alba veſtis à ſordibus. Ut vel ex hiſce paucis pateat omnium Eccleſiarum Orthodoxorum de Purgatorio conſenſus; precari verò pro defunctis, idem eſt ac Purgatorium credere, ut in eo animæ ob leviores maculas detentæ, piorum ſuffragiis adjutæ à pœnis liberentur.

De Sacrificio Miſſæ.

Septenis diebus ſemel ad animam à peccatis purgandam ſacra faciunt. Innuunt hæc verba, Sacrificium Miſſæ ſingulis ſeptenis diebus, id eſt, Dominicis peractum. Sacra autem, quæ hîc nominantur, idem in lingua Sinenſi, ac Sacrificium ſignificat; undè rectè inferre poſſumus, Divini verbi propagatores in Sina, Miſſæ Sacrificium ſingulis ſeptenis diebus, id eſt Liturgiam, ſive incruentum corporis & ſanguinis Sacrificium peregiſſe, juxta ritum omnibus Orientalibus Eccleſiis vel à primitiva Eccleſia uſitatum, quarum (teſte *Ecchelenſi citato Libro*) ſupra quinquaginta, apud Orientales, partim communes, partim ſingularum gentium propriæ numerantur: quarum prima & ſemper ſummè æſtimata fuit S. Jacobi Apoſtoli, ad cujus normam reliquæ poſteà inſtitutæ ſunt, partim ab Apoſtolis reliquis, SS. Petro & Joanne, Marco, Dionyſio, Romanis Pontificibus & Eccleſiæ Doctoribus. De Liturgia S. Jacobi ita *Maro Syrus*, qui inter quintum & ſeptimum ſeculum vixit, ſcribit:

Sacrificium Miſſæ ſemper oblatum in Orientali Eccleſia.

ܗܘܐ ܠܝܘܢ ܐܢܓܠܝܐ ܡܘܠܐܘܬܐ ܘܡܕܒܚ
ܕܥܢܝ̈ܐ ܢܚܕܣܢܘܒܬܐ ܚܟܕܡܘ ܚܟܡܣܘܟ
ܡܘܢܝ̈ܐ ܥܕܠܐ ܗܘ ܟܟܡܘܢ
ܡܕܟܩܡܣ

id eſt,

id est, *Hoc est principium Liturgiæ Divi Jacobi Apostoli, quæ omnium Liturgiarum antiquissima est, ideóque juxta illius ordinem suas instituerunt reliqui.* Quoniam verò in Sacrificio verum corpus & sanguis Christi offeruntur, sequitur sanè hosce Orthodoxos in Sina Euangelii propagatores, dum singulis septenis diebus Sacrificium peregerunt, in eo pariter, juxta Orthodoxæ Ecclesiæ Orientalis, vel ab ipsis Apostolis continuatum ritum, verum corpus & sanguinem Christi obtulisse; cum nulli unquam ex Orientalibus Ecclesiis, de hujusmodi, nisi hæreticis, dubium fuerit: quæ omnia quàm fusissimè ex *Liturgiis Syrorum*, *Chaldæorum*, *Arabum*, *Coptitarum*, *Æthiopum*, *Armenorumque* comprobari possent, si res Orientalium rituum peritis non plusquàm notoria foret aut instituti mei ratio id permitteret. 'Certe *S. Petrus Episcopus Sebastes* Basilii Magni & Gregorii frater, qui rogatus ab infidelibus, quod dum sacra faceret, id est, Sacrificium Missæ, verum putaret Christi corpus & sanguinem se efficere? Respondit his verbis: *Cum stat Sacerdos orans coram Altari, seu Missam sacram faciens, tunc formâ verborum dictâ, quam Christus Apostolos suos docuit, præcepitque ut eam traderent suis successoribus: tunc, inquit,*

ونزل روح القدس الي ذلك
القربان وتصير الخبز لحما
بقدسها وقوتها وتيصير مزاج
الخمر ✲

id est, *Descendit Spiritus sanctus supra oblationem istam, efficitque panem carnem sua sanctificatione & virtute, ac vini & aquæ temperamentum efficit sanguinem.* Et paulò post:

ولكن يصير كله لحما
ودما مقدسا بروح القدس ✲

id est, *Sed fit caro & sanguis sanctificatus in Spiritu sancto.* Hisce astipulatur *Dionysius Barsilibi Episcopus Amed Syrus, c. 1. Comment. ad Liturgiam S. Jacobi*, postquam de variis Sacrificiorum generibus locutus est, his verbis:

ܡܟܝܠ ܐܡܪܝܢܢ ܕܠܚܡܐ ܗܢܐ ܫܡܝܢܐ
ܒܫܪܪܐ ܘܒܣܘܥܪܢܐ ܐܝܬܘܗܝ ܦܓܪܗ
ܕܒܪܗ ܕܐܠܗܐ ܘܗܘܝܘ ܗܘ ܐܝܬܘܗܝ
ܦܓܪܐ ܕܩܢܘܡܗ ܗܘ ܕܢܣܒ ܡܢ
ܡܪܝܡ ܘܗܘܐ ܕܒܚܬܐ ܒܨܠܝܒܐ
ܡܛܠܬܢ

id est, *Dicimus itaque panem hunc cœlestem in veritate & effectu esse corpus Filii Dei, & illum eundem esse corpus personæ illius, quod assumpsit ex Virgine Maria, & factum est sacrificium in Cruce pro nobis.* Quæ omnia approbat *Abedjesu Chaldæus Babylonius tract. 4. Margaritarum c. 5. de Sacrificio* apud *Petrum Strozam, lib. de Mysteriis Chaldæorum & Babylonicæ Ecclesiæ cum Romana unione.* Sed hæc de Sacrificio Missæ dicta sufficiant.

De Regum, quorum hoc Monumentum mentionem facit, successione.

1. Annus, quo propagator Euangelii *Olo puen* ex *Judæa* in *Chinam* primò appulit, fuit juxta *Sinarum* computum annus 636. circiter, quo tempore Rex *Tai çum ven hoam*, illustri cum fama Imperio *Sinarum* præerat. *1. Tay çum Rex Sinarum Euangelii promotor.*

Anno 651. defuncto patre *Tai çum ven hoam*, successit *Sinarum* Rex filius ejus *Caozum*, *Olo puen* Episcopum constituit magnæ Legis, qua Regnum gubernabatur. *2. Caozum Rex.*

2. Anno 699. quo *Xim liè* successor *Caozum*, Imperium *Sinarum* administrabat, primò in Legem sacram Bonzii Pagodum Sacrificuli in *Honam* Provincia insurrexerunt, & altero anno 713. privati quoque homines in *Sieno*, antiqua Regia *Van vam*, quam quidam *Siganfu* fuisse dicunt, Provinciæ *Zensi*, Legem prosecuti sunt. *3. Xim liè.*

3. Anno 719. regnante post *Xim liè*, fuit

fuit Rex *Hiuen ſum chi taõ*, qui Legem ab improbis perſecutoribus oppreſſam per Joannem Epiſcopum, cujus nomen in margine Tabulæ inſcriptum quoque ſpectatur, & alium magnæ virtutis virum *Kiè liè*, reſtauravit.

Quid verò hoc loco per *Draconis barbam*, intelligat, exponendum eſt. Refert *Interpres & Commentator hujus Sina*, hoc loco alludi ad antiquam hiſtoriam Regni, ſeu potius fabulam; ajunt enim, unum è ſuis Regibus ex aëre volatu Draconem inſediſſe, quem comites Regis armis ſuis ad procedendum inſtimulabant, ii verò qui bellum ſequebantur, evulſis pilis circa barbam Draconis eos tenebant pro memoria Regis ſui; qui eventus tantas in ſuperſtitioſorum hominum mentibus radices egit, ut in hunc uſque diem non aliis inſignibus utatur *Sinarum* Imperium, niſi Draconum, quos non ſolùm ubique depingunt, ſed & veſtes, libros, picturas, & quæcunque tandem publicæ utilitatis monumenta fuerint, Draconum figuris adornent.

4. Anno 757. Imperium *Sinarum* moderatus eſt Rex *Ça ſum neñ meñ*, ſumma cum totius Regni felicitate, & ſancti Euangelii propagatione; ſub hoc Rege alia in *Chinam* virorum Apoſtolicorum ex *Judæa* expeditio contigit per Sacerdotem quendam *Kie hò* nomine, qui ope ſtellarum, id eſt, maritimo itinere in *Chinam* appuliſſe dicitur.

5. Anno 764. Imperiale ſolium aſcendit Rex *Tai ſum ven vũ*, eximius pariter Legis Divinæ propagator, uti ex contextu patet.

6. Anno 781. *Sinarum* Imperium rexit *Kien ſum xim veñ vũ*; Rex juſtus, pius, beneficus in omnes, Divinæ Legis zelotes: Sub hoc ex Regionibus *Pagodum* remotiſſimis, id eſt ex *India*, hodie Regno *Magoris*, novus Sacerdos Euangelii propagator in *Chinam* appulit, à Rege ſummo cum honore exceptus, prout ex contextu ſcripturæ patet; ſub hoc quoque Lapidis inſcriptio facta fuit.

Atque hæc eſt Regum ſancti Euangelii Chriſti in *Sinarum* Imperio ſucceſſio.

CAPUT VI.

Syriacorum nominum, quæ in Monumento occurrunt, Interpretatio.

Unc ad eam, quæ marginibus inſculpta eſt, inſcriptionem progrediamur: quæ quidem, cum ob hominum peritorum hujus ſcripturæ in *China* penuriam hucuſque manſerit inexplicata, atque ea de cauſa à Patribus noſtris Luſitanis in *Europam* à peritis Syræ linguæ explicanda fuerit transmiſſa; ego primus ejus interpretationem fructu non pœnitendo aggreſſus, ea tandem, qua par eſt fide & diligentia expedivi. Eſt autem literis antiquis Syriacis, quas *Eſtrangelo* [ܐܣܛܪܢܓܠܐ] vocant, marginibus Lapidis inciſa, continetque annum, nomina & officium eorum, qui tunc temporis, quo hic Lapis ſcriptus eſt,

erectuſque, ex Apoſtolicis viris, & Legis Divinæ Promotoribus in *China* verſabantur. Meminit hujus Lapidis inſcriptionumque memoratarum *Pater Emanuel Dias* in *quadam Epiſtola Luſitanica Macao* data 23. *Aug.* 1625. quam hìc Latinis verbis referre viſum eſt.

In Provincia, inquit, *Xenſi Sinarum, ubi modò eſt* Trigautius, *effoſſus quidam Lapis magnitudinis* 24 *palmorum, aut circiter, in quo patet diſertè ante* 1243 *annos fuiſſe illic Chriſtianos raſo vertice, qui myſteria Trinitatis & Incarnationis prædicarent, ac Sinarum Reges multos illis impendiſſe favores. Doctor Leo Chriſtianus rem totam imprimi voluit, ac de myſteriis eo in Lapide oſtenſis*

F

oſtenſis à Mandarinis Chriſtianis ſcribi, ut res magis innoteſceret. Id agitur modò, ut in Regis notitiam res tota deveniat, vertat Deus omnia in gloriam ſuam.

Confirmat hoc ipſum P. Franciſcus Hurtado, è Provincia Nancheu, additque hoc anno apertam fuiſſe portam in novas Regni Sinenſis Provincias Xenſi, Xanſi, Fohum, quæ ultimæ Conchinchinæ contermina eſt, & exteros facilè admittit. In fine autem ita dicit: *His adſcripta erant decem, vel duodecim lineæ Syriacæ, quas interpretari non potui. Adjunctæ etiam erant gratiæ à Regibus Sinarum factæ Sacerdotibus illius Legis. Verſio hæc ad verbum è Sinico idiomate facta eſt. Aliæ extant verſiones, ſed omnes conveniunt in eſſentialibus. In Libris Regum Sinarum habetur, ante 994 annos perveniſſe ad Sinas fidem noſtram, & 140 annis poſt ingreſſum, hanc inſcriptionem factam eſſe.* Hæc P. Emanuel Dias. In aliis verò literis paulò recentioribus 21. Novembris 1627. Macao datis, ita de hoc Lapide ſcribitur: *Annis præterlapſis inventa eſt ſcriptura quædam longa, & antiqua, Lapidi prægrandi inciſa linguâ Sinenſi, & Chaldaicâ, vel Syriacâ; ex qua conſtat Legem Domini Dei noſtri jam quaſi abhinc mille annis perveniſſe in Sinam, anno ſcilicet Domini 636. Lapis autem ille erectus & inſcriptus fuit anno Domini 782. hoc eſt, 146 annis poſt Legis ibidem prædicationem, qua ingens converſio ad fidem facta eſt, Ecclesiæ ædificatæ, Epiſcopi conſtituti. Reges, qui tempore illius vixerunt, numerantur octo, quorum nomina Lapis ille exprimit, qui Chriſtianis favebant omnes; Prædicatores verò Legis venerunt ex Palæſtina, aliiſque vicinis locis; continet autem præcipua fidei noſtræ myſteria &c. quæ ex inſcriptione patent.* Quæ omnia fuſe patent ex ſuprà adductis P. Boimi & Martinii Danielis Bartoli, ex Archivio Soc. noſtræ inde collectis teſtimoniis. Verùm operæ pretium faciam, ſi hoc loco Syriacam inſcriptionem iiſdem Characteribus Strangelicis quibus in China expreſſa fuit, unà cum interpretatione ejus exhibeam; præſertim cum Patres

Syriacæ inſcriptiones.

Anno Chriſti 636. Euangelium Chinæ illatum.

noſtri Sinenſes, eam ideò particulari folio in China impreſſo in Europam ejus linguæ magiſtris (uti paulò ante diximus) ad eam meliùs explicandam transmiſerint: hac enim explicata, ſpero futurum, ut & annus, & nomina, & patria, officiaque Divinæ Legis Prædicatorum, & ſcopus quoque noſter meliùs patefiant.

Inſcriptio nominum Syriacorum duplex eſt; una in margine, altera in calce Monumenti inciſa; & quoniam hæc annum erectionis factæ continet, ab eadem expoſitionis noſtræ telam ordiemur, uti ſequitur.

Inſcriptio Syriaca.

Adam Kaſiso Vcurapiſcupo Vpapaſi dizinſtan. Bejume Abo dabohotho Mor Hanà Jeſua Kataliko Patriarchis. Beſanath alf utiſaain vtarten diavanoiè. Mor Jibuzad Kaſiso Vcurapiſcupo de Cumdan medinah malcutho bar nihh napſo Milis Kaſiso dmen Balehh medintho Tahhurſtan Akim Lucho hono Papa dictabon beh medabarnutho dpharukan Vcaruzuthon dabhain daluat malche dizinio.

Adam meſchamſchòno Bar Jidbuzad Curaphiſcopo.

Mar Sargis Kaſiso, Vcurapiſcupo.

Sarniſchua Kaſiso.

Gabriel Kaſiso Varcodiacun, Vriſch aihto de Cuunbdanudaſrag.

Explicatio ejus hæc eſt.

Adam Sacerdos, ſeu Présbyter, & Archiepiſcopus & Papalis *Zinoſtan* ſeu Regionis Sinarum (ubi nota, *Stan* Indicâ linguâ Regionem ſignificare, unde *Hindoſtan*, ſive *Indoſtan*, *Sinoſtan*, *Turkiſtan*, ſeu *Turcheſtan* & ſimilia nomina idem ſignificare, ac Regionem Indorum, Sinarum, Turcarum, non ſecus ac Germanica nomina ſequentia *Friesland*, *Franckeland* &c. Friſonum, Franconum regiones ſignificant, & innumera alia hujuſmodi, quæ omnia ex Germanico *Land*, ut Indica ex *Stan*, ex loci ſcilicet ſeu regionis proprio nomine compo-

Inscriptio Syriaca annum erecti
monumenti exponens.

[Syriac text — six lines]

INTERPRETATIO

Anno Millesimo Nonagesimo Secundo Græcorum Jodabusaid Sacerdos et Vicarius Episcopi Cumbdam Civitatis regni Orientalis Milis Sacerdos, et Balah Civitatis Tahurstan Constituit Tabulam hanc Papa, et Scriptum est in ea administratio Redemptoris nostri, et prædicationes Patrum nostrorum apud Reges Sinarum.

[Syriac text — one line]

Adam Diaconus Filius Jodabusaid Vicarij Episcopi.

[Syriac text — one line]

Morsargis Sacerdos, et Vicarius Episcopi.

[Syriac text — one line]

Sbar Jesua (id est Spes Iesu) Sacerdos.

[Syriac text — one line]

Gabriel Sacerdos, et Archidiaconus, et Caput Civitatis Cumbdam, et Disray.

[Syriac text — one line]

Adum so Diaconus Vicarij Episcopi Papasi Sinarum.

[Syriac text — one line]

Jn diebus Patris Patrum Ananiesua Catholici Patriarchæ.

W: vander Laegh scripsit et sculp.

C

Nomina Apostolicorum Virorum,

quæ margini Lapidis Syriacis literis incisa Spectantur.

Ordo 1.	Abad Jesua.1.Servus Xpi
Aaron	Simeon Sacerdos
Petrus	Gabriel
Job	Joannes
Lucas	Simeon
Mattheus	Isaac
Joannes	Joannes
Sabar Jesua. id est Spes Jesu	**Ordo V**
Jesuadad	Jacob Sacerdos
Lucas	Marsargis Sacerdos
Costantinus	et vicarius Episcopi
Noë	Aggeus Sacerdos Archi-
Ordo 11	diaconus Civitatis
Atdaspha	Cunden
Joannes	Paulus Sacerdos
Anusc	Simeon Sacerdos
Marsargis	Adam Sacerdos
Isaac	Elias Sacerdos
Simeon	Isaac Sacerdos
Isaac	Joannes Sacerdos
Joel	Joannes Sacerdos
Ordo 111	Simeon Sacerdos
Mar Juhanon	**Ordo VI.**
Episcopus	Jacob Sacerdos
Isaac Sacerdos	Abad Jesua.1.Servus
Jael Sacerdos	Xpi Sacerdos
Mahet Sacerdos	Jesuadad Sacerdos
Georgius Sacerdos	Jacob
Mahada Gunesph	Joannes
Sacerdos	Subcho / morin .1.
Maschadad Sacerdos	laus Dño nostro
Andreas Sacerdos	Mor Joseph
Andreas Sacerdos	Simeon
David Sacerdos	Ephrem
Moses Sacerdos	Ananias
Ordo 1V	Cyriacus
Isaac Sacerdos	Cus
Elias Sacerdos	Amiun
Moses Sacerdos	

W: vander Lacolь scripsit et sculp.

E

componuntur. Quæ ideò hìc apponenda duxi, ut caufam, cur China *Zindoſtan* dicatur, non ignorares.) In diebus Patris Patrum Domini *Hanan Jeſua*, five *Joannis Joſue* Catholici Patriarchæ (fubintellige Alexandrinum, Antiochenum, aut Babylonium, qui propriè dicuntur univerſales feu Catholici Patriarchæ.) Anno milleſimo nonageſimo ſecundo juxta Græcos; Dominus *Jidbuʒad* Sacerdos & vicarius Epiſcopus *Cumdan* civitatis Regni (ſcilicet Metropolis.) Filius *Milis*, requies fit animæ ejus, Sacerdotis *Belehh* civitatis *Tahurſtan* (lege *Turcheſtan*) erexit Tabulam hanc Papa (ſic ſupremos in aliquo ordine Eccleſiaſtico vocant) & ſcripta ſunt in ea adminiſtratio, ſeu gubernatio Salvatoris noſtri, & prædicatio Patrum noſtrorum, qui ſunt apud Reges Sinarum.

Adam Diaconus filius *Jizdbuad* Epiſcopi Vicarius.

Mar Sargis Presbyter & Epiſcopi Vicarius.

Sarniſchua Presbyter.

Gabriel Presbyter & Archidiaconus, caput Eccleſiarum Civitatum *Cumdan* & *Daſrag*.

Atque hæc in folio in *China* impreſſo reperiuntur, quæ & in ſaxo inſculpta cernuntur.

Verùm antequam ulteriùs hìc progrediar, una adhuc difficultas, quæ circa annum erectionis hujus Lapidis occurrit, reſtat diſſolvenda. Annus enim hujuſmodi in Sinica inſcriptione adeò à Syriaca diverſus reperitur, ut non pauci ea diverſitate perplexi, mecum de vera & fideli hujus Lapidis interpretatione du-

bitarent. Nam ex Sinico Luſitanica verſio, & ex hac Italica erecti Lapidis annum ponunt poſt Chriſtum 782. Syriaca verò juxta Græcorum computum ſtatuit annum 1092. qui quàm ab altero diverſus ſit, quis non videt? Verùm ut exactius hæc omnia reconcilientur, & hic nodus quoque diſſolvatur, prius inſcriptionis dictæ translationes hic verbotenus proponendas duxi.

Luſitanica verſio ſic habet.

No noſſo Potentado do grande Tam, ſe- | **Luſita-nica.**
gundo anno deſte Kieñ Cium, que eram do Senhor 782. no mes de Autuno, no ſettimo dia, dia de Domingo, foy allevantada eſta pedra; ſendo Biſpo Nim ciu, que governa à Igreia da China.

Italica ita habet.

Nel noſtro Potentato del gran Tam, ſe- | **Italiça.**
condo anno di queſto Kieñ Cium, che erano del Signore 782. nel meſe di Autumno, nel ſettimo giorno, giorno di Domenica, fù inalzata queſta pietra; eſſendo Veſcovo Nim Ciù, che governa la Chieſa della China.

Utriuſque Interpretatio
hæc eſt.

In noſtro Potentatu magni *Tam*, ſci- | **Latina.**
licet Regis, anno ſecundo hujus *Kieñ cium*, qui erat annus Domini 782. menſe Autumni, ſeptima die, die Dominica, exaltatus fuit hic Lapis, Epiſcopo *Nim ciù* Eccleſiam Sinenſem adminiſtrante.

Syriaca Inſcriptio ita habet.

‏ܪ‎ ‏ܠ‎ ‏ܠ‎ ‏ܠ‎ ‏ܠ‎

Biſnat alf ve tiſſain ve tarten diunoio.   D.

Hoc eſt, *In anno milleſimo nonageſimo ſecundo, qui Græcorum.*

Cum ergò Orientales, ſeu Græca Eccleſia, magna ex parte in computu an- | norum conveniat cum Latina, quæritur, qua ratione hi anni conciliandi ſint?

Annorum Græcorum ad annos Christi accommodatio.

Dico itaque duplici annorum dictis Divinæ Legis promulgatoribus usitatorum computus genere hunc Lapidem fuisse insignitum, uno Ecclesiastico annorum Christi, quo fideles in *China* Christiani passim utebantur; altero Politico, seu civili, qui erat communis Syris, Chaldæis, Arabibus, Ægyptiis, ac toti propè Orienti; quem ut melius intelligas, notandum est, annos Regni Græcorum, quorum meminerunt *Libri Machabæorum*, eosdem esse, qui aliàs dicuntur Seleucidarum, Syro-Græcorum, aut Syro-Macedonum à Chaldæis; ab Hebræis verò, anni Contractuum; ab Ægyptiis anni Alexandræi, sive à morte Alexandri; ab Arabibus ذو القرنين *Dhul-*

Cur Alexander Magnus dictus sit Dhulkarnain.

karnain, quod idem est, ac Alexandri duo cornua tenentis (vocantque eum ideo, vel (ut *Christmannus* vult) ob utraque Orientis scilicet & Occidentis Mundi cornua à se subacta, vel ut ego existimo verisimilius ab Ammone Arietino, cujus filium se appellabat, aut etiam ob hircum illum caprarum, cum quo eum *Daniel* comparavit) aut denique anni

Tarich alkupti.

Philippi. (quem تاريخ القبطي suprà *Albitegnium* vocasse diximus) Atque horum æra incipit annis 12 exactis, ab obitu Alexandri Magni, ut ex *Eusebio in cap. 9. Daniel. S. Hieronymus* notat; Quem sequitur *Ribera, Torniellus* & alii. Etsi verò ante Julium Cæsarem hi anni aliam formam, aliud suorum mensium initium habuisse videantur, communi tamen supputatione sumunt à Calend. Octobribus exordium. Nomina mensium aut Græca sunt, aut Syro-Chaldaica, in cæteris cum anni Juliani quantitate & forma congruunt, nisi quod dies intercalaris in hac æra adjiciatur ad finem mensis *Sabath*, qui Februario nostro respondet.

His prænotatis, primordia Regni Græcorum statuimus cum *Eusebio, Scaligero*, aliisque anno ante Christi æram

trecentesimo decimo fluente, quo acta est Olympias 117. juxta *Chronicon Alexandrinum*; siquidem in confesso est, Alexandrum Magnum mortuum esse eo anno, quo cœpit Olympias 114. postremis diebus mensis Hecatombæonis, ut *Plutarchus* scribit, nempè ante æram Christi 322. (natus enim est Christus tertio anno exclusivè Olympiadis 194.) Differunt igitur anni Regni Græcorum ineuntes ab annis Christi labentibus 310, ita ut primo anno Christi inierit annus Regni Græcorum 313. Undè fit, ut si ad annum Christi propositum adjiciantur 310, exurgat annus Alexandræus illo Christi anno labente exoriens; si anno Alexandræo detrahantur 310, remaneat annus Christi, quo Alexandræus ille aperitur. Si denique annus Alexandræus subtrahatur à 310, numerus relictus indicabit annum ante æram Christi, quo cœpit annus ille Græcorum; sive quo initium fuit æræ Alexandri, تاريخ ذي القرنين, uti Arabes & Ægyptii eam appellant.

Annus Alexandræus.

Tarich Dhulkarnain.

His igitur ita demonstratis; Si ab anno Alexandræo, sive Græcorum 1092. Syriacis literis Lapidi inciso, 310 (quæ est differentia annorum inter annum Christi & Alexandrinum) subtrahas, remanebunt 782, qui est annus Christi Lapidi Sinicis numeris incisus, anno Syro-Græcorum, sive Alexandræo exactè respondens.

Paradigma Computus.

Perioche computus annorum hujus Lapidis.

Mortuus est Alexander Magnus, *Plutarcho* teste, Olymp. ―― 114. A.
Post cujus mortem *B. Hieron.* teste, annis 12. exactis, incipit æra Alexandræa, videlicet Olymp. ―― 117. B.
Natus verò est Christus anno tertio exclusivè, videlicet Olymp. ― 194. C.
Lapis erectus est anno Alexandræo ――― ――― 1092. D.
Anno verò Christi ――― 782. E.

His

His pofitis fubtrahe numerum B. à numero C. & habebis differentiam dictarum Olympiadum; videlicet Olympiades 77, quæ ductæ in 4 annos, quibus fingulæ Olympiades conftant, producuntur 308. his adde 2 annos completos Olympiadis Chrifti nati, & facies 310. quæ fubtracta à 1092, relinquunt E. numerum annorum Chrifti, quo hic Lapis erectus eft. Studio itaque duplici annorum genere hunc Lapidem confignarunt, ut qui annum Chrifti non intelligerent ex advenis, annum faltem Alexandræum, utpotè latiùs patentem, cognofcerent.

Difficultate itaque propofita jam quoquè diffoluta, nunc ad Lapidem revertamur, in cujus margine præter ea Syriaca, quæ hîc paulò ante propofuimus, multa adhuc alia nomina propria, quæ in folio dicto defunt, quorum numerus ad 70 ferè excurrit, videntur, quæ hic apponenda duximus.

* * *

Ex hifce patet, Linguam Syriacam feu Chaldaicam, primis iftis temporibus *Syriæ, Palæftinæ, Ægypti, Babyloniæ* Ecclefiis communem fuiffe, imò tempore Chrifti quoque vernaculam; ut proindè mirum non fit, ex dictis locis Euangelium Chrifti à verbi Dei adminiftratoribus non folùm in remotiffimas Orientis Regiones, fed & in vicinas Regiones, *Babyloniam, Ægyptum, Æthiopiam*, immediatè poft Apoftolorum in omnem terrarum orbem ambitum translatum fuiffe, ubi veluti in primogeniis Ecclefiarum fedibus, eas radices egit lingua Syriaca feu Chaldæa, ut proindè eam etiam per univerfas *Indiæ* oras, uti dictum fuit, in ultimam Regionum *Chinam* profeminaverint. Sed de hifce in fequentibus amplius.

ATHANASII KIRCHERI
CHINÆ
ILLUSTRATÆ
PARS II.
DE VARIIS
ITINERIBUS
IN
CHINAM
SUSCEPTIS.

CAPUT I.

Qua ratione, & à quibus, quibusque itineribus, diverſis temporibus,
Sacroſanctum Chriſti Euangelium in ultimas Orientis Regio-
nes, Indiam, Tartariam, Chinam, cæteraſque
Aſiæ Regiones fuerit illatum.

Um in *India, China*, cæ-
teriſque *Aſiæ* Regionibus
frequentia in hunc diem
adhuc extent Chriſtianæ
Religionis veſtigia, ut jam
oſtenſum fuit, operæ pretium faciam,
ſi declarato jam Syro-Chaldaico in *Chi-*
na reperto Monumento, hoc loco quoque monſtrem, qua occaſione & via hi
Apoſtolici viri in hujuſmodi remotiſſi-
mas plagas penetrârint; hoc enim præ-
Palæſtina, ſtito, *Syriam, Ægyptum & Græciam* non
Ægyptus Chriſtianæ tantùm Religionis, in exte-
& Græcia. ris Regionibus promovendæ; ſed &
ante Chriſtum omnis ſuperſtitionis per
Orbem univerſum propagatæ ſemina-
rium nullo non tempore fuiſſe, clarè patebit. Verùm ut in re abſtruſa clariùs

procedam, primò ſententias quorundam hìc de iis proponere viſum eſt; ut
illis diſcuſſis, quid circa rem propoſitam
ſtatuendum ſit, luculentiùs pateſiat.

Primò itaque non deſunt, qui hujuſmodi Colonias Chriſtianorum in *Chi-*
nam cæteraſque *Aſiæ* Regiones penetraſſe aſſerant, primò ope magni illius
Imperatoris Aſiatici, quem Authores
paſſim Presbyterum Joannem vocant;
ſed cum maxima ſit inter Authores de
hoc Imperatore ejuſque Regnorum ſitu,
qualitate ac conditione, controverſia,
ante omnia nonnulla de ipſo ejuſque
Regnis ad clariorem rerum explicationem, adferemus, quamvis hanc materiam etiam in *Prodromo Copto* diſcuſſe-
rimus.

Quis

git non r..ò, ut homines hujus Regionis curiositate ducti aliquousque ascendant, visuri quid in supremitate montis sit, & quid à tergo ejus, & non revertuntur, & impossibilis est reditus eorum, vel quia à feris sylvestribus dilaniantur, vel quia à reliquis populis post montem commorantibus capiuntur; Qui verò subindè redeunt incolumes, narrant, quod in transmontana regione nocturno tempore multi ignes, diurno verò nil aliud, quàm nebula mixta caligine cernatur. Iterum in part. 7. climatis dicti. lin. 34. In his regionibus plurimos quoque Christianos, seu Nazaræos habitare. Et part. 8. lin. 18. magnam dicit vim auri ex hujusmodi montibus colligi, & lapidum pretiosorum varia genera, item ferarum venationes; demum magnum hisce regionibus Principem præesse. Quæ omnia Imperio Magni Cham, seu *Cathaio* convenire, oculatus inspector *Paulus Marcus Venetus lib. 1. cap. 64.* his verbis tradit:

Marcus Paulus Venetus.

Ab Egrigaia Provincia eundo versus Orientem, iter ad Tenduc *(melius* Tanchut*) ducit, (est autem* Tanchut Regnum *Tartariæ, quod multa alia Regna implicat, uti Regnum* Lasa*, seu quod* Barantola *Tartari vocant, Regnum* Necbal*,* Tibeth*,* Maranga *&c. uti posteà ostendetur, unà cum deserto* Kalmack*, quod muri Sinenses terminant: atque hoc Regnum plerique Geographi cum Cathaio confundunt) in qua sunt civitates, & castra multa, ubi etiam manere consuevit Rex ille magnus, & toto Orbe terrarum nominatissimus, vulgò Presbyter Joannes dictus. Modò autem Provincia illa tributa pendit Magno Cham, habens Regem de progenie Presbyteri Joannis. Et licet ibi sint aliqui Idololatræ & Mahumetani, tamen major pars Provinciæ fidem observat* Christianam*, & hi* Christiani *primas tenent in hac Provincia; præsertim est ibi gens quædam Provincia* Argon *vocata, quæ reliquis populis sagacior est & eloquentior; sunt etiam hìc Regiones* Gog *&* Magog*, quos illi nominant* Lug *&* Mongug*; in his locis reperitur Lapis* Lazuli*, de quo fit azurum optimum: Sunt etiam in*

Tenduc, Lassa, Barantola, Necbal, Maranga, Tibeth, Regna Tartariæ.

montibus hisce Provinciæ magnæ, mineræ argenti, & multiplices sylvestrium animalium venationes. Quæ omnia aptè conveniunt paulò ante allegatæ Arabicæ descriptioni. De montium verò *Jagog* & *Magog* altitudine, ita *lib. 1. cap. 37.* scribit: *Hinc si discedas ad Orientalem plagam, ascendendum tibi erit per tres continuos dies (videlicet arduas Caucasi rupes) quousque pervenias ad Montem altissimum, & quo altior non est in Mundo; nulla quoque ibi apparet avis propter frigus, & nimiam terræ elevationem, quæ pabulum nullum administrare potest animalibus. Ignis si quandoque ibi accendatur, obstante nimia regionis frigiditate, non est ita lucidus, nec adeò efficax in sua actione, ut in locis demissioribus.* Et paulò post: *Vocaturque hæc Regio* Belor*, omni tempore hyemis effigiem præseferens, donec viator* 40 *dietas absolvat.* Hæc *Marcus Venetus.* Quæ omnia monti illi, quem hodiè *Langur* vocant, omnium altissimo in *Lasa* Regno existenti conveniunt; de quo *P. Joannes Gruberus*, quem & pedestri itinere dimensus est, refert summitatem ejus æstivo tempore pertransire, periculo non carere, tum ob aëris maximam subtilitatem, quæ vix viatores respirare permittit, tum etiam ob venenosæ herbæ cujusdam evaporationem, quæ halitu suo, & homines & jumenta enecat. Atque circa hoc Regnum *Belor*, antiquam scilicet *Sacarum* stationem, *Thebeth* principale Presbyteri Joannis in *Cathaio* Regnum situm esse tum *Geographus Arabs*, tum *tractatus* ארחות עולם אדם dictus R. *Abraham Pizol* clarè demonstrant. *Nubiana Geographia* id *Begarger* vocat, in qua & maximam urbem esse sequentibus verbis asserit: *In Orientali parte illius est Regio* Begarger*, cujus urbs maxima nominatur* Centaba*, duodecim portis è ferro instructa.* R. *Pizol* cum *Veneto* id *Belor* vocat, in quo & Regnum *Thebeth* recens detectum ait: verba ejus hæc sunt,

M. Paulus Venetus.

Belor mons altissimus.

Ignis inefficacia in monte

Langur mons idem qui Belor.

R. Abraham Pizol

מלכות

מלכות באלור הגדולת
העליון לכל אלה אשר כתבו
הספרים אצלו שיהודים
רבים סגורים בו והוא
בצר המזרחי הצפוני גם
נתגרשועור ישובים אחרים
בחדש הגלילות האלת
המזרחים ביבשה יקראו
בשם יושביהם בטיבט
צינבא בוקטארי עדרי
אוראבאום וקרוב לזה
למעלה מהכל עיר גדולה
לאלהים אין במוה תחת
חשסים אשר מכל טוב
להם הדברים היקרים
ומתנהגים כפי הטבע:

Regnum, inquit, *Belor magnum & excelsum nimis juxta omnes illos, qui scripserunt, Historicos, sunt in eo Judæi plurimi inclusi, & illud in latere Orientali & Boreali, & sunt adhuc populi alii Orientales non ita pridem detecti in eodem Regno, vocant eos indigenæ* Tebeth; *huic vicina urbs est, omnes alias urbes magnitudine superans, penè divina, non est sicuti illa sub cœlo, in qua omnia bona reperiuntur.* quæ sanè alia esse non potest, nisi urbs **Chaparangue** in Regno *Tebeth* sita, de cujus monumentis Religionis à Christianis quondam ibi relictis, mira refert P. *Antonius Andrada* Lusitanus è Soc. JESU, qui cum incolas ejus Religione Christianos inaudisset, è Regno *Mogor* anno 1624. plenam laboris difficultatisque in id expeditionem suscepit; qua etiam *Gangis & Indi* detectis fontibus, plurima consideratione & admiratione dignissima observavit, uti & ex ejusdem itineris comite Josepho Mogulensi Christiano, mihi constitit, qui dum hæc scribo, cum P. Henrico Roth Neophytorum in *Mogore*

Caparangue urbs.

Christianorum moderatore, *Romam* adhuc robustus & vegetus, quamvis 85 annorum, cuncta & singula oretenus mihi retulit. Est in altissimis montibus *Thebeth*, perpetua nive candentibus, ingens lacus, maximorum totius *Indiæ* fluminum hydrophylacium, ex quo *Indus, Ganges, Ravi, Athec* natales suos ducunt; *Ganges* per rupes altissimas horrendo strepitu præcipitatus in profundissima valle sui cursus primordia ducit: *Indus* cæteraque flumina per radices montium suum sortiuntur exitum, ut ex mappa patet. Hoc autem Regnum, unum è Magni *Catai*, tam extra quàm intra Sinensium muros contentis asserit, quamvis hæc itineri à Benedicto Goësio nostro datâ operâ, & superiorum jussu in *Cataium* suscepto, uti postea videbitur, non usquequaque conformis sit.

Origo Gangis in montibus Thebeth.

Atque in hisce vastis *Cathaiæ* Regionibus longè latéque potentissimum istum Imperatorem Presbyterum Joannem dominatu Reges 72, partim Christianos, partim Ethnicos suæ ditioni subditos habuisse, teste *Paulo Marco Veneto*, comperio; quamvis similitudo Regnorum in vastis illis Regionibus, nominumque ex diversis gentium revolutionibus, bellorum tumultibus, cæterisque vicissitudinibus rerum, diversa denominatio talem tantamque confusionem pepererit, ut in hunc usque diem nemo sit, qui indè se extricare possit. Quidam enim passim eum cum Magno Cham confundunt: Alii *Ascid* vocant, origine *Persam*; ita *Almachin* lib. 3. c. 4. hist. Sar.

Nominum queis Regna appellantur confusio.

كل من ملك فرغانه لقب بلا
خشيد كما يسمي ملك
الروم قيصر الفرس كسري ۞

Omnis Rex Pharganæ (ita urbem Sogdianæ *vocant*) dicitur Ascid, quemadmodum *Romanorum Imperator* Cæsar, aut *Persarum* Cosrai. Sunt qui cum *Æthiopibus* eum recenti nomine, verius quàm antiquo

G

quo

quo ፕልዝስ : ጣለፅ : id eſt, *Jucha-nes Belul*, id eſt, pretioſum Joannem nuncupent. Nonnulli in honorem Jonæ Vatis dictum apud ſuos Joanam, omnibus qui Imperium illud tenebant, communi nomine haud improbabili conjectura aſſerunt. In his tamen Occiduis Eccleſiæ Latinæ partibus Joannem ſolitum appellari addito Presbyteri vocabulo, non quod is Sacerdos eſſet, ſed quia Archiepiſcopi primatis more Crucem erectam, quo Religionis Chriſtianæ defenſorem ſe prædicabat, ſibi præferri curabat. Unde *Scaliger* eum à Perſica voce فرشتجاني *Preſtegiani*, quod Apoſtolicum ſonat, ita dictum putat, quas voces Occidui perperam intelligentes, pro voce *Preſtegiani* (Presbyter Joannes) ſcripſerunt. Verba ejus ſubjungo. *Sanè non ſemel mirati ſumus, gentem nauticæ rei penitùs ignaram adeò terra marique potentem fuiſſe, ut ab Æthiopia ad Sinas uſque Imperii fines propagârit; ab illis enim temporibus ejus Imperatoris notitia ad nos pervenit, ſed nomine* Preſtegiani, *quod Perſica lingua, quæ tota Aſia ferè locum habet, ut in Occidente Latina, ſignificat Apoſtolicum, quo nomine Chriſtianum Regem & Orthodoxium intelligi conſtat. Nam Perſicè* فرشتجاني Preſtegiani, *numero plurali* Ἀπόϛολοι, فرشتجاني Preſtegiani *verò Apoſtolicus, velut* پادشاه فرشتجاني Padiſcha Preſtegiani, *Rex Apoſtolicus, Arabicè* ملك الرسولي Melck Arreſuli, Æthiopicè ንጉሥ : ⷕⷮⷱⷲ : *Negus Havarjavi dicitur. Magnum & latum ipſorum Æthiopum in Aſia Imperium fuiſſe indicio ſunt Cruces Æthiopicæ, quæ in* Japan, Sina *& alibi viſuntur; quin & Templum Thomæ Apoſtoli in Regione* Maabar *ſitum, non niſi Æthiopicum habet, Cruces, ſtructuram, & multa alia, & quod mireris nomen. Hucuſque Scaliger.* E quo diſcurſu bene quidem colligitur, ex Æthiopiâ in *Indiam, Chinam* & cæteras *Aſiæ* Colonias quaſ-

dam, quæ fidem Chriſtianam illis in locis propagarent, traductas, quod & nos modò nitimur oſtendere: At quod Presbyterum Joannem origine Afrum, aut ex *Aſia* pulſum in *Æthiopia* rerum potitum poſtmodum reſediſſe dicat, omninò confictum eſt, & omni fundamento ut poſteà videbimus, caret; diverſos enim fuiſſe Imperatores Africanum & Aſiaticum, magna meliorum Authorum pars mecum conſentit. Atque Aſiatici quidem Imperium multos annos floruit, donec ad Davidem quendam perventum, qui ut *Paulus Marcus Venetus* tradit, à quodam Duce *Cinge* dicto (qui in Imperatorem electus à *Scythis*, pro Presbytero *Uncam* & *Naiam* cœpit appellari) prælio cum ingente rei Chriſtianæ detrimento à *Cublai* patruo victus, & Imperii gloriæ, & Presbyteri Joannis nomini finem impoſuit, uti ex *hiſtoria* ſupra ex *Paulo Marco Veneto* relata oſtendimus. Quo tamen errore Presbyteri Joannis nomen *Abaſſino* Imperatori datum ſit, rem apertam facio. Eo tempore quo novas terrarum plagas maritimo curſu *Luſitani* inquirebant, magna per *Europam* celebritate ferebatur Presbyteri Joannis nomen; dicebatur enim eſſe Imperator potentiſſimus, multorum Regnorum Dominus, Religione Chriſtianus; quo tamen eſſet loco, erat incognitum. Ergò cum *Petrus Covillanius*, quem Joannes II. *Luſitaniæ* Rex ad eum Principem per mare Mediterraneum primum, terreſtri deinde itinere inveſtigandum miſerat; in *Aſiatica India* ad quam devenerat, audiſſet in ea *Æthiopia*, quæ ſub *Ægypto* eſt, Principem quendam eſſe longè potentiſſimum, qui Chriſtianam profiteretur Religionem, ad ipſum ſe contulit; cumque multa apud ipſum repperiſſet, quæ de vero Presbytero *Joanne* conſtanti fama apud Europæos percrebuerant, credidit illum eſſe, qui Presbyter Joannes dicebatur. Hic igitur primus fuit, qui *Abyſſinum* Imperatorem eo cœpit nomine, id eſt, *Preſte Jean*, appellare;

Presbyter Joannes nunquam fuit in Africa.

Cur Imperator Abaſſinorum vocatus ſit Presbyter Joannes.

pellare; eum deindè cæteri imitati, qui confequentibus annis Æthiopiam funt ingreffi, eundem errorem in Europam facilè invexère. Quæ omnia eruditè docet P. Balthasar Tellez in Historia Æthiopiæ, polito Lufitanico ftylo confcripta: quibus quoque fubfcribit fapientiffimus Patriarcha Æthiopiæ Alphonsus Mendes, magnum Societatis noftræ lumen, in quadam Epistola de rebus Æthiopicis operi Patris Tellez præfixa. Cum itaque de Presbytero Joanne loquimur, Abaffinum Imperatorem nequaquam intelligimus, cum præterquam, quod ab Afiatico, toto cœlo ejus Imperium fit diffitum, nulla quoque in Chronologia Regum Æthiopiæ, ut ex ea patet, quæ in Vaticano Latina habetur, de ejus aut ex Africa in Afiam, aut ex hac in illam transmigratione fiat mentio, imò expreffè negat Damianus à Goes l. de Æthiopum moribus, eum Presbyterum Joannem dici, aut unquam dictum effe, quod & Sacerdotes Æthiopes fupracitati afferunt; fed intelligi-

Presbyter Joannes, Afiæ Rex potentiffimus.

mus maximum illum Afiæ Principem, de quo in præcedentibus hactenus dictum eft. Et certè vel in hunc ufque diem magni iftius olim Presbyteri Joannis veftigia reftare in Tanchutico Imperii Regno, quod Barantola Tartari, Saraceni Boratai, incolæ Laffa vocant, Patres noftri Albertus Dorville & Joannes Gruberus (qui illud ex China in Europam redeuntes anno 1661. tranfierunt) fatis teftantur, qui & mira de Regis iftius fuperftitiofa adoratione referunt: Sunt &

Rex Barantolæ ut Deus adoratur; Pater cœleftis dictus.

in hoc Regno duo Reges, prior adminiftrationi Regni totius incumbit; alter, quem & Deum patrem five cœleftem, aut etiam Magnum Lamam, five facrificulorum Pontificem vocant, in ultimis Palatii fui receffibus Numinis inftar refidens, ab omnibus divini cultus recipit cerimonias; tantoque eum in honore habent, ut vel ipfius fordes & excrementa ad omnes infirmitatum adverfitates plurimum conducere ftultè fibi perfuadeant; unde non medica-

mentis duntaxat illa permifcent, fed & collo pyxide inclufa portare non erubefcant. Quoniam verò homo corruptibilis mortis vincula evadere non poteft, hinc cultores ejufdem, ne eum cæterorum hominum inftar interiiffe, dici poffit, docente eos magiftro Satana, tale confilium repererunt, ex univerfo Regno Lamam illi quàm fimillimum inquirunt, quem ubi repererint, in thronum æterni Patris clandeftina machinatione evehunt, ut quemadmodum hoc fictum numen priori fimillimum eft, ita quoque verè à morte refufcitatus videri poffit, qui & fepties jam refurrexiffe dicitur; Ritus & cerimonias, quibus eum ftultus populus perpetua veneratione profequitur, intelliget Lector in fequentibus fufius; ajuntque præterea, hafce cerimonias cultumque non aliundè, quàm ab eo Rege, quem Presbyterum Joannem Authores paffim nuncupant, profluxiffe; quemque in Regno Tanchut, quod Laffæ Regnum fuo dominio includit, refediffe certo fibi perfuadent: ficuti enim ad illum ex univerfa Tartaria veluti ad Oraculum tendebant, fic etiamnum ad hunc ridiculum Deum patrem Lamarumque caput undique ad ejufdem benedictionem obtinendam confluere non ceffant, adeò ut anno 1629. vel magnus ille Sinarum Monarcha Tartarus, mox ubi Imperio potitus Sinico, more à Prædecefforibus recepto, à Tartariæ Magiftratu ad Magno Lamæ, id eft Sacerdoti homagium, ceu fupremo Tartaricæ Religionis Antiftiti præftandum follicitatus fuerit; Et eò jam res devenerat, ut Rex fuorum inductus confilio, Magno Lamæ jam verfus Chinam moventi vel ufque ad ipfos Sinenfis Regni muros bimeftri ferè itinere occurrere prorfus conftitueret, nifi à P. Joanne Adamo, intimo Regis Affecla à tanta rei indignitate, magno rationum adductarum pondere fuiffet averfus, tantumque dicti Patris inftructione profecit, ut Imperator tantum

Monarchæ Tartaro-Sinici Imperii erga hunc Patrem cœleftem venerratio.

abeft,

abest, ut extra urbem murosque eidem procedere dignatus fuerit, ut ne quidem, nisi in palatii *Pequinensis* horto eidem ad se aditum fecerit, tandemque more solito variis onustum muneribus, neglectis verò omnibus ei dari solitis cerimoniis ad suum Regnum dimiserit, & qui suo adventu suaque benedictione Imperium *Sinarum* putabatur repleturus, contrarium prorsus secum accidit; adeò ut post discessum ejus famem, pestem & bellum, omne maledictionis genus ridiculus ille Archisacrificulus ab omnibus passim maledictus post se reliquisse visus sit. Sed ut ad institutum nostrum revertamur; dico itaque in hoc *Tanchutico* Regno Presbyterum Joannem resedisse, à vero non abludere. Illo enim ejusque successoribus longè latéque in *Asia* imperantibus, fidemque Christianam egregiè promoventibus; Verbi divini prædicatores aut vocatos, aut sponte sua fama istorum Regnorum & promovendæ fidei zelo, aut quod probabilius est, diræ illius persecutionis tempore, quæ cœpit primùm sub Diocletiani & Maximiani Imperio, qua in *Syria*, *Ægypti*, vicinisque *Æthiopiæ* locis ad supplicia sævissima Christianæ vitæ sectatores, passim inquirebantur, compulsos formidine è dictis locis fugientes, in media *Persia*, *Bactria*, *Turchestane* substitisse, deindè in extremas *Asiæ* Regiones, paulatim longo exilio pervenisse, omninò verisimile est, ac deindè anno post Christum 600. sub Imperio Heraclii, perfido Mahumete rerum potente, novas semper novasque Christianorum Colonias in dictas Orientis Regiones traductas fuisse. Certè Sacerdotes Syros seu Babylonios furori infidelium cedentes, Christianam Religionem successu temporum propagare non destitisse, superius adducta Syriaca inscriptio luculenter docet, ubi *Jizbuzad* Episcopus Sinensis dicitur filius *Noë* Sacerdotis cujusdam oriundi ex civitate *Ba-*

lech Regni *Turchestan*; quemadmodum è Syriacis verbis supradictis & hoc loco repetitis constat: *Anno millesimo nonagesimo secundo &c.* Jydbuzad. *Sacerdos & Episcopi vicarius* Cumdan *civitatis Regiæ filius Noë Sacerdotis oriundi ex* Belech *civitate Regni* Turchestan *&c.* Turchestan Regionem eam esse, quam *Usbec Persæ* vocant, magnæ *Cathaiæ* initium, & civitatem *Belech* in ea sitam, clarè *Geographus Arabs part.* 8. *clim.* 4. *lin.* 34. ostendit, ubi de *Corasinorum Turchestanis* peculiari Provincia agens, civitatis *Belech* situm, non procul à *Samarcanda* Regia Magni *Tamburlanis* Curia, celebratissima quondam urbe constituit his verbis à me ex Arabico in Latinum translatis: *Est autem hæc Climatis quarti octava pars, & continet portionem Regionis* Corasinæ, *& à* Karman *usque* Kasaralkamat 15 *milliaria*; *hinc* Samarcandam 6 *milliaria*, *& venientium è* Samarcanda *in civitatem* Belech *via est.* Ex quo sanè luculenter apparet *Jydbuzadum* Episcopi vicarium dictum origine Syrum, patria *Turchestanum* seu *Corasinum* fuisse; Multos quoque ex Pagodum regione cæterisque *Asiæ* regionibus in *Chinam* Euangelii propagandi causâ penetrasse, ex superiori Syro-Sinica Lapidis inscriptione ostenditur, quæ omnia curioso Lectori ulterius scrutanda relinquimus. Atque hæc de Coloniis in Regna Presbyteri Joannis, & in *Chinam* traductis sufficiant.

Porrò qui Euangelicos hosce viros plerosque primùm è *Syria*, *Ægypto*, *Æthiopia* in *Indiam* appulisse, eaque ad fidem Christi eorum operâ conversa, indè in *Chinam*, ob frequens, quod tunc temporis *Indis* cum *Sinis* maritimo itinere intercedebat commercium, è suis Colonias quasdam submisisse arbitrantur, uti verius, ita certius sentiunt, cujus expeditionis factæ seriem brevibus apertam facio.

Sedes Presbyteri Joannis in Tartariæ Regno Tanchut.

Persecutionis metu exulare coacti in Chinam tandem pervenerunt.

Izbuzad Sacerdos & vicarius Episcopi natione Turchestanus fuit ex civitate Belech oriundus.

CAPUT II.

De Propagatione Euangelii per S. Thomam Apoftolum ejufque fucceffores in univerfas Afiæ Orientalis Regiones facta.

NOtum eft, inter cæteras *Afiæ* Regiones S. Thomæ Apoftoli prædicatione Chrifto fubactas, unam quoque effe, ingentem illum *Indiæ* transmontanum diftrictum, qui à Promontorio *Comorino Narfingam*, & *Bengalam* ufque excurrens, *Zeilanum* Infulam celeberrimam è latere refpicit; in qua dictus Apoftolus innumerabili hominum (qui in hunc diem à S. Thoma Chriftiani Thomæi vocantur) multitudine ad Chriftum converfa, fanguinem quoque fuum fudit, quod *Meliaporæ* urbe Regia, & *Narfingæ* Metropoli contigiffe, *Malabarum Annales* tradunt, etfi quidam eum *(Calaminæ)* diftincta *Indiæ* urbe, vel ut perperam alii, *Salaminæ* in *Cypro* paffum velint; quem quidem errorem ex mala vocis *Calamina* intelligentia irrepfiffe, tum patebit, ubi, quis locus proprie *Calamina* fuerit, aperuerimus.

Nota itaque, nullam hujus nominis urbem, tefte *Malabarum Chronico*, nec hodie reperiri in *India*, nec olim repertam effe, fed loco *Calaminæ*, *Calurmina* legendum effe, quam vocem conftat Malabaricam, compofitam ex *Calur* & *mina*, quarum hæc *(fupra)* illa *(petram)* fignificat, quafi dicat *(Supra petram.)* Eft autem *Meliaporæ* eo in loco, ubi S. Apoftolus martyrio affectus traditur, ingens quædam petra, quam in hunc diem, *Calur* Malabaricà Linguâ vocant. Dum

igitur *Malabarum Fafti* eum *Calurminæ* paffum effe tradunt, ea voce nequaquam urbem quandam particularem, fed vicinam *Meliaporæ* petram *Calur* dictam, quam Apoftolus orandi gratiâ quotidie afcendere folebat, & fupra quam dum orationi incumberet, poftea quoque occifus eft, intelligebant. Unde fi à Thomæis quifpiam, ubi S. Apoftolus occubuerit, interrogârit, aliud non refpondebunt quàm *Meliaporæ calurmina*, id eft, *Meliaporæ fupra petram*. Ita oretenus mihi retulit vir fide digniffimus *P. Petrus Paulus Godignus Lufitanus* Collegii Soc. JESU *Cocini* in *India* Rector, qui dum hæc fcriberem Malabaricæ Provinciæ Procurator in urbem advenit; Atque ita *Annales Malabarum* habere, & unanimi confenfu ab omnibus Chriftianis ita credi affeveravit: ita Crux ipfa mirabilis, quæ dum S. Apoftolus fanguinem funderet, ex ipfius fanguinis fluxu expreffa in lapide quodam miraculose comparens, in hunc diem *Meliaporæ* in Ecclefia S. Thomæ, fumma devotione indigenarum confervata teftatur. Quin & id clarius docet infolito Characterum genere circa ipfam Crucem ad perpetuam rei memoriam incifa perigraphe, quam ex *hiftoria Xaveriana P. Joannis Lucenæ* decerptam unà cum myfticis Brachmanum Characteribus hic adnectere vifum eft.

Locus martyrii S. Thomæ.

Characte-

Characteres mystici in circuitu Crucis scripti.

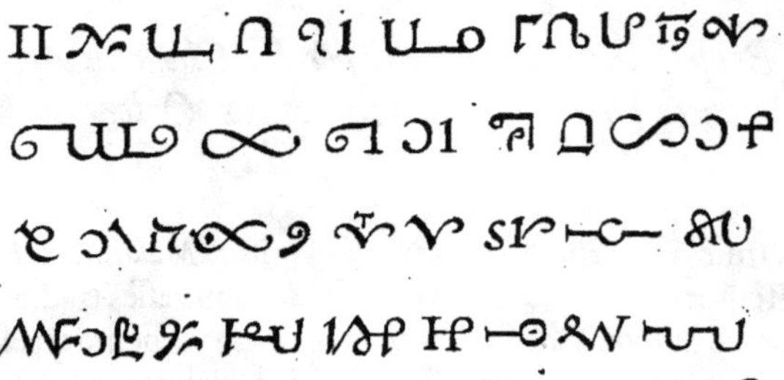

G

Hosce Characteres mysticos veterum Philosophorum fuisse, singulosque singulis dictionibus respondere, non secus ac Ægyptiorum mysticas notas *Brachmanes* asserunt; quamvis alii verisimilius existiment singulis syllabis singulos respondere, uti ex Alphabeto Linguæ *Tamul*, atque earundem literarum Syllabario constat. Explicationem verò à *Brachmane* quodam factam & ex Malabarica Lingua in Lusitanam traductam supracitatus *Lucena* sequentibus verbis refert.

Interpretatio scripturæ ex P. Joanne Lucena.

Depois que appareceo à ley dos Christianos em o mundo, dali à trinta annos à 21. do mes de Dezembro morreo o Apostolo S. Thome em Meliapor, *onde ouve concheimento de Deos & mudanza da ley, destruiceam do dæmonio. Naceo Deos da Virgem Maria, estene em sua obedientia trinta annos, & era hum Deos eterno. Este Deos insinou à doze Apostolos sua ley, hum delles veyo à* Meliapor *com hum bordam na nam, & fez hũa igreia, & el Rey de* Malabar, *& o de* Choromandel, *& o de* Pandi, *& outras diversas nacões, & leitas se determinaram todos de boa vontade, concertandose entresi de se sogeitar à ley de S. Thome varam sancto & penitente. Veyo tempo, que S. Thome morreo per mam d'hum* Brachmene, *e de su sangue se fez hũa Cruz.*

Anno trigesimo, vigesima prima die Decembris, post legis Christianæ factam toto Orbe promulgationem, S. Apostolus Thomas in *Meliapora* mortuus est; à quo etiam tenet cognitionem Dei, mutationem Legis, & destructionem Dæmonis. Natus est Deus ex Virgine Maria, & sub ejus obedientia 30 annos morabatur, & erat Deus sine fine. Hic Deus suam Legem 12 Apostolos docebat, è quorum numero unus advenit *Meliaporam* manu tenens baculum (alii dicunt regulam fabri lignarii & palum: fertur hic palus è mari in littus rejectus ejus fuisse vastitatis, ut complures Elephantes ad eum loco movendum non fuerint sufficientes, quem tamen S. Apostolus pro Ecclesiæ constituendæ fundamento à Rege donatum, cingulo proprio alligatum, in virtute Christi & S. Crucis non secus ac paleam levissimam traxisse traditur) fecit Ecclesiam. Rex *Meliaporæ* & *Coromandelis* & *Pandorum* aliique diversarum nationum & sectarum (Principes) prompta omnes voluntate sese Legi S. Thomæ certatim submittere (maximo viso miraculo) constituerunt. Venit tempus, quo S. Thomas occumberet *Brachmani* cujusdam manu, & de proprio suo sanguine hæc Crux expressa fuit. Hactenus *Lucena*.

Miracula Crucis.

Porrò hæc Crux 18. Decembris, festo videlicet B. Virginis quod expectationem partus *Hispani* vocant, quotannis tempore Missæ solennis in varios se colores mutare solet, quin & subindè

indè fanguinem cum fudore copiofiffimo emittere; quod tamen femper magnæ calamitatis imminentis prognofticum fuiffe experientia docuit. Crucis veram effigiem unà cum Charaɗeribus hic apponendam duximus.

Crux miraculofa S. Thomæ Apoftoli Meliaporæ in India.

Pavonis figura Cruci imminens infigne eft Regis Narfingæ. Cætera quæ circa hanc Crucem certis temporibus contingere folere diximus omninò mirabilia, lege apud diɗum Lucenam & Oforium, quem citat Baronius tom. 1. anno Chrifti 57.

Extra fcopum forfan hæc videri poffent; fed cùm in eo nefcio quo cafu inciderim, ea præterire hoc loco nolui, cùm ut eximiæ antiquitatis monumentum Europæ haud ita forfan notum, tum ut, quomodo Breviarium & Martyrologium circa locum paffionis S. Thomæ intelligendum effet, hoc digreffu Leɗori forfan haud ingrato patefacerem. Quare ad derelidam femitam revertamur.

Hæc itaque Indiæ transmontanæ Regio à S. Thoma Apoftolo ad Chriftum converfa, cum multos annos in fufcepta fide conftanter perfeveraffet, tandem deficientibus operariis, & Verbi Dei miniftris, Regio à priftino paulatim fervore deficiens, varios gentilium errores imbibit; undè tota Religio in extremum periculum deduɗa, parum abfuit,quin peffum iret, & iiffet fanè, nifi Divina providentia tot deficientis Ecclefiæ miferta malorum, operà devoti cujufdam viri, natione Syri, qui Martome vulgò dicebatur, hoc eft, Dominus Thomas, maturè fubveniffet; hic enim fingulari Dei inftinɗu è Syria in Indiam profeɗus, dum vineam hanc adeò incultam, fqualidam & tribulis fpinifque hórridam intueretur, pro fumma cura, qua Chriftianæ fidei propagandæ tangebatur, eam fibi excolendam ratus,

(margin left: ‮ܠܡܪ‬ ‮ܠܣܘܕ‬ Martome Syrus labafcentem inftaurat Ecclefiam.)

primò indigenarum animis cùm benevolentià, tum authoritate, qua pollebat, maximà (erat enim non natalium minus, quàm doɗrinæ eruditionifque fplendore famaque infignis) lucrefaɗis, mox coadjutores Epifcopos è Syria & Babylone five Chaldæa five Ægypti accerfitos, per diverfa Regni loca conftituit; Syriacam Linguam, qua in eadem Regione Apoftolus fanɗum Euangelium quondam, ut traditio tenebat, prædicàrat, introduxit; nihil denique eorum, quæ ad Ecclefiæ incrementum conferre poffent, intermifit : Hac ratione vinea Chrifti in priftinum ftatum reduɗa, eos paulatim progreffus fecit, ut non jam propriis contenta finibus, uberrimas propagines fuas in omnem Indiam, & in Chinam ufque extenderit. Verùm contigit tandem fucceffu temporum, ut hi Suriani Sacerdotes Neftorianæ hærefeos labe infeɗi, quicquid proavi eorum in India laudabiliter in Chriftianæ Religionis propagatione confecrant, ipfi pravis dogmatis turpiter deftruxerint. Ita teftantur diɗi Malabarum Annales; ita Lufitani Annalium Indicorum fcriptores, Joannes de Barres, & Didacus de Coutto; ita denique refert P. Ludovicus Gufmanus in fua de Indicis expeditionibus hiftoria Hifpanico fermone confcripta l.2. c. 27. cujus formalia verba ad majorem fidei atteftationem hìc adjungenda cenfui. Sic enim fcribit :

(margin right: Suriani Sacerdotes hærefi Neftoriana infeɗi.)

Son muchos los Chriftianos que ay en la India con efte nombre de S.Thome, que paffaran de ciento y cinquenta mil, aunque repartidos per diverfos reynos, y fubjeɗos à diverfos Reyes gentiles y Moros. Tienen eftos Chriftianos fu Arçobispo, Obispos y Sacerdotes, que vienen de la Suria, y comunemente los provee el Patriarca Oriental de Babylonia (o Alexandria) y porque los Obispos no pueden venir à vifitar efta gente, fino de tarde en tarde, paraque non les falten Sacerdotes, ordenan à los niños, fiendo muy pequeños, de todas ordines, aunque no las exercitan hafta fer grandes. La caufa de aver entrada eftos Obispos y Sacer-

y Sacerdotes Surianos en la India, y tener tanta mano, y autoridad con los Christianos de S. Thome fue un hombre llamado Martome Suriano, *que en lengua Suriana vale tanto, come en la Española Don. Era* Martome *hombre muy rico, y principal, y á este causa tuvo entrada con los Reyes de* Caranganor, *y* Colon; *y con ocasion del nombre, que tenia de* Thome, *y su autoridad en aquella tierra, fueron se pegando los Christianos, que descendian del Apostol S. Thome y el se hizo como cabeça dellos, amparandolos y favoreciendolos, y por esta via les fue ganado las voluntades, y como el era* Suriano *facilmente les persuadio, que recibiessen, y admitiessen los Obispos de quella tierra, haziendolos creer que aquella era la lengua, en que avia predicado Christo nuestro Señor en* Hierusalem; *y per consiguiente, que los Obispos Surianos enseñavan la verdadera Doctrina del Euangelio, y la que el Apostol S. Thome avia predicado á sus antepassados. Desta manera entraron los Obispos Surianos lo primero en los Reynos de* Caranganor, Colon, *y* Cochin, *y poco á poco se fueron estendido á todas las partes hasta á* China.

„ Hoc est, Multi in *India* Christiani, „ quorum numerus ultra centum quin- „ quaginta millia fere excurrit, Christiani „ Thomæi dicti, per varia Regna divisi, „ diversis Regibus Gentilium & Mauro- „ rum subjecti reperiuntur. Habent ii „ suum Archiepiscopum, Episcopos & „ Sacerdotes, qui omnes è *Syria* veniunt, „ plerumque eos ad hujusmodi expeditio- „ nem Patriarchâ Babylonio seu Alexan- „ drino designante. Cum verò Episcopi „ non possint terras adeò remotas nisi ad- „ modum tardè & rarò invisere, ne Sacer- „ dotibus destituantur parvos adhuc pue- „ ros ordinibus initiari solent, etiamsi non „ nisi provectiori ætate functiones suas „ exerceant. Causa verò cur Episcopi & „ Sacerdotes Suriani *Indiam* ingressi, tan- „ tam sibi apud dictos Christianos authori- „ tatem conciliarint, fuit homo quidam „ natione *Surianus*, *Martome* nomine, quod „ in nostra lingua Dominum Thomam

significat: hic *Martome* erat admodum « dives & excellens, & ob hanc causam in- « trarat cum Regibus *Caranganor*, & *Co- «lon*, & cum occasione nominis Thomæ, « & magnæ, qua pollebat, authoritatis, « Christiani Thomæi ei se jungebant. Ita « *Martome* veluti caput eorum factus be- « nevolentiâ suâ ita omnium animos sibi « devinxit, ut difficile non esset, iis de so- « lis Episcopis *Syriæ* in *Indiam* recipiendis « admittendisque persuadere. Multum ad « hoc iis persuadendum poterat lingua « Syra, quam eandem esse demonstra- « bat, qua Christus Salvator noster *Hie- «rosolymis* quondam esset usus, & qua « S. Apostolus Thomas suis majoribus sa- « crum olim promulgasset Euangelium. « Hac igitur ratione Episcopi Suriani pri- « mùm Regnum *Caranganor*, Colon & *Co- «chin* ingressi paulatim omnes circa Re- « giones in *Chinam* usque occuparunt. « Hæc *Gusmannus*. Quæ omnia confirmat supra citatus *P. Paulus Godignus*, aitque eos in hunc diem aliam doctrinalem, præter Syriacam linguam nescire; hac omnia monumenta, omnes sacros & Ec- clesiasticos codices conscriptos tenere, omnes denique literatos sacris potissi- mùm initiandos ad hanc non secus; ac apud nos ad Latinam addiscendam te- neri. Addit *Vai pocatæ* in Collegio Soc. JESU, eam ex professo veluti ad *Brachma- nes* convertendos necessariam doceri. Hæc maximè sunt, quæ tum in *India*, tum in *Simarum* Regno vestigia depre- hendimus; certè rei Christianæ in his Regnis originem altius referre possumus ex iis, quæ ex ora Malabaricæ *codicibus Chaldæis* colligi curavimus, quam oram Divi Thomæ Apostoli opera Christo adjunctam clarius est, quàm ut in du- bium etiam à pertinacibus Criticis revo- cari possit. In iis ergò codicibus legimus clarissimè ab eodem Apostolo Christi fidem invectam, & plures eo in Regno Ecclesias constitutas. Et ne cui res tan- ta, dubia fortasse videatur, testimonia ipsorum codicum è Chaldæo ad verbum

Codices Syriaci multa in *India* de S. Thoma tradunt.

Latinè

Latinè reddita hîc adfcribam, quæ *Pater Joannes M°. Campori* è noftra Societate ejus vineæ cultor annos jam plures, & Sermonis Chaldæi oppidò peritus, juffu Reverend. Archiepifcopi P. Francifci Roits ejufdem Ecclefiæ Paftoris è noftra Societate tranftulit, & propriâ manu noftrorum rogatu tranfcripfit, ut in hos Commentarios infererentur, ne quando periret tam infigne antiquitatis monumentum. Id igitur ita fe habet.

Breviarium Chaldaicum Ecclefiæ Malabaricæ.

In Breviario Chaldæo Ecclefiæ Malabaricæ Divi Thomæ, quod Gaza, *id eft,* Thefaurus *vocatur, in officio D. Thomæ Apoftoli in fecundo Nocturno, in una Lectionum fic habetur ad verbum:*

Verba ex Autographo Chaldæo extracta, funt fequentia.

I. [Syriac text]

II. [Syriac text]

III. [Syriac text]

IV. [Syriac text]

V. [Syriac text]

VI. [Syriac text]

VII. [Syriac text]

id eft, [Syriac text]

1. *Per Divum Thomam evanuit error Idololatriæ ab Indis.*
2. *Per Divum Thomam Sinæ & Æthiopes converfi funt ad Veritatem.*
3. *Per Divum Thomam Baptifmi Sacramentum acceperunt & filiorum adoptionem.*
4. *Per Divum Thomam crediderunt & confeffi funt Patrem & Filium & Spiritum Sanctum.*
5. *Per D. Thomam acceptam fervaverunt fidem unius Dei.*
6. *Per D. Thomam Doctrinæ vivificæ fplendores orti funt univerfæ Indiæ.*
7. *Per D. Thomam Regnum Cœlorum volavit & afcendit ad Sinas.*

Deinde in quadam Antiphona fic habetur: Indiæ, Sinæ, Perfæ & cæteri Infulani, & qui in Syria, Armenia, Græcia & Romania *in commemoratione Divi Thomæ offerunt adorationem nomini tuo Sancto.* In fumma verò Canonum Synodalium part. 2. ferm. 6. c. 19. de Canonibus conftitutis fuper Epifcopos & Metropolitanos, fimul habetur Canon Theodofii Patriarchæ in hæc verba: *Hæ fex fedes capita provinciarum & Metropolitæ, videlicet* Hilam, Nziviñ, Prath, Affur, Bethgarmi, & Halah, *qui digni habiti funt, ut ordinationi Patriarchæ interveniant, nec abfint, ut alii quarto quoque anno apud Patriarcham conveniant: Sic etiam Epifcopi magnæ Provinciæ, nimirum reliqui Metropolitæ* Chinæ, Indiæ, Pales, Maufæorum, Xan, Raziguæorum, Herionæ *(hæc eft* Cambaia*)* & Smarcandiæ *(hæc eft,* Usbec & Mogor*) qui longiffimè abfunt, nec vaftiffimi montes, & turbulentiffima maria permittunt eis tranfitum ad libitum, mittant litteras confenfionis (id eft, communionis) ad Patriarcham fexto quoque anno.* Quando verò *Lufitani* Cocinum appulerunt, regebat hanc Ecclefiam Malabaricorum montium D. Jacobus, qui fic fcribebat:

[Syriac text]

METROPOLITA INDIÆ ET CHINÆ,] ut conftat etiam ex ejufdem manufcripto Novi Teftamenti codice, ubi in calce fic habetur: *Scripfit hunc Librum D. Jacobus, Metropolita* Indiæ & Chinæ. Eodem modo D. Jofeph poft prædictum D. Jacobum, qui Romæ diem obiit, fic fubfcribebat: *D. Jofeph Metropolita totius* Indiæ & Chinæ,] & hic eft antiquiffimus titulus Epifcoporum hujus Ecclefiæ.

H   Undè

Undè indubitatè colligo , tam eximiarum in ultimos *Asiæ* fines expeditionum authores alios non fuiffe , quàm dictos Epifcopos Syriacos Thomæorum. Dicebantur autem hi omnes promifcuè Suriani , vel quod totum illum tractum , qui eft ab *Eufrate* ad *Mare Erythræum* ufque, unà cum extimis & citimis dicti maris littoribus *Syriam* five *Affyriam* latè dicerent , vel ob linguam Syram aut Chaldaicam , quam omnes Doctiores profitentur , quemadmodum de *Arabibus* , *Ægyptiis* & *Æthiopicis* Monachis fuprà oftendimus , & de Sinaitis Monachis monftrat *Benjaminus* in *fuo Itinerario* his verbis:

Episcopi Ecclesiæ S. Thomæ erant ex Chaldæa & Syria.

ומשם שני ימים רופידים
ויושבים שם בני ערב ואין
בו מישראל ומשם יום הר
סיני ובראש חהוא במת
לכומרים הנקראים
סורואנים ובגי החוה מצבר
נקרא טור סיני ויושבין
מדברים בלשן תרגום והם
תחת עול מצרים

Undè in Raphidim *duorum dierum iter eft , ubi* Arabes *habitant , nullufque ex* Ifraëlitis *eft ; hinc verò ad* Sinai *montem una die itur, in cujus cacumine fanum eft* Monachorum *, qui* Suriani *dicuntur ; in montis autem radicibus caftrum magnum eft , quod* Tor Sinai *appellant , hujus* Incolæ Chaldaicè *loquuntur , hoc eft lingua* targum *: Suntque hujus loci Incolæ* Ægyptiorum *fubditi* : hos autem Monachos Coptitas fuiffe , Librorum Coptorum in hujus. *Arabiæ Defertæ* Monafterii factæ teftantur infcriptiones , quàs in *Catalogo Librorum Coptorum* propofitas confidera. Patet igitur Ecclefiam Copto-Æthiopicam , (quæ totam dicto modo *Syriam* comprehendebat, atque uni Patriarchæ Alexandrino feu Cairano eam fubdebat) in *Indiam* primo, atque hinc

in *Chinam* cæterafque *Afiæ* Regiones, novas nullo non tempore Colonias traduxiffe. Nam cum *Ægyptus* optimos quofque & commodiffimos *Maris Erythræi* portus obtinuerit, ex *Erythræo* verò *Mari* in *Æthiopiam*, *Perfidem* ac reliquam denique *Indiam* non incommodus trajectus fuerit, frequentiffimam nullo non tempore ultrò citròque fuiffe commeationem, præter alias, celeberrima quoque illa Salomonis ex *Afion Gaber maris Rubri* portu in Regionem *Ophir* facta maritima expeditio fatis declarat. Verùm quid *Ophir* hoc loco propriè fit, inter Interpretes admodum controverfum reperio. Scio quosdam *Ophir* pro ipfo auro obrizo accipere, verùm horum opinio jam dudum explofa eft; Alios verò per *Ophir* eam Regionem *Americæ* defignare, quàm *Peru* vulgò dicunt, quæ cum duplex fit Borea & Auftrina, eas numero duali *Parvaim* dictas ex illo colligunt, וזהב פרים , & aurum illud *aurum Parvaim*. Ita *Arias Montanus* , verùm cum non videam quomodò dicta Claffis in Antipodum *Palæftinæ* prorfus & è diametro oppofitum, disjunctum , ignotumque Mortalibus Orbem , abfque magnete, cujus tunc temporis ufum ignorabant, aliifque fubfidiis , quibus freti noftri Archinautæ eum Orbem detexerunt, deftituti, fecurè & tam exiguo tempore pervenire potuerint. Præterea quo animo aurum, gemmas, ligna pretiofa cum tanto periculo in Regionibus adeò diffitis, quibus in vicinioribus, utpote *Cherfonefus aurea* & *Æthiopia* abundat, quærere attentarint ? Hæc , inquam , quomodo fieri potuerint , cum non videam , meritò eam opinionem veluti incongruam , explodendam cenfeo. Certius itaque & fecurius iter arrepturus dico , *Ophir* vocem Coptam effe , feu Ægyptiacam qua Ægypti veteres eam *Indiam* appellabant , quæ continet Regna *Malabar* , *Zeilanum* , *auream Cherfonefum* , & ad eam fpectantes *Sumatram* , *Moluccas* , *Javas*

Commoda navigatio ex Erythræo mari in Indiam.

Ophir qualis propriè Regio.

Ophir non eft Peru.

Ophir vox Ægyptiaca Indiam notat.

quas

aliasque vicinas Infulas Auriferas, in quas Hiram claſſem Salomonis ſtatutis temporibus expediviſſe legimus, non aurum tantùm, gemmæ, lapides & ligna pretiofa, ſed & pavones, ſimiæ, ſimilia-que, quæ è dictis Regionibus, rebus hujuſmodi refertis Claſſis Hiram ſecum attulit, abundè teſtantur. Quin *Onomaſti-con noſtrum Copto-Arabicum Capite de Nominibus Gentium* id clarè docet; ubi ܐܦܝܩܘܣܕ Hend, quod & *Indiam* explicat, ܣܘܪܝܦܘܩܣܕ verò ܐܝܘ ſeu *Indum*. *Ophir* igitur nihil aliud eſt, quàm *India*; Aurum verò *Parvaim* ego exiſtimo fuiſſe ex אױרי *Javaim*, hoc eſt è *Javis* Inſulis; ita enim has Inſulas binas dici, apud *Rabbinum Benjaminum* ni fallor me legiſſe memini. Cum itaque ex *Erythræo Mari* in *Ophir* ſeu *Indiam* adeò frequens fuerit expeditio, certè hac uſos opportunitate, non Chriſtianæ tantùm Religionis propagatores, ſed & veteres Ægyptios, eorumque *Hieromantas* & Philoſophos cum dictis Regionibus ingens habuiſſe ultrò citròque commercium, varia Ægyptiorum in iis relicta teſtantur monumenta. Inter ea *Ormus* ſeu *Hormuz* nobiliſſima Perſici ſinus Urbs, prima Ægyptiorum in *Perſia* colonia, & commoda iis, qui in *Indiam* trajicere volunt, ſtatio, quamque ab Hermete Ægyptio (à quo & nomen habet, هرمز *Hormoz* enim *Arabibus*, idem eſt quod *Græcis* Ἑρμῆς *Mercurius*) ædificatam, *Haithon* tradit *l. de Tartaris c. 6*. Iterum Reges *Perſiæ* Ælius *Spartianus*, ab *Oſiride*, *Pſammoſſires* dictos aſſerit; nec imperitè; *Oſiridem* enim primùm in eas partes, & dein in *Indiam* conceſſiſſe, urbibuſque extructis populos ad meliorem vivendi normam redegiſſe, *Diodorus* ſequentibus verbis tradit: Ἐπεῖα ποιήσασθαι τὴν πορείαν δι᾽ Ἀραβίας παρὰ τὴν Ἐρυθραν θάλασσαν, ἕως Ἰνδῶν καὶ ᾗ πέραξ᾽ ᾧ τ᾽ οἰκυμένης, κτίσαι ᾗ καὶ πόλεις ἐκ ὀλίγας

Ex Ægypto & Æthiopia per Mare Rubrum in Indiam expeditio.

Hormoz.

ἐν Ἰνδοῖς, ἐν αἷς κ̀ Νύσαν ὀνομάσαι, βυλόμενον μνημεῖον ἀπολιπεῖν ἐκείνης καθ᾽ ἣν ἐτράφη κατ᾽ Αἴγυπτον. Φυτεῦσαι ᾗ καὶ κιτὸν ἐν τῇ παρ᾽ Ἰνδοῖς Νύσῃ καὶ διαμένειν τοῦτο τὸ φυτὸν ἐν ἐκείνῳ μόνῳ τῷ τόπῳ τῆς κ̀ τὴν Ἰνδικὴν καὶ τὴν ὅμοργν χώραν. Πολλὰ ᾗ κ̀ ἄλλα σημεῖα τ̔ ἑαυτῦ παρουσίας ἀπολοιπέναι κατ᾽ ἐκείνην τὴν χώραν, δι᾽ ὧν πειναχθέντας τοῖς μεταγενεστέ-ρους τῶν Ἰνδῶν ἀμφισβητῆται περὶ ᾗ Θεῦ, λέγοντας, Ἰνδὸν εἶναι.

Hinc per Arabiam, ſecus Mare Rubrum *ad* Indos *uſque & orbis habitabilis fines perrexit. Nec paucas* Indis *urbes condidit, è quibus unam vocavit* Nyſam Ægyptiæ *illius, ubi nutritus fuerat, monumentum relinquere volens. In hac* Indorum Nyſa *hederam plantavit, quæ præ omnibus* Indiæ *& finitimæ terræ locis tantùm creſcit & permanet. Multa inſuper alia ſui in terras illas adventus ſigna reliquit, quibus* Indi *poſteriores inducti, controverſiam movent ſuper hoc Deo, & natione* Indum *eſſe contendunt;* Hujus ſecutos veſtigia poſteros frequentius poſtmodum hujuſmodi plagas Ægyptias adiiſſe veriſimile eſt. Imò *Perſarum* Magos, *Indorum Brachmanas*, uti & cæteros *Aſiæ* ſapientes omnem philoſophandi rationem, omnes circa Deorum cultum ritus & cærimonias ab *Ægyptiis* non aliter quàm reciproco commercio accepiſſe, præterquam quod clarè in *vita Apollonii* id doceat *Philoſtratus*; ipſa ſanè dictarum gentium mores & conſuetudines, id luculenter indicant; cum in hodiernum diem in *India*, *China*, *Japone*, *Tartaria* ſeu *Cathaia*, quin etiam in ipſa *America*, Solis, Lunæ, Siderum, Terræ, animalium omnis generis cultum, non ſecus ac in *Ægypto* ab immemorabili tempore vigere intueamur. Polymorphas *Oſiridis* & *Iſidis* ſtatuas, Apides quoque, Anubides, Canopos, & ſimilia *Ægyptiorum* monſtra, ibi paſſim coli reperias: Pyramides myſticas, & magni-

Cultus Deorum in Crientalibus Aſiæ Regionibus ab Ægyptiis.

gnifi-

gnificentiſſima Templa Geniis ad Ægyptiorum normam erecta ; Verbo Ægyptiacam rerum faciem ubique videas. Quæ omnia hîc fuſiùs declararem, niſi eâ in primæ Oedipi noſtri partis Syntagmate quarto (quam Simiam Ægyptiacam voco) fuſiſſimè & particulatim pertractaſſem, quarè Lectorem eò remittimus. Atque hæc ſunt, quæ de Coloniis Coptitarum ſive Ægyptiorum hucuſque dicenda exiſtimavi ; de quibus non ignoro

alios aliter forſan ſentire poſſe. Verùm iſta mihi viſa ſunt veriſimiliora, potuiſſemque rei propoſitæ alias non contemnendas in medium rationes afferre, ſi aut inſtituti mei ratio id modò poſtulaſſet, aut mea intereſſet, aſſenſum à Lectoribus violenter extorquere. Sufficit nobis, ex Ægypto factas in totum Orbem expeditiones, qui unicus noſter ſcopus erat, dilucidè, & ſi fuſiùs forſan, quàm par erat, hoc loco demonſtraſſe.

CAPUT III.

De Cataio ejuſque proprio & genuino ſitu.

Uamvis in præcedentibus varia ex variis Authoribus, Latinis, Hebræis, Arabibus, Perſis, de Cataî ſitu adduxerimus, hîc tamen ad meliorem rerum elucidationem, quodnam tandem Cataium ſit Regnum, ubi ſitum, per varia hac de cauſa aſſumpta Itinera exponemus.

Cataium nil aliud quam China eſt.

Chinam potiſſimam Cataii partem eſſe, non ſolùm noſtrorum Patrum aſſidua exploratione innotuit, ſed & ex Marco Paulo Veneto clariſſimè patet, ſiquidem vaſtam illam urbem, quam hîc Cambalù, vel ut vera Tartarorum lingua ſonat, Cambalek, Magni Cham Regiam dicit ; noſtri Patres aliam non fuiſſe ajunt, niſi modernam Sinarum Regiam, quam Pekinum vocant, & vaſtitas murorum in quadro poſitorum urbiſque incredibilis amplitudo ſat ſuperque demonſtrant. Teſte M. Paulo, Civitas Cambalù in Provincia Cathai juxta flumen magnum ſita ab antiquis temporibus inſignis fuit & regalis ; ſonat autem Cambalù Civitas Domini ; Hanc Magnus Cham tranſtulit in aliam fluminis partem ; didicerat enim ab Aſtrologo, quod Imperio rebellis futura erat: Civitas in quadrum conſtructa, in gyro complectitur 24. milliaria, quolibet quadrati latere ſex habente milliaria. Muros habet dealbatos, altitudinis 20. paſſuum, latitudinis decem, ſpiſſitudo

Deſcriptio urbis Cambalù.

tamen illa aſcendendo tenuior ſit. Habet quælibet muri quadratura tres portas principales, quæ in univerſum duodecim ſunt ; conſtitutis juxta ſingulas magnificis palatiis. In angulis quoque murorum ſunt egregia palatia, ubi Civitatis conſervantur arma. Tranſeunt per hanc Civitatem vici & plateæ rectiſſimæ, ut ab una porta liber aſpectus pateat per Civitatem ad portam oppoſitam ; domibus elegantiſſimis palatiorem inſtar utrimque conſtructis. Et paulò poſt. Extra Civitatem Cambalù duodecim ſunt magna ſuburbia, ſingulis duodecim portis contigua, in quibus jugiter mercatores inveniuntur & advenæ homines. Hæc omnia ita Pequino Regiæ urbi quadrant, ut in nullo ferè differant, uti P. Martinus Martinius teſtatur Atlantis ſui folio 29. Nomina quoque urbium Tadinſu, Caçanſu, Quelinſu, Cingianſu, Sianſu, quæ & etiamnum Siganſu dicitur, non procul à croceo fluvio ſita, quam poſt triennem obſidionem Magnus Cham Catapultarum ope, quas machinas in China adhuc incognitas per fabros Chriſtianos extrui curaverat, Paulus Marcus Venetus (qui unà cum patre ſuo Nicolao & patruo tunc temporis cum Imperatore morabantur.) anno 1268. tandem expugnavit. Vide Paulum Marcum Venetum l. 2. c. 58. Siquidem fu in lingua Sinica nihil aliud, quàm urbem magnam, ſicuti ceu aliis nominibus

Siganſu obſeſſa à Tartaris.

bus

bus additum, mediocrem urbem notat, quæ quidem voces nulli alteri Regioni, sed soli *Chinæ* notæ sunt & propriæ. Nihil tamen ita luculenter *Chinam* pro *Cathaio* semper habitam fuisse demonstrat, ac *Persarum* monumenta tum Astronomica, tum Botanica, quæ ex *Nasirodim Persæ* Mathematici toto Oriente celeberrimi *Tabulis astronomicis* nobis aperuit eruditus Vir *Jacobus Golius in Appendice Atlantis Sinici* adjuncta; ubi aperté videtur duodecim horarum, in quas dies naturalis apud *Sinenses* seu *Cathaios* dividitur, nomina Cathaica ita Sinicis respondere, ut in nullo discrepent, quod & testantur quotquot ex Patribus nostris huc *Romam* advenæ existerunt. Sed ut hæc luculentius pateant, hic nomina apponam.

Astronomia Cathaiorum cui Sinis correspondet.

Nomina horarum, in quas dies naturalis apud Cathaios, *id est* Sinas, *dividitur.*

Golius in App. Atl. Sin.

	1.	2.	3.	4.	5.	6.
Sinica.	*Çu*	*cheu*	*yin*	*mao*	*xin*	*su*
Arabica.	صو	جن	ماو	يم	خيو	ثُرّ

	7.	8.	9.	10.	11.	12.
Sinica.	*v*	*vi*	*xin*	*yieu*	*siò*	*hai.*
Arabica.	حاي	سَييو	يوو شن	وي	وو	

Si quis verò 60. annorum Cyclum, quo *Cathaios* in calculo dierum, hebdomadum, annorumque solarium *Nasaradinus* uti dicit, cum Sinico contulerit, eandem prorsùs, sive rationem computus, sive nomina, quibus illum appellare solent, esse comperio: idem esto judicium de anno Cathaico, quem uti & Zodiacum in 24. partes dividunt, anni initio facto à 15. gradu Aquarii. Verùm de hisce fusiùs vide *citato loco* supra memoratum *Golium*, qui & testem *Vlug Begum* Astronomum *Persam* adducit, ex cujus tabulis quæcunque hucusque tradita sunt, clarè ex calculorum *Cathaiorum*, sive quod idem est, *Sinarum* harmonia

ostendit. Lego & ego apud *Medicos Arabes*, Muscum qui in *China* reperitur, passim vocari مسك كطاي *Muscus Cataicus*, potus quoque ille qui ex *Cha* herba quadam *Cataio* propria conficitur, plerumque چا كطاي *Cataium cha* dici: *Mogores* verò, qui origine *Tartari* sunt, & ex magni *Cingis can*, cæterorumque succedentium potentium Imperatorum prosapia originem suam ducunt, à Sinici Imperii expugnatione, *Mogulo-Sinas* ab Historicis eorum مغوله سين dici lego. Quæ verò de *Quinsai*, urbe admirandæ & pené incredibilis magnitudinis scribit, illa omnia vera esse comperta sunt hodie de Civitate *Hancheu* metropoli, de qua P. Martinus Martinius eximii Atlantis scriptor, ita differit fol: 109. *Nè diutius Europæi Cosmographi in Marci Pauli Quinsai inquirenda ac ridiculé delineanda aberrent, hic ipsissimam illam dabo; cujus ne umbram quidem assecuta est* Archontologia *illa Cosmica, & si Deus votis faverit, transmittam fortasse cum tempore ipsam* Sinicarum urbium *ab ipsis* Sinis *longè ante* Europæos *impressum* Theatrum *numquam hactenus visum Europæ quod quidem sciam. Verùm ut quod nunc instat agamus, certissimis inprimis argumentis probo, hanc urbem ipsam esse* Quinsai Pauli *Veneti; hæc enim illa est, quæ à* Singui, *hoc est,* Sù Cheu *qinque dierum spatio distat: si loquamur de progressu ac itinere exercitus, in quo constat M. Paulum Venetum fuisse, aliàs enim vix quatriduo iter est; hæc illa est, quæ illius tempore regia erat* Sinarum, *quam* Sinæ *lingua erudita litteratorum* Kingsu, *Communi hominum vulgarium minus exactè loquentium* Kingsai *dicunt, inde Veneti nomen* Quinsai *fluxit. Notandum porrò hic* King-*su dignitatis nomen esse urbibus regiis commune, non autem uni proprium ac singulare, siquidem verè regiam significat, quamvis sæpè eadem urbs proprium alioqui habeat nomen, uti hæc urbs* Hancheu *dicitur, quæ sub* Sunga familia dicta est Lingan, *quia ejus famili-*

Quinsai quænam fuerit ingens ejus vastitas.

Descriptio Hanchu sive Quinsai.

Etymon Quinsai.

liæ

liæ decimus Imperator Caoçungus Kin Tartaros *fugiens hîc Regiam statuit, atque idcircò* Veneti *tempore* Kingsu *vocitata est, quodcunque demùm hîc alii sentiant; hæc autem acta sunt ad annum à partu Virginis* 1135. *In eadem quoque urbe* Sunga *familia Regnum tenuit, donec magni* Hàn Tartari Occidentales, Kin Tartaros Orientales *è* Catayo *ejecerunt, hoc est, ex Borealibus Provinciis, atque ita tum debellati sunt, moxque victricia arma in Regnum* Mangin *invexerunt, Australium Provinciarum scilicet occupatione cœpta. Sed ut propius ad rem ipsam accedamus, hæc illa urbs est, quæ altissimos ac innumeros penè habet pontes, tum intra ipsa mœnia, tum extra in ipsis suburbiis, nec à vero aberunt multum decem etiam millia, quæ* Venetus *enumerat, si pontibus arcus triumphales accenseas, quos ob fornicis similitudinem, potuit etiam* Venetus *in* Pontium *habuisse loco, eodem modo, quo* Tigrides Leones *dixit, cum tamen ii minimè hic, uti ferè in tota* Asia, *non reperiantur; nisi velis eum non eos tantummodò qui intra aut extra urbem sunt, sed totius hujus* Territorii *pontes esse complexum, ac tum quidem numerum illum suum, qui aliàs* Europæis *creditu videtur difficilis, facilè augere potuisset, tanta ubique pontium & arcum triumphalium copia. Accedit ad hujus rei confirmationem* Lacus 40 *Italicorum milliarium,* Sihu *vocant, qui quamvis intra mœnia non sit, illa tamen ab Occasu in Austrum longo tractu lambit, ex eoque inducti sunt in ipsam urbem complures canales; ejus porrò ripæ ita templis, monasteriis, palatiis, musæis, ac privatorum domibus, omni ex parte sunt obsita, ut intra amplissimam urbem, non ruri versari te credas. Ad hæc ripæ undique quadrato sectoque lapide erectæ sunt, latissima ambulantium commodo relicta via; viæ etiam quædam per ipsum* Lacum *transeunt, pluribus iisque altioribus pontibus, sub quibus naves trajiciant, instructæ, quibus inambulantes totum* Lacum *ultro citroque possunt circuire, unde* Urbi *accenseri à* Veneto *facilè potuerunt. Hæc est illa* Urbs, *quæ intra mœnia montem habet ad Australem partem* Chinghoang *dictum, in*

Urbs innumeris pontibus referta.

Lacus Sihu.

Lacus littora cultissima.

quo turris illa cum custodibus, ubi horarum spatia clepsydrâ metiuntur, & quot horis tabella exponitur aureis sesquipedalibus litteris inscripta: hæc ipsa urbs est, cujus plateæ omnes quadratis sunt stratæ lapidibus: hæc quæ in paludoso jacet loco, pluribusque canalibus navium capacibus dividitur; hæc demùm, ut reliqua præteream, ex qua Imperator ad mare fugit per fluvium ingentem Cientang, *cujus latitudo Germanicum excedit milliare, fluitque ad Australem urbis partem, ut nec hîc omninò desit fluvius, quem* Venetus Quinsai *suæ adscripsit, indè in mare versus Ortum prorumpit, à quo tantum omninò distat hæc urbs, quantum eam distare* Venetus *voluit. Addo urbis ambitum centum eoque amplius occupare milliaria* Italica, *si maxima suburbia annumeres, quæ ab omni parte latissimè excurrunt; undè ad quinquaginta* Sinica *stadia conficies à* Borea *in* Austrum *rectâ obambulando per frequentissimas plateas, in quibus nihil à populo domibusque vacuum reperturus sis, eodem ferè modo ab* Occasu *in* Ortum *pergere licet. Cum ergò ex* Sinica *historia tempus, nomen, descriptio, magnitudo cæteraque omnia hanc urbem esse* Quinsai *demonstrent, nullus amplius relinquitur dubitandi locus. Hæc* P. Martinus Martinius *cit. loco.*

Quinsai seu Hamcheu Urbis circuitus.

§. I.

Iter in Cataium *sive* Chinam Benedicti Goës Soc. Jesu, ex P. Nicolao Trigautio. *Vide* Mappam Itinerum.

Undè itaque tanta circa *Cataii* genuinum situm opinionum confusio nata sit, paucis explico. Notum est tum ex *Historia Pauli Marci Veneti, Haythonis Armeni* aliorumque, tum vel ex ipsa *Chronologia Sinarum, Magnum* Cham Tartarorum *Imperatorem, quem* Cublai *alii, nonnulli* Ulcam *aut* Uncam *vocant, anno* 1256. *irruptione per muros factâ, universum* Sinarum *Imperium (quod tum in duo Imperia divisum, quorum unum versus Boream* Catai, *alterum versus Meridiem* Mangi *vocabatur) occupasse; undè uti jam aliàs pars Borealis* Chinæ *cum cæteris*

China à Tartaris Cataium dictum.

extra

extrà muros Regionibus sub nomine *Cathay* passim vocabatur, ita quoque occupato jam *Sinarum* Imperio, universum Regnum per *Tartaros* & *Saracenos* circumvicinos introducto, nomine *Cathai* vocabatur, nomine cæterorum circumjacentium Regnorum extrà muros deleto, ità ut ab illo tempore illud solum, quod intra muros conclusum vastum *Sinarum* Imperium ab iis qui ex *Indostan*, *Usbec*, *Camul*, aliisque Mediterraneis Regionibus negotiandi causa illuc quotannis proficiscerentur, *Cataium* appellatum sit; & ex Itinere Fratris nostri *Benedicti Goësii* luculenter patet. Verùm quia illud non solùm Superiorum Societatis nostræ, sed & Proregis *Indiæ Ariæ Saldagna*, imò Imperatoris *Mogorum Acabar*, jussu consilioque, tum ad *Cataium* explorandum, tum ad incolas intermediorum Regnorum Christiana Lege imbuendos decretum erat; Certè illud ea quoque qua fieri potuit diligentia & sollicitudine à *Benedicto Goësio* viro prudenti & cordato, nec non linguâ Persica, quam longâ morâ in Regno *Mogorum* ipsique *Acabar* Regi familiaris optime didicerat, peractum fuit. *Benedictus* itaque diplomate Regis *Mogorum* nec non Proregis *Indiæ* supra memorati necessariis subsidiis tanto itinere congruis affatim instructus, *Armenorum* assumpto habitu, nomine quoque *Benedicti* in *Abdullâ*, quod *servum Dei* notat, mutato; *Armeno* homine Isaac in itineris individuum comitem adscito, anno 1603. per solennes jejuniorum dies ex *Lahor* Regia *Mogorum* movens iter versus Regnum *Cascar* unà cum 500 hominum congregatione, quam *Caravanam* vocant, magno jumentorum, camelorum & curruum numero orditus est, menstruo itinere in urbem *Athec* sub jurisdictione *Mogoris* appulit; trajectoque flumine *Indo*, post bimestre spacium urbem *Passaùr* attigit, ubi ab Eremita instructus audivit menstruo spatio versus Boream Regionem *Caphurstàn* esse, id est *terram infidelium*,

Iter Benedicti Goës ad Cataium detegendum.

عبد الله

Adoritur iter anno 1603. Ex Lahor.

Athec.

Passaùr.

A Passaùr.

de qua infrà, pluribus, Christianis refertam esse, quam tamen *Caravanâ* impeditus transire non licuit. Hinc 25 dierum curriculo in urbem pervenit, cui *Ghideli* nomen est, ubi à latronibus multum periculi subiit. Hinc movens intra 20 dies *Cabul* urbem tenuit, urbem *Mogoris* jurisdictioni adhuc subjectam. Hinc *Chiaracar* urbem ferro divitem, & ex ea decem diebus in *Parvàn* ultimum *Mogolici* Regni oppidum pervenit.

Post quinque dierum quietem, 20 dierum spatio per altissimos montes in Regionem cui *Ancheran* nomen est, & post alios 15. *Calcià* urbem appulit, & decendio peracto in locum quendam *Gialalabath* dictum venit, *Brachanum* teloniis celebrem; post quindecendium in *Talhan*, & hinc in *Chaman* progressus ingentia latronum pericula incurrit, quibus evitatis, tandem *Ciarciunor* tenuit, & post decendium *Sarpanil* desertum locum transeuntes per altissimum montem viginti dierum itinere in *Sarcil* provinciam pervenit, post biduum ad pedem montis *Cecialath*, in quo ob nivium multitudinem multi frigoris vehementia periere, pervenit, sex diebus in nive peractis in *Tamgheran* Regnum *Cascar*, & post 15. dies *Jaconich*, & post dies quinque *Hiarcham Cascaris* metropolim & finem *Cabulensis* pervenit; Regio tota *Mahometis* legem sectatur. Atque hinc ex *Hiarcham* in *Cataiuon* per *Caravanam* expeditionis initium est, eorum tamen qui certò se intra Regnum admittendos fore norunt; Negotiatio quasi tota consistit in Jaspidis pretiosi fragmentis, quæ in *Cataio*, id est, *China* plurimi fiunt, & duplicis generis est: prius è flumine *Cotan* non procul à Regia, à piscatoribus instar crassiorum silicum educitur: Alterum è montibus erutum in saxeas laminas duabus fere ulnis longas diffinditur. Distat hic Mons *Cansangui* à Regia vicendio circiter, & mons Lapideus dicitur, in Chartis Geographicis passim notus. Hinc itaque iter post longam moram

25 dierum.

Ghideli 20 diebus.

Cabul.

Chiaracar 10 diebus. Parvàn 20 diebus.

Ancheran 15 diebus.

Calcia 10 dieb.

Gialalabath 15 dieb.

Talhan. Chaman.

Ciarciunor 10 dieb. Sarpanil 20 dieb.

Sarcil 20 dieb.

Mons Cecialath 6 dieb.

Thamgeran 15 dieb. Jaconich 5 dieb. Hiarchan.

Mons Lapideus.

Ioki.

moram denuò orditus Benedictus, primùm *Ioki-Telonium* Regni appulit, hinc 25 dierum itinere fequentia loca peragravit: *Hancialix, Alceghet, Hagabathet, Egriar, Mefetelec, Thalec, Horma, Thoantac, Mingieda, Capetalcol, Zilan, Sarogne betal, Cambafo, Aconferfec, Ciacor, Acfu.*

Hancialix.

Acfu per defertum.

Acfu oppidum eft Regni *Cafcar,* à quo per defertum, quod *Caracatai,* id eft *nigra Cataia* dicitur, laboriofo itinere profectus, in *Oitograch, Gazò, Cafciani, Dellai, Saregabadal, Ugan,* ac tandem *Guciam* pervenit : Hinc abiens 25 dierum itinere in urbem *Cialis* pervenit, quæ eft fub jurifdictione Regis *Cafcar,* ubi Saraceni ex præteriti anni *Caravana* ex *Cataio,* id eft, *Pekino Sinarum* Regia redeuntes, Benedicto noftro mira de P. Matthæo Riccio ejufque fociis narrarunt; Atque proindè hic Nofter primo *Sinarum* loco fe *Cataium* reperiffe, miratus eft. Hinc 20 diebus in *Pucian* ejufdem Regni oppidum, & hinc *Turphan* & *Aramuth,* ac tandem in *Camul* munitam urbem appulit. Ex *Camul* novendio ad Borealis tandem tantoperè defiderati Regni *Sinenfis* muros, ad locum, qui *Chiaicum* dicitur, appulit, ubi & intra muros admiffus diei unius itinere *Socieu* urbem primam Sinenfem ingreffus, aliud præter *Chinam, Cataium* non reperit; ut proinde omnem impofterum de genuino *Catai* fitu, quod à *Saracenis* cum *China* paffim confunditur, fcrupulum depofuerit. Nota tamen hoc iter ex *Laor* verfus Boream longiùs protractum, cum ex *Laor* per multò compendiofiorem viam, terminum fuum attingere potuiffet; Verùm uti hoc per *Thebeticos montes* iter nondum detectum erat, ita quoque illud in *Ufbec* & *Samercandam* tunc temporis ufitatius, etfi per ingentes ambages devium & vias undique & undique latrociniis infame, negotiatorum confuetudini fe accommodans tentare coactus fuit. Eft Regnum *Usbeck* vafto regionum intervallo ex Occafu in Ortum extenfum, tribus maximis

Gucia 20 dieb.

Pucian.

Turphan.

Camul 9 dieb.

Muri Sinenfis Regni.

Socieu.

Regnum Ufbec.

Regnis conflatum, quorum prius Regnum *Samarcanda* ortu *Tamberlanis* celebre; Alterum *Tarphan*; Tertium *Turphan* dicitur; omnia *Mahumedis* legibus infamia; homines, quod de *Scythis* hiftoriæ memorant, crudeles, latrones, fanguinarii, & capitales Chriftianorum hoftes; unde Regnum iftud Chriftianis prorfus modò imperviumeft, nifi iis forfan qui negato Chrifto, impio *Mahumeti* adhærere velint. Atque hoc eft ex *Usbeck* in *Cataium* iter.

Iter verò quod P. Antonius Andrada Lufitanus in Regnum *Thebet* aggreffus fuit, tale eft : Ex *Lahor Gangem* trajiciens primò in *Scrinegar* & *Ciapharangam* urbes ingentes populofiffimafque, ex hifce per altiffimum montem transgreffus in fummitate ejus ingentem lacum, commune *Indi, Gangis* cæterorumque *Indiæ* majorum fluminum hydrophylacium detectum obfervavit; & hinc multorum dierum itinere per altos pariter montes in *Redoc* frigidiffimam Regionem Borealem, ejufdemque nominis urbem pervenit; ex qua per Regnum *Maranga* & *Tanchuticum Tartarorum* Regnum bimeftri fpatio facilè *Cataium,* id eft, *China* attingi poteft.

Iter P. Andradæ,

Ex Lahor, Scrinegar, Ciapharangue.

Mons Gangis & Indi.

Redoc.

Maranga. Tanchut. China.

§. II.

Iter aliud è China in Mogor à noftris Patribus P. Alberto Dorville & P. Jo. Grubero expeditum. De quo vide Mappam.

1. Ex *Pequino* itaque hi Patres anno 1661. menfe Junio, in *Siganfu* triginta dierum, & hinc *Sining* five *Siningfu,* totidem ferè dierum decurfu tranfacto bis croceo flumine, quod *Hoang* vocant, tranfito, confecerunt iter. Eft autem *Sining,* five *Siningfu* urbs magna & populofa ad vaftos iftos Regni *Sinarum* muros exftructa, per quorum portam primus in *Cathaium* five *Chinam* aditus patet ex *India* negotiantibus, ubi & commo-

Iter Pekino ad Siningfu urbem ad muros fkintam.

commorari coguntur ufque dum ulterior à Rege introitus concedatur. Urbs hæc fub elevatione poli 36. grad: min. 20. conftituitur.

Iter à Muris per defertum Kalmack ufque ad initium Regni Laffa.

2 A *Sining* trimeftri fpatio per *Kalmack Tartariæ* defertum ufque ad initium Regni *Laffa*, quod & *Barantola Tartari* vocant, pervenerunt : Defertum verò partim montofum, partim planum, fabulo arenifque confitum, fterile prorfus & infœcundum, cui tamen fubindè natura providit nonnullis rivis, quorum ripæ jumentis herbarum virentium pafcuorumque fufficientem copiam deftinant : cæterum defertum uti ab intimis *Indiæ* mediterraneis originem ducit, ità quoque ex Meridie in Boream rectà extenfum, qui ejus terminum in hunc ufque diem exploraverit, inventus eft nemo : Putant multi illud ad mare ufque glaciale extendi, de quo pluribus in *Mundo Subterraneo* :

Defertum Arenofum, & varia ejus nomina.

Habet autem varia nomina ; *Paulus Marcus Venetus* illud defertum *Lop* vocat, diabolicis illufionibus fpectorumque paffim comparentium multitudine infame, de quo tamen nihil noftri Patres memorant, cum femel atque iterum hujufmodi fpectra comparuiffe, non comprobet perpetuum eorundem omnibus femper comparentium continuationem ; *Tartari* olim defertum *Belgian*, modò *Samo*, aut *Sinenfes Kalmuk*, alii *Caracathai*, id eft, *nigram Catajam* vocant, ubi præter ingentis magnitudinis Tauros Sylveftres nullum cæteroquin animal reperias : *Tartari* tamen defertis affueti, illud nullo non tempore vagabundi peragrant ; Hordas quoque fuas, ubi rivum pafcuis commodum repererint, ibidem fundant ; Hordæ *Tartarorum* funt cafæ, hominibus pecoribufque recipiendis aptæ, uti Figura indicat.

29 alt. poli.

3. E *Laffa* five *Barantola* fub 29. grad. 6. min. elevat. Poli conftituta, ufque ad radicem montis *Langur* quadriduo venerunt ; Eft autem *Langur*

Mons altiffimus Langur dictus.

mons omnium altiffimus, ità ut in fummitate ejus viatores vix refpirare ob aëris

fubtilitatem queant ; neque is ob virulentas nonnullarum herbarum exhalationes æftivo tempore, fine manifefto vitæ periculo tranfiri poffit. Per hunc montem ob horrenda præcipitia & fcopulofos tractus, neque currus, neque jumentum tranfire poteft, fed pedeftri itinere totum iter conficiendum eft, fpacio ferè menftruo ufque ad *Cuthi* primam Regni *Necbal* urbem :

Cuthija urbs regni Necbal.

quamvis autem hic montofus tractus fit tranfitu difficilis, providit tamen natura de magna aquarum undique ex montium cavernis erumpentium tam calidarum, quàm frigidarum copia, nec non pifcium pro hominibus, pafcuorumque pro jumentis ubertate : hunc ego tractum eundem effe puto, quem *Ptolomæus* fub Caucafeorum montium ferie catenam, longè latéque in Ortum fuifque fimbriis in Meridiem & Boream protractam *Parapanifum* vocat. *Paulus Marcus Venetus Belor*, alii aliis nominibus pro diverfitate

Belor.

nationum per quas tranfit, nuncupant.

4. Ex *Cuthi* quinque dierum itinere pervenitur ad urbem *Nefti*, Regni *Necbal*, in quo omnes idololatriæ tenebris involuti

Nefti urbs Regni Necbal.

fine ullo Chriftianæ fidei figno vivunt ; abundat tamen rebus omnibus ad vitam fuftentandam neceffariis, ita ut 30 aut 40 gallinæ pro uno fcuto paffim vendantur.

5. Ex *Nefti* in urbem metropolitanam Regni *Necbal*, quæ *Cadmendu* dicitur, fub elevat. Poli 27. grad. 5. min. conftitutam, 6 dierum itinere pervenitur, ubi

Metropolis Necbal Cadmendù 27 gr.

Rex potens, etfi gentilis, Chriftianæ tamen legi haud contrarius refidet.

6. Ex *Cadmendu* medii diei itinere ad urbem *Necbal* totius Regni fedem, quam & *Baddan* vocant, pervenitur.

Badda.

7. Ex *Necbal* quinque dierum itinere urbs *Hedonda* occurrit, Regni *Marangæ* colonia, fub altitudine Poli 26. gr. 36. min. conftituta.

Urbs Hedonda Regni Marangæ Colonia 26 grad.

8. Ex *Hedonda* octiduo pervenitur ufque in *Mutgari*, quæ eft prima Regni Mogorici civitas.

Mutgarija Mogoris urbs.

9. Ex *Mutgari* decem dierum iter

I   eft

Battana urbs Bengalæ 25gr.

Benares urbs 24gr.

Murorum Sinensium descriptio.

est usque in *Battana*, quæ est civitas Regni *Bengalæ* ad *Gangem*, sub-elevat: poli 25. gr. 44. min: constituta.

10. Ex *Battana* octo dierum spatio pervenitur in *Benares*, urbem populosam ad *Gangem*, & sub elevat: poli 24. gr. 50 min. constitutam, estque celebris ob *Brachmanum* Academiam, quæ ibidem floret, in qua & omnes scientiæ regioni propriæ, verius superstitiones inauditæ docentur.

11. Ex *Benares* ad *Catampor* undecim dierum, & ex hac in *Agran* septem dierum iter est.

Ex *Peckino* itaque *Agram* usque, iter est continuatum, 214 dierum; Si moram spectas *Caravanarum*, iter est unius anni & duorum mensium circiter. Atque hæc oretenus à supramemoratis Patribus accepi, qui illud, uti descripsimus, iter confecerunt.

Catampor.

Agran.

Caput IV.

De vario habitu, moribus & consuetudinibus hominum illorum Regnorum, per quæ dicti Patres, Albertus Dorville & P. Gruberus transeuntes observarunt, depinxeruntque.

Uti Regna, quæ dicti Patres, itinere hucusque à nemine Europæorum tentato transierunt, Geographis ignota fuerunt, ita quoque multa, haud indigna consideratione circa habitus, mores & consuetudines gentium observarunt, quæ quà picturis, quà scriptis consignata mihi datâ operâ, ut confecto ab ipsis itineri insererentur, reliquerunt, quod modò oportunè præstandum duxi.

Ex *Pekino* itaque Metropoli Sinarum, & Imperiali Sede moventes, bimestris temporis spatio ad muros famosissimos pervenerunt; ad quos urbs ingens *Siningfù* sita, murorum veluti præsidium quoddam contra Tartaros tutissimum, ubi murorum tam celebrium structuram, quantum istius loci ratio ferebat, diligentissimè ab ipsis observatam delineatamque in *Fine Libri* exhibuimus; addideruntque, muros tantæ latitudinis esse, ut sex equites eam commodè absque eo quod unus alterum impediat, in uno ordine constituti percurrant; undè ab indigenis *Siningfù* eos frequenter visitari ajebant, tum ad aëris saluberrimi, qui ex arenoso adjacente deserto perflat, fruitionem, tum ad excr-

citia alia relaxandæ mentis gratia, peragenda, mirè opportunos; est enim adeò altus, ut prospectu undique & undique patentissimo, nec non amœnissimo facilè indigenas ad se eliciat, tum ob dictas causas, tum ob summam scalarum, quæ ad eum ascensum præstant, commoditatem; Longitudinem verò latissimi muri usque ad alteram portam, per quàm in civitatem *Sucien* transitur ex deserto, tantam esse, ut octodecim ferè dierum spacio vix transiri possit, quos multi non tam negotiorum conficiendorum necessitate, quàm curiositate ducti, obtentâ prius à Gubernatore *Siningfù* facultate, nec non commeatu sufficienti instructi conficiunt; ajunt enim innumeras ex eo habitationes intra murum obvias veluti ex alto monte spectari; extra verò in adjacente deserto, uti oretenus ab Indigenis sibi narrari audierant, omnis generis ferocium belluarum (uti sunt Tigrides, Leones, Elephantes, Rhinocerotes, Leopardi, Sylvestres Tauri, Monocerotes, (est ea Asinorum cornutorum species quædam) miris, insolitisque spectaculis ex alta veluti turri ab omnibus insultantium bestiarum periculis immunes recreari,

Omnis generis helluæ in arenoso deserto certis anni temporibus stabulantes ex murisummitate summa voluptate à curiosis impunè spectantur.

potissipotiffimum ex ea muri parte, quæ in Auftrum tendens ad regiones magis habitatas, ut *Quamfi*, *Junnam* & *Tibet* appropinquat; hinc enim ad fluvium croceum, murifque vicina loca dumetis fenticetifque conferta certis anni temporibus, tum pabuli, tum venationis caufa agminatim fe conferre folent.

Egreffi itaque hanc ftupendi muri vaftitatem dicti Patres, ftatim rivum pifcibus refertum obvium invenerunt, quorum non exiguam copiam cœnæ in fubdiali tentorio apparatæ refervarunt; tranfito quoque flumine croceo extra muros, ftatim vaftiffimum illud defertum *Kalmak* defertum montibus & campis fterile, horridum & formidabile in-

Defertum Kalmack.

greffi, ad *Barantolæ* Regnum ufque trimeftri fpacio confecerunt. Hoc defertum quamtumvis fqualidum fit, à *Tartaris* tamen, quos *Kalmuk* vocant, conftitutis anni temporibus, ubi ad ripas fluminum major pafcuorum copia eft, per hordas quæ portatiles non incongruè civitates dici merentur, habitatur; *Tartaris* defertum hinc indè longè latéque latrocinandi caufa divagantibus; undè ad *Tartarorum* infultantium violentiam propulfandam valida manu *Caravanam* inftructam effe oportet. Patres uti fæpè in eorum habitacula per hoc defertum fparfa incidefunt, ita quoque fingulorum habitus, eo modo, quo hic exhibentur, delinearunt.

I. *Lama Tartarus.* III. Fœmina ex *Kalmak.* II. *Tartarus ex Kalmak.*
A. Habitatio *Tartarorum.* IV. Rota volubilis.

Habitus Tartarorum Kalmack.

Tartarus, quem Figura I. exhibet, habitum gerit *Lamæ*, qui funt Tartaricæ gentis *Kalmak* Sacrificuli, feu facrorum præfides, pileo utuntur rubro colore

I 2 tincto,

tincto, toga alba retrò contorta, baltheo rubro, & tunica flava induuntur, ex cujus cingulo bursa dependet, uti I. Figura exhibet.

Fig. II.
II. Figura Tartarum *Kalmak* exhibet, veste pellicea & cappa flava indutum.

Fig. III.
Figura III. fœminam Tartaram è *Kalmak* exprimit, veste ex pelle, vel ex viridi aut rubra materia indutam; singulæ verò pentaculum quoddam seu amuletum collo appensum, utique ad malorum averruncationem gestant. Habitationem eorum Figura A. exprimit, estque tentorium Tartaricum intrinsecùs ex parvis plicatilibus bacillis confectum, exterius verò rudi ex certæ lanæ materia funibusque constricta contectum. IV. Figura exhibet instrumentum, & est rota volubilis in sceptri formam, quæ tempore, quo *Lamæ* orant, ab adstantibus superstitiosis circumagitur.

Fig. A.

Fig. IV.

V. Effigies *Han* Regis *Tanguth* mortui qui pro Deo colitur.

VI. Effigies *Deva* Regis *Tanguth*.

Fig. V.
Effigies
Regis
Tanguth.

V. Figura veram effigiem exhibet *Han* Regis *Tanguth* demortui, quem dicunt quatuordecim habuisse filios, & ob insignem bonitatem & justitiam administratam, omnes indigenæ eum veluti sanctum, cultu Deis suis proprio venerantur; fusca dicitur fuisse facie, barba castanei coloris & mista canis, oculis protuberantibus; Est autem *Tanguth* ingens Tartariæ Regnum, cujus non exiguam partem transierunt Patres, Regemque quem *Devam* vocant

Tanguth
Regnum
Tartariæ.

Fig. VI. cant ibidem sub ea forma, quam Figura VI. indicat , ipso Rege jubente, delineavît P. *Joannes Gruberus* : facies | fusca est, cæterum vestitui ejus *Lamæ*, quem I. Figurâ exhibuimus , prorsus similis est.

Fig. VIII. *Fig.* VII.

L

VIII. Ejusdem pars posterior. VII. *Tartaræ* Septentrionalis anterior pars.

Erat tum temporis in Aula *Devæ* Regis *Tanguth* fœmina ex *Tartaria* Septentrionali oriunda, quæ uti insolito habitu ornabatur, ita quoque non indigna visa fuit, quæ à Patre ad vivum delinearetur, plexos gerit in modum funiculorum Capillos, conchis marinis in capite & cingulo exornata ; vide Figuram VII. & VIII. anteriori , posteriorique parte exhibitam. Fig. VII. & VIII.

Erant

Erant & in eadem Regis curia Aulici quidam, quorum si habitum consideres, is totus fœmineus est, nisi quod rubri coloris pallio *Lamarum* more utantur;

vide Figuram X. & XI. cæterùm popularem gentis Tanguticæ utriusque sexus habitum exhibent Figuræ XII. & XIII.

Fig. X. & XI.

Fig. XII. & XIII.

XI. Alius habitus Viri Aulici.

IX. Trophæa, quæ in summis Montium cum adoratione magno *Lamæ* eriguntur, pro conservatione Hominum & Equorum.

X. Habitus Viri Aulici sub Habitu Fœmineo.

Execrandus mos in Regno *Tanchut* introductus.

Est in istiusmodi Regnis *Tangut* & *Barantula*, astutia & fraude Satanæ horrendus & execrandus mos introductus, is videlicet, qui sequitur : Puerum eligunt viribus robustum, cui potestatem dant, ut constitutis diebus anni, quemcunque obviam habuerint hominem cujuscunque sexus & ætatis, nullo respectu aut discrimine habito, armis quibus instruitur, conficiat ; hoc enim pacto interfectos, mox veluti à *Menipe* Deastrâ quam colunt consecratos, æternos honores & felicissimum statum consequi, stolidè & amenter sibi persuadent. Puer mirè variegato amictu, gladio, pharetra, sagittisque instructus, nec non vexillorum trophæis aggravatus, constituto tempore à dæmone, cui consecratus dicitur, obsessus, maxima furia domo elapsus per compita & plateas divagatur,

XII. Habitus communis in
Regno *Tanchuth*.

XIII. Habitus ejusdem
Gentis.

XIV. Effigies Pueri dæmoniaci, dum
mactat homines, *Phut* nomine.

tur, omnes sibi obvios, nulla resisten- tia facta pro libitu interficit; hunc pa- tria lingua *Buth*, quod *interfectorem* si- gnificat, vocant, undè Patres eum eo prorsus modo, quo ipsi, dum eodem tempore ibi morarentur, viderant, de- pinxerunt, ut XIV Figura docet.

Sunt intra vastissimum *Tanguticum* Regnum alia Regna inclusa, & sunt pri- mò *Barantola*, quam etiam *Lassa* vocant, cum cognomine Metropoli Regni; Re- gem proprium habet, totum fœdis gentilitatis erroribus intricatum, diffe- rentia Numinum Idola colit; Inter quæ principem locum obtinet, quod *Menipe* vocant, & novemplici capitum discri- mine in conum monstroso fastigio assur-

Menipe Numen Tangutico- rum πολυκέφαλον.

git, de quo in sequentibus, de Numi- nibus seu Idolis Sinensium πολυκεφά- λοις uberius loquimur; Ante hoc stulta gens insolitis gesticulationibus sacra sua facit, identidem verba hæc repetens: *O Manipe mi hum*, *O Manipe mi hum*; id est, *Manipe salva nos*. Quin & stulti homines varia ad Numen propitian- dum cibaria ei apponunt, similiaque εἰδωλομανίας abominanda specimina peragunt. Nostri Patres ad cæcitatem harum gentium commiseratione & de- ploratione dignam demonstrandam, Idolum sub ea forma, quâ viderant ipsi, & quam Figura XVII exhibet, quam- vis illa quoque sub eo habitu, quem XXI Figura, exhibeatur.

Fig. XVII.

Exhi-

XVII. Idolum *Manipe* in urbe
Barantola Regni *Laſſa*.

XXI. Aliud Idolum
Manipe.

Exhibetur & aliud in *Barantola* falſæ divinitatis ſpectaculum, quod uti fidem ferè humanam excedere videtur, ità quoque ſingulari curâ dilucidandum eſt. Narrant Patres, dum *Barantolæ* ad integros duos menſes opportunitatem *Caravanæ* operturi commorarentur, multa ſeſe circa gentis mores & inſtituta obſervaſſe, quorum aliqua ridicula ſunt, alia etiam execranda occurrunt. Duo hoc in Regno Reges ſunt, quorum prior Regni negotiis rectè adminiſtrandis incumbit, & *Deva* dicitur, cujus effigiem VI. Figura refert; Alter ab omni négotiorum extraneorum mole avulſus, intra ſecretos Palatii ſui ſeceſſus otio indulgens, Numinis inſtar adoratur, non

Magni Lamæ inauditus & ridiculus cultus.

Deva Rex.

ſolùm ab indigenis, ſed & ab omnibus *Tartariæ* Regibus ſubditis, ſuſceptâ ad eum voluntariâ peregrinatione; hunc veluti Deum verum & vivum, quem & Patrem æternum & cœleſtem vocant, magna munerum, quæ eidem offerre ſolent, atteſtatione adorant. Sedet is in obſcuro Palatii ſui conclavi, uti Fig. XIX monſtrat, auro argentoque ornato, nec non multiplici ardentium lampadum apparatu illuſtrato, in eminenti loco ſupra culcitram, cui pretioſi tapetes ſubſternuntur; ad quem advenæ capitibus humi proſtratis advoluti, non ſecus ac Summo Pontifici pedes incredibili veneratione oſculantur; ut vel indè Dæmonis fraudulentia luculenter appareat,

Cerimoniæ Patri æterno fieri ſolitæ.

qua

XIX. Effigies Magni *Lamæ*
feu *Patris æterni.*

XX. *Han* mortuus Rex *Tanguth*
divinis honoribus colitur.

qua venerationem foli Vicario Chrifti in terris Romano Pontifici debitam, ad fuperftitiofum barbararum gentium cultum, uti omnia cætera Chriftianæ Religionis myfteria, infitâ fibi malignitate, in abufum tranftulit; Undè uti Patrum patrem Pontificem Romanum Chriftiani, ita Barbari hunc Deaftrum *Magnum Lamam*, id eft, *Sacerdotem Magnum*, & *Lamam Lamarum*, id eft, *Sacerdotem Sacerdotum* appellant, eò quod ab eo, ceu à fonte quodam tota religionis, feu potius εἰδολομανίας ratio profluat, undè & eundem, Patrem quoque Æternum vocant. Veruntamen ne moriturus æternitatis duratione exutus videri poffit, hinc Lamæ, feu Sacrificuli, qui foli ipfi perpetuò adfi-

Modus refufci- tandi Lamam.

ftunt, ejufque neceffitatibus fummâ curâ & follicitudine ferviunt; Oracula ex ore ejus excerpta fimplicioribus advenis mira fucatæ divinitatis fimulatione exponunt, hi, inquam, poft mortem ejus, ex univerfo Regno hominem, ipfi quoad omnia fimillimum, inquirunt, quem inventum in Solium furrogant; atque hoc pacto toti Regno doli fraudifque nefciis, Patris Æterni ab inferis fepties jam à centenis annis refufcitati, perpetuam durationem evulgantes, adeò firmiter Barbarorum animis diabolica illufione excæcatis perfuadent, ut de ejus fide nullus amplius illis fcrupulus inhæreat; Undè tantis venerationis inditiis ab omnibus colitur, ut beatum ille fe reputet,

K   putet,

Fig. XVIII.

putet, cui *Lamarum* (quos fummis & pretiofis muneribus eum in finem, non fine magno eorum lucro corrumpere folent) benignitate aliquid ex naturalis feceffus fordibus aut urina Magni *Lamæ* obtigerit; ex hujufmodi enim collo portatis, urina quoque cibis commixtâ, ô abominandam fœditatem! contra omnium infirmitatum infultus tutiffimos ac probè munitos fe fore, ftolidiffimè fibi imaginantur. Hæc ab Incolis urbis *Barantolæ* Patres magno animi mœrore, ex harum gentium cæcitate concepto, audierunt; & quamvis Magnum *Lamam* (eò quod Chriftianæ Religionis profeffione prohiberentur, neque ullus alius, nifi præviis cæremoniis Idololatris propriis Magno *Lamæ* prius exhibitis, admitti poffet) videre non potuerint, ejus tamen effigiem in veftibulo palatii Regii expofitam (in quo accenfis lampadibus ficto pictoque non minus, quàm vivo folitæ cærimoniæ exhibentur) exactè depinxerunt, fub eo habitu, quem Figura XIX. exprimit; Arcis quoque, quam *Bietala* vocant, ad finem urbis *Barantolæ*, in qua Magnus *Lama* refidet, fchenographiam, quam Figura XVIII. refert, unà apponendam cenfuerunt: Tantæ autem authoritatis eft in tota *Tartaria*, ut nullus Rex alicubi inauguretur, qui non prius miffis Legatis cum inæftimabilibus muneribus à Magno *Lama* benedictionem pro felici Regni aufpicio poftulet. Vide quæ in præcedentibus *C. VI.* de honoribus huic *Lamæ* ab Imperatore Sino-Tartarico exhibitis, fufius expofuimus, ubi & totum hunc fuperftitiofum Magni *Lamæ* cultum, originem fumpfiffe à celebri

Fig. XIX.

Figura XVIII.

Iebriillo presbytero Joanne, quem sedem suam in hoc *Tangutico* Regno habuisse, ibidem demonstravimus. Sed hæc de Magno *Lama* sufficiant.

XV. Vetula.   Mulieres ex Regno *Cain*.   XVI. Juvenis.

Fig. XV. & XVI.

Viderunt & *Barantolæ* ex vicino Regno *Còin* advenas mulieres, Juvenem & Vetulam hoc habitu, quem Figuræ XV. & XVI. exhibent; mulieres verò nobilitate conspicuæ, omnes capillos per modum fasciculorum plectunt, & retrò contorquent, in fronte rubram fasciam perlis exornatam gestant; in summitate coronam argenteam per modum pyxidis Turchesiis & Coralliis distinctam portant; vide Figuram XXIII.

Mons *Langur* altissimus.

Relicto Regno *Lassa* seu *Barantola*, per altissimum montem *Langur*, quem paulò ante descripsimus, menstruo itinere ad Regnum *Nèebal* pervenerunt; ubi nihil ad humanæ vitæ sustentationem rerum necessariarum deesse repererunt, exceptâ fide in Christum, utpotè omnibus gentilitiæ cœcitatis caligine involutis. Sunt hujus Regni præcipuæ urbes *Cuthi* & *Nesti*. Mos hujus gentis est, ut mulieribus propinantes, potum *Chà* vel vinum alii viri aut fœminæ ter eisdem infundant, & inter bibendum tria butyri fragmenta ad amphoræ limbum affigant, unde posteà bibentes accepta fronti affigunt. Est & alius in hisce regnis mos immanitate formidandus:

K 2   quo

quo ægros suos jam morti vicinos, & desperatâ salute, extra domum in camporum plenas morticinorum fossas projectos, ibidemque temporum injuriis expositos, sine ulla pietate & commiseratione interire. Post mortem verò partim rapacibus volucribus, partim lupis, canibus, similibusque devorandos relinquunt; dum hoc unicum gloriosæ mortis monumentum esse sibi persuadent, intra vivorum animalium ventres, sepulchrum obtinere. Fœminæ horum Regnorum adeò deformes sunt, ut diabolis similiores quam hominibus videantur, nunquam enim religionis causâ aquâ se lavant, sed oleo quodam putidissimo; quo præterquam quod intolerabilem fœtorem spirent, dicto oleo ita inquinantur, ut non homines, sed lamias diceres.

XXIII. Habitus Mulierum nobilium Regni *Tanguthici.*   XXIV. Habitus Fœminæ prope *Cuthi* urbem Regni *Necbal.*   XXV. Habitus Regni *Necbal.*

Fig. XXIV. XXV, XXVI, XXVII.   Habitus hujus gentis exhibent Figuræ XXIV, XXV, XXVI, XXVII. Cæterum Rex insignem Patribus benevolentiam exhibuit, præsertim ob tubum Opticum, de quo nihil iis unquam innotuerat, aliamque curiosam Matheseos supellectilem ipsi exhibitam, quibus adeò captus fuit, ut Patres prorsus apud se retinere constituerit, neque discedere indè passus sit, nisi ubi fide datâ illuc se reversuros spopondissent; quod si facerent, domum inibi in Nostrorum usum & exercitium se exstructurum amplissimis redditibus instructam, unà cum plena ad Christi Legem in suum Regnum introducendam facultate concessa, pollicitus est.

Ex

XXII. *Tartarus* Septentrionalis.   XXVI. & XXVII. Habitus Regni *Necbal*.

Ex *Necbal* difcedentes ad confinia Regni *Marangæ*, quod Regno *Tebet* infertum eft, appulerunt; cujus Metropolis *Radoc*, ultimus itineris in Regnum *Tebet* olim à P. d'Andrada fufcepti terminus, ubi multa Chriftianæ fidei olim inibi plantatæ indicia ex nominibus Dominici, Francifci, Antonii, quibus appellabantur homines, repererunt. Atque ex hinc tandem ad primam Mogolici Regni jam Orbi noti urbem *Hedonda*, & hinc *Battanam*, *Bengalæ* ad *Gangem* fitam urbem, & *Benares* urbem Academiâ *Brachmanum* celebrem, ac tandem *Agram Mogoris* Regiam pertigerunt; ubi P. Albertus Dorville itinerum fractus laboribus, intra paucos dies meritorum cumulo plenus, relictâ terreftri, in Cœleftem patriam, uti piè credimus, abiit, mediâ *Europam* inter & *Chinam* viâ.

CAPUT V.

De Mogorum *seu* Mogulum Regno, *ejusque rebus memoratu dignis, unà cum variis itineribus in illud ex* India & China, *vel ex illo in* Europam *quâ confectis, quâ conficiendis.*

REsidet in vasto illo *Mogulum* Imperio Monarcha potentissimus ex *Tamnerlani* familia oriundus, decimo ordine, *Gelal Edim Mahumed,* magni illius Regis *Accabar* pronepos, qui fuit ex dicta *Tamnerlani* prosapia septimus, vir non minus armis, quam ingenii perspicacitate toto Oriente celeberrimus. Hic primus nostros Patres in Regnum *Mogorum* evocavit ex *India*, non tam curiositate, quam amore Euangelii, & pronitate quâdam naturali, quâ in Christi fidem ferebatur : de qua tametsi P. Rudolphum Aquavivam datâ operâ *Goâ* accersitum, disserentem libenter audiret, ut tamen veritati palmas daret, impetrari non potuit : unde & morte præventus, quæ abdita sunt Dei judicia, salutem æternam consequi non valuit. Fuit acerrimi judicii Princeps, quamvis ἄμυσῷ, nulloque litterarum genere excultus esset ; de variis tamen Religionum statibus, solo rationis dictamine optimè disserebat & Mahumetanam quidem Sectam, prædecessorum exemplo colebat, at tantum abest ut eam magni fecerit, ut potius jocis sannisque eam subinde excipere sit solitus Brachmanicam verò eo in pretio habuit, ut quemadmodum hanc, ita Turcicam æstimare quidem videretur, at revera verbis & factis rideret utramque. Et quemadmodum viribus potens, robustus corpore, armisque erat exercitatissimus ; ita quoque quatuor vasta Regna suo Imperio subjugasse scribitur. In publico auditorio eâ majestate refulgebat, ut pauci ex Monarchis simili forma habitûs, quâ Numinis instar radiante diademate, ex auro, perlis, lapidibusque inæstima-

bilis pretii se spectandum præbet, in sede pari apparatu exornata ; in manu globum tenet, quo se Orbis dominum, summamque potentiam exprimit : nudis pedibus more Majorum sedet, qui à suis sæpe sæpius interdiu pretioso liquore lavantur : habet & appositum vas pretiosum liquorem continens, quo æstivo calore, aut cæteris temporibus, ubi placuerit, se reficiat. Verum cum ejus ectypon seu effigiem sub eo habitu, quo publico consistorio comparere solebat, nostri Patres Romam transmiserint, operæ pretium me facturum existimavi, si hoc loco eam ex authographo depromptam, in gratiam Curiosorum apponerem. Non tamen semper hoc habitu, sed pro diversitate personarum ad solium suum admissarum, alio & alio habitu se exhibere solebat. Cum P. Rudolpho Aquavivæ ad se aditum concederet, in solita eum majestate comparuisse scribit nobilis Societatis nostræ historicus *P. Daniel Bartholus.* Numerus Principum præter 20 Reges suos vassallos, qui eum stipabant, non erat. Saracenorum more sedebant supra culcitram holoserico, auroque contextam, de qua meritò illud dici poterat, *Omnis Lapis pretiosus operimentum ejus* : Capitis integumentum erat fascia aureis filis inæstimabilis pretii, lapidibus gemmisque *Indorum* more Regum intorta : vestimentum ad genu usque protensum auro coruscum, nec non opere phrygio floribus foliisque intertextum ; cingulum non dispari ornatu concinnatum, nudis quidem pedibus, more Majorum, sed femora subtilissima carbaso ad instar byssi variis striis, perlisque innexis incri-

spato,

spato, spectabantur. Ad unum latus acinacis, ad alterum Ephebis, arcubus, pharetris, cæterisque exoticis armis instructis, circumdabatur. Loquenti gemmæ quasi ex ore, tum ad recordationem eorum quæ dixerat, tum ad Majeſtatis magnitudinem demonſtrandam, decidere videbantur: Verba quæ dicebat arrectis auribus ab adſtantibus magno ſilentio excepta, palimpſeſtro committebantur. Et cum tantus fuerit, cum Patribus tamen privato colloquio, omni depoſita majeſtate converſabatur; quanta clementia, benignitate & munificentia eos proſequeretur, diſputationibus quoque cum *Brachmanis* & *Saracenis* habitis, Lector apud *Bartholum in opuſculo de vita & morte P. Rudolphi Aquaviuæ* quam prolixiſſime deſcripta reperiet.

Si quandoque Rex ad ſolitas animi relaxationes ſe confert, ingenti equitatu aſſociatus, ipſe Elephanto magnitudinis inſolitæ vehi ſolet, cui tapes aureus inſternitur, una cum throno inæſtimabilis pretii apparatu inſtructo. Bellua vero ſe Regia Majeſtate onuſtam ſentiens, proboſcide, auribus, pedibus, annulis, armillis aureis ornata, dici vix poteſt quam ſuperbiat, quam ſibi ex hujuſmodi ornatu complaceat. Ubi vero ad locum recreationi deſtinatum pervenit, ibi complures Elephantes ad pugnandum dextre inſtructi, prius genu flexione in debitæ reverentiæ honorem Regi exhibitâ, quaſi rationis compotes, varia promuſcidis agitatione ſalutem & felicitatem imprecari videntur, deinde ad pugnam dato ſigno committuntur; ubi ad ſtuporem omnium belluarum in pugnando dexteritatem, atque plenam ſollicitamque ob Regis præſentiam in victoria obtinenda ambitionem, quadam cum admiratione videre eſt. Pugnâ vero, ne acrius pugnando ſe interimant, ſigno dato finitâ, pacis fœdus, reciproco quodam proboſcidum complexu ineuntes, ſe ad quietem componunt. In proemium vero concertationum, mox illis in-

gentes arundinum ſaccacearum faſces, quibus libenter veſcuntur, cum cæteris pabulis, ipſis gratis, apponuntur: ſpiritum quoque vini, quam *aquam vitæ* vocant, ex ſaccharo elicitum ad bibendum, quo ipſis nil gratius accidere poteſt, porrigunt.

Contigit autem non ante multos annos in hujuſmodi ludis Elephantum inſignem, & Regi maxime carum, arundinum eſu ſtomachum ita oneraſſe, ut gravem inde infirmitatem incurrerit, quàm Medici curaturi, ſolitis ſuis medicamentis, nihil profecerunt; bellua interim proboſcide intra fauces adacta, aperte aliquid ſibi in ſtomacho quod ipſam moleſtaret, latere demonſtrare videbatur. Quod Medicus Europæus advertens, brachio pariter in fauces ejus adacto, belluâ id haud illibenter permittente, tandem invenit arundinem in fundo ſtomachi radicatam, in folia effloruiſſe; unde materiam prius catarcticis magnæ efficaciæ medicamentis præparatam, tandem radicitùs evulſam, foliis virentibus conſpicuam extraxit, & una belluam priſtinæ ſuæ ſanitati reſtituit, magno Regis gaudio, nec non pari Medici lucro. Dicitur habere ad quinque millia Elephantorum, in quorum ſuſtentatione, redditus quaſi unius Regni inſumuntur. Innumera hoc loco de ſimilibus dici poſſent, ſed ne limites inſtituti noſtri tranſeamus, ad argumentum nobis propoſitum revertamur.

Agra Regni *Mogolici, Indiæque intra Gangem & Indiam* intermediæ Caput & Metropolis, â Rege *Accabar* ob amœnitatem loci, quâ capiebatur, poſt devictam *Gazaratam* fundata, qui prius in *Lahor* Boreali Regia ſedem ſuam fixerat; Regnum Mogoricum inter *Indum* & *Gangem* ab Occaſu & Ortu, quod *Indoſtan* vulgo dicitur, concluditur; â Meridie partim Oceano, partim Regno *Decan;* â Borea *Uſbec* Tebeticis montibus & Regnis *Srinagar, Caparangue, Radoc,* ab Ortu *Nechal* Regno terminatur; ob ampli-

Mogoriæ ſitus.

Triplici lingua utuntur.

amplitudinem & potentiam Regum, Imperii nomine haud indignum, omnibus ad vitam deliciosè sustentandam egregiè instructum; idiomate triplici utitur: Persico, Indostanico, & Brachmanico; quorum primum Regium, eò quod Aula Regia eò potissimum utatur; alterum Plebejum; tertium Sapientum dicitur, quo non nisi sapientes Gentilium, quos *Brachmanes* vocant, utuntur; tantaque sub veneratione tenent, ut vix sit, qui ejus addiscendæ etiam multis promissis & persolutis pecuniis copiam faciat; etsi P. Henricus Roth eam à *Brachmane* Legi Christianæ valdè addicto Magistro usus, intra sexennium perfectè didicerit, ejusque Grammaticam conscripserit, quæ utinam suo tempore lucem videret, multum sanè ad obstinatos *Brachmanum* in superstitiosis suis dogmatis animos convertendos iis, qui in istiusmodi Regiones mittuntur, Apostolicis viris profuturam censeo; sed de hac Lingua in sequentibus fusiùs.

Quæ animalia in Regno *Mogor.*

Regnum innumeris Elephantis, Camelis, Equis, Gazellis, Simiis cæterisque *Europæ* etiam consuetis animalibus refertum est; oriza, frumento, saccharo abundat; vino ut plurimum utuntur ex sacharo destillato; solo vino ex vitibus destituti, quo tamen Senior Rex unicè delectatur, magno *Batavorum*, *Lusitanorum*, *Anglorumque*, qui illud ex *Europa* advehunt, lucro. Fodinis auri & argenti, cæterorumque metallorum sine tamen cultura, naturaliter turget; undè sive inscitia, sive laborum tædio perculsi, nullam in auro eruendo operam dant, solis arenis aureis fluminum & frustulis jam à natura decoctis intra montium convallia repertis contenti. Ex *Gangis* fundo omnis generis pretiosi lapides extrahuntur, quorum nonnulli omnis generis animalia, plantarum, aliarumque rerum figuras exhibent; quamvis etiam magna Adamantum vis ex *Bengalæ* vicinorum Regnorum montibus erutorum copia advecta, vili pretio exteris di-

Fodinis metallicis abundat.

Ganges ferax pretiosis lapidibus.

Adamantes ex *Bengala.*

vendatur. Clima à Tropico Cancri incipiendo in Boream extensum, maxima ex parte constitutum, calidum est; Sol æstivus ita noxius est, ut nemini sine manifesto febris pestiferæ periculo, illum sub meridiem sustinere queat; Aquæ fictilibus inditæ vasis, non secus ac si in cacabo igni supposito ebulliunt. Undè venenosorum serpentum, scorpionum, aliorumque insectorum ingens nascitur copia, tantæ virulentiæ, ut vix eo imbutis destruendo antidotum reperiatur congruum.

Sol noxius.

Virulentia Serpentum.

De miris virtutibus Lapidis *Serpentini*, quem *Lusitani* la Piedra della Cobra *vocant*.

Inventus est Lapis quidam à *Brachmanibus*, partim naturalis in Serpente concretus, quem *Lusitani Cobra de Capelos*, id est, *Serpentem* seu *Colubrum pilosum* vocant; partim artificialis, ex variis venenosorum animalium potissimum hujus Colubri pilosi portionibus confectus, qui lapis solis intoxicatis antidotum præstat tempestivè adhibitum; remedium ferè toti *Indiæ*, nec non *Chinæ* usitatum: & sanè non credidissem, nisi dum hæc scribo, experimentum Lapidis fecissem in cane à vipera morso; hic enim Lapis vulneri à vipera cani inflicto mox appositus, protinus ita agglutinabatur, ut vix amplius distrahi posset, manebatque tamdiù affixus vulneri, donec exucto omni veneno hirudinis adinstar jam satur sponte sua decideret; quo peracto canis paulatim jam liber à veneno, etsi aliquanto tempore torpidus, ad se tamen tandem rediit, pristinæ sanitati propediem restitutus. Hoc eodem tempore eximius Physiologus *Carolus Magninus* Romanus in homine quoque à vipera morso hujus rei summâ effectus felicitate experimentum ad veritatem explorandam sumpsit. Lapis verò intra lac conjectus, omni mox veneno deposito, suo nitori, non dicam virtu-

Antidotum mirabile quod lapis Serpentinus præbet.

virtutis attractivæ robore diminutus, fed & eo auctus, redditur, lacte in flavo- | viridem colorem ob veneni vim degenerante. Figura Colubri, hæc eft.

Forma Lapidis & quantitas vera.

Serpens Capillatus, Lufitanis *Cobra de Cabelo.*

Narravit mihi fupracitatus *P. Henricus Roth*, qui tres ejufmodi lapides mihi dono dederat, fe multiplex in *Mogoris* Regno hujus lapidis experimentum feciffe; primò in fuo famulo, à fcorpione in manu percuffo, cujus vulneri cum vix dum lapidem applicuiffet, cum eccè totum venenum jam intra brachii longitudinem diffufum, retroagi cœptum, & à lapide tantâ proportione attractum fuit, ut fervus veneni jam ad hunc, modò ad viciniorem plagæ locum, affluxum digito monftraret, & cum jam vulneris locum attigiffet, tunc lapis veluti fuo jam officio probè functus, qui plagæ infeparabiliter fixus hæferat, fuâ fponte delapfus hominem perfectæ fanitati reliquit. Alterum probavit in hominis peftifero bubone, cui primò incifo cum lapidem applicuiffet, hominem intra breve tempus exucto veneno liberum ab omni infirmitate reftituit. Præftat hoc non folùm naturalis, fed & artificialis lapis, ex contufis hujufmodi intra

Artificialis lapis quomodo fiat.

L serpen-

serpentes lapideis frustulis, vel etiam vitalium ex capitis, cordis, hepatis, dentiumque unà missis portionibus terræ sigillatæ, ut equidem puto; arte singulari (quam nemo adhuc à *Brachmanibus* aut *Ioguis* etiam magna pecuniæ vi oblata impetrare potuit) confectus. Undè si quis habuerit similem lapidem, qui dictos effectus non præstet; is pro spurio & falso meritò habendus est, quod Lectorem notare velim. Facit hujus lapidis mentionem quoque P. Michaël Boimus in sua Flora Sinensi fol. signato litera M. hisce verbis: *In* India *&* Regno Quamsi *in quorundam certi generis serpentum (quos* Cobras de Cabelo, *id est, Capillatos Serpentes* Lusitani *vocant) capitibus lapis reperitur contra morsus ibidem à serpentibus inflictos homini alias spacio 24 horarum interituro. Lapis hic rotundus (lenticularis utplurimum Figuræ) coloris in medio albi, & circum circà glauci aut cærulei; vulneri applicatus per se ipsum hæret, veneno verò jam plenus decidit; post lacti immersus per aliquam moram ad statum naturalem se reducit. Lapis hic non omnibus communis, si iterato vulneri adhæreat, virus omne exhaustum non fuit; si non adhæreat, moribundo indigenæ de superato mortis periculo congratulantur. Reperta quoque radix quæpiam contra venenum hujus morsus vocata à* Lusitanis Raiz de Cobra, *id est, radix serpentis, quam masticare opus est, quoadusque bis aut ter eructet homo.* Hæc de Lapide Serpentino sufficiant, quæ, ut suprà dixi, nunquam credidissem, nisi ipse hujus rei in cane experimentum omnium spectantium admiratione sumpsissem. Quænam verò sit vis illa magnetica, quæ tam sollicitè ad se venenum cujuscunque tandem generis, attrahat, tantà zelotypiâ ambiat, tantà fame alliciat, ut eo satiari vix posse videatur, neque se à vulneris loco amoveat, donec exsucto omni viru tandem veluti satur suapte sponte decidat; certò determinare vix audeam, neque difficultas assumendæ causæ, nisi ex magneticis nostris, in *Arte Magnetica* traditis principiis, ut: ex iis,

quæ in *Libro Nono Mundi Subterranei de venenorum sympathia & antipathia* tradimus, solvi posse videtur, ad quæ Lectorem curiosum remitto: addam hoc loco de potenti veneno, quod in se continent pili barbæ Tigridis: Tigris animal asini ferè magnitudinis, & αἰλυρόμορφον cursu velocissimum, uti dentium acutissimorum multitudine, tum unguium robore quàm instructissimum est, ita omnes ferocioris naturæ belluas crudelitate & truculentia longè superat, felis quoad membrorum constitutionem in omnibus similitudinem exprimit, uti in sequenti Figura apparet. Circa labra prælongos emittit pilos, quos adeò venenosos experientia docuit, ut si quispiam sive homo, sive ipsamet bellua, illorum vel unicum incautius susceperit, irremediabili sui ipsius toxico intereat; undè à Bengalensibus, apud quos ingens in sylvis hujusmodi animalium multitudo stabulatur, observatum fuit, quod quandò in *Gange* vel alio aliquo flumine ad bibendum se confert, id faciat ore admoto ad secundum fluminis cursum, nunquam ex adverso, ne aqua pilorum veneno infecta sibi ipsi interitum causet, neque ex lacu aut fossis aquisve immotis eadem de causa bibere solet: Unde Regio edicto cautum est, ne quispiam hujusmodi pilos occisa Tigride retineat, sed sub pœna vitæ omnes ad curiam *Mogolis* mitti debent, ubi à Medicis Regiis pilulæ conficiuntur exitiali veneno turgidæ, quæ iis, quos Rex clandestinæ morti destinat, exhiberi solent. Addam huic eventum exoticum & admiratione dignum, qui sequitur: Ferebatur in urbe *Agra* puer septennis ὀφιόφαγος *Brachmani* cujuspiam filius, qui tanta aviditate in cibum sectabatur venenosa animalia, araneos, scorpiones, serpentes omnis generis, ut iis vix satiari posse videretur. Quam rem cumprimum intellexisset jam sæpius supranominatus *P. Henricus Roth*, hujus rei à se experimentum sumendum censuit: præcepit suis, quibus

P. Boim hujus lapidis meminit in sua Flora.

In quo consistat vis attractiva hujus lapidis.

Pili in barba Tigridis venenosi.

Usus pilorum in curia Mogoris.

De puero ὀφιοφάγῳ Serpentivoro mira.

Vera Tigridis forma

bus præerat Neophytis, ut pueruin quæ-
fitum fibi fifterent, atque unà ferpen-
tes quos poterant, magis peftiferos, eâ
tamen cautela abfconditos adferrent, ne
puer primo ftatim intuitu in eos nimio
appetitu perculfus incurreret, quod uti
præceperat, faûum fuit: Sed defidera-
tæ tametfi ftudio abfconditæ lethæ de-
litiæ puerum minimè latere potuerunt:
ingreffi fiquidem cum caniftro nonnullis ferpentibus, iifque omnium exitiofif-
fimis referto, vix dum ei fe ftiterant,
cum ecce five ex odore, five ex natu-
Mira fym- rali quodam fympathici affectus con-
pathiævis. fenfu puer ὀφιόφαγ⊕ moram non
fuftinens, in caniftrum veluti impetu facto irruit, & mirum dictu, ruptiscani-
ftri clauftris, fine ullo delectu unum poft
alterum manu ereptos, fine ulla viru-
lenti fellis inteftinorumque exemptione,

à capite ad caudam ufque famelici canis adinftar, ad unum omnes devoravit,
tanto cum guftu & voluptatis fenfu, ut
non peftiferum quid, fed deliciofum
cibi fuaviffimi edulium devorare videretur; quæ res uti præfentes fummâ admiratione affecit omnes, ita quoque
protinus de rei infolitæ eventu, uti
fieri affolet, de prodigiofa hujus ὀφιο-
φαγίας caufa, difquifitio nata eft. Verùm cum nemo effet, qui nodum folve-
ret, ego à Patre, dum hìc Romæ adeffet
de hujus effectus portentofi caufa rogatus, dixi, id non aliundè provenire po-
tuiffe, nifi ex pica matris, quam κίτlαν
Græci vocant, videlicet heteroclito gra-
vidarum mulierum fordidiffimas paffim
res fine noxa comedentium appetitu Unde hic
proprio; hæc enim prægnans, ferpentem appetitus
intuita, vehementis imaginationis vitio Serpentivoro.

L 2   carnem

carnem anguillarem rata, anxie appetiit, avidè comedit, & unà similium rerum appetitum fœtui impressit. Verùm cum de hisce quàm fusissimè in *IX. Libro Mundi Subterranei de Venenorum origine* discusserimus, eò Lectorem remittimus. Addidit autem Pater Puerum, ob tam abominabilium rerum appetitum comestionemque à *Brachmane* patre suo, domo ejectum proscriptumque, vitam suam in campis, serpentum cæterorumque animalium virulentorum venatu, nulla aliorum ciborum solitorum alimonia sustentasse.

Vespertilio qui ob corporis molem Cattus Volans dicitur.

Casmir Provincia Mogoris deliciosa.

Est in Regno *Mogor* Provincia *Casmir* dicta, ea benignitate climatis dotata, ut vix sit quicquam Europæ proprium, quod illa sive animalium, sive plantarum fructuumque varietatem spectes, præter alia *Indiæ* propria non abundè proferat. Dicebatur & ibidem in condensis montium arboribus Cattos Volantes videri capique; quæ res primò quidem mihi Chimæricis fabulis similis visa fuit, donec re minutim juxta omnes circumstantias examinatâ, tandem inveni hosce Cattos Volantes nihil aliud esse, quàm Vespertiliones ejus magnitudinis, quâ gallinam aut anserem si non superent, saltem æquent, iis in partibus stabulantes; & quoniam adinstar felium toto corpore pilosi sunt, ita à capite felium non multum abludunt, hinc vulgus iis Cattorum Volantium nomen indidit; qui verò per auxesin dicunt, illos pennigeris alis instructos esse, illi audiendi non sunt,

Catti Volantes utrum dentur verè, & quales sint.

Catti Volantes nil aliud sunt quam prægrandes Vespertiliones.

funt, cum illa omnia Naturæ dictamini contraria fint; hæc enim fieri non poffe, neque ullo unquam tempore vifum fuiffe animal perfectum quadrupes, vero pennarum remigio inftructum, ex animalium hiftoriis conftat; nifi forte nonnulli fabulofam antiquitatem fecuti, fphynges, gryphos, fimiliaque Chimerica monftra vera & reipfa exiftere, fibi imaginentur; quod ut gratis fibi fingant, per me licet. Alas hujufmodi Vefpertiliones habent non pennigeras, fed cartilagineas, quibus non fecus ac noftrates aëra fulcant; cartilagineæ verò alarum membranæ tot offeis ad longitudinem alarum fibris difcriminatæ funt, ut pennigeras alas proximè adumbrent: hifce membranis veluti facculo quodam obtecti, interdiu concavis arborum truncis ramifque, uti & cavernarum fornicibus ungue fe fufpendunt, non animalia, fed facculos pendere diceres, ab infectis animalculis hoc pacto eorum inimicis fecuri. Scio hofce nocturnos Cattos in *Indiæ* folitudinibus Indigenas ad fingulares cibi delicias ftudiosè venari; in *China* quoque *Surata*, cæterifque adjacentibus Infulis, quin & in *Brafilia* hujufmodi monftra reperiri, quæ nocturno tempore greges & jumenta pecorum vaccarumque aggreffa, fuctu fanguinis lactifque vitam fuftentare Illuftriffimus, dictarumque Regionum explorator eximius, Dominus Francifcus Manuel *Lufitanus*, hìc *Romæ* non femel mihi narravit: Figuram Catti volantis hic appofitam vide. *Mogorum* quoque Regnum, uti fluminibus prægrandibus, ita quoque immanium Crocodilorum multitudine abundat; Undè qui *Gangem* aut *Indum* navigant, fclopis cæterifque armis inftructos effe oportet ut fe contra horum animalium ferociam defendere queant; Sed de hifce & fimilibus vide *conferta Indicarum hiftoriarum Monumenta*.

Addam hìc, quod de Crocodilis *in fuo Itinerario* narrat *P. Joannes à* J E S U *Maria*; hic *Goâ* in *Europam* redux, cum

Marginalia left: Catti Volantes delicatum edulium.

Marginalia left: Crocodilis abundat *Indus.*

Marginalia left: Mirus eventus, ex Itinerario P. Joannis à Jefu

Marginalia right: Maria Carmelitæ.

ad oftium fluminis *Indi* perveniffet, ibidem excenfione facta nonnemo ex itineris comitibus, arundinetum ingens paulò altius ingreffus, mox ingentem fibi Crocodilum obvium habuit, qui apertis faucibus eum jam prædam fibi deftinabat, interim ex interioribus arundineti receffibus veloci curfu fe fiftit Tigris; quid mifellus ageret inter tam immania monftra, quorum utrumque obviæ fibi prædæ inhiabat? Omni itaque humano deftitutus auxilio ad Deiparam cæterofque Sanctos confugiens quà votis eidem quà precibus dum fe commendaret, eccè Tigris velociffimo faltu prius in eum infiliens, dum fe ictum fugiens profundius incurvaret, Tigris evanido faltu recta in rictum Crocodili fertur, qui uti apertis faucibus erat, ita Tigrim capite arripiens loco miferi hominis in tantum continuit, donec Tigris tot acutorum dentium ordinibus fuffocata expiraret; in qua & dilanianda tantoperè occupabatur bellua, ut de nulla alia re jam follicita, homini commodam evadendi occafionem præbuerit; hic Divina protectione omniumque ftupore membrorum attonitus ad fuos redux, quid fibi accidiffet, expofuit, qui omnes debitas pro tanti muneris beneficio Deo Opt. Max. gratias reddentes, infidaque ftatione relicta iter profecuti funt: hæc ex fupra citato *Itinerario P. Joannis à* J E S U *Maria*, fit fides penes Authorem. Verum de animalibus in fequentibus plura. His itaque ritè expofitis, jam iter ex *Agra* in *Europam* ordiamur.

ITER EX AGRA MOGORUM IN EUROPAM, *ex Relatione* PP. Joannis Gruberi & Henrici Roth, *quod bis confecerunt.*

Iter hoc varium eft, nonnulli potiffimum *Armeni* & *Perfæ* id per Regnum *Candahar*, quidam per *Carafonorum* montes & deferta fufcipiunt: Verùm quoniam hujufmodi itinera terreftria magnis

gnis

gnis periculis & difficultatibus exposita sunt, plerique Suratæ, qui Mogolici Regni portus est, Oceano se committunt Indico. Ex Agra itaque proficiscuntur in Multan urbem grandem, & hinc in Baccar, fluminum Athec & Ravi confluxu nobilem; ex Baccar per Indum, (ab hac enim urbe primùm India denominationem sortitur) in Schuan, deindè in Tatta, & tandem in portum Sindi, ubi Indus in multa brachia discriminatus in Oceanum evolvitur, Suratæ proximum devecti ibidem commorantes opportunam occasionem per mare operiuntur: Ex hoc portu in Scharna, Araba, Quidel, Cabo gasch, Cabo Mußandan provecti, Persicum sinum ingrediuntur, Ormutium Insulam prætergressi, Congo, quæ est continentis Corasaniæ portus, 40 dierum spatio appellunt. Hinc moventes in Lec, 80 dierum spatio pertingunt, & ex Lec in Jaharon, 20. & hinc in Passeran 30 diebus, & quadriduo hinc in Schiras, urbem prægrandem & regiam sedem pertingunt, ubi etiamnum magna antiquitatis à Cyro Rege Persiæ, ubi & sepultus dicitur, summæ magnificentiæ vestigia spectantur, quam quidam Persopolim, alii Susam veterem seu Susapolim, alii Cyropolim esse existimant: Quidquid sit, ex Persicis historiis certò constat, Cyrum Regem ibi quondam resedisse. Hinc centum leucarum intervallo in maximam Parthiæ urbem Isphahanum pervenitur, regiam Magni Sophi sedem; ubi Julpha Armenorum Suburbium nonnullis septimanis quietem ad instaurandas vires viatoribus concessit; sedecim dierum itinere in Caschan, & hinc 18 leucis in Comun Hircaniæ urbem, & hinc 40 leucis in Sultaniam, & hinc in Ochus regiam Medorum, & hinc in Tauris, quæ antiqua Ecbatana Regis Assueri regia fuisse creditur, ob innumera quæ hinc inde spectantur, magnificentissimarum fabricarum rudera; Ex Tauris in Julpham ad Araxin 22 leucis, & ex hac in Nachsevan primam Armeniæ urbem octo dierum spatio pervenitur, ubi primò mons Ararat impenetrabili & nivosi verticis celsitudine se in conspectum dat; ex hinc in Erivan, quæ est Patriarchæ Armenorum Sedes, ad radicem montis Ararat sita, monasterio Armenorum celebris, de quo monte in nostro Opere, Deo dante, quod Arca Noë inscribitur, uberrima dabitur discurrendi materia. Ex Erivan itur in Etschmianin ubi martyris S. Gregorii Armenorum Archiepiscopi, & S. Ripsimes, Sociarumque locus, unà cum puteo, in quo S. Gregorius projectus 14 annorum spatio miraculose vixit, ostenditur. Hinc in Arseron Armeniæ minoris rigidam & asperam urbem, quam nonnulli Nicopolim Armeniæ fuisse putant, primam Turcarum imperio subjectam urbem. Hinc Tarut 20 leucis, quam nonnulli Cucusam esse volunt, exilio S. Joannis Chrisostomi notam; & hinc in Amascam Ponti, deindè in Osmanschik 25. leucis, & hinc in Tusciam Lyciæ, & deindè in Amphipolim Phrygiæ, ac Niceam Bithyniæ: concilio 318 Patribus celeberrimam urbem; ex hinc Prussiam Bithyniæ, ac tandem ultimam Asiæ minoris urbem Smyrnam pervenitur, ex qua deindè per Archipelagum vel Venetias, vel in Siciliam iter dirigitur. Atque hoc est iter bis à dictis P. P. tentatum confectumque.

De itinere, quod ad detegendam viam facilem & expeditam in Chinam aliquousque per Usbec tentavit P. Amatus Chesaud Gallus, Residentiæ Isphahamensis Superior, ex literis Persicè scriptis ad P. Athanasium Kircherum datis, quæ in Latinam linguam versæ, sic sonant:

Litteras istas non scribo Hispahami, sed in via, reversus ex urbe Hairat Sfahanum, ex qua urbe ferè annus est, quod discesserim versus Balch, quæ regia est Usbek, ut viderem, an ibi via esset possibilis penetrandi per dictum Usbek & Turkestan in Chatao, & hinc in Chinam. Verum ut perveni cum

Legato

Mons Ararat.
Erivan.
Etschmianin S. Gregorii & Ripsimes Martyrii locus.
Arseron.
Tarut seu Cucusa.
Amasea.
Osmanschik.
Tuscia.
Amphipolis.
Nicea.
Prussia.
Smyrna.

Ispaham urbs Regia & sedes.

Caschan.
Comus.
Sultania.
Ochus.
Tauris.

Julpha ad Araxin. Naschevan, 1. Armeniæ urbs.

P. Amati Chesaud Galli Iter.

Kefalbax. *Legato* Usbek *ad fines* Kezalbax, *inveni illam viam difficilem esse & periculosam. Igitur* Hairati *(quæ urbs olim* Sicandria *nomen habuit) aliquot mensibus demoratus fui, ibique propè locum vidi, quem antiqui* Bachtra

Bactra Academia Usbek. *vocabant, ubi Universitas seu Academia est magna, quam ædificavit filius* Tamerlang *famosi, quæ tamen paulatim destruitur & ruit ex incuria, sicut & alia ædificia multa ibi olim extructa eo tempore, quo Regia illa in manibus* Usbequiorum *fuit. Ex hoc loco tandem ve-*

Maxahad. *ni in urbem* Maxahad, *quam illi* Sanctam *vocant, ibi* Mesquita *magna auroque ornata extat. Hoc in loco duos menses sedi, & cum doctis, quorum hîc multi sunt, disputavi circa Legem, invenique etiamsi clarè seu foris laudent propriam sectam, tamen aliud sentientes, Legem Regis tenendam judicant. Tempus horum nondum venit. Ex hoc loco*

Nixapor, Chorasan urbs. *discessi venique in* Nixapor *&* Sabazuar, *quæ pertinent ad* Chorasan; *Indè transivi urbes* Setam, Damgan *&* Jamnam, *tandem* Kaxanum *attigi in Provincia* Aracand 30

Farsang, *id est, parasangis* Sfahamo *distantem. Tractus iste terrarum plerunque sterilis est. Tandem* Sfahamum *redii, hicque ad obsequia* R^a. V^a. *promptus maneo. Sed nunquid interim aliquid* R^a. V^a. *in lucem prodiit, nunquam oportet, talem arborem sine fructu esse. Præter duos libros, quos ante aliquot annos ad me misit, nihil ultrà ad manus meas pervenit. Ego hîc composui aliquot tractatus circa controversias Legis in particulari: Responsum Persicè ad* Politorem Speculi. *Non scio quemquam, qui possit hoc negotium tractare* Romæ *meliùs, quàm* R^a. V^a. *quam rogo me certiorem reddat, si spes sit ibi imprimi posse tales Libros; sed timeo ne nullus inveniatur, qui sumptus facere velit. In hac tamen re nihil aliud volo, quam id, quod Superiores ordinaverint. Tandem hoc præcipuè petit à* R^a. V^a. *minimus iste Servus ipsius, ut epistolam hanc meam pro memoriali retineat, ut mei in suis* SS. *Sacrificiis nunquam obliviscatur. Data prope* Xaxan *circa festum* S. Francisci Xaverii.

CAPUT VI.

Iter à Marco Paulo Veneto *&* Haythone Armeno *in* Cataium *sive* Sinas *confectum.*

CUm nullus ex veteribus ultimi Orientis Regna *Marco Paulo Veneto* uberius descripserit, mearum partium esse ratus sum, ejus hoc loco veluti opportuno, iter in *Cataium* describere; tametsi plurima occurrant, quæ in hunc usque diem à nèmine Geogra-

Confusum iter Marci Pauli Veneti. phorum tum capta sunt ob varietatem nominum; queis Regna, provincias, urbes, montes, flumina, lacus, differentia ab omnibus aliis nuncupat, tum ob nonnullarum urbium descriptionem, quæ hodiernæ Geographiæ non congruunt; Accedit quod *Marcus Paulus Venetus* nullà Sphæræ notitia fuerit instructus, hinc factum est, ut nullius urbis longitudinem latitudinemque designet, ex quarum unica notitia genuinus loco-

rum situs deprehenditur. Sed jam ad iter ejus enarrandum nos accingamus.

Anno itaque 1269. *Balduino* Regni *Constantinopolitani* sceptra tenente, duo illustres viri ex clarissima Paulinorum familia, cives Veneti, *Nicolaus & Matthæus* navi variarum mercium copiâ instructâ *Constantinopolim* moverunt, ubi viribus nonnihil instauratis, *Ponto Euxino* se committentes, portum *Armeniæ*, quæ *Soldadia* appellatur, felicibus zephyris flantibus appulerunt; quisnam verò hic portus *Soldadiæ* sit, comperire non licuit; ego *Trapezontem* interpretor, cum nullus ad mare *Euxinum* propriè *Armenorum* portus sit; neque quod Regnum illud *Bartzæ* sit, comperire licuit. Ex *Bartzæ* Regno *Bocharam* urbem ad fluvium

Caufa & origo suscepti in Cataium itineris.

Oxum

Oxum in *Usbek* Regno sitam, magnis terrarum ambagibus pervenerunt, ubi bellorum tumultibus Regem *Bartzæ* inter & *Tartarorum* Regem exortis, dum qua via ad patriam redirent nescii, novo consilio inito, ibidem integro permanserunt triennio, & ne otio torpescerent, interim Tartaricæ linguæ addiscendæ summo studio incubuerunt. Hôc itaque rerum statu Legatus quidam à Rege *Allau* ad magnum *Tartariæ* Imperatorem *Bacharam* peroraturus venit, ubi cum memoratos viros reperisset, nihil non egit, tum ob egregiam morum normam, tum ob linguæ Tartaricæ, quam possidebant, peritiam, ipsos secum ad *Magni Cham*, utique quàm acceptissimos ipsi futuros, secum abduceret; acquiescentes itaque consilio Legati, post multorum mensium decursum, iter, tandem se *Magno Cham* sistunt. Hic primùm Latinorum virorum pulchram indolem miratus, tum curiositate ductus rerum *Europæarum*, totus fuit in explorando Regionum Occidentalium gubernandi modo & ratione, de Pontifice, Cæsare, de totius Imperii ritibus, tum bellorum tum pacis tempore observatis; ad quæ cum sapienter respondissent, adeò Imperatorem moverunt, ut inito cum Satrapis consilio, tandem de solenni Legatione ad Pontificem Romanum adornandâ conclusum sit, quam & suo nomine hisce viris Paulinis, quorum fidem & sinceritatem experimento jam dudum compererat, expediendam imponit, unà cum tabula aurea literisque, quibus centum viri doctrinâ & sapientiâ conspicui, sibi ad subditos suos in fide Christiana, quam omnium optimam & integerrimam esse dicebat, instituendos transmitteret. Viri itaque acceptatâ Legatione voluntatem Imperatoris expleturi, mox se itineri committunt, tabulâ aureâ instructi, quâ ostensâ utpote sigillo *Magni Cham* signatâ, per totum quà transituri erant *Tartaricum* Imperium, literisque queis à vectigalibus & quo-

rumcumque tandem importunitate immunes, ab omnibus summo honore & benevolentia exciperentur, subditis præcipiebatur. Iter itaque magnâ tabulæ aureæ fiduciâ prosecuti, post multorum mensium spacium tandem *Balzram Armeniorum* portum (qualis verò hic portus fuerit, an ad mare *Caspium*, an ad *Euxinum*, hucusque mihi incompertum est) verisimilius est fuisse portum *Trapezuntinum*, in angulo *Ponti Euxini* constitutum; siquidem ex hoc portu intrà paucos menses portum *Anconitanum* anno 1272. tenuerunt, quod ex mari *Caspio* propter immensum terrarum regionumque interjectum spacium, fieri non potuisset.

Porrò *Anconæ* undè discesserant restituti, de morte *Clementis* IV. perceptâ famâ, neque quenquam alium in Sedem Apostolicam surrogatum, consilii inopes non parum conturbati fuerunt. Interim *Venetias* patrios lares revisuri contendunt, novam interim Pontificis electionem operiebant, ubi *Nicolaus* uxorem quam in abitu suo prægnantem reliquerat, fatis cessisse reperit, relicto quindecim annorum *Marco* filio, qui posteà & parentis sui in derelictas à patre remotissimas *Asiæ* regiones comes, & unà hujus *Geographicæ historiæ* Author & conscriptor fuit. Novo itaque Pontifice, sub nomine *Gregorii* X. *Rudolpho* Imperante, unanimibus Cardinalium suffragiis electo, *Anconam* revertuntur, Literas *Magni Cham* Pontifici unà cum muneribus transmittunt, quibus motus, de opportuna Euangelii propagandi occasione vehementer gavisus, literas ad *Magnum Cham*, quibus omnia ea continebantur, quæ ad Christianæ Legis religionem, atque ad animum Magni Regis jamdudum ad sacrosanctam Christi Legem suscipiendam proclivem, melius imbuendum necessaria videbantur, dedit, adjunctis duobus è Dominicanorum familia præstantibus doctrinâ Viris *Quilelmo Tripolitano* & *Nicolao*, cujus cognomen

Bocharæ triennium subsistunt, & linguam Tartaricam addiscunt.

Cum Legato Regis Allau ad Magnum Cham proficiscuntur.

Magnus Cham honorificè illos suscipit.

Consilium de Legatione ad Pontificem Rom. adornandâ initur.

Itineri in Europam se committunt.

Armeniorum portum Balzram appellant, & hinc Anconam

Mors Clement. IV. Pontificis.

Venetias contendunt.

Literæ Magni Cham novo Pontifici Gregorio traduntur.

Ex Ord. Prædicat. ad Magnum Cham Missionarii.

gnomen non additur. Hi itaque jam votis suis expleti, iter ordiuntur in Orientem, tandem longo itinere terrâ marique *Armeniam* ingressi, bellorum tumultibus *Armenos* inter & *Babylonis* Soltanum exortis, omnia turbata cum reperissent, patres Prædicatores timore perculsi, derelictâ ulterioris itineris prosecutione in *Armenia* restiterunt; Nicolaus verò cum Marco Paulo filio, omni periculo repudiato, ex summo quo plenam satisfactionem *Magno Cham* de expedita legatione dare nitebantur, desiderio adorti, ad eum magno labore itinerumque incognitorum periculo expositi, in urbem *Clemenisu* appulerunt; quorum adventu *Cublai Magnus Chan* mox ubi certior factus, quadraginta dierum spatio nuncios suos, qui ipsos omni humanitatis genere rerumque necessariarum ubertate exceptos ad se adducerent, obviam amandavit. Itaque in conspectum *Magni Chan* admissi solitis venerationis signis exhibitis quod ipsis impositum erat, exposuerunt, Literas Pontificis unà cum phyala olei ex Dominici sepulchri lampade desumpti, prout ipsis à *Cublai* demandatum erat, exhibuerunt; Marci quoque Nicolai filii indolem admiratus tali utrumque honore prosecutus fuit, ut eos intra domesticos, quod maximi honoris signum erat, receperit, eoque variis in remotissimas Imperii sui provincias legationibus, tum ob singularem, quæ in eo elucescebat prudentiam, negotiorumque expediendorum insignem dexteritatem, tum ob eximiam quatuor diversorum Idiomatum cognitionem, summo suo emolumento usus sit; & uti Imperatorem curiosioribus naturæ spectaculis morumque legibus capi advertit, ita quoque quæcunque rara, mira & exotica in diversis legationis suæ itinerumque ambagibus observavit, illa summo studio descripta *Magno Chan* exhibuit, quibus dici vix potest, quantam apud eum gratiam iniverit, donec tandem desiderio patriæ percitus post 17 annorum peractum diversarum legationum munus, licentia ab Imperatore quantumvis ægrè obtentâ, per incognitas terrarum mariumque semitas salvi & incolumes innumeris peragratis Regionibus, anno 1295. *Venetias* redierunt. Quibus quidem obiter expositis, nihil restat, nisi ut iter ejus in *Cataium* paulò fusius describamus, cum multa, uti suprà dixi, occurrerint, quæ Geographos mirè perplexos teneant.

In Tartariæ urbem *Clemenisu* ad *Magnum Cham* appellunt.

Munera Pontificis & literas offerunt.

Marcus Paulus filius Nicolai peracceptus *Magno Cham*.

Post 17 annorum apud *Can* moram obtenta licentia in patriam redeunt.

Iter Marci Pauli Veneti.

Mari itaque Mediterraneo, *Anatolia*, *Armenia*, *Perside* peragrata, ad *Balasciam* regionem pervenit, quam nos *Corasinam* esse putamus, *Persidem* inter & *Mogulum* Regnum interjectam: Ex hoc loco vitato in Meridiem itinere, inter Boream & Ortum, quem *Nordost* vocant, iter suum instituit; hinc per deserta, deindè per altissimum montem *Belor*, quem suprà descripsimus, in Regnum *Cassar*, quod hodiè *Cascar* vocant, pervenit, *Magno Chan* pro tempore tributarium, partim Christianis Nestorianis, partim Mahumedanis inhabitatum; hinc versus Boream deflectens *Samarcandam* subiit Magni *Tammerlanis* regiam, in Regnum *Carcham*, quod hodiè *Jarcham* dicitur; ex hoc in *Peim* & *Ciarciam* urbes, & tandem in *Camul* & *Tarphan*, *Tanchutici* tunc temporis Imperii Provincias, modò *Usbekiorum* imperio subditam, per desertum *Lop* progressi sunt; quæ omnia, quæ supra de Itinere Benedicti Goësii adduximus, correspondent. Hinc tamen versus *Cataium* brevissimum iter non est prosecutus, sed versus Boream declinans ad *Campition* urbem *Tangutici* Regni metropolim pervenit, ubi inter Orientem & Meridiem, hoc est, Euronothum progredientibus ingressus incipit in *Cataium* per desertum; spreto tamen hoc itinere versus Boream identidem progressus, variisque *Tartariæ* Orientalis Provinciis Regnisque peragratis, pluribusque in iis Christianis repertis,

Balascia.

Cascar.

Samarcandam.

Jarcham.

Peim. *Ciarcia.*

Camul, *Tarphan.*

Lop desertum.

Camption.

Cambalu Magni Cham Regia.

Cur nulla muri Sinensis in itinere à M. Paulo fiat mentio.

tandem *Cambalù Magni Cham* Regiam appulit de cujus urbis vaftitate & etymologia suprà fusè egimus; ubi vehementer miror, *Paulum Venetum* nullam murorum *Sinensis* Imperii, per quos necessario transire debebat, mentionem fecisse; forsan ad Oceanum Orientalem, ad quem se pervenisse scribit, per Aquilonaria Regna longè latéque divagatus, per *Coreanum* Sinum maritimo itinere intra *Cataium*, id est, *Chinam* pervenisse vero haud absimile est : Siquidem quæcunque de *Cataio* impofterum narrat, quæcunque de civitatum vaftitate & magnificentia, de populorum Mercatorumque frequentia, de rerum omnium humanæ vitæ necessariarum ubertate, de fluminum amniumque multitudine, de pontium admiranda ftructura recenfet, illa utique nulli alteri Regioni, Regno & Imperio, præterquam vaftiffimo *Sinarum* conveniunt, cui & Sinica civitatum nomina mores & consuetudines prorsùs confonant; uti in præcedentibus fusè oftensum fuit. Imò *Haython Armenus* Monachus Præmonftratensis, ex Regia ftirpe natus, totius Orientis luftrator, quæcunque ex *Paulo*

Veneto longius enarrata funt de Regno *Cathaico*, ipse sub Religiofi Viri fide confirmat, utpotè qui anno 1307. omnia illa ultimi Orientis Regna propriis oculis infpexit, quorum itinerum rationem, causam occafionemque posteà exponemus. De Regno autem *Cathay* Cap. primo suæ hiftoriæ ita loquitur : *Regnum* Cathay *est maximum quod in Orbe valeat inveniri, & est repletum gentibus & divitiis infinitis, & in Oceani littore habet fitum. Homines illarum partium funt fagaciffimi & omni calliditate repleti, & ideò in omni fcentia vilipendunt omnes alias nationes, & dicunt, quod ipfi foli fint, qui duobus luminibus refpiciunt; cæteri verò uno tantùm; communiter parvos habent oculos, & naturaliter barbâ carent ; & infuper de ifto Regno dicitur, quod est in principio Mundi, quia est in Oriente ab uno capite, & in illa parte, nulla est aliarum habitatio gentium, ut refertur ; Ex Occidente habet suos confines cum Regno* Tarfæ; *ex Septentrione cum deferto* Belgian; *ex Ortu verò & Meridie funt Insulæ maris Oceani innumerabiles.* Quibus verbis *Cathaium* five *Chinam* ita defcribit, ut in nullo à moderno ejus fitu, moribus gentium, cæterisque *Chinæ* propriis difcrepet.

Cath: ab H thone fcripta

CAPUT VII.

De Chriftianæ fidei in dicta Tartariæ *&* Catay *Regna per jam expofita itinera introductione.*

Iter Henric Roth Indiam

CUm in omnibus jam dictis itineribus nullo non tempore Chriftianorum nomen memoretur; Dubium nullum esse debet Lectori, Euangelicam Chriftianæ Legis doctrinam à primis usque temporibus primitivæ Ecclefiæ in memorata ultima Orientis Regna per intermedia, vel per ipsos Apostolos, vel per eorum difcipulos, & in Apoftolico munere successores introductam fuisse. Quod ut quàm luculentiffimè pateat, Apoftolicis omnium feculorum expeditionibus in iftiufmodi Regna peractis agere conftitui : Et tam-

etfi in præcedentibus de S. Thomæ expeditionibus in *Indiam* & viciniora Regna egerimus, hîc tamen quomodò tum ope S. Thomæ, tum S. Philippi, Bartholomæi, Thadæi, cæterorumque Apoftolorum in Mediterraneæ *Indiæ* Regna usque ad ipsos ultimos *Tartariæ* terminos Sacrofanctum Chrifti Euangelium propagatum fit, demonftrare contendo. Quod dum facio, multum sanè luminis ab eximio P. *Henrico Rhodio*, qui universam penè *Indiam* peragraverat, accepi : fiquidem ex *Goa* in *Mogolum* Regnum missus in *Dalcan*, quod modò Regnum *Vifipor* dicitur,

Gati

Gati monte superato venit in *Colconda*, & hinc in *Montipur* & recto in Boream itinere *Bengalam* & *Decanum* Regnum, & hinc per *Delli* urbem recta *Agram Moguli* Regis curiam pervenit ; quam autem rara & curiosa in tanto itinere obfervarit, ipfemet fuo tempore in Itinerario fuo luci dabit; hic, inquam, cum de *Narfingiæ* Regno & *Meliaporæ* reliquiis S. Thomæ celeberrimis rationaretur, dixit, in hunc ufque diem in Chriftianorum Archivio præter alia, iter quoque, quod Sanctus Apoftolus ex *Judæa* in *Indiam* confeciffet, confervari, feque ex Syriaca lingua in Latinam verfum penes fe habere ; quod cum vehementer defiderarem, votis meis non illibenter annuit; Eft autem id quod

Itinerarium S. Thomæ Apoftoli, ex *Judæa* in *Indiam.* fequitur. In univerfali Orbis terrarum ab Apoftolis Hierofolymis facta diftributione, ad Divini Euangelii propagationem, S. Thomæ *Indiam* obtigiffe, ex *Ecclefiaftica hiftoria* conftat, quo ut pertingeret, iter tale orditus eft : *Ex Judæa, Syria, Armenia, Mefopotamia* peragrata in quandam Perfidis urbem pervenit, quæ *Soldania* dicitur, ubi Divini verbi femente fparfa ingentem Chriftianorum meffem obtinuit. Hinc verò per Regnum *Candahar*, & *Cabul*, quæ 40 leucis diftat *Candahar*; *Cabul* verò *Galabor* quoque dicitur, per quam S. Apoftolus egreffus eft per montes altos in regionem, quæ in

Gavorftan Natio Chriftianorum, qui S. Thomæ dicuntur. hunc ufque diem حورستان *Gavorftan* à *Mauris* dicitur, id eft, *Regio infidelium,* fic enim nominant Chriftianos, qui etiamnum ibi perfeverant, Chriftiani S. Thomæ dicti, qui uti montibus altiffimis à natura muniti funt, ita non facile aditus in eam conceditur, etfi quandoque nonnulli *Saraceni* penetrent, ftatim tamen ex perfidæ fectæ odio jugulantur; Gentiles verò fufcipiuntur, & tametfi varios Chriftianæ Religionis ritus fervent, Crucem triplicem frontibus & temporibus rubro fantali colore effictam imprimant, infantes aquis tingant ; accidit tamen fucceffu temporis, ut fylvefcente ob Apoftolicorum virorum penu-

riam Ecclefia, unà cum Chriftianæ fidei nonnullis fcintillulis adhuc ibidem relictis, cæterum tota natio variis fuperftitionibus errorumque foedis contaminata maculis, cum tempore fuccubuerit ; quæ P. Nicolaus Trigautius in itinere Benedicti Goës in *Cataium* fufcepto, his verbis confirmat : *Poftquam in aliud oppidum exiguum pervenerunt cui nomen* Paffaur, *obviam habuerunt quendam Anachoretam, à quo intellexerunt* 30 *dierum itinere urbem effe Chriftianorum, nomine* Caphurftan, *in quam aditus* Saracenis *minimè permittitur, adeuntes verò capite plectuntur :* Ethnici *tamen negotiatores minimè prohibentur ingreffu urbium, fed à templis tamen excluduntur : narrabat illius Regionis incolas omnes non nifi atratos ad templa procedere, agrum effe feracem & uvæ copiam reperiri.* Quæ narratio ipfi fufpicionem movit ; haud dubiè illic Chriftianorum adhuc etfi degenerum habitationem effe, quod & aliàs audiverat. Quæ res poft Goëfium noftris in *Mogulis* Regno fidei Chriftianæ propagatoribus, ita demùm innotuit, ut proinde nemini amplius de rei veritate dubium effe debeat; Unde in hunc diem Chriftiani S. Thomæ dicuntur, & forfan jam Chrifto aggregati fuiffent, fi operariorum penuria non obftitiffet.

Nic. Trigautius.

Porrò ex *Caphurftan* D. Thomas penetraffe dicitur *Guzaratam* minorem, non longè à Regno *Cafmir*, de quo fuprà, à *Lahor* triduano itinere ad Septentrionem fufcepto diffitam ; deindè dicitur per montes Tebeticos longis terrarum ambagibus verfus *Bengalam*, ac tandem per Regnum *Decan Meliaporam* appuliffe. Fertur relatione fide digna in Ecclefiæ Meliaporenfis archivio literas adhuc Syriaca lingua in pervetufto pergameno fcriptas confervari, quibus S. Thomas Epifcopos in dictis Regnis à fe confecratos, id eft, ex *Candahar, Cabul, Caphurftan, Guzarata* minori, cæterifque conterminis locis ad Concilium Meliaporenfe evocârat ; Quod fi ita eft, dolendum fanè, non effe, qui tantæ antiquitatis Ecclefiafticæ thefauros Latini juris fecerint.

Guzarata minor.

Epifcopi à S. Thoma in ditctis Regionibus confecrati.

Quic-

Orig. 2.
Gen. l. 3.
Euseb.
l. 3 c. 1.
Theodoret.
de Verit.
Euang. l. 9.

Quicquid sit, S. Thomam Apostolum primum ad *Parthos* profectum Author est *Origenes* & *Eusebius*, eundem *Indos* quoque petiisse, tradit *Gregorius Nazianzenus* hom. cont. *Arianos*; *Theodoretus* hisce consentit, Sancto Thomæ Apostolo *Parthos*, *Persas*, *Medos*, *Brachmanos*, *Indos*, cæterasque finitimas nationes Christi Euangelium suscepisse, adscribi debere; Ad *Taprabanam* quoque, quam hodiè *Sumatram* vocant, eum ve-

Nicephorus lib. 2.
cap. 40.

nisse *Nicephorus* tradit, quæ cum non remota sit à Regno Sinarum, certè in id quoque in propria persona sese contulisse vero haud absimile cuipiam videri queat, qui quæ suprà de D. Thomæ Apostoli itineribus recensuimus, ritè intellexerit, quæ & fusiùs prosequitur *Osorius* Sylvensis Episcopus, qui res Indicas luculentissimè scripsit: Unde ex hisce regionibus jam enarratis, videlicet ex *Cabul*, *Caphurstan*, *Tibet*, *Mogul*, facilè per successores Episcopos in ulteriores Provincias & Regna usque ad ultimum *Tartariæ* terminum Sacrum Christi Euangelium propagari potuit; id sane apertè

Archon
Regnum
Tartariæ
ubi Christiani
Thomæi.

dicit *Ortelius*, qui Regnum *Argon* in ultimo Septentrionis angulo constitutum, Christianorum dicit à S. Thoma ad fidem Christi conversum: subintellige à Successoribus suis, ut hoc pacto nullus Mundi angulus foret, qui suâ curâ & sollicitudine Euangelii luce non sit repletus.

S. Philippus Apostolus.

S. Philippum *Asiam* quoque Superiorem Euangelio imbuisse *Nicephorus* tradit *l. 2. c. 39*. Est autem *Asia* Superior nihil aliud, quam vastum illud spacium *Asiæ* Majoris, quam *Scythiam* trans & ultra *Imaum* Veteres appellarunt; suntque omnes illæ Regiones, quas tum ad extremos Oceani Orientalis limites, tum circa mare *Caspium*, uti *Georgiam*, *Iberiam*, *Albaniam*, *Micreliam*, *Armeniam*, & transmarinæ *Tartariæ Asiaticæ* partem complectitur, ex quibus deindè ulteriori propagine in longè latéque circumfusorum Regnorum multitudinem *Tebet*, *Indostan*, *Tanchut* &c. Divini Verbi Euan-

gelium transplantatum fuit. Sanctum quoque Bartholomæum Lycaones *Armeniæ majoris* populos fide Christi imbuisse *Chrysostomus*, *Albanos Sophrinus*, *Indos* citeriores *Origenes* testatur. *Panthenus* Philosophus Christianus ad *Indos* peregrinatus Bartholomæi prædicatione eam virentem adhuc se invenisse dicit. Qui plura de hisce nosse cupit, is consulat *Historiam Armenorum*, quam *Giarrentir*, id est, *Librum narrationum* vocant, quem *Clemens Galanus* Clericus Regularis, qui *Armeniæ*, *Georgiæ* cæterarumque *Colchidos* regionum multis annis operarium egit, hic *Romæ* luci dedit.

S. Bartholomæus
Apostolus.

Chrysost.
hom. de 12.
Apost. Sephr. apud
S. Hieron.
de Script.
Eccles.
Orig. in
Gen. l. 3.

Historia
Armeniorum Giarrentir dicta.

Primùm itaque fides Christi per Apostolos Thomam, Philippum, Bartholomæum in dicta Regna introducta fuit, quæ deindè multorum annorum decursu per eorundem Successores, viros sanctos, & Spiritus Sancti gratia illuminatos propagata excultaque Divinæ Legis luce se per universum Orientem magno animarum lucro diffudit, donec penuriâ operariorum populi dissolutiorem vitam ambientes à susceptæ fidei rectitudine degeneres, nec non gentilium ritibus contaminati, prorsus à via recta defecerunt. Siquidem post annum Salutis 400 Satanæ instinctu exitialis Arii, Nestorii, Dioscori cæterorumque Hæreticorum, potissimum Nestoriana Hæresis, uti terrarum & potissimum orthodoxam Christi fidem horrenda clade affecit, ita potissimum *Colchidem*, *Armeniam*, *Persidem*, *Turchestanem*, ultimosque *Tartariæ Asiaticæ* terminos pestiferæ doctrinæ toxico ita infecit, ut teste *Marco Paulo* & *Haythone* nullus dictarum Regionum locus sit, quem non fœdè contaminârint. Accessit hisce anno 632. circiter, infestus Mundo impii Mahumetis ortus, qui veluti tumentium fluctuum inundatione magnam Orbis terræ portionem offundens, iniquissimis suis legibus subjecit; Unde accidit, ut Christi fideles, ac potissimum Sacerdotalis Ordinis Viri, extorres patriâ, paulatim in inte-

Christiani
quando
Hæretica
pravitate
infecti.

Quantum
infecerit
Mundum
perfida
Mahumetis lex.

interioris *Asiæ* Provincias, sive persecutionis metu, sive voluntario exilio concefferint ; qui zelo domus Dei armati, nec non defiderio, avitam Orthodoxæ fidei religionem propagandi defiderio perciti, vel ipfam *Chinam* penetrarunt, in qua quanto cum Chriftianæ Reipublicæ emolumento laboraverint, monumentum Syro-Sinicum fuprà expofitum luculenter docet. Quoniam verò nihil in humanis rebus ftabile & folidum, ita quoque fides in dictas regiones introducta, five ex Apoftolicorum Virorum penuria, five ex peffima Chriftianorum degeneratione flaccefcens, modò ad Idololatricam, nunc ad Mahumetanam, jàm ad Hæreticorum Neftorianorum religionem, ad quam unumquemque proprii genii libido trahebat, deflexit; duravitque potiffimum in *Tartaria* Orientali, hujufmodi Orthodoxæ fidei nunc fufceptæ nunc repudiatæ viciffitudo ufque ad annum 1253, quo (uti *Haython Armenus* regia ftirpe natus fcribit) Haython Armeniæ *Rex frater* ejus, *dum* Turcarum *in Regno fuo vaftatores ultra ferre non poffet, novo confilio inito Divini Numinis inftinctu in propria perfona ad* Magnum Chan Tartarorum Imperatorem, quem Paulus Venetus Cublai à Cingifcan, *à primo Tartarorum Rege fextum* Imperatorem *vocat, qui rerum in* Tartaria & Catayo *potiebatur, tum ad belli fœdus contra* Saracenos *pangendum, tum ad benevolentiam & favorem omnium potentiffimi principis ad Rempublicam Chriftianam in pacifico ftatu conftituendam, profectus in Almalech, id eft,* Cambalu Magni Chan *curiam ingentibus itinerum erroribus appulit:* Magnus verò Chan, *feu* Cublai *de ejus adventu fummo voluptatis fenfu perfufus, fummo eum, prout merebatur, honore, & benevolentia excepit, muneribus maximis ditavit & ut exemplum fuum fecuti idem facerent, Satrapis fuis præcepit. Itaque cum nonnullis feptimanis Rex* Haython *ex diuturnis fe itineris laboribus fractum refocillaffet, tum Imperatorem adiit, fui tam longinqui itineris caufam ei magno ra-*

tionum pondere aperuit ; Imperator juftis petitionis fuæ rationibus perceptis, tum vel maximè Regiæ Perfonæ tot tantifque laboribus, tot itinerum periculis fefe, tum pro Regni fui quiete, tum pro publico Chriftiani Orbis emolumento exponentis dignationem miratus, quæcunque peteret, pro ea qua erat clementia fe conceffurum pollicitus eft ; Haython *acceptato tam profufo promptæ voluntatis obfequio, feptem veluti fuarum petitionum puncta in fcriptis dedit, quorum primum erat, ut* Magnus Chan *Chrifti fidem amplexaretur. Secundum, ut Chriftianos inter & Tartaros perpetuum amicitiæ fœdus ftabiliretur. Tertium, ut in omnibus iis Regnis, quæ Tartari fuo fubjecerant Imperio, Chriftiani eorumque Ecclefiæ ab omni perfecutione liberi, fua fruerentur immunitate tam Ecclefiaftici quàm Laici. Quartum, ut moto Exercitu fuo fanctum Chrifti Servatoris fepulchrum à Turcarum Tyrannide ereptum, unà cum Terra Sancta à Saracenis occupata Chriftianis reftituatur. Quintum, ut ad potentiffimum Baldachi Caliphum exterminandum auxiliares copias fibi jungeret. Sextum, ut fibi indultum concederet, quo fretus ubicunque à Tartaris præfertim Armeniæ viciinioribus auxilium imploraret, omni poftpofita morà illud fibi dare tenerentur. Septimum, ut privilegia & Jurifdictiones Armeniæ Regni fui, quod primò Saraceni occupaverant, & deindè à Tartaris expulfi id Magni Cham Tributarii Reges poffederant, fibi Armeniæ Regi reftituerentur.* Magnus Chan *auditis Regis poftulationibus confeftim convocato Procerum concilio, coram omnibus Regi in fua præfentia conftituto hifce verbis refpondit : Quoniam Rex Armeniæ de longinquis partibus ad Imperium noftrum venit non compulfus, fed fpontaneâ fua voluntate motus, fanè minimè Imperatoriam Majeftatem decet, ejus tam honeftis poftulatis annuere ejufque votis modis omnibus obfecundare, preces itaque veftras acceptamus, & cunctas cum Dei beneplacito adimpleri curabimus. Primò quidem ego Imperator & Tartarorum Dominus me faciam baptizari, tenebo fidem, quam tenent hodiè Chriftiani, omnibufque*

Orthodoxæ fidei in China inftauratio.

Haython Armeniæ Rex, convenit Magnum Chan.

Conditiones feu poftulata propofita à Rege Armeniæ Magno Cham.

Refponfio Magni Cham ad Regem Armeniæ.

meo *subjectis imperio consulam, ut idem fa-*
ciant, non tamen ea intentione, ut cuipiam
violentiam facere cupiam. Ad *secundum re-*
spondemus, & efficaciter intendimus, jube-
misque, ut pax Christianos inter & Tartaros
perpetua, inviolabili tenore stabiliatur. Vo-
lumus etiam ut omnes Christianorum Ecclesiæ
& Clerici cujuscunque conditionis extiterint,
sive Seculares, sive Religiosi, in omnibus nostro
Imperio subjectis Provinciis privilegio gau-
deant libertatis, nec liceat alicui ullo modo iis in-
ferre molestiam. Ad Terram Sanctam *quod*
attinet, dicimus, quoniam si commodè posse-
mus, ob reverentiam Domini nostri Jesu
Christi personaliter veniremus, sed quia mul-
tum nobis negotii est in hisce nostris Regnis,
Fratri nostro Haolono *dabimus in manda-*
tis, ut negotium istud, sicut decet, ducat per
omnia in effectum : Eruet enim civitatem Je-
rusalem *& totam* Terram Sanctam *de ma-*
nibus Paganorum, & istam restituet Christia-
nis. Quod verò Caliphum *de* Baldach *con-*
cernit, nos in mandatis dabimus Baydo *Ca-*
pitaneo Tartarorum, *iisque qui sunt in Re-*
gnis Turciæ, *& aliis qui sunt circa illas Re-*
giones, ut omnes sub jugum ducant, & Cali-
phum capitalem inimicum nostrum prorsus
destruant. De privilegio verò quod quærit
habere Rex Armeniæ *subsidio* Tartarorum, *volumus ut illi juxta voluntatem suam*
satisfiat, quod & libenter confirmari volumus.
Ultimò verò de eo, quod Rex Armeniæ *re-*
quirit, quatenus terras Regni sui per Sarace-
nos ablatas & postmodum per Tartaros *oc-*
cupatas sibi restitui faciamus, hoc etiam con-
cedimus liberaliter & libenter, & volumus ut
frater noster Haolonus *omnes dictas terras*
sine mora restituat, & ulterius volumus &
mandamus, ut de terris quas acquisivimus,
plura castra dicto Regi in augmentum & tu-
telam Regni sui de speciali gratia concedantur.
Hæc Haytho Armeniæ, *qui hujus* Armeniæ
Regis *frater erat, & unà cum eo ad* Magnum Chan *in ultimam* Tartariam *itineris*
individuus comes. Puncta quæ postula-
verat Haython Rex *à* Magno Chan, *mira-*
bili fidei & sinceritatis constantia obti-
nuit ; Nam ut Armenus *hujus Historiæ*

scriptor testatur c.24. *primum punctum*
quod Baptismum concernebat, sine mo-
ra explevit ; Post instructionem enim in
fide Christiana peractam, Baptismum
unà cum universa sua Domo Aulæque
proceribus, cæterisque per Episcopum
quendam Armeniæ *Cancellarium susce-*
pit ; per Haolonum *verò fratrem suum*
Rex Armeniæ *jam legatione quàm felicis-*
simè peracta, & votorum suorum com-
pos factus, Haoloni *comes postquam*
Regno suo restitutus fuisset, totam Per-
sidem Rege *tunc destitutam sine ulla*
ferè resistentia occupavit ; Caliphum
quoque in urbe Baldach *obsessum, ci-*
vitatem innumeris divitiis refertam ex-
spoliavit ; Caliphum *verò perfidæ Reli-*
gionis Mahumetanæ caput, avaritiæ
vitio laborantem, pecuniis ad exer-
citum comparandum reservatis, in tur-
rim inclusit, ubi objectis auro, argento,
gemmisque preciosis, ut inde vitam
suam, si posset, sustentaret, omni cibo
potuque privatum fame interemit, sic
eum allocutus : Si thesaurum hunc non
tam avarè & tenaciter servasses, teipsum
& civitatem liberasses ; nunc igitur fruere
thesauro tuo, atque ex eo comede & bibe,
quem tantopere delexisti, Atque in hunc
modum ille thesauro incumbens fame
periit. Converso deinde contra Tur-
ciam Exercitu universam obtinuit, Halepum *fortissimam, populosissimam, nec*
non ingenti divitiarum opulentia con-
fertam urbem, post 9 dierum obsidio-
nem in suam recepit potestatem ; quà
occupatà, Damasco *pari animi fortitu-*
dine expugnatà exspoliataque, univer-
sam deindè Terram Sanctam *usque ad*
desertum Ægypti *æqua felicitate subju-*
gavit ; ubi in omnibus suo dominio jam
subactis Regnis hoc unicum ei curæ fuit,
ut Christiani quotquot inveniebantur
aut profugi, aut proscripti libertati suæ
unà cum Ecclesiis eorundem postlimi-
nio restituerentur, destructæ verò suis
sumptibus instaurarentur ; inductus po-
tissimum ad hoc ab uxore sua, cui no-
men

Postulata complentur.

Chaliphus Babylonius fame necatur ab Haolono.

Halepum, Damascus, Terra Sancta expugnata.

Haython scriptor historiæ Tartaricæ, frater fuit Regis Armeniæ.

men *Doucofcaron*, quæ & ex trium Regum Chriſto recens nato, ſtellâ duce munera offerentium familia eſſe ferebatur; hæc enim uti Chriſtianis legibus jam dudum imbuta erat, ita quoque zelo ac fidei promovendæ deſiderio accenſâ nil non agebat, ut extirpatâ impii Mahumetis ſectâ, *Palæſtinam* & Sacroſanctum Chriſti ſepulchrum Chriſtianis redderet. Hujus itaque *Haoloni* in Chriſtianam fidem ardore accidit, ut præter *Tartariam* citeriorem, tum *Armeniæ* & *Colchidos* Regnum, tum *Turcia*, *Babylonia*, *Syria* ac *Paleſtina*, Chriſtianâ lege impunè & ſumma cum libertate, magnâ quoque infidelium ad Chriſti fidem acceſſione perfruerentur; In *Tartaria* verò majori omnes paſſim *Magni Chan* exemplum ſecuti, fidem uſque ad ultimos *Cathay* terminos amplexarentur.

S. Anton. Confirmat hæc omnia *S. Anton. tom.* 3. *tit.* 19. *c.* 8. *§.* 21. ſed quem nos ſuprà *Haolonum* appellavimus, ipſe *Ercaltay* vocat, principem & fratrem *Cublay Magni Chan*, hic enim jam dudum ſacro imbutus Baptiſmate, nomine Imperatoris ad perfidam Mahumetis ſectam poſligandam & ad Terram Sanctam recuperandam pro incredibili zeli, quo erga orthodoxam Religionem ferebatur ardore, miſſus, uti ſupra relatum fuit, multa æternâ memòriâ digna præſtitit. Extat hujus apud *S. Anton.* citato loco Epiſtola, ad *S. Ludovicum* Regem *Francorum*, eodem tempore in *Cypro* bello contra *Mahumetanos* ſuſcepto intentum, quà eum unà ſecum ad inceptæ expeditionis contra *Sàracenos* negotium conficiendum ardenter exhortatur, & quoniam conſideratione digna eſt, hìc inferendam duxi. Hoc eſt exemplar litterarum, quas miſit *Ercaltay* princeps ille *Tartarorum* ad Regem Ludovicum, & jubente ipſo Rege tranſlatæ ſunt in Latinum de verbo ad verbum. *Per Potentiam Dei excelſi miſſi à Rege terræ* Chaam ver-

Haoloni Zelus.

Epiſtola Haoloni ad S.Ludovicum Regem Franciæ.

ba Elcaltay *Regi magno, multarum provinciarum propugnatori ſtrenuo Orbis gladio', Chriſtianitatis Victoriæ, Religionis Apoſtolicæ defenſori, Legis Euangelicæ filio, Regi* Francorum. *Adaugeat Deus dominium ſuum, conſervet illi Regnum ſuum annis plurimis, & impleat voluntates ſuas in Lege & in Mundo nunc & in futurum per veritatem Divinæ potentiæ conductricis hominum, & omnium Prophetarum & Apoſtolorum Amen. Centum millia ſalutum & benedictionum; & hoc rogo, ut recipiat benedictiones iſtas & ſint grandes apud ipſum; faciat autem Deus, ut videam Regem hunc magnificum qui applicuit. Creator autem excelſus faciat occurſum noſtrum in caritate, & fieri faciat ut congregemur in unum.* ⁕ *Poſt autem hanc ſalutationem noverit, quod in hac epiſtola non eſt intentio noſtra niſi utilitas Chriſtianitatis, & corroboratio manus Chriſtianorum; & peto à Deo, ut det victoriam exercitibus Chriſtianorum; & triumphet eos de adverſariis ſuis contemnentibus Crucem. Ex parte autem Regis ſublimis ſublimet eum Deus de præſentia Cyochaym augeat Deus magnificentiam ſuam. Venimus cum poteſtate & mandato, ut omnes Chriſtiani ſint liberi à ſervitute & tributo, & angaria & pedagiis & conſimilibus, & ſint in honore & reverentia, & nullus tangat poſſeſſiones eorum; Et Eccleſiæ deſtructæ reædificentur, & tabulæ pulſentur, & non audeat aliquis prohibere, ut orent corde quieto & animo libenti pro Regno noſtro. Miſimus autem huc per fidelem noſtrum Virum venerabilem Sabaldi Monſtrat, David, & per Marcum, ut annuncient iſtos bonos rumores, & quæ ſunt circa nos dicent ore ad os; filius autem recipiat verba eorum, ut credat eis & in litteris, Rex terræ augeatur. Magnificentia ſua ita præcepit, quod in lege Dei non ſit differentia inter Græcum & Latinum, Armenium, Neſtorianum & Jacobinum, & omnes qui adorant Crucem: Omnes enim unum ſunt apud nos. Et ſic petimus ut Rex Magnificus non dividat inter ipſos, ſed ſit ejus pietas ſuper*

omnes

omnes Christianos, duretque ejus pietas & clementia. Huc usque exemplar Episto-læ, quæ missa est Regi *Francorum* in *xyprum* ab *Ercaltay* Principe *Tartarorum,* cui satis consonant & aliæ quædam litte-ræ, quæ paulò antè dicto Regi à Rege *Cypri* & Comite *Joppensi* fuerant præsen-tatæ, quarum etiam transcriptum unà cum transcripto dictarum litterarum *Ercaltay* transmisit venerabilis Legatus *Innocentio Papæ* IV? Hæc ex S. Anto-nino.

Literæ S. Ludo-vici ad Re-gem Tar-tarorum. Misit etiam S. Ludovicus ad dictum *Elcalthay,* & ad *Magnum Chan* oratores ex ordine S. Dominici, unà cum pre-ciosis muneribus, quorum unum erat il-lud, quod vulgo *Baldachinum* vocant, quod *Magnus Chan* inter alia sibi trans-mitti jusserat, magnificum sanè & pre-tiosum, in quo vita Christi phrygio ope-re mirà arte intexta spectabatur, unà cum particula S. Crucis. Sed hæc fusius deducta vide apud *S. Anton. citato loco,* uti & à *Vincent. Belluac. in suo speculo;* Quæ omnia contigerunt circa annum 1256. & consonant hisce quæ paulò ante ex *Paulo Veneto* & *Haythono* adduximus.

Munera S. Ludo-vici ad Magnum Chan.

Tartaro-rum Lega-tio ad In-nocent. IV. Pontific. Imò *Tartaros* nonnullos *Lugdunum* ad Concilium venisse sub *Innocentio* IV. in-stitutum, *S. Antoninus citato loco* asserit. Anno tandem 1300. Religiosos com-plures ordinis min. S. Francisci ad *Ma-gnum Cham* in *Cataium* majus *Tartariam-que* missos, in civitatibus *Cambalu, Nan-chin,* quam cœli civitatem dicunt, uti & in Regno *Tebeth* magno Infidelium Pa-ganorumque ad Christum conversorum

fructu resedisse, *Vadingus in vita B. Odorici* ejusdem ordinis, (qui & omnia illa Re-gna animarum Christo lucrandarum ze-lo ardens, peragrasse fertur fusè docet: & eximii *P. P. Bollandus* & *Hoënschenius* in splendido illo *Sanctorum vitæ opere* pro-lixè unà cum eruditissimis commenta-riis demonstrant, ad quos Lectorem re-mitto: *Tom.* 1. *die* 15. *Januarii.*

Hac itaque occasione Euangelium Christi per universam *Tartariam* & Re-gnum *Cathai,* id est, *Chinam* diffusum, ma-gnos ubique locorum progressus fecit. Sed uti jam sæpè diximus, sive deficien-tibus vineæ Christi cultoribus, sive aliis aliisque Imperii successoribus fidei Chri-stianæ parum addictis, sive aliis de causis Ecclesia Tartarica in suum Chaos reda-cta, partim Gentilium superstitionibus, partim Mahumedanæ, aut etiam Ne-storianorum perfidiæ adhæsit; qui anno 1300. ex *Chaldæa* in *Tartariam* susceptà expeditione ad zizaniam seminandam, Christianorum adhuc ibidem supersti-tum mentes impiorum dogmatum peste infecerunt, & unà *Chaldæorum* characte-res, eosque qui prius scribendi usu de-stituti erant, edocuerunt, quibus & in hunc usque diem *Tartari* utuntur. Quomodò verò *Tartari* ad Mahume-danam perfidiam deflexerint, Lege apud *Matthiam Micheu. l.* 1. *de Sarmatia Asiatica. c.* 5. Atque hæc sunt, quæ de Christianæ Religionis vicissitudine in *China, Tartaria,* cæterisque *Indiæ* Re-gionibus Lectori paucis indicanda du-ximus.

Nestoria-ni pri-mum do-cuerunt Tartaros Characte-res Chal-dæos.

CAPUT VIII.

Ultima fidei Christianæ in Chinam *introductio.*

DUrante itaque ab anno 636. quo Monumentum Syro-Sinicum in *China* erectum fuit, Christi Eccle-siâ, & ingentes faciente progressus, eccè humani generis hostis, ope scelera-torum hominum, quicquid Ecclesia Dei

multorum annorum laboribus perfece-rat, uno veluti impetu in terram pro-stravit; Christianæ fidei prædicatoribus ex *Bonziorum* odio & livore partim oc-cisis, partim proscriptis; Unde fideles tunc temporis in suscepta quidem fidei constan-

constantia ad mortem usque perseverarunt, sed posteri successu temporis sacrilegis gentilium ritibus initiati usque ad annum 1256, quo *Magnus Chan Tartarorum* Imperator in *Chinam* sive *Cataium* infinitâ hominum multitudine irrumpens brevi, ut suprà dictum fuit, universam suo subjecit imperio, qui uti Christianis ritibus jam erat imbutus, ita quoque ingens Christianorum multitudo, teste *Paulo Veneto & Haythone* *Chinam* ingressa, ubique magno se numero propagavit, qui tamen simul ac indigenæ expulsis *Tartaris* universum denuò Imperium recuperarunt, atque sive metu persecutionis, sive securius inter *Tartaros* vivendi spe, Christiani unà derelictâ *Chinâ Tartaros* secuti sunt: Qui verò permanserunt, simulatâ fide, nil præter externas quasdam cerimonias retinuerunt: Atque hi sunt illi Christiani, quos *Sinenses* Crucis Adoratores in *China* vixisse commemorant; de quo vide, quæ suprà recensuimus.

China itaque denuò patrio Idolorum cultui assueta, sic perduravit usque ad annum 1542, quo nova ei veritatis lux affulsit; Postquam enim S. Franciscus Xaverius à Deo in *Indiarum* salutem electus Apostolus, semen Verbi Divini per universas incognitarum Mundi partium oras magno & incredibili animarum lucro sparsisset, *Japoniam* vix notam Mundo *Insulam* Christo aggregasset, tandem & animum siti animarum Christo lucrandarum ardentissimum ad *Sinarum* conversionem adjecit; undè nihil non egit, quàm ut votorum suorum compos fieri posset; sed Divinæ Numinis dispositioni aliter visum fuit, siquidem in *Santiano Sinensibus* littoribus adnexa *Insula* opportunitatem *Chinam* ingrediendi operiens, in febrim incidit, qua meritorum cumulo plenus ad laborum pro Christo exanthlatorum æternæ beatitudinis præmium recepturus, Spiritu Creatori reddito, evolavit in Cœlum, quodque per se præstare non potuit, id per tanti moliminis successores suis apud Deum patrociniis tandem obtinuit, eo qui sequitur modo: Alexander Valignanus è Societate nostra, qui anno 1582. tres *Japonum* Regulos Christianâ Lege imbutos *Romam* ad obedientiam Summo Pontifici Gregorio XIII præstandam deduxerat: hic inquam ex *Europa* venerat, à Præposito Generali *Indiæ* totius Visitator renunciatus, jamque perlustratâ *Indiæ* parte cis *Gangem*, ad eam quoque quæ trans *Gangem* sita est, perlustrandam navigaret, tandemque in *Amacaensem* portum delatus, in *Japoniam* transmittere cogitabat. Verùm navigationis legibus prohibitus decem non minus menses in nostrorum sede *Amacaensi* substiterat; ibi re Sinensi ex integro exploratâ, sopitum ejus expeditionis ardorem excitavit: siquidem ex Imperii magnitudine, gentis nobilitate, altâ jam plurimorum seculorum pace, Magistratuum prudentiâ, nec non politica gubernandi ratione, ad quam non nisi ii, qui literarum notitia viri undequaque consummatissimi admittebantur, non vanè ratiocinabatur, gentem Sinicam solertem, & studiis bonarum artium addictissimam, adduci tandem posse, ut viros aliquot literarum ac virtutis laude præstantes in suo Regno vivere pateretur, ac potissimum tales, qui patrii sermonis literarumque jam non essent imperiti: sed spem non vanam videri futuram quandoque, ut huic genti sanctissimæ Christianæ Legis statuta arriderent, cum ea politicam Reipublicæ administrationem non modò non interturbent, sed etiam egregiè promoveant, undè *China* gentilium vanitatum pertæsa, cælestium bonorum desiderium conciperet, & æterna spectaret. His itaque de causis absque ulla mora nonnullos ex *India* evocatos, P. Michaëlem Rogerium, & P. Matthæum Riccium Italos, literis

N

literis Sinicis operam dare juſſit; quibus jam nonnihil imbuti, ſumma ſanè induſtria *Cantonenſem* urbem ſpe nonnullam in ea ſedem obtinendi, ingreſſi ſunt; ſed ſemel atque iterum votis ſuis fruſtrati, *Amacaum* redierunt; Dici vix poteſt, quot quamque varii caſus intervenerint, qui inceptæ expeditionis negotium ſi non deſperatum, ſaltem evanidum redderent; quibus tandem omnibus ſuperatis, res optatum tandem exitum invenit per P. Matthæum Riccium, cui felici noſtrorum ſorte, prima in *Sinicum Imperium* porta aperta fuit, cui & felix in Chriſtiana lege propaganda progreſſus merito ſuo adſcribi debet. Fuerat is quondam P. Chriſtophori Clavii diſcipulus, & in Mathematicis diſciplinis inſtructiſſimus; hic magno curioſarum rerum apparatu *Chinam* Patri Rogerio aſſociatus, unà cum ſolenni *Luſitanorum* ad Proregem *Cantonenſem* legatione ingreſſus, Gubernatoris animum novitate rerum allatarum ita faſcinavit, ut ſicuti nunquam ſimilia à ſe, nec ab univerſa *China* viſa fuiſſe teſtatus eſt, ita quoque hoſce Patres veluti homines è Cœlo lapſos non ſolùm apud ſe retinuit, ſed omni, qua potuit benevolentia, pérſecutus fuit. Sparſa itaque tantarum rerum fama, multorum quoque Literatorum, qui non ſolum in Regno *Cantonenſi*, ſed in toto Imperio exiſtentium animos allexit, quòs cum præſentes videre non poſſent, neque admiranda quæ dicebantur ſecum portare, coram intuéri liceret, literis ex diverſis Regnis datis certatim ad ſe evocarunt: Siquidem quæ jam in *Europa* uſu viluerant, tanquam inviſa inauditaque etiam tum in *China*, miracula videbantur. Erant autem inter cætera, horologium rotis ſuis affabrè inſtructum, quod præter curſum Solis & Lunæ varia quoque horarum diſcrimina demonſtrabat; erat vitrum trigonum, quod ipſi inæſtimabilis gemmæ ſpeciem, nonnulli quoque Cœleſtis Orbis portionem rebantur; Mappas præ-

tereà Geographicas, quæ terrarum Orbem exprimerent, magno omnium ſtupore & admiratione oſtendit; uti enim *Sinæ* prætér vaſtum *Sinarum Imperium*, extra illud nil aliud ſupereſſe arbitrabantur, ita quoque capere non poterant, Orbem terrarum tot tamque potentibus Regnorum ipſis incognitorum populis & gentibus inſtructum, tam amplo circumfuſum Oceano, tantâ Inſularum hinc indè diſſeminatarum multiplicitate; *Europam* adhæc in ultimis Occidentis receſſibus, tot Monarcharum Regnis, potiſſimùm *Romani Imperii* majeſtate ſplendidam, tanto terrarum mariumque intercapedine diſſitam; præterea *Chinam* in ultimo Orientis angulo ſitam, mirabantur quidem, ſed ægrè ferebant, imperium ſuum ultra quod nihil ſupereſſe, imò in medio Terræ, veluti gemmam in annulo conſtitutum ſibi imaginabantur, in extremam Terrarum partem eſſe projectum, quorum diſplicentiâ motus P. Riccius, ne conceptæ de ſe exiſtimationi officeret, novam Orbis terrarum delineationem in duo diſtinctam hæmiſphæria ſub majori forma aggreſſus, eâ uſus eſt proportione, ut *Sinarum Regnum* præciſè, ſervatâ parallelorum meridianorumque habitudine & proportione medium teneret, ſingula deindè Regna Mundi, Regiones, provincias, urbes, montes, flumina, maria, lacus, Sinenſi charactere & idiomate illuſtravit; quod inuſitatæ diligentiæ laboriſque opus dici vix poteſt, quantum animos oculoſque omnium in ſe contorſerit, potiſſimùm cum jam, quod anteà veluti rudem ſine intelligentia molem admirabantur, jam etiam ſingularum mundi partium conſtitutionem nativa lingua expoſitam non contemplarentur tantùm, ſed omnia & ſingula caperent; Undè cum ſpectantium hominum ad tam inviſum opus contuendum numerus domum non caperet, ut plures tanti boni participes fierent,

Quanta difficultas introeundi *Chinam*.

P. Riccius novitate rerum evicit animum Proregis *Cantonenſis*.

Res *Sinis* inviſæ quænam fuerint.

fierent, Mappa fumptibus Proregis fine mora incifa, & in univerfum Imperium multiplicatis exemplaribus diftributa, tantos in curioforum animis excitavit motus, ut Matthæum Riccium redivivum quendam Atlantem è cœlo lapfum omnium toto terrarum Orbe Aftrologum excellentiffimum crederent. His itaque curiofitatis primitiis Proreges Regnorum perculfi, Patres certatim ad fe vocare contendebant. Quoniam verò tantorum laborum impares erant, *Macao* alios aliofque evocatos magni ingenii Patres in pifcium deftinabant capturam. Hoc itaque pacto primum mentibus procerum Regni, per hujufmodi parafchevafticas curioſarum rerum inventiones allectis, uti magnum ubique admirandæ doctrinæ & incomparabilis ingenii exiftimationem acquifierunt, ita nil facilius fuit, quàm captatâ occafione, quod principale fuæ in *Chinam* expeditionis incitamentum erat, de vera Religione & Deo Cœli, fermones inferere; *Sinæ* verò, quibus de veri Dei cultu nullo non tempore magna controverfia fuit, tam altis de Deo Uno & Vero, & contra de gentilium figmentorum fimulacrorumque nullitate ratiociniis, infigni argumentorum pondere fultis capti, ultrò eorum fe difciplinæ inftituendos præbuêre. Unde intra paucos annos magni nominis Viri, vifâ Religionis fuæ vanitate unâ cum aliis, ex omni ftatu & conditione facrâ Baptifmatis undâ abluti in Sanctæ Matris Ecclefiæ gremium recepti funt; Quos inter & plures præfecti & gubernatores Regni, quos *Mandarinos* & *Coläos* vocant, qui agnofcentes Divinæ vocationis ad falutiferæ fidei portum beneficium, Chrifti legem tam ardenter amplexi funt, ut vix quiefcere poffe viderentur, nifi & complurium aliorum animos ad eandem amplexandam attraherent: Hinc plurimi libelli, qui Chriftianæ Legis fundamenta Sinico idio-

Promotio Rei Chriftianæ.

De altiffimo fidei myfterio fermocinationes.

Primates Chinæ acceptant legem Chrifti.

mate tradebant, confcripti per univerfum Imperium, incredibili animarum lucro mox divulgati fuerunt. Sed non paffus humani generis hoftis tantam fibi prædam elabi; ftabilitis jam per præcipuas Regnorum Provincias fedibus Ecclefiifque vero Deo erectis, *Bonziorum,* hoc eft, *Sacrificulorum* ob tantam Legis novæ propagationem penè infanientium livore & invidia, publicis editis libris, adeò gravis contra Patres eorumque Neophytos perfecutio mota fuit, ut jam aliquoties carceribus mancipati, ac graviffimis fubacti tormentis, ex eorundem denique profligatione & totali profcriptione rei Chriftianæ adeò felix progreffus in extremo difcrimine verfaretur, nifi Divini Numinis afpirante gratiâ, & imperturbabili Patrum conftantiâ, nec non Magnorum Virorum, quos Chrifto lucri fecerant, zelo & libris editis, pro fumma, qua pollebant authoritate, noftrorum innocentia, adverfariorum calumniis detectis demonftrata, priftinæ fuæ libertati reftituti fuiffent: vel ex hoc fuo difcentes experimento, fieri non poffe, ut præclariffimos pro Divini Numinis gloria fufceptos fructus, non fimul quoque, haud fecus ac Solem umbra, par perfecutio confequatur. Rebus itaque in tranquilliorem ftatum reductis Chriftiana res tantò furrexit altiùs, quantò humiliùs violentiufque fuerat depreffa: Siquidem fides Chrifti non tantum fefe per univerfos Imperii fines ampliffimè extendit, fed palatium Regis ingreffa, tantum ejus inviolabilis veritas potuit, ut & Reginam & Filium ejus in fui amorem operâ Patris Andreæ Coffler Aufiriaci, traxerit; unde Baptifmatis undâ abluti, Regina *Helenæ,* Filius verò *Conftantini* nomine affumpto triumpharunt, cujus *Pan Achilleus* Regiæ aulæ fupremus Minifter, jam dudum Chriftianis legibus imbutus, vir zelo fidei propagandæ adeò accenfus erat, ut non femel literas tum ad Summum Pontificem,

Bonziorum perfecutio contra noftros adornata.

Ingens animarum lucrum. Regis filius Conftantinus unâ cum Helena matre baptizati.

cem, tum ad P. Generalem Societatis JESU datis, de magna operariorum copia in *Chinam* tranſmittenda, inſtantibus precibus ſollicitaret ; tantæ erga ſedem Apoſtolicam devotionis, ut quod per ſeipſos in propria perſona nequirent , per P. Michaëlem Boimum ad obedientiam Summo Pontifici præſtandam votorum ſuorum vices ſubiturum, *Romam* amandarint. Sed ut Lector propius ingentem eorum in fide Chriſtiana conceptum fervorem zelumque Catholicæ Religionis cognoſcat, hoc loco nonnullas Epiſtolas, quas ad Summum Pontificem pro tempore exiſtentem, tum Regina Helena, tum Supremus Aulæ Magiſter Pan Achilleus dedit, unà cum reſponſo Summi Pontificis ad illos dato, eâ qua par eſt ſinceritate & fide apponendas duxi.

Interpretatio Litterarum Sinicarum,

A Cancellario *Imperii Sinici Pam Achilleo Sina-Chriſtiano*

AD SANCTISSIMUM D. N.

Per Patres Andream Xavier, & Michaëlem Boym Societatis JESU, *in Aula Imperatoris* Sinenſis *pro tempore Aſſiſtentes, facta.*

Clariſſimi *Imperii Sinici* de Imperatoris mandato Univerſalis Prorex Regnorum & Provinciarum *Quàm Tūm, Quàm Sŷ, Fó Kien* Commiſſarius militiæ in terra & mari. *Quàm Sŷ* Regulorum Dux, Theſaurarius reddituum, & Solicitator, abſente Imperatore abſolutus, & ſolus Deciſor cauſarum, Imperatoriæ cuſtodiæ ſupremus Præfectus, Equitum Magiſter, Magnus Cancellarius, Intimus Imperatoris Secretarius, & Cubicularius *Pam Achilleus* Chriſtianus, genibus flexis, capite ad terram dejecto ſe ſiſtit ante Thronum Vicarii Dei JESU in terris, Univerſalis Doctoris Catholicæ Eccleſiæ, Veri Domini, Sanctiſſimi Patris.

Ego Achilleus *expendo mecum quod penetralium Imperatoris Cuſtos ex officio ductus errore ſimul ago curam militiæ. Unde me ipſum diminui, & abſque luce & diſciplina peccatorum multitudinem auxi. Olim in Aula Septentrionali Deo Auſpice incidi in Viros Societatis* JESU, *qui aperto calle duxerunt me rudem, errantem exhortati, ut ſequerer fidem. Quarè cum reverentia expiatus ſacro lavacro, tunc orſus ſum intelligere ſanctæ Doctrinæ documenta, ejuſque reconditam excellentiam altamque profunditatem. Tum verò immerſus huic ſtudio diu noctuque fideli corde ſum proſecutus viginti & amplius annis, nec auſus ſum quidpiam remittere. Ita conſecutus ſum Cælorum Regis auxilium, cui qua ratione reſpondeam, non invenio modum. Sæpè animus fuit ipſemet adeundi Sanctiſſimum Thronum, atque oculos cum veneratione ſatiandi ſanctiſſimo vultu, ſed Imperii cauſæ tam variæ, Regiæ res tam perplexæ, non admiſère intimi mei ſinus exequi deſiderium. Quare ſummè contriſtor : nunc peccatoris unica cogitatio medullitùs in hoc eſt, quod Imperii calamitas necdum quieverit. Ideò ex induſtria petii Societatis* JESU *Virum Patrem Michaelem Boym, ut abitura nave repeteret Magnum Occidentem, ſupplex acceſſurus ad Te Summum Pontificem, Sanctiſſimum Patrem, ut ante altare Sanctorum Petri & Pauli cum totius Mundi Oecumenica Eccleſia elevatis ad Cælum oculis*

lis ores *Deum*, ut cum misericordia respiciat hanc Imperatoriam domum; adjuvet & conservet Imperium, erigendo limites subiturae pacis, unâ faxit, ut noster Sapientissimus Imperator, qui est hujus Regiae domus decimus octavus Successor, & à primo Imperii & familiae Fundatore duodecimus Nepos, ipse scilicet Dominus cum subditis adoret Caelorum Dominum JESUM. Ista demùm erit nostri Sinici Imperii integra beatitudo. Et in praesenti quidem Integerrima, Sapientissima, Clementissima, Venerabilis, Imperatrix Christiani nominis Helena, Regina Imperatoris Mater Christiani nominis Maria, Regina ejus legitima conjux Christiani nominis Anna, & filius Imperatoris Princeps & Haeres Christiano nomine Constantinus, omnes humili corde credunt & colunt Sanctam doctrinam, unà habent sermonis verba, quae mittunt ad Sanctissimum Thronum. Quod ad me rudem peccatorem attinet, peto suppliciter Te Sanctissimum Patrem, ut pro meâ ex hoc saeculo

discessus horâ peccatorum poenae integram remissionem largiaris, & plurimos Societatis Viros submittas in hoc Sinarum Imperium, qui suâ doctrinâ convertant universos saeculi homines, & cum poenitentiâ animadvertant colere & venerari Sanctam Legem, neque in vacuo transitu, rapto pedum pulvere dimittantur. Ita demùm mihi spes est, assecuturum me felicitatem verè interminabilem. Cum veneratione modicum his explicui ignarae mentis arcana. Pronus ad terram me totum abjicio, expectando misericordem intuitum. Nec plura.

Yum Lie anno quarto, in ordine Revolutionum litterarum Annualium Kem Yn, Luna decima, die octavo, qui fuit anno 1650. Novembris dies primus. Ultra nil legendum.

Locus ( ) Sigilli, in quo pro more Sinico (non enim solent aliter subscribere nomen suum) insculpta sunt haec verba: Fortissimi Generalissimi armorum, universalis Proregis Sigillum.

Interpretatio Litterarum Sinicarum,

Ab Imperii Sinici Imperatrice D. Helena *nomine suo,* & *Reginae* Matris D. Annae, & Reginae uxoris D. Mariae, nec non filii Imperatoris Principis & Haeredis D. Constantini *missarum.*

AD SANCTISSIMUM D. N.

Per Patres, Andream Xavier, & Michaëlem Boym

Societatis JESU, in Aula Imperatoris *Sinensis* pro tempore Assistentes, facta.

Clarissimi Imperii Sinici Integerrimae, Sapientissimae, Clementissimae Venerabilis Imperatricis Helenae sermo ante Thronum JESU *Dei in terris Vicarii, Universalis Doctoris Catholicae Doctrinae, Supremi Domini, Sanctissimi Patris.*

„Ego Helena perpendendo me hujus *Imperii Sinici* humilem filiam erubesco morari in Palatio Imperatoris. Olim tantum novi penetralium observantiam: ignoravi exterarum terrarum leges: Accidit Societatis JESU Virum Patrem Andream Xavier in nostra Aula commorari promulgando sanctam doctrinam, aliorum relatione coepi illum cognoscere, & eccè credidi, & reverenti corde ab illo suscepi Sanctum Baptisma: feci, ut Regina Imperatoris Mater Maria, Regina ejus legitima conjunx Anna & filius Imperatoris Princeps haeresque Constantinus simul omnes instructi reciperent sanctam aquam, exindè jam tertius annus est. Nunc licet deberem stillato sanguine medullam ani-

„ mi solvere, necdum assequor tantillo
„ respondere ac satisfacere. Assiduè ve-
„ nit in mentem cum reverentia adire
„ Sanctissimi Patris Thronum, ut coram
„ excipiam Sancta documenta, solùm ve-
„ reor remotissimi Regni difficiles aditus,
„ ideò desiderio frustror. Interim cum
„ profunda ad terram usque inclinatione
„ rogamus Te Sanctissimum Patrem, ut
„ ante Divinæ Majestatis conspectum
„ pietate ducaris nostrùm, quæ peccatis
„ sumus obnoxiæ, atque hora nostri ex
„ hoc sæculo discessus peccatorum pœnæ
„ integram nobis remissionem indulge-
„ re digneris. Simul petimus Te San-
„ ctissimum Patrem, ut cum Sancta &
„ Universali Ecclesia pro nobis deprece-
„ ris Supremum Dominum, ut confir-
„ met nostrum Imperium, adjuvet, ac
„ restauratum pace stabiliat, unà faxit,
„ ut nostræ Imperatoriæ Domus hic de-
„ cimus octavus Imperator, qui à pri-
„ mo Imperii, & familiæ fundatore est
„ duodecimus Nepos. Ipse scilicet Do-
„ minus & subditi unà omnes agnoscant
„ & adorent verum Dominum JESUM.
„ Demùm postulamus Te Sanctissimum
„ Patrem, ut plurimos submittas Societatis
„ JESU viros, qui longè latèque Sanctam

fidem divulgent. Hæc Indulta nobis «
erunt tuæ pietatis erga nos monumen- «
ta, alia verò, quæ nostri desiderii sunt, «
explicare verbis non sufficimus. Modò «
Societatis JESU Vir P. Michaël Boym «
scit nostri Imperii negotia. Mandamus «
illum Legatum reverti in Magnum Oc- «
cidentem, ut proponat sermonem no- «
strum ante Sanctissimum Patrem, ille «
poterit singulatim referre nostram de- «
missam voluntatem. Confidimus pacis «
tempore ipsosmet Sinas Legatos mitten- «
dos esse, qui ad Sanctorum Petri & Pau- «
li altare deferant obsequium, & offe- «
rant reverentiam. «

Capite ad pedes inclinato speramus «
Sanctissimum Patrem clementer intui- «
turum hos rudis animi sensus. Hic so- «
lum Sermo. «

Anno *Yum Liĕ* quarto, Lunæ decimæ, «
die undecimo, qui fuit anni à Christo «
millesimi sexcentesimi quinquagesimi, «
Novembris dies quartus. «

Locus ( ) sigilli, in quo pro more
Sinico (non enim solent aliter subscribere nomen suum) sunt ista verba insculpta : *Integerrimæ*, *Sapientissimæ*, *Cle-
mentissimæ*, *Venerabilis Imperatoris sigillum.*

Sequuntur Literæ responsoriæ ab Alex. V I I. P. O. M.
tum ad Reginas, tum Supremum Regni Directorem datæ.

Charissimæ in Christo filiæ nostræ Helenæ Tamingæ
Sinarum Reginæ.

ALEXANDER PAPA VII.

CHarissimæ in Christo filiæ nostræ salutem & Apostolicam benedictionem. Co-
gnovimus ex Majestatis Tuæ litteris,
quanta fuerit bonitas & clementia, qua te cœ-
cis implicatam erroribus mendacique superstitione Deus Deorum è tenebrarum potestate
in lucis & veri cognitionem adduxit. Non
obliviscitur ille misereri, nec continet in ira
misericordias suas. Hujus enim cum esses

filia, ad te respexit tamen Omnipotens Dominus, qui audire vult potius Pater miseri-
cordiarum, quam Deus ultionum & vindictæ.
Quis nunc Potentias ejus scrutetur, aut con-
siliorum vias investiget. Immensas, vastis-
simasque terras, quarum vix quidquam auribus acceperamus, vetus hostis fraudibus suis
ac fallaciis occupaverat. Fabulosum erat istud
ingens Regnum, non minus desertis ac propè infinitis

finitis locorum intervallis, quam quia falsa religio & cultus omnia obtinuerat. Quis aditus veritati per tot maria, itinerum errores, aliud pene cœlum, ac sydera, cum omnibus littoribus prohiberentur ii, qui præ auro & mercibus preciosi hujus margariti commutationem expetebant, cum se denique impietas montium jugis Oceano legibus arctissimisque custodiis tuerentur. Perfregit hæc omnia, superavitque veræ fidei proferendæ studium, per quæ tot pericula & difficultates tua salus quæsita. Quo attentius, in Christo Filia, tanti beneficii revocanda tibi est ad animum memoria, & nota hæc facienda filiis tuis, ut ponant in Deo spem suam, & non oblivifcantur operum Dei,

& mandata ejus exquirant. Quamvis & ad summam gaudii, quod nobis allatum fuit neque hoc defuerit, ut tuis exemplis aliæ etiam inhæferint, & Regius Puer Constantinus, non minus in Regni quam superstitionis evertendæ spem crescat. Illum fané ut una omnes paterné complectimur, quamque postulas benedictionem amantissimé Majestati Tuæ impertimur, Deumque ardenter precamur, ut disjunctissimum Regnum unum tandem faciat & animo & fide nobifcum. Datum Romæ apud S. Petrum sub Annulo Piscatoris die 18. Decemb. 1655. Pont. nostri Anno primo.

NATALIS RONDININUS.

Dilecto filio *Pan Achilleo* Eunucho *Sinarum* Regis, Terræ, Marique Generali Præfecto, &c.

ALEXANDER PAPA SEPTIMUS.

Dilecte Fili salutem & Apostolicam benedictionem.

GAudium magnum annunciaverunt nobis Epistolæ tuæ. A Solis enim ortu & occasu, ab Aquilone & mari fecit nobifcum misericordiam suam Deus, quique olim multa Gaza atque opibus potentem Regiam Eunuchum Baptifmi unda & gratia derepenté illustravit, nunc te, dilecte Fili, Regni istius & Mundi curis implicitum, inter quas, nunquam feré locus Christi doctrinæ, quæ à sæculi hujus sapientibus stultitia habetur, in fortem filiorum fuorum, hoc est, in alterius & veri Regni hæreditatem immortalem, ac nunquam perituram vocavit: Cujus beneficii magnitudo ut magna lætitia affecit cor nostrum, ita quid pro eo à te debeatur plané intelliges, si ad illum fubinde refpicias, qui nobis fuæ difciplinæ factus est in exemplum. Enitere veró & adlabora, ut confummetur hoc opus quod inceptum est in ampliffimo isto Regno, ut sit & laus tua in Euangelio. Nulla enim debet effe tanta terrarum vaftitas & longitudo, quæ obstet fidei, quæ montes transfert, aut charitati, quæ nunquam excidit, omnia fuftinet, atque operatur. Hac te in nostrum finum admittimus, cujus erga te ac gentes istas ardor nec aquarum, quæ inter nos intercedunt, multitudine extinguetur, nec ulla unquam difficultate aut periculo refrigefcet, quam autem tibi petis benedictionem peramanter impertimur. Datum Romæ apud S. Petrum sub Annulo Piscatoris Die 18. Decembris Anno 1655. Pont. nostri Anno primo.

NATALIS RONDININUS.

Tartarorum irruptio felicem Rei Christianæ pro-

His itaque profperé & ad votum procedentibus rebus, ecce novus ab Aquilone turbo veluti impetu facto, totam Christianæ negotiationis profperam & fortunatam transactionem, quam ex facultate Regii diplomatis stabilita Euangelii per totum Imperium dilatandi fperabant, interturbavit: *Tartari* siquidem intergreffum interturbabat.

intestino *Sinensium* bello allecti, ruptis murorum clauftris, non folum *Pequinum,* fed & veluti inundatione quadam univerfam *Chinam* paulò poft fuo fubjecerunt imperio ; Rege *Sinarum Vumlie* ad tantas anguftias redacto, ut dum locus evadendi, à rebellibus *Sinarum* eidem non concederetur, tantus Monarcha ab omnibus derelictus miferandâ morte, ne malorum imminentium illiadem propriis oculis videre cogeretur, primò propriâ manu & matre & filiâ interemptis, demùm vitam fuam defperatione rerum in transverfum actus, laqueo terminaverit; de quibus qui formidandam humanarum rerum cataftrophen fufiùs noffe defiderat, is confulat *P. Martinum Martinium, libello de bello Tartarico,* & ex illo addifcet non magnoperè defideranda altioris hujufmodi infelicis Monarchiæ faftigia, quibus tam horrenda, tot tantifque ruinis expofita præcipitia fubftant. In tanta rerum perturbatione Imperiique confufione Chriftiani, fpem inter metumque conftituti, novi à fe acceptati Imperatoris follicitis mentibus in Chriftianæ fidei hucufque continuatum progreffum, animi inclinationem operiebant : eam tandem, quam aut optare aut fperare unquam poterant, proniorem comperère, eo qui fequitur modo !

Exiftebat jam à multis annis in *China* P. Joannes Adamus Schall, patriâ Colonienfis, qui five Mathematum cæterarumque artium, qua pollebat, cognitionem, five excellentem Sinicæ linguæ peritiam, five denique viri prudentiam rerumque tractandarum ufum longâ experientiâ acquifitum fpectes, uti nulli fecundus, ita toto Imperio celeberrimus erat; De quo cum & novi Imperii novus Imperator veluti de extero plura fibi enarrari audiffet, valdè hoc nuncio exhilaratus fe, quod jam dudum defideraverat, hominem exterum tantâ rerum Sinicarum notitiâ inftructum, cui intimos fuorum confiliorum receffus tutò &

Rex Vumliè uxore & filia interemptis vitam fuam laqueo terminat.

P. Joannes Adamus Schall.

fecurè concredere poffet, quemque Europæo ingenio Sinicas artes felici fuâ forte junxiffe compererat, inveniffe. Itaque ad Regiam evocatum fingulari benevolentiæ fignificatione fufcepit; cumque gravitatem morum, vitæ innocentiam, atque in quæfitis prudentiam, ingeniique perfpicacitatem in refponfis dandis excellentem comperiffet, ità ejus impofterum confuetudini adhæfit, ut eum ftatim inter intimos fuos unum effe voluerit, primi ordinis *Mandarinum,* affignando eidem fupremum in Aftronomico Calendarii tribunali locum, ejufdem ftatutis omnibus per Imperium Aftronomis parere juffit, miratus imprimis infallibilem Ecclipfium, à quibus cæteri tantoperè aberrabant, prædictionem, ex accurata calculatione ab ipfo peractam; Mirabatur artium mechanicarum, potiffimum ejus in Bellicis tormentis quà fundendis, quà dirigendis peritiam, & quod unicè optabat, in confiliorum de rebus graviffimis, quas ei dederat, felicem & nunquam fallentem exitum: Hifce Rex tractus, eum, cui quippe aliquid humanâ conditione altius fubeffet, veluti patrem fummo amore juxta & veneratione profecutus eft ; & cum ad tam fublimis Majeftatis afpectum vix ulli aditus præter Reginas Eunuchofque permitteretur, is tamen omni prohibitione femotâ, ubicunque Regem five domi, five foris offenderet, fe fiftendi jus, quod vix ulli conceffum erat, obtinuerat, eoque erga *Maffa,* fic enim Patrem vocabat, quafi diceret venerabilis pater, affectu ferebatur, ut quod nulli *Sinenfium Annales* legerunt, quater in anno domum Ecclefiamque noftram vifitare non fit dedignatus: omnes domus angulos luftraverit, folus cum folo *Maffa* intra cubiculum fuum diverfari fibi complacuerit, omni repudiatâ cerimoniâ tanto Monarchæ debitâ, & ab omnibus exhiberi folita, dum modò fupra lectuli religiosè compofiti ftragula federe, jam in fede vetufta-

P. Schall. in fupremum Regis Confiliariorum admittitur.

Dignatio Regis in vifitando P. Schall.

vetuftate pæne detrita fe collocare, Europæarumque rerum raritates contemplari dignatus, imò ex domeftici quoque hortuli fructibus fibi allatis fingulari guftu fumere non detrectaverit, quafi nullibi tutius fecuriufque, nec jucundius quàm in pauperum Sacerdotum domo deliciari videretur; In Ecclefia verò Altarium mirabatur nitorem, imaginum Europæarum elegantiam, librorum in Characteribus imaginibufque præftantiam, denique fingulorum myfteria curiosè inquirebat, quibus expofitis, præfertim Chrifti & Deiparæ imagines profunda capitis inclinatione venerabatur, Chriftianam legem omnium optimam

Ecclefiam vifitat, SS. Imagines reveretur.

fuofque Majores eandem fectatos fuiffe afteverabat. Et ne verbis tantùm fuam in Chriftianam fidem æftimationem afferuiffe videretur, opere & effectu complere voluit. In ingenti lapide marmoreo præ foribus Ecclefiæ noftræ erecto, fuam in univerfo Imperió fidei Chriftianæ propagandæ voluntatem per edictum Regium ad æternam rei memoriam partim Tartarico, partim Sinico Charactere atque idiomate incidi voluit, quod in hunc ufque diem in *China* carta impreffum, in Collegii Romani Mufæo omnibus fpectandum exponitur. Cujus tenor ifte eft, qui fequitur.

Edictum Sinico-Tartaricum,

QUO

Chriftianæ Legis Approbatio, marmoreo incifa monumento, quod præ foribus Templi Salvatoris noftri ad perpetuam rei memoriam erectum fuit, Pekini *in* Regia Sinarum *urbe, juffu Imperatoris* Sinarum & Tartarorum Xunchi, *anno Chrifti* 1650.

AD MANDATUM COELI

Diploma Sinicis Tartaricifque Characteribus incifum.

MEretur cœleftis fcientia Aftronomia, quam noftri Majores femper maximi fecerunt, ut & nos veftigiis eorum infiftentes, eam fuper aftra extollamus, maximè poftquam eadem olim fub variis Imperatoribus penitus collapfa iterum reftaurata, & maximè tempore Imperii Juèn Imperatoris Tartari, qui ante 400 annos Sinas tenuit, à Co xeu Kim exactior reddita fuit, demùm ultimis præteriti Imperatoris Mim temporibus nimium aberravit. Inventus eft Joannes Adamus Schal ab ultimo Occidente in Sinas veniens, qui non folum artem calculandi, fed theoriam etiam Planetarum & quicquid ad Aftronomiam pertinet, callebat; Hic delatus ad Imperatorem antecefforem noftrum juffu ipfius Academiæ Mathematices &

reftaurationis Aftronomiæ curam fufcepit; Sed quoniam multi non intelligebant fructum ex hac fcientia in Remp. emanantem, concludi tunc non potuit, ut eâ fcientiâ fubditi uterentur. Jam verò cum ego ad Imperium perveni, & prima cura fuit ad utilitatem Regni temporum ordo, ipfiufmet anni primi mei Regiminis Autumno experimentum quærens ejus quam Joannes Adamus reftauraverat artis, Eclipfin Solis dudum anteà ab eodem calculatam diligentiffimè juffi obfervare, inventumque tam temporis momenta, quàm puncta Ecliptica cum omnibus circumftantiis exactiffimè correfpondere ejus calculo, iterumque fequentis anni Vere, cum fe Eclipfis Lunaris offerret, illam eadem diligentiâ obfervari præcipiens, & hanc inveni, ne capillo quidem lato

O   aber-

aberrare, quare statim adverti, hominem hunc à Cœlo nobis tali tempore oblatum, quo tanti Imperii Regimen suscipiebam, undè totam Præfecturam Tribunalis Mathematici *Religio & modestia P. Adami Schall laudatur à Rege.* ipsi soli commisi; sed quia Joannes Adamus à pueritia castus est, neque ulla negotia à suo instituto Religioso aliena suscipere vult, necessarium duxi, ad hanc Præfecturam suscipiendam absoluto cum Imperio obstringere, & secundi Ordinis dignitatem ad titulum Arcanorum Cœlestium Magister, addere: Quo in officio annis jam aliquot occupatus plus quotidiè studii & diligentiæ adhibet. Et quoniam juxta portam Urbis Xun che Muen dictam, templum habet, in quo secundum ritum Legis suæ Deo sacrificia offert, contuli ego etiam aliquid subsidii ad illud ædificandum & ornandum, cumque illud templum intravi, adverti, imagines & utensilia quoque extranearum rerum speciem præ se ferre, de libris quoque Legis, quos in mensa positos reperi, cum interrogassem quid continerent, dictus Joannes Adamus illos Legis Divinæ explicationem continere respondit. Ego quidem, quandoquidem animum prius applicueram doctrinæ Yao xun cheu, & Cum çu ex eorum libris aliqua percipio, in Libris Foe & Tau, quamvis aliqua legerim, nihil tamen inhæret memoriæ, Libros autem hujus Legis Divinæ cum ob negotia Regni hactenus non nisi obiter inspicere licuerit, judicium exactum ea de Lege ex iis dare non possum. Attamen si Joannem Adamum considero, qui ab aliquot annorum lustris apud Sinas & nobiscum versatus Legem hanc & sequitur & prædicat, eam optimam judico: Deum namque suum adeò reveretur Joannes Adamus, ut ei templum hoc dedicaverit, tantâ personæ suæ modestiâ & integritate à tot annis eâdem semper methodo Legi huic se conformando, & *Approbatio legis Christianæ.* nec vel punctum variando. Hoc profectò illam Legem summæ perfectionis esse expressium indicium est, in qua se ipse Joannes Adamus probatissimæ virtutis esse ostendit, cum, quod ea lex docet, nimirum Deo servire, Regibus ac Magistratibus obedire, nulli malum inferre, bono publico ac proximorum prospicere, suâ fidelitate exactè implet. Et

utinam! Magistratus ac subditi mei omnes hanc ejus industriam serviendi Deo, ac servandi Legem Divinam imitarentur, & in serviendo suo Imperatori vel à longè adumbrarent procul dubio multis partibus melius feliciusque mecum & cum toto Regno ageretur: Quod ad me attinet, ego hunc ejus animum Legemque hanc, quam sequitur, vehementer approbo & laudo, ideóque ad perpetuam hujus rei memoriam hunc ejus Ecclesiæ titulum præfigo: Tum hiuen hia Kim. Hoc est, Excellens penetrando Cœlo locus. Datum Pekini anno nostri Imperii septimo.

Habetur hoc diploma Sinicis & Tartaricis in nigro fundo candidis Characteribus linguisque polita manu descriptum in nostro Musæo, quam *Galleriam* vocant, & characteres quidem Tartarici Syriacam formam mentiuntur, toto, ut dici solet, cœlo à Chinensibus differentes. Quâ verò occasione *Tartari* sui eos juris fecerint, jam suprà enarratum fuit. Ex quo luculenter sanè patet, *Rex quominus Legi Christianæ subjiceret, polygamia obsticit.* quo tantus Monarcha in Christianam fidem affectu fuerit, quam sollicito animo ejus promotionem quæsiverit; ad quam etiam propediem amplexandam nullum aliud sibi obstaculum superesse fassus est, quam polygamiæ abrenunciationem; in qua sese superare non dicam difficile, sed quasi ἀδύνατον esse videbatur, qui omnium Gentilium Regum communis, ad quam ad æternæ salutis naufragium illiduntur, unicus ferè scopulus est. Sed ut ad institutum nostrum revertamur.

Ex hujus Regis in Legem Religionemque nostram ardentissimo affectu, *Conversiones infigues in aula Regis, tum Reginarum, tum Eunuchorum.* magna mox in Aula primò tum fœminarum Regiarum, tum Eunuchorum conversio facta fuit; Secuti sunt hosce altioris ordinis *Mandarini*; In urbem quoque Pekinum, quæ vastitate non Urbem, sed Provinciam præ se fert, Lex Christi diffusa, Ecclesiæ gremio adjunxit ferè ad octuaginta millia Neophytorum; adeóque vel in hunc usque diem per *80 Millia Christianorum Neophytorum in cremcentum.*

per univerfi Imperii fines novi Diplomatis evulgatione, innumerabilem animarum multitudinem Chrifto peperit. Faxit Divina bonitas, ut ad tantæ meffis collectionem fufficientes, qui foli defunt, Operarii fubmittantur. Sed quæ eft rerum humanarum viciffitudo; Rex interim, dum magnas res alto pectore conderet, ex improvifa infirmitate invafus, occulto Dei judicio, paulò poft

Mors Regis. vitâ functus falutem æternam, quam aliis tantopere defiderabat, ipfe confequi non meruit, & tametfi aliquoties Patris fui opem imploravit: Dolo tamen & aftutia *Lamarum*, *Bonziorumque*, qui Regi in ultima vitæ mortifque lucta adftabant, factum fuit, ut Patri Adamo omnis ad eum aditus, quem tot artibus ad eum facri Baptifmatis undâ abluendum tentabat, intercluderetur; & quoniam nullum non lapidem ad penetrandum movebat, conceffum tandem fuit id, quod tot tantifque precibus & artibus extorferat; fed tardè nimis admiffus, quem enim vivum credebat, fpe fua fruftratus, incredibili mentis dolore jam vitâ fun-

Cadaver Regis unà cum thefauris opulentiffimis comburitur. ctum reperit. Peractis verò exequiis, in quibus extructo ex preciofis lignis rogo, thefauris, qui opulentiffimi cujufpiam Regni divitiis comparari poterant, unà cum cadavere Regio combuftis magnificentiæ & granditati Imperatoriæ finem impofuerunt. Succeffit in Imperio filius quatuordecim annorum puer, qui uti fub patris Adami difciplina fuerat, eique unicè à Rege commendatus, ita quoque innatum erga Chriftianam fidem, Patrefque noftros affectum non exuit: Oramus proinde Deum Opt: Max. ut gratiam Baptifmatis, quam Patri negaverat, ipfi ad Divini nominis gloriam, & Reipublicæ

Chriftianæ incrementum largiri non dedignetur. Quos autem Chriftiana res fub hifce *Tartariæ* Regibus, refpectu aliorum temporum progreffus fecerit, Ecclefiæ *Pequini* noviter erectæ confecratæque Epigraphe fcitè docet, quæ quia confideratione digna eft, eam hîc coronidis loco fubdam.

Epigraphe Ecclefiæ Pekinenfis Soc. Jesu.

Epigraphe Templo Soc. Jesu Pekini marmori incifa.

POST FIDEM A D. THOMA APOSTOLO PRIMUM ADVECTAM, POSTQUE EANDEM A SYRIIS TEMPORE IMPERII *TAM*, ITERUM ET LATIUS PROPAGATAM; TERTIO RURSUM SUB IMPERIO *MIM* POST EANDEM DUCIBUS S. FRANCISCO XAVERIO, AC P. MATTHÆO RICCIO PER SOCIETATIS JESU HOMINES, ET VERBO, ET LIBRIS SINICE EDITIS DIVULGATAM. MAGNO QUIDEM STUDIO ET LABORE, SED PROPTER GENTIS INCONSTANTIAM HAUD PARI. DEVOLUTO JAM AD TARTAROS IMPERIO EADEM SOCIETAS PRO INSTAURATI PER SUOS CALENDARII XI *HIEN LIE'* DICTI LABORUM CORONIDE TEMPLUM DEO OPT. MAX. PUBLICE PEKINI REGUM SINARUM CURIÆ.

POSUIT DICAVITQUE, ANNO M.DC.L. *XUN CHI* VII.

PATER JOANNES ADAMUS SCHAL A ZELL GERMANUS SOCIETATIS JESU PROFESSUS, ET PRÆFATI CALENDARII AUTHOR, EX LABORIBUS MANUUM SUARUM ÆDEM HANC ET PATIENTIAM POSTERIS LEGAT.

CAPUT IX.

De Correctione Calendarii Sinici , & quanta indè Bona emerserint.

NIl unquam adeò fuit cordi *Sinensibus* quàm exacta temporum constitutio, sine quo neque gesta Regum , neque Historiæ omnium sæculorum scitè recenseri posse, rectè & laudabiliter autumabant: undè nullo non tempore, in id incubuere, ut eam stabilirent, ne scientiæ Astronomicæ leges cum tempore deficerent, publicis sumptibus & Regiis, Astronomorum Academiam jam à ter mille nongentis annis juxta *Annalium suorum* tenorem institutam durasse referunt, condiderunt, quorum Astronomorum officium erat, cursum Solis & Lunæ Eclipsiumque diligenti cura computare, noviluniorum cæterarumque Lunæ phasium sedes quàm exactissimè annotare, non alio quidem fine quàm ut quemadmodum in electionibus rerum faciendarum superstitione omnes superarent *Sinæ*, ità quoque diffusis suis per universum Imperium Lunariis unicuique quid quovis tempore agendum, quid omittendum significaretur ; De Planetarum enim motibus nulla apud ipsos scientia est, adeò ut omnia sidera cujuscunque tandem Sphæræ, æquali à Terra distantia, errore prorsus absurdo, & ignorantia plusquàm puerili, distare usque ad Patrum nostrorum adventum crediderint. Quod quam crassam & barbaram eorum inscitiam in natura rerum arguat, quis non videt ? Narrant *Sinæ* Astronomiam suam originem habuisse à Rege quodam prisco, cui nomen *Iao*: habebat is duos fratres, quorum unus *Hy*, alter *Ho* nominabatur, Astronomicâ scientiâ clarissimos, quibus imposuit, ut quæcunque de temporum computu sciri posse putarent, brevi & facili methodo exponerent: canones quoque & in singulis calculandis

legitimum processum posteritati traderent, constanti lege servandum, quod ea qua par fuit cura & diligentia præstiterunt. Sed enim post bismillena annorum millia circiter *Cin Hoam* Rex Imperio potitus, qui trigesimo quarto dominationis suæ anno, barbari & penè sylvestris ingenii vir, non duntaxat studiorum, artium, disciplinarumque usum interdixit, sed & omnes libros, quotquot invenire potuit, Vulcano consecravit ; qualem in bonas artes tyrannidem librorumque præstantissimorum jacturam potissimum ob libros de temporum calculo perditos, posteri plangere non cessant ; Accidit deindè temporum successu, ut intra vastarum fabricarum ruinas jam dudum desiderati Astronomici libri universali Regni gaudio reperirentur ; qui tamen uti tantorum annorum intercapedine neglecti jacuerant, ita quoque in motibus Luminarium Eclipsiumque sedibus computandis adeò variare deprehensi sunt, ut fine correctore usui esse minimè possent ; quarum correctionem tandem, quantum licuit, auspicatus fuit *Cosceucin* in *China* magni nominis Astronomus; sed cum nec hic votorum suorum compos fieret, innotuit à quo nescio, in Bibliotheca Regia conservari de motibus Planetarum codicem, quem olim *Saraceni* ex *Perside* in *Chinam* Legati Imperatori *Tartarorum*, veluti rem raram & pretiosam, donarant; Expulsis verò è *China Tartaris*, virtute & potentia *Humun*, dictum codicem in ejusdem Palatio inventum anno Imperii sui decimo quinto ex Persico & Arabico idiomate, quo conscriptus erat, in linguam Sinicam transferri curavit, spe fretus futurum, ut ex eo Chinense Calendarium

*Cura &
diligentia
Sinensium
in temporum com-
putu.*

*Motus
Planeta-
rum apud
Sinas im-
perfectus.*

*Astrono-
miæ Sini-
cæ origo.*

*Cin Hoam
Rex osor
librorum,
monu-
menta A-
stronomi-
ca com-
bussit.*

*Ex Persa-
rum Astro-
nomia in-
stauratur
Sinica.*

Variæ correctiones Calendarii sine fructu.

rium emendatum, & ab erroribus liberum suæ perfectioni restitueretur. Verùm cum nec illi, quibus cura demandata fuerat ex *Mandarinis* omnium ejus artis doctissimis, subtiles *Persarum* theorias, quibus liber erat concinnatus, plenè intelligerent, utpotè ἀθεώρητοι prorsus καὶ ἀναρίθμητοι, nec animus illis sufficeret ad genuinum operis sensum evolvendum, hinc accidit, ut Calendarium Chinense usque ad Patrum nostrorum adventum erroneum incorrectumque permanserit. Qui porrò Astronomico officio deputati fuerant, Magistri Calendarii, cum aliud quo se in arte juvarent, nil superesset, solitis suis tabulis erroneis in publicandis quotannis Lunariis uti coacti sunt, tantis cum erroribus, ut in Eclipsibus computandis, in quarum tamen vel unica, etsi trimestri labore frustrà fatigarentur, toto tamen posteà, ut dici solet, cœlo se aberrasse ingenuè confessi sint. Cum itaque nullum remedium tantæ rei conficiendæ superesse videretur, nonnulli ex *Mandarinis* jam Neophytis

Edicto Regio Calendarii emendationi præficiuntur Patres.

libellum supplicem Regi porrexerunt, in quo & summa Calendarii emendandi necessitas, & ingens quod indè in bonum publicum redundare posset emolumentum exponebatur, quod tamen uti à Sinensibus Astronomis jam pro desperato habebatur, ità aliis quàm Patribus Magni Occidentis ad illud conficiendum, tum ob Astronomicarum rerum peritiam, tum ob summam ingenii, quà pollent, subtilitatem, committi nec posse nec debere: Rex cui summoperè intererat commodum, quod ex hujus negotii confectione in universum Imperium emergere poterat, lectis literis vehementer exhilaratus, quicquid petiissent, ratum habuit; nec sine mora Rex expedito diplomate suam in re præstanda intentionem magna omnium congratulatione & jubilo universali, toti manifestavit Imperio. Patres tam repentino honore, quo nec majorem unquam

sperare ausi fuerant, nec medium ad Christianæ Legis propagationem commodius fructuosiusque desiderare poterant, exaltati, tanto humeros perardui negotii ponderi supposuère libentius, quantò indè major Dei gloria, & Christianæ Legis ex Magno Occidente doctoribus major cum veneratione observantia resultabat. Assumpti primùm ad hoc opus inchoandum fuère Pater Sabatinus de Ursis, & P. Jacobus Pantoja, anno 1611. uterque in Astronomicis disciplinis præstantissimus; Qui, ut ab imis fundamentis officium sibi commissum adorirentur, P. Sabatinus statim

Emendatores Calendarii P. Sabbatinus de Ursis & P. Jacobus Pantoja.

theoricas Planetarum ad motus siderum intelligendos pernecessarias ex Latina Lingua in Sinicam, operâ duorum *Mandarinorum*, Pauli & Leonis jam Christianorum, qui & Astronomicas disciplinas jam dudum, Magistro P. Matthæo Riccio usi, non sine profectu didicerant, transferre sategit; deindè ad longitudinem urbis Pekinensis per Lunarium Eclipsium observationes, tum in *China*, tum in *India* & *Europa* à correspondentibus factas, indagandam, se applicuit, sine qua Eclipsium computum frustraneo labore institui nemo ignorat; Pantoja verò latitudinis indaginem pari suscepit labore, Urbium Sinensium, ab ultimo Australis *Chinæ* termino, à *Cantone* inquam incipiendo per universi Imperii

Investigatio longitudinis & latitudinis Regionum.

latitudinem recto tramite ex Austro in Borealis *Pekini* limitem Astrolabio exactissimè dimensus, aliis diu noctuque explorandis parascheuasticis exercitiis præludebat, de quibus ne hilum in Astronomia *Sinarum* exstat; imò quod de tanta ingenii subtilitate, quà *Sinæ* se præ cæteris mortalibus jactant, pudet dicere, neque quid longitudo aut latitudo locorum pueris nostris haud ignota, essent, norint, adeò ut cum primi Patres *Chinam* ingressi, Sciaterica nonnulla conficerent, isti primum mirati sunt

Errores Sinensium in Geographia.

civitates *Chinæ* diversas subire poli elevationes, quam ipsi non nisi 36 gradus toti

toti *Chinæ* attribuebant, veterum traditioni innixi, qui Tellurem non globosam, sed in infinitam superficiem extensam, Solem verò & Lunam sub Occasum, antrum quoddam ingredi, ex quo sub Ortum denuò emergeret, stultè credebant; Solem præterea & Lunam majorem non esse, quàm quod oculus illis, videlicet corpora lucida sesquipalmaris magnitudinis, demonstraret. Ex quibus patet, quàm mutila, manca & imperfecta fuerit Astronomia Sinensis, quanta rerum cœlestium ignorantia, & quàm palpabilis tenebrarum in iis etiam, qui sese cæteroquin super omnes mortales intelligentia & sublimitate ingenii extollebant, caligo extiterit. Sed ut ad rem nostram revertamur. Non stetit diù felix hoc emendandi Calendarii principium, eo quod de honore summo nostris Patribus à Rege concesso, Collegii Mathematici Academia livoris vehementia in rabiem acta supplicem & illi contra nostros dedère, qua de suppressis patriarum disciplinarum studiis, & de exterorum Barbarorum in studio Regio successorum exaltatione insigni verborum calumniis & accusationibus suffultorum energiâ conquerebantur, quod *Sinis* proprium, & quasi innatum vitium est, id quod viribus ingenii nequeunt, scriptis opprobrio & calumniis confertis tentant conficere. Verùm cum adversariorum supputationes, quicquid tandem agerent, in emendatione Astronomica præsertim in Eclipsibus computandis in irritum caderent, nostrorum verò calculationes semper puncto prædictionis congruerent, Rex visa difformitate computationum ab adversariis factarum, tandem novo Diplomate nostris in Astronomicum negotium plenam potestatem dedit, potissimum in hoc officium assumpto P. Joanne Terentio, instigantibus ad hoc Regem *Mandarinis* Paulo & Leone.

Erat P. Joannes Terentius *Germanus*, patriâ *Constantiensis*, antequam Societatem ingrederetur, Philosophus, Medicus & Mathematicus totâ *Germaniâ* celeberrimus, nec non Principibus ob insignium Naturæ arcanorum exactam notitiam medicandique felicitatem gratissimus, is tandem famæ honorisque, quo eum cuncti prosequebantur, pertæsus Mundoque satur, Societatem ingressus, ut talentum suum in conversione infidelium salubriùs impenderet, Indicam expeditionem petiit, quam & haud magno labore obtinuit; & quemadmodum Naturæ arcanorum indefessum exploratorem semper se exhibuerat, ita modò opportunitate oblata, per vasta Oceani itinera, non more otiosorum aut dormientium, aut aliis occupationibus tempus Terentium, nihil sive littorum promontoriorumque naturalem institutionem ventorumque origines, sive maris pisciumque occurrentium proprietates spectes, inexploratum reliquit; In *Indiam* verò delatus, in campis sylvisque, erat enim herbariæ rei peritissimus, nullum plantæ genus obvium fuit, quod non quàm exactissimè examinatum in præparatos à se prius chartaceos pugillares palimpsestosve unà cum singularum figuris genuinis referret; Hinc totius *Indiæ*, *Bengalæ*, *Malacæ*, *Sumatræ*, *Concincinæ* littoribus rebusque Naturæ consideratione dignioribus exploratis *Macaum* & indè *Chinam* tandem finem desideriorum suorum appulit, quam universam recto, transverso obliquoque itinere peragravit; Et quoniam innumera rerum in triplici Naturæ. Regno elucescentium aracana in peregrinis hujusmodi Cœli climatibus, in lapidibus, plantis, animalibus, hominumque moribus & institutis ei sese sistebant, nil intactum reliquit, quod non examinaret, virtutesque singulorum philosophando experiretur, & uti erat pictoriæ artis haud imperitus, singula propriis manibus ad vivum naturæ prototypon delineata, magna *Sinarum* admiratione, duobus tomis ingentibus

Marginal notes (left column):
Ignorantia *Sinensium* circa Globum Terræ, Solem & Lunam.

Interturbatur Calendarii emendatio.

P. Joannes Terentius Calenda-

Marginal notes (right column):
rii emendationi sufficitur.

In scrutandis Naturæ arcanis indefessus.

Plinius Indicus componit.

gentibus exhibebat , quem & *Plinium Indicum* , digno tanto opere titulo infignivit ; Erat unica Viri intentio , admirandis fuis arcanis primò fibi, deindè cæteris tum Literatorum, tum *Mandarinorum* animos ad Euangelicæ prædicationis libertatem obtinendam , aditum aperire, quam adeò dextrè obtinuit, ut nullus ferè effet, qui non eum ceu hominem cœlitùs lapfum fufpicaretur & veneraretur ; & cum Medicâ fcientiâ polleret, ad cujufcunque tandem ftatus homines infirmitate laborantes certatim evocatus expanfis invictæ charitatis vifceribus , & languentium curabat corpora,& Verbo Vitæ Gentilitatis caligine oppreffis animis medebatur, incredibili cum fructu & Chriftianæ Reipublicæ incremento. Hifce itaque intentus poft fufpenfum jam diù Calendarii emendandi negotium, noftrorumque ex exilio reditum, tanquam in Aftronomicis difciplinis jam dudum exercitatus Ma-

*Pekinum evocatur Regiis literis ad Calendarii correctionem.*gifter, Leonis *Mandarini* Neophyti operà *Pekinum* Regiis fumtibus ad Calendarii emendationem evocatus , cum huic negotio unicè intenderet, morte præoc-

*Morte præventus negotium denique fufpenfum fuit.*cupatus , negotium magno omnium & potiffimum Regis dolore nonnihil retardatum fuit ; At non defuêre novi Athlantes ; in hujus enim locum fubftituti mox fuerunt P. Jacobus Rho *Mediolanen-*

*P. Jacobus Rho & P. Joannes Adamus Schall fuccenturiatores in negotio Aftronomico.**fis Italus* , & P. Joannes Adamus Schall *Germanus*,qui uti peritiffimi rerum Aftronomicarum Doctores jam dudum celebres habebantur , ita unitis viribus fufceptum negotium tandem ea felicitate, qua major fperarinon poterat, confecerunt. Verùm fatis cedente Patre Rho , totum negotium humeris Patris Schall impofitum, tandem totius Imperii applaufu omniumque congratulatione expeditum fuit ; quantâ verò rerum viciffitudine, quantis liventium Adverfariorum machinis, quantis denique

*Novæ perfecutiones in PP. motæ.*infidiantium periculis , dici vix poteft, cum datis ad Regem refcriptis apologeticis hoc unicum deplorare videbantur,

quod *Sinis*, qui uti ipfi fibi imaginabantur , hucufque leges artium fcientiarumque toti Mundo felicitate ingenii præ cæteris mortalibus eminentes præfcripferant, tam exiguus refpectus infigni totius Imperii Sinici opprobrio atque dedecore concederetur ; Barbari è contra, & ignotæ terræ filii, tantis à Rege honoribus, tanto applaufu, tanta nominis exiftimatione Regio diplomate exaltarentur, ac fi omnium Sinenfium Literatorum ingenii præftantia in duorum tenebrionum capitibus, non fine intolerabili Regni præjudicio concentrata,nullam impofterum reliquis prætenfæ gloriæ fpem relinqueret ; Et cum nihil fimilibus accufationibus peragerent, ad horrendas calumnias converfi, novo refcripto in noftros invehebantur tanquam Reipublicæ Sinicæ everfores, Deorum contemptores, novæ Legis tota diametro fuis contrariæ promulgatores. Rex verò fubolfaciens livorem refpondit, non æquum effe, ubi rationum irrefragabilium ponderi non daretur locus, fictis data opera calumniis rem decidere infolentius attentare : Nihil effe Aftrono- *Regis contra calumniatores effatum.*mico negotio cum Religione negotii, ac proindè abftinerent ab iis, quæ ad rem non pertinerent , noffentque judicium Regium juftum rectumque omni pofthabito refpectu in nullo nifi in evidente veritate tum reformandi Calendarii , tum calculationis Eclipfium , à qua ipfos tantoperè aberraffe jam dudum compererat, firmari ; Patrum verò calculum ad unguem prædictionibus eorum correfpondiffe femper fe deprehendiffe : Quiefcerent igitur & ulteriora rixarum jurgia movere ceffarent ; Sin, pro rigore juftitiæ fuæ pœnas mox injuftis calumniatoribus debitas haud defuturas. Tanto itaque refponfo Regio veluti fulmine quodam tacti ab ulteriori contradictione deftiterunt , confultius arbitrati , Regis iram aliquantifper declinare, quam hujufmodi accufationibus famam atque

omnem

omnem promotionis ulterioris spem imò exilium vitamque ipsam perdere.

Quod verò Regem ex se & natura sua curiosissimum, ad Patribus tantoperè favendum impulerat, erat ingens librorum ad Astronomiam Sinicam reformandam apparatus, quem pluribus libris comprehensum Regi obtulerant; **Libri Astronomici ex Latina in Sinicam linguam traducti.** Eratque Algorithmus Astronomicus ad calculum Sinicum accommodatus, qui praeterquam quod insuperabilibus difficultatibus implicitus erat, ad omnes quoque operationes Astronomicas oppidò erat insufficiens; **Calculus Astronomicus.** quod enim ii, vel unica additione, subtractione, caeterisque speciebus notis, pluribus foliis non praestabant, eas nostri introducto jam calculo Europaeo, omnium admiratione vel paucis lineis comprehendebant: Ediderunt quoque Trigonometriam **Trigonometria.** tantoperè ad astronomicarum operationum pragmatian necessariam, de qua Sinae in eum usque diem nil unquam ne per somnum quidem perceperant; Secutum fuit aliud opus de Optica, **Optica.** quâ situs Astrorum, eorundem magnitudo à Terra & inter se distantia, parallaxium, caeterorumque accidentium phoenomenorumque doctrina, sine quarum notitia nil rectè in Astronomia, potissimum Eclipsium observatione constituas, descripta tenebantur. Excipiebat hoc **Mechanica.** Mechanica sive instrumentorum Astronomicorum fabrica & usus; Quo cum Regem maximè delectari viderent, Instrumenta & Organa singula jam recens ex Europa, ubi ab excellentissimis Artificibus summa cura & diligentia constructa fuerant, adducta, eidemque oblata conceptum prius gaudium voluptatemque geminarunt: tantoperè enim eorum aspectu & contemplatione delectatus fuit, ut ea non nisi in intimo cubiculi sui recessu reponi jusserit; & ut singula exactius intelligeret, ab ipsis Patribus, dignatione Regia in eum usque diem inauditâ, instrui voluit; **Favor & gratia Regis in PP.** Atque ab eo tempore tanto Regis favo-

re fulti nihil non ab eo, non duntaxat circa ea, quae rem literariam, sed ea quae Religionis & Christianae Legis propagationem concernebant, summa & effusa quadam liberalitate unà cum redditibus Patrum sustentationi necessariis, obtinuerunt, imo Rex protinus centum è Sinis Astronomos deputavit, qui Patris Adami Schall judicio in omnibus decidendis tanquam supremo Tribunalis rituum sive Astronomici concilii Capiti & Arbitro, ceù discipuli Magistro, nec non primi Ordinis Mandarino starent. Quod edictum tanto robore confirmatum fuit, ut in hunc usque diem nemo contra illud ne hiscere quidem ausus fuerit, tantae authoritatis, ut nullum quotannis evulgari solitum Lunarium seu Ephemeris in universo Imperio, nisi à P. Adamo composita & propria auctoritate stabilita sub poena gravissima in lucem prodire possit. Verùm qui plura de supradictis nosse desiderat, is Historiam integram, quam manuscriptam legi, quamque de hoc Astronomiae Sinicae reformandae argumento P. Adamus Schall descripsit, si quandoque in lucem prodierit, consulat; & quantum haec nostrorum opera ad Legem Christi per universam Sinarum Monarchiam cum libertate propagandam contulerit, quantum inde gloriae, honoris & existimationis universae Europae accesserit, Curiosus Lector si quandoque lucem aspexerit, cum admiratione percipiet.

Cum itaque à Sinico-Tartarorum Monarcha, tantis beneficiis & favoribus nullo non tempore cohonestatus fuerit P. Adamus Schall: certè vel ex hoc ipso magnam de conversione Infidelium in vasta illa Regionum necdum adhuc **Mores Regis Tartaro-Sinici.** cognitarum amplitudine, spem concepimus, futurum ut potentissimi hujus Imperatoris subsidio fultum Christianae religionis felix auspicium, uberrimos propediem fructus producat. Rex certè in Christi fidem, qua & Praedecessores suos olim imbutos fuisse fatetur, adeo pronus

&

& proclivis eft, ut irrefragabili Sacrofanctæ fidei noftræ veritate convictus, jam dudum caput Sacra lympha tingendum offerre conftituerit, nifi polygamiæ amor, qui cum fufceptæ religionis ftatu confiftere non poterat, obftitiffet. Orandus igitur Deus Opt.Max. ut & hanc difficultatem, quæ omnium *Indiæ* Regum animos pariter ab hac fancta refolutione prohibet, Divina opitulante gratia fuperet. Cæterum Chriftianos libenter videt, & admittit, præfertim Magni Occidentis, id eft, Europæos Divinæ Legis Doctores, per quos *Tartariam* totam olim ad fidem Chrifti deductam, ex avitis majorum monumentis hiftoricis fe comperiffe, ait, & in *Tartariæ* fuæ Imperio multis in locis Cruces adhuc erectas, cæteraque Religionis Chriftianæ indicia fpectari, imo characteres, quibus in fcribendo utuntur, non aliunde quam ab Occidentis Divinæ Legis Magiftris *Tartaros* accepiffe gloriatur: ut proinde non magnopere deliram *Bonziorum* idolomaniam, id eft, monftruoforum Numinum cultum curare videatur: Imo fi quandoque vi Legis Imperatoriæ eorum delubra adire cogatur, ea tamen non tam religione quadam, quam Politicis rationibus adductus, vifitare folet, unde & naturali quodam diffenfu à *Sinarum* moribus abhorret: quod vel ex hoc capite luculenter patet, quod habitu Sinenfibus Regibus folito repudiato, Tartarico utatur, quod & Curiæ fuæ Miniftros fuum exemplum imitatos facere præcipit. Verum enim verò ut diverfitas habitus, quo Rex à *Sinenfium* Regum habitu differt, patefiat, hoc loco opportunè & Regis *Sino-Tartarici*, & P. Adami Schall, Supremi in curia Regia, & Tribunali Aftronomico *Mandarini* utriufque ad vivum expreffi effigiem apponam. Habitus regius variis draconibus, volucrumque pennis, necnon inæftimabilis precii gemmis perlifque exornatus, qua fummam Majeftatis fibi ve-

nerationem & formidinem in animis fubditorum conciliat. Cur verò cuncti ad Regem admiffi pendentibus brachiis folio aftant, hoc ea de caufa fit, quod nefas effe putant *Tartari* coram Majeftate regia, aut manibus gefticulari, aut pedum motu quidpiam tanta Majeftate indignum committere. Hinc ftatuæ ad inftar, ne indignationem ejus ex folitæ ceremoniæ omiffione incurrant, immotis pedibus manibufque, fuperciliifque in terram demiffis adfiftere confueverunt. Quid alios facere oporteat, ipfe Rex eodem membrorum fitu demonftrare videatur, neque quifpiam ullo alio habitu, præter eum, quem aut dignitas officii, aut Regiæ difpofitionis ratio exigit præfcribitque, coram Rege comparere audet; cum ex eo habitu officii ratio, à cæteris differentibus habitibus, tum à Rege, tum ab aliis omnibus dignofcatur. Hinc quod in P. Adamo Schall vides pectorale fchema gruis; id officii quod in Regis curia gerit, rationem explicat. Et quoniam indignum effe videtur peditem Regem adire, hinc ad magnificentiam regiam conteftandam, quando ad Curiam negociorum caufa accerfuntur, à Satellitibus in fede magnifica tum *Colai*, tum majoris fubfellii *Mandarini* humeris portari folent. Habitus itaque *Sino-Tartarici* Imperatoris, ejufdemque fupremi Confiliarii, is eft qui fequitur.

Quantum verò hic habitus differat à *Sinenfium* Regum habitu, Lector facile ex illa Figura quam primo loco in Charta Geographica Sinenfis Imperii, ubi & reliquorum privatorum habitus fingulis Provinciis proprios exhibuimus, colliget. Porro tempore Matthæi Riccii, quo Reges *Sinici* dominabantur Imperio, fupremi Tribunalium *Colai* & *Mandarini*, differenti quoque habitu induebantur, cujufmodi eft is qui fequitur, ubi vides habitum P. Matthæi Riccii magni Occidentis

P   Docto-

Marginal notes (left):
Ejus Majores Chriftianos olim fuiffe gloriatur.

Abhorret à *Sinenfium* moribus.

Veftitus Regis & P. Adriani Schall.

Marginal notes (right):
Situs membrorum coram Rege.

Sinicus habitus differt ab habitu Tartarico.

Doctoribus proprium & peculiarem, quo P. P. N. N. ut plurimum ante *Tartarorum* irruptionem uti solebant.

Altera effigies est doctoris Pauli à dicto P. Riccio jam dudum ad fidem Christianam conversi, qui Vir summi & perspicacissimi ingenii, uti magnus erat Imperii *Colaus*, & summæ apud *Sinas* authoritatis, ita quoque Christianam Religionem mirificè, quâ voce, quâ scriptis illustravit. Verùm cum horum vitam, rerumque gestarum magnitudinem, *Historici Sinenses* affatim descripserint, ea non iteranda duxi; quare effigiem utriusque sub habitu Sinico hic apposuisse sufficiet.

Rex verò seu magnus Monarcha *Sinarum* ante *Tartarorum* irruptionem, cum olim in tribunal procedebat, è loco superiore ad ingentem fenestram, ceu numen quoddam se conspiciendum præbebat; manu eburneam tabulam ad vultum contegendum gestabat, nec non & aliam tabulam dimidio cubiti latam, integro longam supra Regium diadema frontemque, è qua tabula lapilli summi & inæstimabilis pretii ita in fila inducti dependent, ut frontem ac vultum omni ex parte tegerent, & intuentium oculis etiam præsentem, affectata quadam divinitatis specie subducerent. Color Regis, cæterisque omnibus interdictus, flavus est, è quo vestis ejus contexta est ex variis ex aureo filo draconibus, nec in veste solummodo Regia dracones, sed & in Palatio universo, vasisque argenteis aureisque & reliqua supellectile, vel cælati, vel depicti visuntur, quin ipsa etiam tecta ac tegulæ flavum colorem & dracones spectandos exhibent, ne quid in Regio Palatio, quod regium colorem non præferat, appareat. Si quis eum colorem, aut dracones in proprios usus adhiberet, is utique ceu perduellis pœnis subjaceret, nisi forte Regio sanguine prognatus esset.

Ad fœminas Sinenses quod attinet; habent *Sinæ* hanc consuetudinem; Ple-

bæi ac tenues uxorem sibi pretio quærunt, & quoties volunt, eam vendunt. Rex verò Regisque proles in connubiis posthabitâ sanguinis nobilitate, solam corporis venustatem spectat; Sed nec primates ad hujusmodi aspirant connubia; tum quod Regiæ conjuges & parum possunt, & inclusæ Palatio suorum conspectu in perpetuum priventur: tum etiam quod delectu à connubialibus Magistratibus habito, è multis paucæ ad Regias nuptias evehantur. Regis Uxor una primaria est, quæ sola legitima dici potest; præter hanc Rex & Regni hæres alias novem paulò inferiores ducit, & deinde alias triginta sex, quæ omnes conjugali titulo gaudent. His accedunt numero majori pellices, quæ nec Reginæ, neque Conjuges appellantur; sed ad vagam reservantur libidinem. Primaria illa Conjunx, sola mensæ cum marito assidet, reliquæ omnes, maximè extra Regios proquinquos, ancillæ sunt patrisfamilias, & legitimæ Conjugis pedissequæ, quibus in alterutrius præsentia stare, non sedere permittitur; Quarum filii non suam parentem, sed primariam uxorem matrem suam vocant; Dici autem vix potest, quam arctè in universo Regno ex innata *Sinis* zelotypia custodiantur fœminæ, non dicam in publico, sed vel maximè in privatis ædibus; atque lege adeò inviolabili ad eam servandam obstringunt, non solum eos, qui nulla sanguinis affinitate ipsos tangunt, sed & consanguineos, imo vel ipsos filios; ut, si pater ira percitus filium adultum ob nonnullum delictum commissum, solitâ pœna plectere attentet; is non aliud asylum securius, quam matris habitationem reperiat; ibi enim tutus,& ab omni paternæ jurisdictionis violentia immunis consistere liberrimè poterit, aliàs nisi in hoc casu nunquam. Sunt autem hujusmodi fœminarum habitationes ita dispositæ, ut neque videre alios, neque ab aliis videri queant; unde & non nisi raro illis exeundi potestas conceditur;

tur; quam si quandoque ex occurrente necessitate obtineant; ita tamen, ad hoc data opera extructis sedilibus iis includuntur, ut ne rima quidem, ad se manifestandas, relinquatur. Pulchritudinem earum *Sinæ* maximè tùm ex pusilla statura, tum ex pedum parvitate æstimant; adeoque quod nobis tortum indecorum monstrosumque videri possit, id ii inter pulchritudinis argumenta reponant. Unde vel à prima ætate, vix natæ pedes fasciarum involucris adeo arctè constringunt, usque dum vivunt, ut sine gravi doloris sensu incedere vix queant, talibus tormentis detentæ. Si ratio hujus rei ab ipsis petatur, aliud respondere nesciunt, nisi quod hanc consuetudinem ad se jam à bis mille & octingentis annis derivatam servent, exemplo *Tachiæ* conjugis Imperatoris *Chei*, qui ante octingentos supra bis mille annos Imperium Sinicum moderabatur; quamque ob raram & incredibilem pulchritudinem, inter Deos relatam putant, eaque de causa Venerem Sinicam, jure dicere & æstimare consueverunt; & hujus quidem venustatem, non aliunde quam ex arcta pedum colligatione, & consequenti eorum parvitate ortam fingunt. Alii verò dicunt hanc pedum coarctationem, ex lege Sapientum institutam fuisse, ut fœminæ, non per publica loca vagari, sed domi sedere discant, si non voluntariè, saltem pedum beneficio impeditæ.

Habitus tamen earum modestissimus est, & gravitate plenus; quo ita obteguntur, ut præter faciem alia corporis pars nuda non compareat; quod utinam in nonnullis *Europæ* locis fœminæ sectarentur, certè de pudicitia multarum rectius agi videremus. Caput variis fasciis, præsertim nobiliores, (& quæ in palatio Regio degunt) precioso gemmarum ornatu implexis involutum, mirum capiti decorem conciliant; vestes floribus, avibus, similibusque ornamentis contextæ, ad pedes usque defluunt, ita tamen ut id in quo maximam pulchritudinem consistere putant, non tegant: Cæterum tempus fallendi gratiâ nunc catulis, modo avibus, similibusque delectamentis occupantur. Verum ut Lector curiosus, verum nobiliorum fœminarum habitum exactius concipiat; hic earum quæ palatio Regio serviunt, fœminarum vestitum à P. P. N. N. mihi ex *China* asportatum eo quod sequitur schemate exhibendum censui.

Caput X.

De modo, quo in conversione Sinensium *N. N. PP. procedere solent.*

S I ulla unquam in mundo Monarchia secundum politica principia rectæque rationis dictamen constituta fuit, illam sanè *Sinarum* esse ausim dicere. In ea quippe omnia tanto ordine distributa, comperio; ut quemadmodum Literatorum seu Sapientum arbitrio & regimini substant omnia, ita quoque nihil pæne in universo Imperio transigitur, quod ab iis non dependeat; neque quispiam ad ullum dignitatis gradum aspiret, qui literarum artiumque Sinicarum non fuerit quam locupletissimè instructus; quique per rigidum Literarii tribunalis examen ad aliquod dignitatis munus cum dignitate obeundum, (omni favoris & gratiæ parentum cognatorumque seposito) prius non fuerit approbatus; tantoque quispiam majus digniusque officium consequatur, quanto in scientiarum notitia politicesque doctrina fuerit eminentior. Atque tales sunt, quorum humeris tota Imperii moles incumbit, quos vulgò

Manda-

Mandarinos, seu præfectos Urbium provinciarumque nuncupant ; qui tamen eo omnes ordine distributi sunt, ut nihil in universo Imperio accidat, quod per subordinatorum sibi *Mandarinorum* literas Regi non innotescat ; cum verò Regis responsa & dictamina apud omnes Legum vim obtineant, nemo est, qui supremi Dictatoris voluntatem sub pœna privationis dignitatis & officii (quo *Sinensibus* nil magis adversum sinistriusque accidere potest) protinus non exequi nitatur ; nihilque adeò minimum in tanta Regni vastitate, quod vel machinas exterorum vel fidem & sollicitudinem, vel etiam *Mandarinorum* in iis invigilando negligentiam, aut denique reddituum rationem subditorumque oppressionem concernit, contingat, quod per hujusmodi *Mandarinos Colais* primùm & per hosce supremo Monarchæ propediem non innotescat ; undè quisque impositum sibi munus, nullo respectu neque ad cognatos quidem cæterosque amicos habito, incredibili sollicitudine, nec non sub constitutæ ipsis pœnæ formidine exequitur. Cum verò inter cæteras leges ista caput obtineat, quâ omnis exterorum in *Chinam* aditus intercluditur ; quantum in ejus legis dispensatione multorum annorum curriculis à nostris laboratum sit, tum ex supra à nobis expositis, tum ex *Historia Sinensi* à multis jam conscripta patet ; Quæ tamen Divini Numinis gratia non nisi incredibili multorum annorum labore obtenta, si non desperatam saltem difficillimam Christianæ Legis prædicationem, ob innumeros difficultatum scopulos reddebant ; Linguæ videlicet omnium tam ad scribendum, quàm loquendum difficillimæ imperitia, quâ non apprimè instructus extraneus nec latere poterit, nec in publico, sine proditionis nota ob suspicacissimæ gentis mores, sine novo proscriptionis aut tormentorum subeundorum evidenti periculo conversari ; cum non ex pronun-

ciatione Sinicæ loquelæ duntaxat, verùm & ex physionomica vultus totiusque corporis *Europæi* constitutione, quâ plurimum à *Sinis* distant, è vestigio deprehendantur.

Hisce experimento comprobatis, mox constitutum fuit, ut nullis è nostris in istiusmodi expeditionem admittatur, qui prius Linguæ Sinicæ, si non summâ, saltem tolerabili peritiâ *Macai*, ubi data opera Magistri Neophyti conducti in hunc finem aluntur, fuerit instructus: & ubi jam sufficienti linguæ peritiâ fuerint ingressi, nullum prorsus impensi laboris fructum sperent unquam, nisi primò rarissimis ingenii speciminibus majorum subselliorum *Mandarinis*, spiritus Apostolici constantia unà ipsis junctâ, sibi devicerint : non hìc Metaphysicarum speculationum, quas non capiunt, non Scholasticarum subtilitatum studium, aut sublimioris Theoriæ ostentatio locum habet, sed sensibilium rerum ipsis incognitarum tum ad admirationem concitandam, tum ad *Europæi* nominis existimationem comparandam, instituta specimina ex Mathematica palæstra deprompta prodenda sunt ; deindè Moralis Philosophiæ, cui ipsi deditissimi sunt, documenta, non inanibus verborum ampullis, sed optimæ, exquisitæ, & innocentis vitæ, ab omnibus mundanarum prætensionum desideriis semotæ exemplo, sicuti Apostolicos Divinæ Legis propagandæ operarios decet, comprobanda sunt ; ut tandem post præscriptam sibi ex doctrina existimationem morumque integritatem, ad uberiores & propriè intentos animorum convertendorum fructus progrediantur; Et uti Christianæ fidei dogmata ab ipsorum placitis toto cœlo differre videntur, ita dici non potest, quot labores exanthlandi, quot pericula subeunda, ut Sacrosanctæ Legis nostræ ejusque veritatis dextrè expositæ capaces reddantur ; hìc πολυθείας Vanitates, innumerorumque Deorum falsa & ficta numina confutanda ;

da ;

[marginalia: Rex quæcunque in Imperio accidunt propediem novit. — Lex prohibens exterorum in Chinam aditum superatur. — Nullus Europæus in China facile quin cognoscatur latere potest. — Nullus Chinam ingredi potest, nisi lingua prius mum probè instructus. — Primates rarissimis ingenii speciminibus devinci debent. — Vitæ innocentia prælucendum. — Quanti labores subeundi in persuadenda Sinensibus lege Christiani.]

da; hic πολιγαμίας, five multarum uxorum conjugium, quo nil difficilius, argumentorum pondere deftruendum; hic incomprehenfa fidei noftræ myfteria, fumma cautela & dexteritate iis inculcanda; & fiquidem in multorum animis admittantur, id non tam noftrorum operæ & fudori, quàm Divini Spiritus afpiranti gratiæ cumprimis adfcribi poteft & debet, adeoque tot mille millenarum ab 80. circiter hinc annis, animarum converfio, non humanæ induftriæ, fed dextræ Dei excelfi opus cenferi debeat; Quibus dum continuò infudant expeditionibus, quanta patientia opus, quàm continua corporis caftigatione defudandum; quot calumniæ à Satanæ tantorum bonorum invidiofo aftu machinantis fint elidendæ, Legat qui volet *Hiftoriam à P. Daniele Bartoli* noviter Italico idiomate editam, & videbit, quanto & quàm magno virtutum cumulo, quàm imperturbabili fpiritus Apoftolici ardore ad tantorum malorum perpeffiones pro Chrifti amore fuftinendas opus fit, donec tandem defideratis fructibus potiantur; atque adeò de hujufmodi iftud Divi Pauli *Corinth. 4.* fcitè accommodari queat. *Itaque in omnibus exhibeamus nofmetipfos, ficuti Dei Miniftros in multa patientia, in tribulationibus, in neceffitatibus, in anguftiis, in plagis, in carceribus, in feditionibus, in laboribus, per gloriam & ignobilitatem, per infamiam & bonam famam, uti feductores & veraces, ficuti qui ignoti & cogniti, quafi morientes & femper vivimus, ut caftigati & non mortificati, femper mortificationem Domini noftri* JESU *Chrifti in corpore noftro circumferentes, ut vita* JESU *manifeftetur in carne noftra mortali.* Et quoniam Divinæ Legis prædicatio altas in Neophytorum cordibus radices agere fine librorum editione non poterat, hoc loco fanè veluti opportuno de iis agam, ut quantum operum fuorum multitudine & varietate *Chinæ* profuerint, luculentius innotefcat.

Catalogus Librorum à Patribus noftris in Chinenfis Ecclefiæ incrementum confcriptorum.

Venerabilis *Pater Matthæus Riccius Maceratenfis* poft S. Xaverium Chinenfis Expeditionis fundator, poft innumeros labores, pericula, perfecutiones, fequentes poft fe Libros in bonum Sinicæ Ecclefiæ reliquit: Et primò quidem ad Libros Sinenfes quod attinet, ut fpecimen quoddam fcientiarum ipfis incognitarum, ad devinciendos fibi animos *Mandarinorum,* cderet.

1. *Mathematicam practicam P. Clavii* Sinici juris fecit, in quo & extractionis radicum methodum nunquam ab iis compertam docuit. *Arithmetica Clavii in linguam Sinicam tranflata.*

2. *Sex Libros Euclidis cum brevibus commentariolis ex Patre Clavio decerptis,* magno cum applaufu à totius Regni curiofis receptos traduxit. *Sex Libri Euclidis.*

3. *Sphæræ, juxta præcepta à P. Clavio,* cujus difcipulus fuerat, plenam expofitionem, in lucem dedit, *unà cum tabula longitudinum & latitud. Stellarum.* *Sphæra P. Clavii.*

4. *Geographiam in Mappa univerfali,* duplici methodo ad Sinicum ingenium adaptatum, invifam in illum ufque diem, *unà cum hiftorica Monarchiæ tam Ecclefiafticæ, quàm politicæ Regum morumque gentium per totum terrarum Orbem vigentium relatione,* ex quo primum *Chinam* non totum Orbem, fed minimam Orbis terræ particulam effe, non fine rubore didicerunt, ob tantarum rerum infcitiam fibi ipfis fuccenfentes. *Geographia.*

5. *Philofophiæ Naturalis five Phyficæ egregium tractatum; item alium de quadruplici meteororum genefi.* *Philofophia Naturalis.*

6. *Gnomonicam, five de horologiis folaribus conftruendis methodum,* de quibus nihil in *China* adhuc innotuerat, Sinico fermone illuftratam. *Gnomonica.*

7. *Aftrolabii doctrinam ejufque conftruendi modum* brevi & facili methodo expofuit. *Aftrolabiographia.*

P 3 8. *Mufi-*

Musica.

8. *Musicam & fabricam Clavicymbali Europæi.*

Philofophia Moralis.

9. *Philofophiam Moralem, in quo continetur tractatus de Amicitia, & 25 Conclufiones, quibus fuccum totius moralis difciplinæ, tum ad moderandas paffiones, tum ad vivendum, juxta dictamen rationis regulafque vitæ bene beatèque tranfigendæ, complectitur.*

10. *Opus decem paradoxorum, Liber* tota China celeberrimus, *quo Primò de inutili temporis transactione; Secundò de hujus tranfitoriæ vitæ miferiis; Tertiò de mortis infallibiliter omnibus imminentis memoria; Quartò de utilitate hujus confiderationis: Quintò de utilitate opportunè tacendi & loquendi. Sextò de tribus pœnitentiæ finibus, & rationes, quibus quifpiam ad jejunandum obligatur. Septimò de examine confcientiæ quotidiè inftituendo. Octavò, de Paradifo & Inferno, quorum ille probis in præmium æternum, hic reprobis in pænam cædit æternam.*

De Divinatoriæ Artis vanitate.

Nonò, De Divinatoriæ Artis, qua in China nil ufitatius eft, vanitate & nocumento. Decimò, de malis quæ ex divitiarum coacervatione avaritiæ ftudio dediti incurrunt. Hi omnes tractatus ob apodicticæ veritatis limam quâ poliebantur, non tantum magno in pretio & admiratione fuerint habiti, fed & commentariis fummifque laudum præconiis ab omnium Literatorum eruditiffimis, Leone & Paulo Neophytis fummo totius Chinæ emolumento illuftrati fuerunt.

Catechifmus Bellarmini.

11. Sed quod maximo animarum fructu univerfum Sinicum Imperium illuftravit, fuit *Catechifmus,* qui quantos in cordibus *Sinenfium* fanctæ compunctionis de præterita perfidè transacta vita motus concitaverit, non dico apud plebem, fed cui tantoperè intereft, apud maximos Monarchiæ Literatos, *Mandarinos, Colaos* & Regii Palatii Eunuchos, cæterofque vix explicari poteft; fiquidem fama Libri vulgata, cum exemplaria non fuppeterent, in omnibus ferè Provinciis novis impreffionibus liber ita longè latèque diffufus fuit, ut

non effet angulus, quo lux evulgata veritatis Chriftianæ non pervaderet.

Dictionarium Sinicum.

12. *Dictionarium Sinicum,* pro ufu noftrorum, cujus exemplar apud me eft, quod & libenter luci publicæ darem fi fumptus in eo faciendi fuppeterent.

Hiftoria Sinica.

13. Vertit prætereà ex Sinico fermone in Latinum *Hiftoriam veterum Sinenfium,* qua doctrina antiquæ Philofophorum Sinenfium dogmata tenebantur, eo fine, ut quæ in iis abfurda, & à recto dictamine rationis aliena funt, facilius confutari poffent.

Hiftoria univerfalis Regum Chinæ.

14. *Hiftoria univerfalis 27 annorum,* quæ videlicet totum illud tempus, quo ipfe in *China* moratus fuit, complectitur, quam posteà P. Nicolaus Trigautius ex Italico in Latinum vertit, ac publici juris in *Europa* fecit anno 1612. P. Martinus Martinius auctam tandem publici juris fecit quoad Reges ante Chrifti adventum.

P. Nicolaus Trigautius, ejufque libri.

Pater Nicolaus Trigautius Duacenfis Belga, uti melioris notæ Linguæ Sinicæ, quam indefeffo ftudio fibi comparaverat, peritiffimus, ita quam optimè de *Sinenfium* Chriftianifmo meritus fuit. Venit is primus ex *China Romam* anno 1612, expeditionis Sinicæ procurator, magno ubique ab *Europæis* Magnatibus honore exceptus, illucque redux novitate & raritate rerum *Chinæ* invifarum, quas fecum tulerat, magnam *Europæo* nomini exiftimationem contulit, ubi poft dictam de Sinica expeditione hiftoriam Latinè editam, *Hiftoriæ* quoque *Sinenfis* 120 *Voluminibus,* quæ incredibili ftudio & labore evolverat, *comprehenfæ Epitomen,* in qua *Regum tum ante, tum poft Chriftum in Sinenfi Imperio gefta narrantur,* juris Latini fecit, quorum tamen quæ poft Chriftum acta funt hiftoria utrum adhuc lucem viderit, ignoro. Leguntur hi Literarii ejus labores in quadam *Epiftola ad Cardinalem Parmenfem* 1627. data; ubi predictum opus præ manibus fe habere jam omnibus numeris abfolutum præloque deftideſtinatum aſſerit. In Lingua Sinica præterea impreſſit opus, *in quo Calendarium Romanum quoad feſta & ſolennitates Calendario Sinenſium per curſum Lunarem ſcite ſane, magno Chriſtianorum fructu accommodat*; Laboribus tandem in vinea Domini fractus, magno Chriſtianorum dolore & luctu, meritorum cumulo plenus fatis ceſſit.

Succeſſit hiſce *P. Jacobus Rho Mediolanenſis*, ubi & Cathedram Mathematicam ſummo honore, nec non cum ingenii laude multis annis cohoneſtaverat. In *Sinam* cum Trigautio ex *Europa* reduce profectus, tantos derepente in Lingua Sinica progreſſus fecit, ut ſive ſcripturam ſive loquelam attendas, in *China* natus videretur; unde præter ingentes fructus, quos ex converſione infidelium in Regno Sinenſi protulit, complura quoque opera linguâ Sinicâ ad uſum Neophytorum conſcripſit.

I. *Commentarium amplum & copioſum, ſupra Orationem Dominicam, & Salutationem Angelicam, duobus libris comprehenſum.*

2. *Tres Libros de miſericordia, & piis fructuoſiſque operibus Orationis & Eleemoſynæ.*

3. *Admonitiones Spirituales S. Matris Thereſæ*, ſtylo exquiſito conſcriptæ, nec minori apud omnes æſtimatione habitæ.

4. *Diarium ſive Ephemeridem, qua indies novam meditandi materiam fidelibus ſubminiſtrat, partim ex Sacra Scriptura, partim ex Sanctis Patribus depromptam.*

5. *De mortificatione & jejunio*; & uti individuus ſtudiorum ſocius erat P. Adami Schall, ita quoque tanto ſtudio in Reip. Sinenſis emolumento incumbebant, ut non ſolum ad ſtabiliendam in iſto Regno Religionem Spiritualibus in animarum ſalutem directis opuſculis, ſed & ſtudiis Mathematicis mirum in modum promoverent; Dicuntur, uti ipſemet in quadam *Epiſtola* meminit,

ultra *Centum de hujuſmodi diſciplinis opuſcula* communi ſtudio concinnaſſe. Et Pater Rho quidem jam in pleno laborum po-

tiſſimum Calendarii emendationis curſu, incognito morbi genere invaſus, intra paucos dies ad meliorem vitam, magno ejus, qui merita Viri norant, deſiderio poſt ſe relicto, obiit: Vir fuit Apoſtolico Spiritu plenus, incredibili in adverſis animi conſtantiâ, quemadmodum ex iis, quæ in Regno *Sci.mſi*, cujus Eccleſiæ fundator jure dici poteſt, ſummo animarum lucro præſtitit, luculenter patet.

Sequitur modò *P. Alphonſus Vagnonius Taurinenſis* in ſuburbano loco, qui *Truffarello* dicitur, ſplendidæ familiæ Vagniæ natalibus ortus, hic repudiatis Mundi vanitatibus, ſimul ac in Societatem noſtram receptus, mox *Chinam* quoque impetravit, quam tandem anno 1605 ingreſſus, tantos in lingua peregrina progreſſus fecit, ut omnibus eſſet admirationi, tanto animarum lucro, ut qui in Provincia *Chianceu* non niſi 25 Chriſtianos repererat, poſt ejus à perfido Eunucho *Xin* intimatum exilium 8000 Chriſtianorum, & ex his ſummos quoſque Literatos & *Mandarinos* reliquerit: tantâ verò ſanctitate prælucebat omnibus, ut non ſolùm apud Neophytos, ſed & ipſos idololatras in ſumma veneratione eſſet; in Chriſtianæ charitatis obſequiis, omnibus omnia factus, donec poſt 35 annos in Sinica expeditione tranſactos tot laborum, periculorum, perſecutionum pro Chriſto toleratarum coronam gloriæ, uti piè credimus, meruit, in *Chianceu* 9. Aprilis 1640. Libros complures in Chinenſis Eccleſiæ bonum ſcripſit, & ſunt ſequentes:

1. *Septem volumina de vita Sanctorum, & Apoſtolorum, Martyrum, Confeſſorum, Anachoretarum, Virginum, Viduarumque.*

2. *De Myſteriis Incarnationis, Paſſionis, Mortis, Reſurectionis Chriſti Domini Redemptoris noſtri.*

3. *Vita & Miracula Beatiſſimæ Virginis Deiparæ.*

4. *De quatuor Noviſſimis.*

5. *Duo libri de liberis bene educandis.*

6. *De*

6. *De amore virtutum Chriſtianarum.*

7. *De imitatione Sanctorum.*

8. *Decem conſolationes, oppoſitæ decem tribulationibus.*

9. *Tractatus de principio & fine Mundi.*

10. *De bono Regimine omnium ſtatuum juxta quinque ordines Sinis in Morali philoſophia uſitatos.* Liber uti magno rationum pondere viget, ita in pretio paſſim habetur ab omnibus.

11. *Philoſophia Moralis, quæ civilem & œconomicam comprehendit, eximiis ſimilitudinibus & apophtegmatis illuſtrata.*

12. *Philoſophia naturalis de Mixtis imperfectis, id eſt, de Meteoris eorumque cauſis.*

13. *Sphæra Mundi egregia methodo tradita, & ad animarum utilitatem expoſita.*

14. *Dialogus de variis materiis, Phyſicis & Moralibus, amœna hiſtoriarum exemplorumque narratione illuſtratus.*

Omnium deinde operum præſtantiſſimum fuit vivum exemplar virtutum omnium, quibus in ſe expreſſis magna omnium ædificatione ſemper præluxit.

Sequuntur modò ii, qui & Europæorum curioſitati ſuis operibus præfuerunt, quorum primum fuit *Duplex P. Trigautii Hiſtoria univerſalis;* deindè *P. Joannis Terentii Plinius Indicus,* de quibus ſuprà actum fuit. Poſteà *P. Alvarus Samedus Luſitanus Hiſtoriam Sinenſem* ſuorum temporum curioſo ſcrutinio in lucem edidit.

Hiſtoria P. Alvari Samedi.

Succeſſit huic *P. Philippus Marinus,* qui & erudite *Japoniæ Chinæ, Tonchini, Lai, Conchinchinæ hiſtoricum* opus ultimò edidit.

P. Philippus Marinus, ejus Hiſtoria Tunchinenſis.

P. Michaël Boimus Polonus, qui *Floram Sinenſem* Viennæ, id eſt, *plantarum, fructuum, florum & nonnullorum animalium* hiſtoriam inſigni imaginum apparatu luci *Europææ* dedit; Et unum *de pulſibus infirmorum, quibus Medici Sinenſes in morborum notitiam admirando ſanè artis ſpecimine deveniunt;* qui tamen utrum adhuc lucem viderit, nondum mihi innotuit.

Flora P. Michaëlis Boimi.

De Doctrina pulſuum apud Sinas in uſu.

Non dicam hìc de *Annalibus Sinenſibus, Literiſque ad diverſos ex China* tum ad ſuperiores, tum ad amicos particulares de re-

Annales Sinici. Literæ particularium.

bus Sinenſibus conſcriptis, quorum non eſt numerus.

Quos tamen omnes longè ſuperavit *P. Martinus Martinius Tridentinus,* quem ſuprà laudavi, qui *Atlantem Sinicum,* opus magnum & admirabile, in quo uti nihil earum rerum, quæ ſive mira Naturæ artiſque opera, ſive morum Religioniſque rationem ſpectes, deſiderari poſſunt, omiſit, ita quoque magnam incognitarum rerum ubertatem in eo *Europæorum* curioſitati reliquit; à Joanne Blaeu Amſterodami, magnifico ſanè 16 Mapparum Geographicarum apparatu, quo univerſam Sinici Imperii Chorographiam ante oculos ponit, editum; cui adnexuit & *Hiſtoriam de Bello Tartarico,* in quo formidandos rerum ſucceſſus & inauditas revolutiones, veluti in ſpeculo quodam omnibus Regibus & Monarchis ob oculos poſito ſcitè deſcripſit.

P. Martinii Atlas Sinicus.

De Bello Tartarico.

Atque hæc ſunt opera, quibus *Chinam* Societatis noſtri Patres indefeſſi Legis Chriſti prædicatores innumerarum animarum lucro, non verbo tantùm & exemplo, ſed & pennâ illuſtrarunt; Quæ ab omni conditione hominum tanta aviditate fuerunt accepta, ut non ſolum deficientibus Exemplaribus, multoties ſubierint prælum, ſed & primi ordinis Literatorum quà *Mandarinorum,* quà *Colaorum* commentariis exquiſitiſſimo ſtylo conſcriptis, magnis Chriſtianæ fidei encomiis in univerſi Imperii fines divulgata fuerint; ut hoc pacto, quorum præſenti inſtructione & Divini verbi prædicatione frui non licebat, illos ex fructuoſis operibus veluti præſentes attenderent, & traditæ doctrinæ cœleſtis documenta altiori cordis receſſu conderent; Unde forſan, utrum plures ex hujuſmodi operum · lectione, quam præſentium Patrum inſtructione veri Dei notitiam conſecuti, Eccleſiæ ſe aggregarint, meritò quiſpiam dubitare poſſit? Hoc conſtat, multos ex lectione interiori Divini Spiritus radio percul-

Commentarii in Ctos libros à Doctoribus Sinenſibus concinnati.

perculfos, ad eos quorum Libris tantoperè profecerant, cognofcendos, tum
dubiorum proponendorum caufa fefe
contulifse.

Numerus Librorum à PP. confcriptorum. Libri itaque, qui anno 1636. lingua
Sinica à Patribus confcripti fuerunt,
ad 340 partim in Materia Religionis,
partim circa Moralem, Naturalem &
Mathematicam doctrinam editi numerantur.

Etenim cum crefcente fidelium multitudine, Patres tanto numero impares, omnibus fatisfacere nequirent,
Catechiftarum inftitutum. hinc falubri fanè confilio prodiit Catechiftarum inftitutum. Sunt autem
Catechiftæ viri qui jam in Chriftianæ
Legis myfteriis multum exercitati, nec
non Spiritus Apoftolici fervore, zelo-
que animarum ardentes aliis viam ad
falutem demonftrare norint; nec facilè
ad iftiufmodi muneris gradum admittuntur, nifi virtutis folidæ & fanctioris
vitæ fpecimen jam à multo tempore
Officium Catechiftarum. præbuerint: Horum officium eft, cir-
cumire vicos & plateas, ut fi vel infantes
alicubi projectos neglectofve quacunque occafione data, invenerint, facrâ
lymphâ tingant, verbo & exemplo vitæ
rudiores ad Veri Dei cognitionem ad-
ducant, opufcula Spiritualia non haben-
tibus communicent; dubia occurrentia
diffolvant, & hoc pacto Chrifto lucrifa-

ciant. Et cum in Ecclefiis noftris Chriftianæ fidei elementa in magnis tabulis
pulchris characteribus expofita, parietibus paffim appenfa fpectentur, Catechiftarum eft, certo diei tempore, quo
Gentilium curiofitate allectorum con-
fluxus fieri folet, in Ecclefia expectare;
& cupidis infcriptionum veritatem explicare, falforum Deorum vanitates
oftendere; deindè ad ulteriorem inftru-
ctionem domum invitare; quorum operâ dici vix poteft, quantum animarum
quotannis lucrum Ecclefiæ Dei accedat, obliganturque quotidiè Patribus,
qui iis in locis fuperiores agunt, eorum,
quæ eo die præftiterunt, rationem reddere.

Verùm ut modum & rationem videat Lector, quo primò tum noftri, tum
Catechiftæ myfteria Fidei Gentilibus &
Idololatris proponunt, hìc ex opufculo, quod ipfi Divinæ Legis compendium vocant, principales fidei articulos,
de Deo Uno & Vero, de præmio jufto-
rum, malorumque pœna confcripto, fubjungere vifum fuit.

Nota Lector, quod uti lingua Sinica
toto ut ajunt cœlo à noftra Latina differt in modo loquendi; ita quoque non
miraberis Latinam interpretationem de
verbo ad verbum factam ita tortam &
inconcinnam efse.

Sino-Latinum

Divinæ Legis compendium.

Sinicè.	Latinè.
Tien chù xini xiaó ió yen.	*Divinæ Legis compendium.*
1. *Hoë uén, Tien chu guéi hó? Tui yuě. Tien chù fi tá, cië feni Tien, feni tí, feni xini, feni giú siú uán uú chi tá chù çaì yě.*	1. Fortaffis quis interrogat, DEUS quid dicitur? Refpondet. DEUS non eft aliud, nifi Gubernator omnium re- rum, fimul etiam omnium rerum ma- gnus Gubernator & Dominus, qui fecit Cœlum, qui fecit Terram, qui fecit Spi- ritus, qui fecit homines.

Divinæ Legis compendium, quo primi Neophyti exerceri folent.

Q   Cœlum

2.   *Tiēn, tĭ, gin uŭ ciēn uŭ, ùlh heŭ yeŭ : cĕ tiēn tĭ gin, uŭ chĭ çiēn, pĭ yèu yĕ có chù çái ỷ sem chĭ.*

3.   *Kai uán uŭ pú nem çú chinĭ kiaĩ yeu, sò ỷ chini chĭ chĕ jŭ leŭ laĩ fani uŭ pú nem çú kĭ, pĭ chĭnĭ iŭ cŭm ciăm chĭ xeŭ ;*

4.   *Cĕ tiēn tĭ jĭn uŭ ngăn nêm cú cáó, cáo chĭ chĕ ciĕ sò guéi tiēn chù iĕ. jò xĭ chinĭ puĕn cù, temĭ gûei xiŏ cù*

5.   *Iĕ cái yèu tiēn tĭ chĭ heŭ, kiāi yèu fŭ mù sò sem ùlh ỷ Kĭ gûei kai hoèn tini senĭ tiēn tĭ jĭn uŭ, chè tá ngá ỷ.*

6.   *Hoĕ yuĕ tiēn tĭ jĭn uŭ kĭ iŭe tiēn chù ùlh senĭ càn uén : çù tiēn chù yeŭ xiŭ semĭ hŭ ? Túi yuĕ, tiēn chù nài.*

7.   *Ván uŭ chĭ xeŭ iuēn jŭ yèu sò yeŭ semĭ ; cĕ fĭ tiēn chù ỷ kái uŭ, hoĕ yèu xĭ chĭnĭ ju cáo mù niáo xeú hoĕ yèu.*

8.   *Xĭ ùlh iŭ chuni jŭ tiēn tĭ xinĭ kòe kiĕ jinĭ chĭ limĭ hoèn goĕ tiēn chù uŭ xĭ uŭ chuni ùlh nêm xĭ chuni uán uŭ chè.*

9.   *Vŭ tiēn chù cĕ uŭ uŭ ỷ pĭ jŭ yĕ cò xŭ kĭ boĕ qùo chĭ yĕ kŏ can kiāi yèu kenĭ ùlh semĭ uŭ kenĭ cô kiaĩ uŭ nài.*

10.   *Chĭ xŭ chĭ xeŭ, cú uŭ ta xemĭ sò yeŭ semĭ yè. Tiēn chù kĭ xĭ uén uŭ chĭ kenĭ tĭ hô yeŭ semĭ hŭ ?*

---

2. Cœlum, terra, homines, (omnesque) res antea nihil erant, & posteà fuêre : ergo ante Cœlum, terram, homines, resque omnes, anteà necessariò fuit aliquis Dominus, ut crearet illa.

3. Quia omnes res non possunt ex se fieri, omnes habent id à ex quo ipsæ factæ sunt, vel sui factorem ; sicuti turres & domus non possunt erigi à seipsis, necessario perficiuntur artificis manu.

4. Ergo Cœlum, terra, homines & creaturæ, quomodo possunt à seipsis creari ? auctor rerum illarum igitur est, quem nos nominamus Deum. Si homines seculum nominant *Puēn cù*, aliosque similes, & faciunt primum avum (parentem)

5. Etiam isti fuêre postquam fuit Cœlum & terra, omnes habuerunt Patrem matremque, à quibus progeniti sunt, & de istis facere Creatorem Cœli & terræ, hominum, rerumque, est magnus error.

6. Dicet quis. Cœlum, terra, homines, resque quandoquidem dependent à Deo in sui creatione, audeo quærere : iste Deus, à quo dependet in sua creatione?

7. Respondetur. Deus est prima rerum radix & principium ; si haberet dependentiam in sui creatione, eo ipso non esset Deus : [Etenim res vel habent principium & finem, sicuti herbæ, arbores, volatilia reptiliaque, vel habent principium & non finem, sicuti Cœlum, terra, Angeli, diaboli, & hominum intellectivæ animæ ; solus Deus est sine principio & fine, & potest dare principium & finem rebus omnibus.

8. Si non esset Deus, non essent aliæ res creatæ. *Exemp. gratia.* Unius arboris flores, fructus, rami, folia & truncus, omnia ex radice generantur, si non sit radix, eo ipso reliqua non erunt ; sed

9. Perveniendo ad arboris radicem, omninò non est alia radix, ex qua nascantur vel procedunt. Deus quandoquidem sit radix & fundamentum rerum omnium, ex qua alia re potest ipse procedere ?

Deus

11. *Tiĕi chù ĉú seni uáñ sieñ cai p̃ tiĕi tǐ , hoá señi uù liú chi chù cuñ jên heŭ hoá señi yĕ nâñ yĕ niù nâñ mm̃ iã tâm.*

11. Deus cum primum res omnes creavit, initio diviſit Cœlum à Terra, creavit omnes ſpecies rerum, poſteà creavit maſculum & fœminam; Maſculus vocatus eſt Adam,

12. *Niù mm̃ ngĕ uã ciĕ ĉù ữlh jîñ uù fú mù ữlh guĕi uán mîn chi iuên, cǐ kĩ iŭ, pù kiŭ sieñ ſõ p̃ sĕ kiái yĕu.*

12. Fœmina vocata eſt Eva, iſti nempè duo homines non habuerunt patrem & matrem, & ſunt primi parentes omnium populorum, reliqui omnes (uti *Fó kĩ* ſine exceptione eorum quos faciunt, immortales omnes habent,

13. *Fú mù ſò señi ữlh p̃ mieñ çào ĉhi hoái sù ỹ Tiĕi chù kĩ xùi tieñ tǐ gm̃ uù chiñ chù, yĕu señi uan uǔ y*

13. Patrem & matrem ex quibus nati ſunt, & non potuerunt evitare, quin citius aut tardius corrumperentur morerenturque. Deus quandoquidem eſt Cœli, Terræ, hominum, rerumque verus Dominus, ſimul etiam creavit omnia,

14. *Guĕi gĩñ iúñ cĕ, ngù gĩñ ngài kĩm tieñ chu tam gên chi lĩ iè, pú ngái kĩñ, pieñ tĕ tá ſiú. Pǐ xoãm ĉiñ señi có lh*

14. Ut eſſent ad hominum uſum, conſequenter nos homines omninò convenit amare & venerari Deum, non amando & venerando, ſtatim magnum ſcelus committitur. *Exemp. gr.* par parentum producunt filium,

15. *Ĉù xĕ chi ỹ chǐ kiaó chǐ jõ guĕi ĉù chè p̃ chǐ xiñi fú mù, piĕ guĕi chǐ p̃ hiaó ĉù 'lh tĕ tá ĉǔ hoáñ tieñ.*

15. Nutriunt illum, veſtiunt, erudiunt, ſi filius neſcit honorare patrem & matrem, certè dicitur inobediens, & graviſſimè peccat, quanto magis cum

16. *Chù xǐ gĩñ tá fú mù, 'lh cò pú ngái kĩñ chǐ hü, çà uán uù chi chù kĩ mĩñ cĕ, xǐ gĩñ chi sú ỹ guĕi kiái ỹ*

16. Deus ſit ſummus hominum parens, non convenit non amare & revereri illum. Quandoquidem jam declaratum ſit, quod Deus Dominus rerum omnium facile eſt explicare res hominum hujus ſæculi.

17. *Fù giñ pùen yĕu hoên p̃ leàm tuoñ kĩ p̃ suǐ hoái 'lh sù, kĩ hòen chuñi pú nèm miĕ, kai̇ xǐ xám chi hoên yĕu sàn teñi.*

17. Iſte homo naturaliter habet duas partes, animam & corpus, illius corpus etſi corrumpatur & moriatur, ejus anima uſque in æternum non poteſt extingui, etenim in hoc ſæculo animæ habent tres differentias.

18. *Hiá sèm yuĕ, señi hoên ciĕ çào mù chi hoên yĕ ĉù hoên fú çào mù y ceñi 'lh chàm, çao mù, pi can tŭon ĉú cào.*

18. Ordo infimus dicitur anima vegetativa, videlicet anima herbarum & arborum, iſta anima adjuvat herbas & arbores ad vivendum & creſcendum, herbæ & ligna præciſæ exſiccantur.

19. *Kĩ suí siáo miĕ yên chañi tèm yuĕ kiõ huèn, ciĕ kiñ̃ xeu chi hoên ĉù hoên nèm fù kĩn xeú señi chàm lh yeú sù*

19. Eorum anima ſequitur extinguiturque. Medius ordo vocatur anima ſenſitiva, anima videlicet volatilium & reptilium, iſta anima dat facultatem vola-

Q 2   tilibus

20. chi y̆ 'lh mú xĭ tǐnì , y kéù pĭ tán hieú y̆ chì tĭ' kiò tùnì yàm tàù pú nèm lunì, chĭ sù lĥ hoên

20. tilibus & reptilibus vivendi & crefcendi , fimulque facit , ut illa per aures & oculos audiant & videant, per guftum & nares guftent & olfaciant, per cætera corporis membra fentiant dolorem & pruritum , fed tamen non poffunt difcurrere & ratiocinari ; & dum moriuntur, & anima extinguitur.

21. Ly̆ miĕ yèn xảm sèm yuĕ lìm hoên ciĕ gìn hoên y̆e. çú kiĕn hản sèm kiö lĥ hoên chì nèm, xĭ y̆ nèm fù gìn senì chamì. Kiĕ chì kiö , lĥ yèù sù chì nèm pién chúm lĭ, y̆ ym uán sú kĭ xiǔ fuì sù lĥ çù lìnì,

22. hoên yumì ćún pú miĕ : kú xĭ kienì gìn sú pá sù gìn , pú pá sù mèm xeù, chĕ yèu gìn sím chì lìm nèm kiö gìn sù chì héu , xảm yeù vĭ sù.

21. Supremus ordo dicitur Intellectiva anima , videlicet hominis anima . Ista fimul complectitur vegetativæ & fenfitivæ duarum animarum facultatem ; ideò poteft dare facultatem homini vivendi & crefcendi : fimul etiam fentiendi ; infuper dat illi facultatem difcernendi omnem rationem ad difcernendas omnes res, ejus corpus etfi moritur , tamen ejus anima perpetuò confervatur nec extinguitur : Ideò hujus fæculi homines tantum metuunt mortuos homines, & non metuunt mortua animalia. Oritur id ex naturali difcurfu hominis, ut poffit advertere poft mortem hominum : Infuper hominis anima non mortua

23. Chì hoên çái kŏ kiú lĥ ǩìn xeú hoên ciùen sản uù ǩò kimì ngò yè. Kĭ chì gìn hoên pú miĕ , yeú pú ĕò siǔ lĭn.

23. Permanet , & ideò poteft timere, anima autem reptilium totaliter diffipatur , nec poteft nobis terrorem incutere. Quandoquidem fcimus , hominis animam non extingui, fimul non convenit credere tranfmigrationis errorem ; convenit fcire tempore vitæ facere bonum & malum ; Hominum animæ fingulæ poft mortem eunt ad Dei judicium, ubi determinatum habent

24. Hoĕ lö táo chì miéu xuĕ ìm chì semì ciên guéi xén iù gûei ngó kĭ hôen có y̆ sù hoù fù tienì chù xiǔ puenì tìm yèn

24. Suæ mercedis locum, unus locus eft supra, & habet omnem felicitatem, fcilicet qui dicitur Cœli aula, id eft, remunerandi bonos locus; Secundus locus eft infra, & habet

25. Chú fuenì chú sò , kĭ yĕ çái xảm lĥ yèu uán fö, ciĕ sò gûei tienì ǩamì , xảm xénì chì sò yè : kĭ lĥ çái hià , lĥ yènì.

25. Omnem amaritudinem , videlicet qui dicitur terræ Carcer puniendi malos locus: etenim Dominus eft fummè æquus, nihil eft boni, quod non remuneretur, nihil eft mali quod non puniat: Nihilominus in præfenti fæculo

26. Vánì ǩù , ciĕ sò guei tĭ yö , fă ngó chì sò yè ; kaí tienì chù chì cúm , uù xenì pú xảm uù ngó pú fă : gên hiénì xĭ.

26. Sunt

27. *Ye̅ ye̅u gu̅ei ngo̅ lh̅ fu̅ que̅i nga̅n lo̅; che̅ gu̅ei xe̅n lh̅ pi̅n, cie̅n ciu̅ na̅n che̅, xe̅ nai̅ tie̅n chu̅ tái Ki̅ gi̅n chi siu̅ ge̅n.*

28. *He̅u ciu̅ xe̅n hoe̅n lh̅ xim̅ tie̅n ta̅m xe̅u uu̅ kiu̅m chi fo̅ ciu̅ ngo̅ hoe̅n lh̅ chi ti̅ io̅, xeu̅ uu̅ kiu̅m chi hi̅m ye̅ siu̅ uu̅*

29. *Tie̅n ta̅m ti̅ io̅ chi xa̅m fa̅ y pa̅o xi̅ gin̅ so̅ gu̅ei chi xen̅ ngo̅ ki̅ pu̅ ua̅m lea̅o xin̅ gi̅n, pie̅n y lea̅o ngo̅ gi̅n, ho̅*

30. *Te̅ gu̅ei tie̅n chu̅ chi cu̅m hu̅. hoe̅ yue̅: xen̅ ngo̅ chi pa̅o ye̅ ye̅u hie̅n xi̅? ho̅ ju̅ yue̅ xe̅ lim̅ xe̅n ngo̅ chi pa̅o hie̅n.*

31. *Ta̅i iu̅ xim̅ he̅u, ce̅ iu̅ gi̅n pu̅ chi xin̅ he̅u chi ym̅, ho̅ y ien̅ tie̅n xa̅m chi ye̅u chu̅; hu̅ cu̅ cha̅m ye̅u fan̅ y che̅*

32. *Yu̅ ca̅i ho̅ kien̅ na̅n y chi̅m ki̅ cie̅n, lh̅ kia̅i ki̅ he̅u. xim̅ li̅ che̅ mu̅m kie̅ fu̅ chi kia̅m, y che̅u iu̅ ua̅m lh̅ Kiu̅en ki̅*

33. *La̅i ye̅ yo̅ ye̅u gu̅ei xe̅n che̅ lh̅ pin̅ cie̅n xu̅ na̅n hoe̅ nai̅ yn̅ gu̅ei, xe̅n chi chun̅ ye̅u sia̅o quo̅ ngo̅ ku̅ tie̅n chu̅ y xi̅*

34. *Hie̅n pa̅o chi chi siu̅ he̅u ce̅ ju̅ cien̅ fu̅ chi yu̅ yu̅m hiam̅ cha̅m lo̅ y ye̅u gu̅ei che̅ lh̅ fu̅ que̅i nga̅n lo̅ nai̅ yn̅*

35. *Him̅ ngo̅ chi nu̅ kien̅ yeu̅ vi̅ xe̅n ku̅ tie̅n chu̅ y xi̅ xa̅m chi kie̅ ki̅ siu̅ he̅u ce̅ bie̅n xin̅ yn̅ chi; iu̅ yu̅m xeu̅ ua̅n*

27. Sunt aliqui qui operantur malè, & sunt divites, honorati, quieti & læti; sunt qui operantur benè, & sunt pauperes, contempti, calamitatibuſque oppreſſi, certum eſt Deum expectare ejus hominis mortem, &

28. Poſteà accipere boni animam, & aſsumere in Cœli aulam, ad fruendum perpetuâ felicitate & accipere mali animam illamque dimittere in terræ Carcerem, ad recipiendum ſine fine ſupplicium. Si concedamus non eſſe Paradiſi & inferni præmia & ſupplicia, ad remunerandum ſæculi homines, qui faciunt bonum vel malum, quomodò non decipiuntur boni? & meliori ſorte fruuntur mali? & quomodò poteſt dici Deus ſummè juſtus? Dicet aliquis: boni & mali merces eſtne etiam in præſenti ſæculo? quomodo ſe res habet? Reſpondetur, Supponamus eos qui recipiunt boni & mali remunerationem, omninò expectant uſque poſt mortem, eo ipſo indocti homines ignorabunt eam quæ poſt mortem eſt remunerationem, & quomodo probabitur illis ſupra Cœlum eſſe Dominum; ideò frequenter qui violant juſtitiam,

Incurrunt in calamitates, pericula, & labores, ut emendent præterita (peccata) & caveant à futuris. Qui obediunt rationi, accipiunt benedictionem deſcendentem, ut reſpondeatur illorum præteritis benefactis & ſtimulentur ad futura. Si quis verò benefaciens ſit inops, inhonoratus, plenuſque laboribus & calamitatibus, ſortè ideò contingit, quia inter bona opera habent modicum quid mali; Ideò Deus cum iſtis

In præſentia illum caſtigat: poſt mortem verò, introducit in perfectæ felicitatis locum ad perpetuâ fruendum felicitate. Si qui operantur malè, & tamen ſunt divites, honorati & juxta ſæculum beati, hoc ideò contingit, quia inter malè operandum mixtum habent quid boni, ideò Deus iſtis præſentibus felicitatibus illos remunerat: Poſt mor

Q 3 tem

36.   *Kŭ y̆ xŭ gîn yŏ mièn hiá tŭ yŏ xeŭ uán x'ù, lh' tĕ xăm tieñ tâm hiam̄ vañ fù piĕ yáo sañ kieñ kŭ yĕ yáo.*

36.   tem autem, deturbat profundissimè obscurum in carcerem, ut perpetuò recipiant omnem Amaritudinem. Hujus sæculi homines si desiderant evitare ut non descendant in Infernum ad ferenda omnia tormenta, & ut ascendant in Cœlum ad fruendum omni felicitate, omnino necessariæ sunt tres res. Primum est necessarium, Cognoscere Paradisi Dominum, nempè Deum. Homines hujus sæculi ad habitandum in aliena domò, prius necesse est, ut cognoscant, ejus domûs Dominum, tunc possunt intrare & morari : Quanto minus nesciens quas Cœli Dominum, poterit ascendere & intrare in universæ felicitatis locum. Secundo necessarium est, scire iter ad Cœlum, nimirùm Dei Legem.

37.   *Chi giñ tieñ tâm chi chù ciĕ tieñ chù yĕ xí gîn hiĕ chú tă gîn chi uŏ, sieñ yáo gîn kŭ uŏ chi.*

37.

38.   *Chù fam̄ èŏ jŏ ⌈chú : hoăm uĭ chi tieñ chù nêm xăm jù uán fŏ chi sŏ kŭ lh' jáo hiáo sĕ tieñ tâm chi lŭ ciĕ tieñ chù chi sáo.*

38.

39.   *Yĕ xí gîn pú chi sò yŏ uăm chi lŭ cĕ pú sĕ chi lh' uĭ chi tieñ tam̄ chi lŭ èò chi chi fŭ kŭ sañ piĕ*

39.   Homines hujus sæculi nescientes ad id quod tendunt iter, eo ipso non possunt eò pervenire, & nesciens aliquis in Cœlum iter, poteritne illuc pervenire?

40.   *Yáo hiĕn sò y̆ chi kaŭ gîn suŭ y̆ chi sò yŏ uam̄ chi lŭ jŏ çái kiă hiĕn çó lh' pú chŏ hîm kiuĕ pú sĕ taò.*

40.   Tertio omnino necessarium est, incedere per illud quod jam sciunt, quia homo etsi sciat iter quod ipse desiderat tendere, si tamen domi otiosus sedeat, & non exeat ad progrediendum, nullo modo poterit pervenire.

41.   *Cĕ yŏ xăm tieñ tâm uán fŏ chi chù piĕ siñ hîm tieñ chù xim̄ kiáo chi sŭ y̆. Hoĕ yuĕ*

41.   Simili modo qui desiderat ascendere in paradisum omnis felicitatis locum, omnino necessarium est, ut faciat Divinæ Sanctæ Legis opera. Dicet quis: Deus est Cœli, Terræ & hominum rerumque Dominus, & ejus doctrina, simulque est ad paradisum iter : Jam hoc clarè audivi & intellexi: nunc desiderio sequi hanc Dei Sancti doctrinam, quî

42.   *Tien chù nài tieñ tŭ gîn ⌈uĭ chi chù lh' kŭ táo guĕi chim̄ táo pim̄ guĕi tieñ tâm chi lŭ. y̆ tĕ uén mĭm kiñ yŏ çŭm çù tieñ chù xim̄ kiáo jù.*

42.

43.   *Hô cĕ cò? tŭi yuĕ yŏ çŭm x'm̄ kiáo chĕ piĕ yeù leăm y̆ kŭ xam çaŭ iŭ chim̄ siñ fum̄ kim̄ tieñ chù guĕi kŭ nài tieñ*

43.   Ergo id potero? Respondetur, Qui desiderat sequi sanctam Legem, debet habere duas intentiones : Prima intentio consistit, ut corde perfecto veneretur Deum, quia ipse est Cœli,

44.   *Tŭ gîn uŏ chi cum̄ chù lh' semi uañ uŏ y̆ iam̄ ngù gîn chĕ kŭ çŭ çái iŭ cŭ puèn gîn chi lim̄ hoĕn, y̆ mièn hiá*

44.   Terræ, hominum, rerumque universalis Dominus, & creavit omnia ut nos nutriret. Secunda consistit in providendo propriæ hominis animæ, ut evitetur descensus.

45. *Tĭ iŏ xéu uán cù lh' nĕm xamĭ tiĕn lǎmĭ hiamĭ uán fŏ gên yŏ sĕ çù y piĕ yáo saũ sù kĭ yĕ yáo hĭm tieñ chù.*

45. In infernum ad recipiendum omnes amaritudines, & obtineatur afcenfus in Cœlum ad fruendum omni felicitate. Qui defiderat hoc obtinere, tria funt neceffaria. Eorum primum eft fervare Dei præcepta.

46. *Quĕi kiái kĭ lh' yáo siñ tieñ chù sù çĭm kĭ sǎn yáo lĭmĭ ximĭ xùi tiĕ çĭen fĭ.*

46. Secundum eft, Debet credere Dei res. Tertium eft, Debet recipere S. Baptifma, & lavare præterita peccata.

Tieñ Chù xĕ kiái.

Dei decem Præcepta.

1. *Yĕ kĭñ çùm yĕ tieñ chù uán uŏ chĭ xamĭ.*
1. Honorare & venerari unum Deum fuper omnia.

2. *Lh'. uú hŭ tieñ chù ximĭ mĭmĭ y fǎ chǎi xĭ.*
2. Non nominare Dei Sanctum nomen ad proferendum inane juramentum.

3. *Sañ. xĕu cheñ lĭ chĭ yĕ.*
3. Obfervare feftos dies.

4. *Sù. Hiáo kĭm fú mù.*
4. Obedire & honorare patrem & matrem.

5. *U'. uú xǎ gĭn.*
5. Non occidere homines.

6. *Lŏ. uú hĭm ciĕ yn.*
6. Non operaberis fornicationem.

7. *Ciĕ. uú teũ táo.*
7. Non furaberis.

8. *P.ǎ. uú vǎm chimĭ.*
8. Non temerè teftificaberis.

9. *Kiĕu. uú yūen tǎ giñ çì.*
9. Non concupifces alterius hominis uxorem.

10. *Xĕ. uú taũ tǎ giñ çǎi uŏ.*
10. Non concupifces alterius hominis opes & res.

Yéu xĕ kiái çùm quĕi lh' chè lh' y: ngǎi mù tieñ chù uán uŏ chĭ xámĭ iũ fú ngǎi giñ ju kĭ. çù çai siĕ tieñ chù kiamĭ iũ, lĭmĭ pù xĭ çuñ xeũ xùn chĕ ximĭ tieñ tamĭ xeũ fŏ. niĕ chĕ tó tĭ iũ, kiái hĭm y xámĭ chù tuón tĕ tǎ leŏ lh' jũ iŏ ciñ chĭ tieñ chù chĭ táo piĕ yáo sĭ quañ tieñ chù xĕ y chù xũ kiĕ chĭ kiáo tǎm tĭmĭ sĭ lǎi chuĕn kiáo sieñ señ kiǎm kiái; famĭ cò leáo ú uú y, lh' çù uĭ kò y yĕn sùi çĭñ yĕn.

Decem præcepta quæ funt ad dextram, fummatim fumpta reducuntur ad duo tantum: Amare Deum fuper omnia, & amare homines ficut feipfum. Hoc eft quod antiquitùs Deus è Cœlo docuit, & præcepit, ut per omnia fæcula honorarentur fervarenturque. Obedientes illis afcendunt in paradifum & accipiunt felicitatem. Contrariantes defcendunt in infernum, ubi tormentis afficiuntur; Superiores Articuli tantum modò funt compendium. Si quis defiderat abfolutam habere fcientiam Legis Divinæ, neceffarium eft, ut ftudiofè incumbat ftudio omnium Librorum tractantium de vera lege Dei, & ire ad templum Chriftianorum ad audiendos ex Occidente venientes Legis Magiftros, difputantes & explicantes; tunc poterunt intelligere fine dubitatione, & iftud non poteft brevibus verbis abfolvi.

Vides

Vides itaque Lector, quomodò primò cognitionem Dei Veri & Unius animabus Neophytorum implantare soleant, sine qua frustra ad reliqua fidei nostræ mysteria accedas. Hisce deindè ritè expositis, ad Sacrosanctam Dei Unius Trinitatem exponendam se procingunt, deindè ad Filii Dei, Verbi æterni incarnationem; posteà ad Sacramenta in peccatorum remedium ab ipso instituta, & sic de reliquis Fidei articulis à primò usque ad ultimum, exponendis procedunt; Quibus ubi ritè imbuti fuerint, tum primum ad perfectiorem vitæ Christianæ cultum erudiunt. Atque hic est modus Nostrorum Patrum in conversione infidelium observari solitus.

ATHANASII KIRCHERI

CHINÆ
ILLUSTRATÆ
PARS III.
DE IDOLOLATRIA
EX
Occidente primum in *Perſidem*, *Indiam*,
ac deindè in ultimas Orientis, *Tartariæ*, *Chinæ*, *Japoniæ* Regiones ſucceſſivâ propagatione introducta.

PRÆFATIO.

Uoties humanarum rerum conditionem paulò altius mecum expendo, toties veriſſimum illud Sapientiſſimi mortalium pronunciatum, Nihil ſub Sole, teſte *Eccleſiaſte*, novum comperio, *Eccleſ. c. 1. v. 9.* Quid'eſt quod fuit? Ipſum quod futurum eſt; Quid eſt quod factum eſt? ipſum quod faciendum eſt. *Certè nihil aliud præteritarum rerum eventus fuiſſe videntur, niſi futurarum quædam veluti proſcenia* καὶ ἔκτυπα. *Gratis itaque perhorreſcimus ad præteritorum ſæculorum infelices multorum Regnorum, Monarchiarum & Rerumpublicarum ſortes & tragicos exitus, quos moderno tempore præſentes, alio tamen colore fucatos intuemur; Gratis miramur, dum veterum monumenta volventes cognoſcimus, eò Ægyptiorum Græcorumque gentem cæteroquin ſapientiſſimam, cæcitatis deveniſſe, ut nihil tam eſſet vile & abjectum, nihil tam propudioſum & abominabile, quod Divino Apotheoſeos honore non cohoneſtarent; Gratis, inquam, hæc miramur, cum majorem adhuc Orbis partem, etiam poſt Salutis humanæ adventum eâdem inſaniâ, iiſdem erroribus laborantem quotidiè percipientes indoleamus. Deſinamus itaque mirari; eadem cauſa manente, ut Phyſico more loquar, eundem effectum prodire neceſſe eſt. Inveteratus malorum iiſdem ſemper Orbem premit machinationibus, Gliſcit,*

Dæmonis ira premens, odiis & fraudibus Orbem
Implet, nec damnis hominum exſaturata quieſcit.
Nullæ ſunt induciæ, pax nulla; ubi nec odii, nec invidiæ modus, aut

R   *finis.*

finis ullus ; hostis Dei superbià ascendit semper, crescit malitia, crude-
litas invalescit ; antiquus scelerum Architectus eadem semper molitur.

Dæmonis idem semper in decipiendis animabus modus.

Nihil inausum sinit, nihil intentatum relinquit, præcipuum omni æta-
te de eadem pharetra fuit illicium quàm curiosarum, tam superstitiosa-
rum artium, quàm multa tam stulta dæmonum commenta mortalium ani-
mos dementantia, quæ omnia Magiæ *nomen ambitu suo comprehendit.*
Nihil præteritis temporibus ab Ægyptiis, *eorumque hæredibus Di-*
vino unquam honore cultum novimus, quod à Barbaris *etiam moderno*

Polythæia Ægyptiorum Græcorumque in huncusque diem durat adhuc.

tempore, illo instigante, non coli videantur. Apud hos in Eotoque, &
Chamis, Osiridis & Isidis *in* Solem & Lunam *transformatorum*
manifesta reperias vestigia. Videas Bacchos, Veneres, Hercu-
les, Æsculapios, Serapides, Anubides, *similiaque* Ægyptiorum *monstra promiscue passim, etsi sub aliis & aliis nominibus*
adorari; Molocho *per ignem filios immolari, sanguine humano exe-*
cranda peragi sacrificia; obscœnam illam hominis partem, quam Φάλλον

Zwola-tçíα.

Græci *vocant, singulari in honore ac veneratione haberi; omnigenas*
animantes Deorum loco teneri; verbo, Ægyptiorum *exemplo cuncta*
Idolis repleri invenias, nihil Divinorum mysteriorum in Sacris Volumi-
nibus contineri, quod in contemptum Dei animarumque perniciem Simia
Dei diabolus de sanctis venerandisque Prophetarum Oraculis assum-
ptum ad contaminatissima furoris sui scelera, uti olim, ità modò non trans-
tulerit. Videas hìc Serpentis Mosaici in deserto ad periturorum sa-
lutem erecti reliquias: Noëmi *quoque mundum arcà conservantis,* Eliæ
curru igneo translati intuearis imaginem, aliaque similia quæ in sequen-
tibus dicentur; omnibus proindè veterum mysteriis, ritibus, ac cærimo-
niis superstitionibusque in novissimarum Gentium religione mentita, vel-
uti in speculo quodam elucescentibus. Hæc itaque cum cognoscerem, in-
gens continuò animum meum incessit desiderium, conquisitis undique di-
versarum Gentium Idolis, ritibus quoque ac cærimoniis, iis peragi soli-
tis, hinc indè ex Hispanicis, Lusitanicis, Italicis & Gallicis
epistolis *(quarum magna mihi copia hìc* Romæ, *utpotè in suprema*
Curia ex Archivio Societatis Jesu *suppetebat) collectis comparationem*
instituendi inter hæc & Veterum Religionem; sperans futurum, ut ex
hujusmodi collatione, meis in hoc olim opusculo moliminibus lumen non
exiguum accederet, dum ex rituum, cærimoniarum simulachrorumque
similitudine & analogia, undè ea profluxerint, investigare difficile non
rebar futurum, atque unà monstrare modum, quo Idololatræ Satanica
cœcitate perculsi, ex falsorum Numinum cultu, feliciùs ad veram U-
nius Dei atque Christianæ fidei notitiam adduci queant.

CAPUT

CAPUT I.

De *Sinensium* Idololatria.

Res igitur *Sinarum* Libri Orbis terrarum fectas numerant; fic enim vocant Regnum fuum unà cum vicinis adjacentibus locis , alias enim minimè nôrunt.

Tres Se-
ctæ Sinen-
fium.

Prima eft Literatorum ; altera *Sciequia* ; tertiam *Lançu* vocant. Ex his tribus aliquam *Sinæ* omnes & reliqui populi contermini, qui *Sinarum* charactere habent, profitentur ; quales funt *Japones, Coriani, Tonchini & Cocincinenfes* populi, de quibus poftea dicemus. Atque tres hæ fectæ primò in omnibus propè

Sectæ 3.
triplici
hominum
ftatui cor-
refpon-
dent.

refpondent triplici hominum generi, quibus *Ægyptiorum* quondam Regnum conftabat , Sacerdotibus videlicet Sapientibus , Hierogrammatiftis feu hieroglyphis, & plebeis. Literatorum fecta *Sinenfium* propria, & in hoc Regno antiquiffima Rempublicam gubernat, pluribus libris abundat , & fupra cæteros laudatur. Authorem feu Principem Philofophorum *Confutium* agnofcunt, non fecus ac *Ægyptii* fuum illum *Thoyt*, quem Græci ἑϱμῶ vocant Τϱισμέγιϛον; Et quemadmodum *Ægyptii* Sa-

Primæ Se-
ctæ Au-
thor Con-
futius Phi-
lofophus
moralis,
Hermes
Sinenfium.

Pagodes *Indorum* Numen. Idolum *Menipe*.

Unum
Numen
quod Re-
gem Cœ-

pientes unum Deum , quem *Hemepht* vocant, colebant ; ita *Sinenfes* Literati

idola juxta *Confutii* dictamina non colunt, fed unum Numen, quod vocant

lorum vo-
cant co-
lunt Lite-
rati.

R 2   Regem

Trigautius, Exped. Sin.

Regem Cœlorum; de quo sic Trigautius in Expeditione Chrisiiana ad Sinas: *Hinc asserunt Regi Cœlorum sacrificandi ejusque colendi munus solum ad Regem spectare; in hunc finem Rex duo habet templa sane magnifica in utraque Regia, Nanquinensi, & Pequinensi; Cœlo dicatum est unum, Terræ alterum; in his olim ipse per se litabat, nunc in ejus locum Magistratus gravissimi successère, Cœloque & Terræ (non secus ac Ægyptii Osiridi & Isidi) boves & oves magno numero mactant, aliosque multos ritus exhibent.* Porrò proprium Literatorum fanum est ipsius Con-

Fanum Confutii.

futii Philosophorum Sinensium Principis; id ei per leges in qualibet urbe construitur, eo in loco, qui est supra ludum Literarum; id magno sumptu consurgit, & contiguum habet palatium ejus Magistratus, qui primum literarum gradum consecutus præest. In celeberrimo fani loco statua illius visitur plena literis, aut ejus lo-

Statua Confutii.

co nomen cubitalibus literis aureis in pereleganti tabula descriptum, ad ejus latus statuæ adstant quorundam ejus discipulorum, quos Sinæ in Divos, sed inferioris ordinis, retulère. In hoc fanum Novilunio ac Plenilunio quolibet conveniunt Magistratus omnes urbani, cum renunciatis Baccalaureis, Magistrum solitis inclinationibus ac genuflexionibus, cereis etiam & suffitu veneraturi. Ad eum ferè modum, quo Ægyptii primo die mensis Thoth suo Deo Mercurio Solennia celebrant. Hujus Dei statuæ variæ quoque sunt, aliæ in templis prægrandes, aliæ parvæ, & quæ facili negotio secum circumferunt; cujusmodi unum mihi R. P. Assistens *Portugalliæ* Societatis Jesu, Nunnius Mascarenias communicavit, cujus imaginem hîc adjungendam existimavi. Vide Pag. antecedentem.

Secunda Secta Sinarum quid contineat.

Altera *Sinarum* Secta respondet Philosophis *Ægyptiorum*, & *Siequia*, vel *Omyto*, vulgò *Amida* appellatur, apud *Japones* verò *Xaca*, & *Amidabu* nuncupatur; de quibus fusiùs cùm de *Japonum*

Idolis agemus. Lex hæc ad *Sinas* pervenit ab Occasu, portata è Regno cui *Threncio*, vel *Sciuro* nomen est, quæ Regna, teste P. *Trigautio*, uno *Indostanis* nomine appellantur, inter flumina *Indum* & *Gangem* sita. Quam quidem sectam si diligenter discutiamus, ab iis *Gymnosophistis*, *Brachmanibus*, *Persis*, *Bactrianis*, qui hac *Indostanis* intercapedine olim continebantur, profectam, in *China* Colonias posuisse, ex dogmatis eorum facilè patebit. Multitudi-

Idolatria ex India in Chinam & Japonem translata.

nem enim Mundorum credit, Metempsychosin, seu animarum in bruta transitum, omnem denique Pythagoræ philosophiam profitetur. P. *Martinius* in suo Atlante de iis dicit: Xekiao

Metempsychoseos dogma apud Sinenses.

secta est, quam nostri putant primò post Christum in China introductam; Metempsychosin admittit; duplex est, una interna, externa altera: hæc idola colit; animarum transmigrationem dari post mortem in peccatorum pœnam docet; ab omni quod

Metempsychosis duplex, externa, interna.

vixit perpetuò abstinet; Ridicula lex, & ab ipsis sequacibus sacrificulis passim explosa, necessaria tamen ab iis judicata, ad rudiorum à vitiis abstractionem, & virtutum incitamentum. Interna Metempsychosis præclaræ putant Philosophiæ Moralis partem pulcherrimam, dum spectat passionum pravarumque affectionum omnimodam vacuitatem atque victoriam, hæc dum obtineatur, animalia prout illorum affectibus fuerint obnoxii migrare perhibent; post mortem nil præmii, nil pœnæ agnoscit, nisi vacuum, nil in hac vita veri esse vult, nisi prout à nobis apprehenditur, idemque bonum & malum esse respectu diversorum. Trigautius verò hisce subscribit: *Multiplices*, inquit, *cum Democrito & aliis*

Metempsychosis & Mundorum multitudo.

Mundos fabricat; sed maximè animorum transmigrationem è Pythagoræ disciplina videntur mutuati, aliaque permulta commenta huic addidère ad fucum falsitatis. Hæc autem non solum à Philosophis nostris, sed etiam ex Euangelica luce videntur umbram quandam accepisse. Certum enim *Triadis* modum inducunt, quo tres Deos,

in

in unum deinde Numen coalescere fabulantur. Cujus *Epistolæ* quoque *Hispanicæ* mentionem faciunt hisce verbis : „ Tuvieron noticia del Euangelio. Por„ que en la Provincia de *Paquin* entre los „ otros Idolos , que alli tienen , ay una „ figura del hombre , que tiene tres ca„ bezas , y se miran la una à la otra , y „ dizen los *Chinas* , que significa aquel„ lo , que todos tres non tienen mas de „ un solo querer y voluntad . *Et paulò* „ *post* : Ay una otra imagen de bulto „ de una muger , con un Ninno en sus „ brazos. *P. Martinus Martinius* in Provincia *Fokien* imagines varias Christianæ fidei olim introductæ vestigia se vidisse recenset, Cruces pervetustas, Beatæ Virginis filium suum benedictum inter brachia stringentis imagines detectas asserit, quæ & etiamnum in Ecclesia nostra spectandæ exhibentur, tum ad confirmandos Neophytorum animos , tum ad devotionem concitandam opportunæ. Verùm hujusmodi S. Thomæ Apostoli , aut posterorum Euangelii propagatorum reliquias esse, piè credi potest ; Idola verò verosimilius à *Persis* , *Medis* , aliisque *Indorum* Philosophis *Ægypti* hæredibus , quorum proprium erat , multiformes statuas fabricari , ad effectus unius rei significandos , profluxisse , ut paulò post, dum de *Japoniis* agemus, patefiet. Præterea abstinentiam ab animalium carnibus cum Pythagoræis sibi indicunt , barbam & cæsariem continuò radunt, in montibus & speluncis contemplationi vacant, templa eorum plena sunt immanibus Idolorum monstris , æreis, marmoreis , ligneis , luteis ; adyta *Ægytiorum* diceres.

Tertium profanæ religionis dogma *Lanzu* appellatur , & respondet plebeis , & Magis *Ægyptiis* , à Philosopho quodam , qui eodem cum *Confutio* tempore floruit , originem traxit ; eum fingunt 80 annis in parentis alvo gestatum, priusquam nasceretur , qua ex

(marginalia left column:)
Typus B. Virginis.

Mores Pythagoræorum in China vigent.

Tertia Secta Sinarum plebeia.

causa *Lanzu* , id est , *Philosophus senex* appellatur. Hoc dogma paradisum spondet , ex anima & corpore constitutis , & in suis templis quorundam effigies exponunt , quos hac ratione ad coelos evolasse fabulantur. Ad eam rem consequendam exercitationes quasdam præscribunt , positas in vario sedendi ritu , certisque precationibus , imò etiam pharmacis , quibus spondent unà cum suorum Divorum favore vitam in mortali corpore longiorem. Hujus sectæ sacrificulorum peculiare munus est , Dæmones impiis precationibus exorcizatos domibus pellere , idque duobus modis tentare solent ; Nam horrenda Dæmonum monstra in flava papyro atramento delineata, domorum parietibus affigenda tradunt ; inde tam inconditis clamoribus domos complent , ut ipsa Dæmonia esse videantur. Aliud etiam munus sibi arrogant ; nam è sicco Coelo imbres elicere , aut nimios continere, alia quoque privata seu publica infortunia se posse avertere promittunt.

Atque hæc sunt tria ferè gentilium sectarum Capita ; sed neque in his humani generis ad decipiendum semper prompta calliditas conquiescit , singuli enim fontes labentibus paulatim seculis à fraudum Magistris in tot mæandros derivati sunt , ut numerari vix posse videantur, & ipsa incredibilis penè simulachrorum multitudo satis ostendit ; quæ non in fanis tantùm , sæpè ad aliquod millia , colenda exponunt, sed privatis etiam in ædibus ferè singulis loco ad eam rem deputato , in foro , vicis , in navigiis , palatiisque publicis, hæc unà abominatio penè primò se spectandam præbet. In quo quidem *Ægyptios* Idolorum omnigenà varietate infames imitari videntur. Sunt hujus rei tam certa & evidentia indicia , ut si nihil aliud , certè tria potissimum id convincere posse

(marginalia right column:)
Dæmonolatria.

Idolorum multitudo.

videan-

videantur. Primum eft, quod non fecus ac *Ægyptii* & *Græci* quofdam univerfo præfidere credant; his templa myfti-
ca condant; hos variis ritibus & cærimoniis *Ægyptiorum* more foleant aut placa-
re iratos, aut faventes attrahere. Secundum argumentum Religionis *Sinicæ* ab
Ægyptiis mutuatæ, ita manifeftum eft,
ut de eo dubitari nequaquam poffit; eft
autem, quod in hunc diem templa ibi
Marti, Veneri, Fortunæ, Paci, Oreadibus, aliifque Diis *Græcis* & *Ægyptiis*
communibus dicata reperiantur. Multis
id poffem ex diverfis Lufitanicis & Hi-
fpanicis annuis fcriptis oftendere, fed
erit inftar omnium Metropolitanæ Urbis *Nanchini* in *China* Ichnographia non
minùs elegantèr, quàm cumprimis exa-

Nanchini
diverfo-
rum Ido-
lorum
cultus.

čtè ferico Sinico impreffa à Patribus noftris, præterlapfis annis è *China Romam*
miffa, in qua præter alia fuperba ædificia, ac munimentorum moles, templa
quoque Deorum fingula fingulis certis
quæque locis deputata fpectantur; videas in hac Delubra Marti, Fortunæ, Paci, Oreadibus & Nymphis, Genio aëris,
avium, maris, fluminum, montium urbis præfidi, Draconi maris (quem *Ægyptii* Typhonem vocant) Jovi, Atlanti,
aliifque Diis *Græcis* & *Ægyptiis* dicata;
quod cùm fumma cum admiratione per-
cepiffem, non potui, quin ad Religionis
Sinenfis cum Ægyptiaca, Græcaque
affinitatem demonftrandam, eam hìc
fumma fide decerptam adjungerem,
omittere.

Templa Deorum Chinenfium.

Templum Draconis ma-ris; five Typhonis.	Templum grati animi.	Templum præfidi Sylv. vel Dianæ.
Templum Reginæ Cœli, id eft, Lunæ dicatum.	Templum planetæ Mar-ti dicatum.	Ara Cœli.
Templum Cœlo dica-tum.	Templum Præfidi muro-rum dicatum.	Ara Terræ feu Cereris.
Templum Dæmonibus & Spiritibus dicatum.	Templum optimæ Paci dicatum.	Ara Dei Pluviæ.
Templum Montibus & fluminibus, id eft, O-readibus & Nereidi-bus dicatum.	Templum Spiritui Medi-cinæ Æfculapio vel A-pollini dicatum.	Ara Regis avium.

Atque hæc fanè *Græcis* & *Ægyptiis*
ita congruunt, ut tota eorum Idololatria in *Chinam* tranfmigraffe videatur.

Tertium argumentum eft, quod præter literas, quibus hieroglyphica *Ægyptiorum* proximè affectant, ut in *Secunda
Oedipi parte* oftendimus, ritus & cærimonias eafdem penè habeant cum *Ægyptiis.*

Novimus *Ægyptios* pyramidum figu-

ras femper divino quodam honore pro-
fecutos effe; cujus cultus veftigia in
hunc diem in *China* remanent. Pyramides enim, quas *Chines* vocant, in tanto
habent honore & veneratione, ut nemo
aggredi quippiam audeat, nifi prius certis ritibus hafce placaverit; Teftem hujus rei adduco Petrum Jarricum, qui l.
5. Hiftoriar. Indicarum Gallicè edita-
rum, cap. 51. de iis hifce verbis memo-
rat:

*Petrus
Jarricus.*

rat : *Outre ces idoles de bois il y en a d'autres, qu'ils appellent* Chines, *faictes en forme de Pyramides ouvragees, dans lequelles il y a certaine espece de fourmis blanches, qui ne se monstrent pas de hors ; mais ont leur petites loges au dedans, sans qu'on sçache de quoy elles se nourrissent : & ruinent les loges, où ont les met, qui sont faictes en forme d'Oratoire. Dont les Gentils sont fort emerveillez. Car ils ont grand' peur de ces Chines ; tellement, que quand ils*

Pyramidum cultus.

achettent un esclave, ils l'amenent premierement devant quelqu'une de ces Pyramides avec un offrande de vin, & autres choses & le luy consignent, comme entre les mains, prians l'idole, que si l' esclave s' en fuit, il face en sorte que les serpens, laizards & tigres le tuent, & le devorent. Ce que les pauvres esclaves craignent si fort, qu'encor bien qu'ils soient mal traclés de leurs Maistres, ils n' osent quasi jamais les quitter & abandonner.

Ex quibus manifestè patet *Chinenses* hæc omnia ab *Ægyptiis, Persis* aliisque desumpsisse, quos lapidem seu fastigiatum saxum in conum, aut pyramidem adaptatum loco Numinis coluisse, in *Oedipo* ostensum fuit ; Constat siquidem ex Patrum nostrorum relatione, hujusmodi Novizonias Pyramides nobilissimis lapidibus extructas, passim non in urbibus solùm, sed & in altissimis montibus obvias per totum Imperium spectari ; sed audiamus hac de re P. Martinium, qui in suo Atlante eas hoc pacto describit, fol. 57.

Novizoniæ Turres.

Descriptio Turris Novizoniæ.

de Provincia *Foquien. Multa habet ædificia non spernenda, fana non pauca ; at turris quæ extra mœnia est, omnia tum splendore, tum operis magnitudine superat, figura octogona est, ab ipso solo in altum novem contignationibus exsurgit, adeoque Novizonia est : perpendiculum illius à vertice ad fundamentum nongentorum est cubitorum, cui debita proportione respondet latitudo ; totus paries exterior ex subtilissima porcellanæ argilla est suis figuris extantibus pictisque ornata : interior variegato*

vestitus est marmore, quæ adeò plana lævitaque sunt, ut adinstar tersissimi speculi præsertim dum nigriora sunt, vultum aspicientis reddant ; per scalam helicem, seu cochleam non in ipso turris medio, sed intra duplicatos parietes extructam ascenditur : ex qua ad quamlibet contignationem patet aditus, & indè ad pulcherrima ex sculpto marmore podia, deaurataque ferreas crates, quibus podia turrim totam ambientia, undique armantur ornanturque : Ubique extra turrim ad ipsa podia, maximéque ad summitatem tintinnabula ac campanulæ ita suspensæ sunt, ut à vento agitatæ suavem edant concentum : Ultima zona Idolum continet, cui dicata turris est, ex cupro fusili ac deaurato. Circum ipsam turrim vicina aliqua visuntur Idolorum fana, opere planè admirando, quæque molibus illis antiquis Romanorum *facile invidiam facere possint. Atque hæc una est ex illis turribus quas superstitiosè exstrui dixi à* Sinis, *omnem ab eo fortunam felicitatemque suam pendere ratis, brevibus hanc illic descripsi, quia ipsemet illam conscendi, atque omnia meis oculis diligenter perlustravi, quamvis & illâ multò pulchriores sint apud* Sinas, *ex hac tamen velut ex ungue leonem cætera colliges, cùm omnes ut plurimùm sibi sint similes, eodemque architecturæ modo ac ordine structæ.*

Præterea quemadmodum *Ægyptii* Dæmones in statuas compingebant ad responsa danda, certaque templa iis dedicabant, ita *Chinenses* ; de quibus audi citatum Jarricum citato loco differentem. *Il y a pareillement en chasque Royaume un lieu dedié au Diable, là où on luy va faire les plus solemnels sacrifices en une petite Isle. On appelle l'Idole* Camassono ; *& ceux qui passent par là, redoutent fort cet Idole, & de peur qu'il ne mette leurs navires à fond, ils luy offrent, quand ils sont vis à vis de l' Isle, ou duriz (qu'ils jetent en la mer) ou de l'huile, ou d'autre chose qu'ils portent.* De Oraculis verò eorum ita Trigautius

Dæmonum in statuas compulsio.

Idoli Camassoni descriptio.

L,1.

Trigau-
tius.

l. 1. c. 8. expedit : Sinenses *nonnulli Dæ-*
mones ipsos consulunt, & familiares, ut vo-
cant, spiritus, apud Sinas non pauci, easque
res plus Numinis quàm Dæmonum fraudis
vulgò habere creditur. Sed ad extremum
omnes in fraudem inducunt. Eorum Oracula
infantium vocibus, aut etiam brutorum exci-
piuntur ; præterita ipsi & absentia more suo
evulgant, ut non absimilem vero faciant eam,
quâ futura prænunciant falsitatem. Hæc por-
rò omnia cum nostris etiam Ethnicis commu-
nia fuisse legimus. Unum est, quod Sina-
rum proprium dici potest ; mos in eligenda
area ad ædes privatas & publicas exstruen-
das, aut ad cadavera humanda, eamque
aream conferunt cum capite, cauda, pedibus

Fabula de *variorum Draconum, quos huic nostro solo*
Draconi- *substratos vivere fabulantur, à quibus omnem*
bus Sub- *adversam prosperamque fortunam non fami-*
terraneis. *liarum solùm, sed urbium, provinciarum,*
totius Regni credunt dependere. Et ideò in
hac veluti recondita scientia verius Dæmonia-
ca, multi etiam viri primores occupantur, &
procul cum opus est, evocantur ; maximè cum
publicæ quædam turres, molesve, aut machi-
næ in eum finem extruuntur, ut prospera for-
tuna accersatur, & infortunia publica exter-
Oreoman- *minentur. Non secus enim atque Astrologi*
tia usitata *ex inspectis sideribus, ita hi Oreomantæ &*
apud Si- *Geologi ex montium, quos omnes in toto Im-*
nas. *perio numeratos habent, ex fluminum præter-*
eâ agrorumque situ Regionum fata metiun-
tur. Et sanè nihil absurdius inveniri posse di-
cas. Nam ex janua in hanc illamque partem
obversa ; ex fenestra hac vel illa parte aperiri
solita, ex eo quod è regione tectum sit altius,
æquè similibus nugis familiæ salutem, opes,
honores, omnemque fortunam dependere so-
mniant. His Astrologis, Oreomantis, Geo-
mantis, Auguribus, Conjectoribus, & uno
verbo Impostoribus pleni sunt vici, plenæ ta-
bernæ, plena fora. Atque hactenùs Trigautius. Quis hìc non alteram Ægypti
faciem, qua omnia Auguriis & omi-
nibus expediebantur, videat ? Tem-
pusme deficeret, si omnia hæc hìc enarrare vellem. Quarè qui plura hujusmodi scire desiderat, consulat Citatos Au-

thores, nos satis esse arbitramur, ex paucis hisce prolatis, magnam sanè ad Æ-
gyptiorum mysteria affinitatem demon-
strasse.

His itaque jam propositis, addam
hoc loco Schemata nonnulla *Sinensis*
Idolomaniæ, qua Literati potissimùm
dementati cernuntur ; Ut enim quid al- *Numina*
tius præ plebe sapere viderentur, Nu- *Cœlestia,*
mina sua falsa seu Deastros in tres veluti *Terre-*
ordines, Cœlestium, Terrestrium & *stria, Sub-*
Infernorum ordines dividere solent. *terrestria.*
In Cœlestibus Divinæ essentiæ veluti
tres ponunt proprietates, quas sub unius
Dei nomine, quam *Pussam* vocant, colunt ; haud secus ac Hebræi essentiam
Divinam tribus proprietatibus, quæ sunt
בִּינָה . חָכְמָה . כֶּתֶר id est, *Corona, Sapien-*
tia, Intelligentia, queis infinitum illud
& caliginosum Divinæ essentiæ pela-
gus explicant, uti fusè in nostro *de He-*
bræorum Cabala Syntagmate, docuimus.
Quos secuti *Græci*, tres Charites Jovis
Throno assistentes finxerunt. Quemadmodum itaque hi, ita & *Sinæ* harum Deitatum ex supremo in infimum
Deorum ordinem influxu regi & gu-
bernari credunt omnia ; atque adeò sub
obscura, nescio qua allegoria Divinitatis simia Satanas sanctissimam Triadem
etsi innumeris involutam fabulis ad in
retia sua attrahendos malignitate sibi
insita, infelices mortalium animas, in
hunc usque diem, exhibere non cessat.
Verùm ut Lector luculentius Sathanica
inventa cognoscat, hìc Deorum Dearumque ectypa, quæ ex prototypis Sinicis, (quæ P. Gruberus ex *China* non ita
pridem allata in Musæo nostro perpetuò
conservari voluit) deprompta suppo-
nam.

Tres Deitates quas sub unius *Pussæ*
nomine colunt, in superiori loco unà
cum duabus pedissequis ponuntur, quas
infra Deastrorum Chorus, manibus bra-
chiisque in altum sublatis, veluti fulcire
videtur. In medio Deastrum, quem
Fe aut *Fo*, quod *Salvatorem* significat,

ceu

Turris Novizonia Sinensis

ceu alterum Jovem augusta facie, & summa majestate fulgentem, ingenti Deorum Dearumque (quos ipsi priscorum sæculorum Heroes à Diis genitos vocant,) turbâ stipatum; cui supponuntur iterum inferiorum Naturæ Regnorum Semideorum Deorumque caterva, qui ad Magni Fo seu *Jovis Sinici* jussa exquenda, veluti internuncii quidam insignem cum veneratione promtitudinem exhibere videntur.

Alterum Ectypon adhuc exactius dicta demonstrat, ubi vides, *Fè*, sive *Jovem Sinicum*, eadem qua prius majestate splendidum, armata suprà manu Deorum Martiorum, infrà Neptuniorum Numinum imperio ejus sese subjicientium stipatum; ex quibus fabulosæ antiquæ gentilitatis vestigia eorum Deorum, quos *Græci* sub nomine Jovis, Martis, Neptuni, Vulcani; *Ægyptii* sub Osiridis, Isidis, Hori & Typhonis olim exhibuére, luculenter apparent. Quæ quidem omnia in sequentibus fusius describentur. Sed explicemus jam assumpti argumenti Schematismum.

Dividitur hic Schematismus in tres Ordines, quorum primus continet A, id est, primum Numen, Cœli Dominum, quem & *Fe* aut *Fo* vocant, id est, Salvatorem, majestate venerandum, rectis manibus ad invisibiles ejus in Orbe vires significandas, corona pretiosis lapidibus intertexta ad majestatis augendum decus conspicuum, diademate nostrorum Sanctorum more radiantem; cui à dextris assistit B, celeberrimus ille inter Numina pariter relatus *Confutius*, à sinistris. C. *Lauzu* alter, quem & Senem Philosophum vocant, divino apotheoseos honore ornatum, Sinicæ Religionis authorem: quorum scriptis magnum illud Cœli Numen *Fe Sinis* primùm innotuit; supra quos alii celebres scriptis Philosophi D. Divinæ illustrationis, uti dicunt, participes ponuntur, quorum illi qui D. signantur libris scri-

ptisque, E verò magnus *Sinensium* Archistrategus armis quoque defendit, toto Religioni subjecto imperio, quem & miraculoso ex flore partu genitum dicunt. Secundi Ordinis sunt Numina G & H. signata, quorum priores Martia proles, armis Orbem subjectasse dicunt, quorum illi, qui H signantur, Martias leges præscripserunt, quam ob causam inter Numina relati. Tertii Ordinis Numina sunt in infimo Schematismi loco, & sunt Spiritus partim aquatici, partim Vulcanii, quorum omnia quæ in elementari Mundo sunt, administrantur. Atque hæc est *Sinensium* de Deorum principalium administratione sententia; in quibus apertissima latent Ægyptiacæ Græcæque Mythologiæ vestigia. Quid enim aliud exhibet supremi Ordinis Numen *Fe*, cum asseclis B & C, quàm Jovem cum Apolline & Mercùrio; quid intermedii Ordinis aliud gladiis hastisque, quàm Martem & Bacchum? Inferiores verò I. uti & L. M. igneis vultibus conspicuos signant, quàm Neptunum & Vulcanum, quorum hic ignis subterranei, ille maris dominio potiri fingitur, dicunturque à *Sinis* Spiritus maris, montium, ignis. Videtur autem G G. Martius spiritus prælium minari Neptuniis Vulcaniisque, queis luctam elementorum non inepté *Græcos Ægyptiosque* secuti, juxta Naturæ processum effingunt. Quamvis hæc à *Sinensibus* innumeris fabulis intricata, vix *Græcis* consentiant; Sub Numine *Fe* Draco volans, quem Spiritum aëris & montium dicunt, testudinis scuto tectus, conspiciendum se exhibet, quam fabulam à *Brachmanibus* mutuati ajunt, Mundum Draconi seu Serpenti ex testudine nato, uti in sequentibus fusè aperietur, insistere, quæ omnia tot tantisque fabulis differentibus involvunt, ut vix ipsi sese indè extricare queant. Sed de Draconis hujus cultu in sequentibus pluribus.

S CAPUT

CAPUT II.

Japoniorum & Tartarorum *Idololatria Sinicæ parallela.*

Um *Japonii* omnem Religionis suæ Idololatricæ rationem à *Sinensibus* acceperint, non minor inter illos, quam *Sinarum* varietas sectarum est atque differentia; quæ tamen ad duo potissimùm capita revocari possunt. Prima eorum est, qui alteram vitam negant, nec præmium, nec punitionem operibus bonis aut malis destinatum credunt; Sed vitam ducunt omninò Epicuræam. Vocatur hæc secta *Xenxus.* *Bontii* hujus sectæ Ministri unà cum suis

Secta Epicuræa.

Idola quædam adorant, quæ *Chanis* appellant; His templa erigunt admodum superba & sumptuosa; per illa jurant in gravibus, quæ se offerunt negotiis; aut cum homagium Regi præstandum. His supplicant variarum rerum oblatione cùm ad nocumenta, ac infortunatos rerum eventus vitandos, tùm ad victoriam contra hostes impetrandam; verbo, ut præsenti felicitate perfruantur, qui unicus istius sectæ scopus est. Alii, qui animæ immortalitatem, alteramque vitam

Japoniorum Numen Triceps.   *Amida* Numen *Japoniorum.*

sectantur, magis in ritibus & cærimoniis ad Pythagoræorum μετεμψύχωσιν accedunt, quam & plerique *Sinensium* sa-

Μεταψύχωσις Pythagoræa.

pientum stultè sectantur; quorum Idolum adorant nomine *Omyto*, seu vulgò *Amida*, de quo mille fabulas spargunt; quas,

quas, quia ad institutum nostrum nihil faciunt, lubens omitto : Hoc unicum dicam, illos huic Idolo tantum tribuere, ut ad salvandum se nihil aliud requiri credant, nisi frequentem horum verborum repetitionem : NAMU, AMIDA, BUTH, hoc est, *Felix* Amida *salva nos.* Quæ verba identidem repetunt, rosaria sua, seu coronas è globulis precatoriis confectas gerunt, quas *Japonii* communes habent cum Christianis, & in Idolorum manibus ferè depinguntur, uti hîc imagine adjuncta vides, quæ imaginem *Amidæ* refert, & *Pussæ Sinarum* Deastræ undequaque respondet, ut posteà videbitur.

Amida Numen Japoniorum, Horo Ægyptio Numini respondens.

Verùm nè quicquam meis verbis asserere videar, verba Authorum, ex quibus dicta deprompsi, adjungam; ita enim in Hispanicis relationibus P. Ludovicus Gusmanus de his loquitur.

Ludovicus Gusinan.

Aunque las sectas de Japon *son muchas, y muy differentes, pueden se reduzir à dos principios universales. El primero es, de los, que niegan aver otra vida, mas de las que perciben por los sentidos exteriores, ni premio, ni castigo por las buenas o malas obras. Los que professan esta secta, se llaman* Xenxus. *Todos estos* Bonzios *y* Feligreses *adoran a unos idolos, que llaman* Chamis, *los quales fueron Señores de Japon, y muy señalados en la guerra. Tienen estos* Chamis *templos muy ricos y sumptuosos, y por ellos juran en los negocios graves, que se offrecen. Tambien acuden à pedir les salud, y victoria contra sus ennemigos. Entre los que confiessan aver otra vida, ay dos sectas principales, de las quales salieron otras muchas; La prima destas se llama de los* Xedoxius, *que quiere dezir, hombres del qual cuentan mil patrañas y mentiras, que fue hyo de un Rey de* Levante, *y tuvo dos hys, y que muerta su muger, hizo por ella, y por todos los, que le adorassen, grande penitencia, de manera, que por salvar se no tuviessen necessidad mas que repetir estas palabras:* Namu, Amida, Buth, *que quieren dezir,* Bienaventurado Amida salva nos: *y assi las dizen con grande efficacia y devo-*

Idola Chamis.

tion, passando las cuenta de sus rosarios, que por esto traen siempre en los manos. Hæc Gusmannus. Modum autem inter orandum tractandi rosaria, aliaque dicta confirmat Franciscus Bellefrestus libro 4. Histor. universal. c. 6. Gallico sermone conscripto his verbis : *Les Japonnois (comme aussi en usent les* Indiens *Orientaux) portent des Paternostres de diverse sorte, ainsi que nous, sur & avec lesquels ils content le nombre de leurs oraisons, plus longues beaucoup que les nostres qu'on nous à commandé de dire, & les disent cent & huit fois, à cause que leurs* Docteurs *&* Bonzes *tiennent, qu'il y a autant de sorte de pechez es-quels l'homme se peut souiller, & que contre chasque de ces vices, il faut s'armer d'une de ces prieres. Tous les matins en se levant ils disent neufs paroles, haussans les doigts de la main droicte, estimans que cela profite pour empescher, que le Diable ne leur porte nuisance aucune, &c.*

Porrò alia quoque secta *Japoniorum* est, dicta *Foquexus*, à Libro hujus nominis, atque hæc adorat idolum *Xaca* vel *Jaca* dictum, de quo mille commenta quoque spargunt; Cum devotione quinque hæc verba dicere, *Namu, Mio, Foren, Qui, Quio,* sufficere ad beatitudinem consequendam credunt; etsi nemo hactenùs dictorum verborum, utpote ab *Indis* acceptorum, energiam intellexerit. Discipuli hujus *Xacæ* fuerunt *Cambadagi* & *Cacubao*, quorum utrumque ob excellentiam Divinis honoribus prosequuntur *Japonii. Cambadagi* Dæmonium veriùs quàm homo, si fides relationibus habenda, videtur fuisse; docuit ipse primus ritus adorandi Dæmonem, præterea modum Dæmonem certis verborum incantationibus in corpus cujusvis compingendi, similiaque Dæmonum propria ostendit. Hanc sectam sequitur illa, quam *Samabugi*, hoc est, *Militem montium* appellant; Atquè hi proximè æmulantur *Sinensium* ritus in conjurandis Spiritibus & Geniis in statuas, Divinationibus omnis generis

Secta Foquexus adorat Xaca.

Cambadagi, Cacubao primus Dæmonolatriam docuit.

Samabugi miles montium.

Guſman.

ſunt dediti; ſolitudinem & aſperos montes amant, ac proindè parùm in locis cultis & habitatis ſpectantur: de quibus ita Guſmannus: *Eſte miſmo Bonzo Combadagi tuvo otros dos diſcipulos, que fueren hermanos de patre y madre, los quales tomaron tambien la doctrina de ſu Maeſtro, que fundaron ellos por ſi otra nueva ſecta, y pejor que todas las paſſadas, cuya profeſſion es, offrecerſe de todo puncto al ſervitio del Demonio, y darſe por muy intimos ſiervos y familiares ſuyos. Llaman ſe los que tienen eſta ſecta Jamabugis, que quiere deẓir, Soldados de la Sierra, porque los mas dellos viven en unas muy aſpras montannas, y pocas veẓes los veen en poblado. Otros ay que poſſan ſu vida con mil embuſtes y hechiẓerias, que uſan por el pacto, que tienen con el Demonio, como es deſcubrir algunos hurtos, deẓir por la mano la buena o mala ventura, commo Gitanos, y adevinar algunas coſas futuras. Entre otras coſas que dexaron los fundadores d'eſta ſecta para los que la huvienſen de ſeguir, fue una peregrination, que haẓen dos veẓes cada anno, para adorar el Demonio en cierto templo, que por ſer coſa tan particular y extraordinaria, la pondre aqui, como la conto uno d'eſtos Bonzios, que la avia andado ſiete veẓes, y deſpues por la miſericordia de Dios noſtro Sennor fue Chriſtiano.* Hæc Guſmannus. Quæ confirmant *Epiſtolæ Luſitanicæ* anno 1565. è Japonia & China *miſſæ*, quas conſule: extant enim impreſſæ *Eboræ.* Multa rara omninò & admiranda hoc loco de ſimilibus Dæmonis machinationibus adducere poſſem; ſed quia ad inſtitutum noſtrum non ſunt, ad ea, quæ ad rem noſtram faciunt, calamum convertamus.

Idolum *Puſſæ* ſub alia forma.

Novi-

Typus Puſſæ ſeu Cybelis aut Iſidis Sinenſium.

Characteres Sacri, quos Sinæ ſſá Brach ſmanib, acceperunt, ijſq̃ magnæ ſuæ Deaſtræ d attributa exprimunt.

Amida Numen Japon: parallelum Harpocrati.

Novimus ex *Jamblicho* & *Clemente Alexandrino Ægyptios* Deum flori lothi infidentem myſticè depinxiſſe, quam ſacram pingendi rationem Gnoſtici ſectati poſtmodum *Harpocratem* eidem flori lothi variis ſymbolis inſtructum repræſentarunt. Videtur hic mos non in *Perſiam* tantùm, *Indiamque*, ſed & in ultimum Orientem quoque *Chinam* & *Japonem* penetraſſe. Depingunt illi Numen illud ſuum celebre *Amidam*, vel alio nomine *Fombum* Flori ſeu Roſæ, aut Nympheæ infidentem, magno radiorum fulgore coruſcantem, cujus imaginem cùm R.P. Aſſiſtens *Portugalliæ* mihi communicaſſet, opportunè eam hîc adjungendam cenſui.

Myſtica ſignificatio Numinis ſupra florem ſedentis.

Hanc ſectam *Jenxiorum Fombum* nominant, quæ longè aliter de hac *Amida* ſentit, quàm *Xodoxiorum* ſecta, de qua paulò ante: dicunt enim eſſe inviſibilem ſubſtantiam, ſeparatam ab omni elementorum compoſitione, ante omnem creaturam exiſtentem, omnium fontem bonorum. Hinc eam myſticè pingunt ſupra Nympheæ florem, veriùs lothi ſedentem, ad reconditas hujus virtutes & perfectiones ſubobſcurè inſinuandas, quas & habitus, cui involuta cernitur, indicat.

De *Cybele Sinica*, quam *Puſſam* vulgò vocant.

Deſcriptio Puſſæ Cibeles Sinenſium. πολυεργχιων.

Imago ſeu Idolum *Puſſæ* ſupra florem lothi aquaticæ ſedet, manibus mira digitorum contorſione, modeſtiam ſingularem unà junctam gravitati præ ſe fert, è cujus dextro octo brachia, ex ſiniſtro latere totidem prorumpunt, quorum manus ſingulæ neſcio quid myſticum, uti gladios, & quas hellabardas vocant, libros, fructus, plantas, rotam, ornamenta, pyxidem, ampullam geſtant; *Bonzii* ejus originem ſic deſcribunt: Ante generationes decem, ajunt, tres puellas ſive Nymphas è Cœlo in fluvium lavatum deſcendiſſe, quarum nomina erant, *Angela*, *Changela* & *Fœcula*; quo tempore ſupra veſtem *Fœculæ* in ripa apparuiſſe demiſ-

Fabula.

Quid herba Veſicaria.

ſam, neſcio undè allatam *Veſicariam* cum fructu ſuo coralino (quam ego veriùs *Heliocacabum* aut *Lotum aquaticum* puto) quem uti illa conſpexit, confeſtim arripuit & deglutiit; undè factum, ut aliis duabus Cœlum repetentibus, hæc ex eſu fructus gravida dimiſſa ſit, donec eniteretur filiolum, quem jam ablactatum, & in exigua inſula fluminis poſitum juſſit exſpectare educatorem, qui mox illuc piſcatum erat venturus, ſe interim undè venerat, reverſuram; ipſa ad cœlos abeunte protinus, prout dixerat, evenit: educatus quippe à piſcatore, in maximum virum evaſit, qui poſteà toti Imperio potitus leges præſcripſit, longè latèque dominatus. Hanc fabulam quoque in *Brachmanum* monumentis reperi, quamvis aliis fabularum monſtruoſis relationibus involutam. Literati, qui nonnihil altius præ plebe ſapere videntur, hanc *Puſſam* πολυβεϱχιωνα nil aliud denotare ajunt, quàm Deorum omnium matrem, quam *Ægyptii* nùnc πολύμαϛον, id eſt, *multiplici uberum ſerie turgentem*, modò brachiorum multiplicitate ῑεϱγλύφως deſcriptam, *Iſidem*, *Græci Cybelen* dicunt, undè qui ex *Sinenſium* Sapientibus πολυθείαν rident, veteres Sapientes ſecuti hujus Deaſtræ Schemate nil aliud, quàm beneficæ Naturæ vires, robur, & potentiam in omnia denotare ſentiunt; quæ omnia per 16 brachiorum ſymbola denotantur; Siquidem per ſedecim ſæcula ſub hujus tutela Deaſtræ *Chinam* in ſumma pace, ſedecim aurea ſecula tranſegiſſe narrant. Loto autem inſidet, quia hæc planta aquis innatans fœcundo humiditatis affluxu perpetuò irrigata humidum rerum omnium principium innuit, quod & plerique ſenſatioris animi Literati *Sinæ* unà cum priſcis *Græcorum* philoſophis ſentiunt; Naturæ verò moderatricem eſſe dicunt *Puſſam* illam, ſive ut melius dicam, *Iſidem Sinicam*, aut *Cybelen*, cujus influxu omnia fœcundari conſervarique credebatur.

Expoſitio Symbolorum Puſſæ.

Quæ

Quæ omnia confirmantur ex epistolis Lusitanicis anno 1565. ex *Japonia* in *Europam* datis, in quarum una Ludovicus Froës ita de hac *Amida* scribit Lusitanicè: *Os seus mosteiros sam muito sumptuozos & tem grandes rendas. Naõ podem termolheres sopena de os matarem. Amida esta nos seus templos em hum altar nomeo domesmo templo. Onulto he de syaon quasi como molher com orelhas furadas e hũa claridade de rayòs, que ocerça assentado sobre hũa roza de Paò, que ocercla muito fermoza.* Et in alio loco: *Na primeira questaon propòs que os Jenxus tinhaon haver hum ser invisivel separado da natureza dos quatro elementos, à que chamavaon por outro Fonrai Come Mogui, e que os atributtos, que os litrados davaon à este ser invisivel, eraon os seguintes, convem à saber, que antes deste Mundo, ceos e terra serem creados o Fombum semper fora enunca tivera principio, nem havia de ter fim, e que por elle foraon creadas todas as couzas, que seu ser estava dentro na terra e nos ceos, e fora delles, por naon ser limitado à lugar finito que non governo, e conserva çaõ de todas as couzas, naon padecia movimento algum; nem tinha cor, nem accidente visivel, por onde dos olhos corporais podesse ser visto, que os homẽs e todas as criaturas tinhaon, havia neste Fombum em mais eminente graon de perfeiçaõ, per ser fonte perenne de todo o bem.* Ex quibus patet, prudentiores è luminis naturalis præscripto multò aliter de Diis suis sentire, quàm rudiores. *Amidam* enim, quem rudes præter multa figmenta, eximium hominem fuisse asserunt, Doctiores fabulas de eo vulgò creditas, exemplo *Ægyptiorum* ad mysticos sensus detorquent.

Præterea Solem quoque & Lunam *Ægyptiorum* aliorumque Orientalium exemplo adorant, uti ex epistola Lusitanica constat. *Cren os mais delles em homẽs antiguos, os quaes (segunda tenho alcançado) craon homẽs, que viveraon como philosophos; muitos destes adoraon o Sol e outros*

à Luna. Et confirmantur ex *epistola* quadam *S. Patris Nostri Francisci Xaverii* anno 1549. *quinta Novembris*, *ad Collegium Goanum data*, ubi multa alia quoque de hujus gentis superstitionibus invenies. Quod si pompas & festivitates, quas quotannis Diis suis exhibent, cum pompis & solennitatibus *Ægyptiis* quotannis peragi solitis comparaveris, easdem omninò paucis exceptis invenies. Videtis in iis, non secus ac in *Komasiis Ægyptiorum*, teste *Clemente*, fieri solebat, portentosas Deorum statuas, varia pompa & ridiculis *Bonziorum* gesticulationibus circumferri; de quibus ita in epistola quadam Ludovicus Froës. *He costume antiquissimo de Fiyenoijama, todos os annos fazerem ali os Bonzos hũa sumptuosissima festa à este Idolo, decendo de riba todos Bonzos armados, os qua estomavaõ as costas sete cadeiras muey grandes, que estaõ metidas em sete templos. Acaba da esta festa de Sacamoto se fazia logo cà outra no Micão à outro idolo ou Cami, que se chama Gujon, à mais solenne de todo o Japaon, à que parece que o Demonio quis contrafazer à fazer de Corpus Christi, porque ali fazem todos os castellos danças, jogos, personados, levaon en as maõs, os idolos. A estes se seguenoito ou des lanternas de maõ, as ilharguas, das quaes vaõ em roladas com beatilhas, delgadas, e escrito o nome de seu Pagòde e dentro hũas candeas accezas, & cætera;* quis hîc non Isiacam pompam describi videt?

Processione peractà templa sua ingrediuntur, in quibus non secùs ac in *Ægyptiorum* adytis innumeram videas omniformium Deorum turbam, quorum multi capite bovino, canino, aliorumque animalium deformati, formidabile intuentibus præbent spectaculum; alii multis brachiis effigiati, monstris quàm Diis similiores sunt.

Meminit hujus Japonicæ Idolatriæ Secundum Volumen variarum navigationum & itinerum Italicè conscriptorum fol. 51. *In questa Isola & in altre vicine tutti i loro idoli sono fatti diversamente, per che*

Ludovicus Froës, epistola.

Rerum omnium sempiternum & invisibile principium credunt sapientes Sinæ.

Lud. Froës.

Dæmon imitatur Sacra Christianorum in Idololatricis festis.

Polymorphosis Numinum Sinicorum Japoniorumque.

che alcuni hanno teste di Bovi, altri di Porci, altri di Cani e di Becchi, & di diverse altre maniere, e vene sono alcuni, ch' hanno un capo e duoi volti, altri trè capi, cioè uno vel luogo debito, gl' altri due supra cada una delle spalle, altri c' hanno quattro mani, alcuni dieci, & altri cento; quelli che ne hanno più, si tiene che habbino più virtù & à quelli fanno maggior riverentia, & quando i Christiani gli dimandono, perche fanno gli suoi Idoli così diversi, rispondono, così nostri padri & predecessori gl' hanno lasciati. Hæc ad verbum *M. Paulus Venetus.* ex Marco Paulo Veneto desumpta videntur: nam lib. 3. c. 6. ubi de *Insula Ægyptia Numina Sinis familiaria.* Zipangri*, quæ eadem est cum *Japonia*, loquitur, ita scribit : *Colunt Viri Zipangrii varia idola, quorum quædam habent bovis caput, quædam caput porci, & quædam caput canis, & aliorum diversorum animalium; sunt quædam quæ habent quatuor manus, alia viginti, & alia centum; & quod plures habuerit manus, majoris putatur virtutis. Sunt rursus quædam quæ habent quatuor facies in uno capite, & alia tria capita, unum super collum, & alia duo super utrumque humerum. Et cum incolæ interrogantur, unde hanc habeant traditionem, respondere solent, se patres suos in hoc imitari, nec aliud credere debere, quàm quod ab illis acceperunt.* *Simulacra Ægyptiorum πολυμόρφα.* Ægyptios certè *Osiridem* seu *Solem* bovino capite ; *Anubidem* seu *Mercurium* canino ; *Pana* Hircino ; Arietino denique *Ammonem* expressisse, in præcedentibus passim monstratum est ; *Serapidis* quoque imaginem atque *Dianæ* tricipitem fuisse, *Maro* docet :

Tergeminamque Hecaten, tria Virginis
  ora Dianæ.

Quadrifrons Janus. Quadrifrontis quoque Jani frequens apud *Mythologos* fit mentio, sicuti & Centimani Briarei ; quibus sanè nihil aliud antiqui voluerunt, quàm multiplices Solis effectus ; ac Janus quidem quadrifrons plerisque locis informari solitus est ea de causa, quod illi rerum omnium principia, finesque, introitus, exitusque dicati essent ; quin & quæ illi templa erigebantur, quadrata specie fiebant ; vel etiam, ut per quatuor illos vultus, quatuor anni partes indicarent, quas *Græci*, *Latinique* Horas usitatissimo vocabulo appellârunt ; Centimanus *Centimanus Briareus.* autem *Briareus* idem quod Sol dicitur ; Unde *Homerus* Solem ἑκατόγχειρα nuncupavit, quorum significata cum veluti hieroglyphica quædam interpretentur, non importunum fuerit hic explicasse. *Interpretes Hesiodi* per *Briareum* Vernum tempus dici tradunt, ob herbarum, florum, & frondium copiam, quam affluenter adeò subministrat. Per Gygem verò Hyemem & ipsum Centimanum ob ea multa, quæ jam dudum collecta congestaque in varios mox usus distribuit, & negotiis quæque suis accommodat. Quod verò Sol Centimanus *Homero* sit, multa & innumerabilia ejus officia, *Quid per Briarea Græci intellexerint.* quæ magis aperta cognitaque sunt, quam recensere oporteat, effecerunt ; quæ omnia suprà de *Pussæ* Deastræ Sinarum πολυβραχίων@ Idolo luculenter patuerunt.

Quæ cum ita sint ; annon hunc *Sinæ* & *Japones* varia illa Idolorum metamorphosi respexerunt ? Certè subscribit hisce Ludovicus Gusmannus in historia de *Japonia* l. 5. c. 9. ubi tradit, *Japonios* summo honore venerari solitos statuam quandam tricipitem πολυβραχίωνα, quâ *Japonios* nihil aliud significare dicit, nisi varias istius Numinis perfectiones ; verba Hispanica subjungo. *En uno altar *Gusman.* deste templo avia uno idolo muy grande, cubierto de oro, con tres cabeças, y mas de quarenta braços y manos ; dizen que con esto se dan à entender las muchas perfectiones de su Dios ; junto à este idolo, havia otros mil y quinientos, tambien dorados, repartidos en nueve ordenes, à manera de choros de Angeles, y sera cada una de la estatura de un hombre.* Quis non videt, Diabolum hîc antiquorum superstitiones Christianis mysteriis mixtas æmulatum esse ? imaginem ex his unam, quam hîc *Romæ* videre contigit, paulò ante exhibuimus.

Prætereà non πολυμόρφων tan- *Bestiarum cultus.*
tùm

tùm *Ægyptiorum* in Diis effigiandis *Sinas* & *Japonios* æmulatos, fed & beftias quoque vivas *Ægyptiorum* more, veluti pifces, gallinas, cervos, lupos, canes, boves adoraffe, poft Paulum Marcum Venetum teftatur Ludovicus Froës in epiftola jam fæpè citata. *A primeira he hũa alagoa de tiro de efpingarda em comprimento,*

e largura e fao os peixes tantos, que naõ tem conto andaõ huũs por cima dos outros, e por fer dedicada à o Pagode, nen hũa peffoa he onza da à tirar delle peixe algun, crendo que fe o tirarem fe tornaraõ leprozos. Os Bonzos naõ com em peixe, porque o tem em fua lei por graviffimo peccado, e matar hum homen, ou furtar, naõ o tem por peccado algun.

Japoniorum Numen Triceps.   *Amida* Numen *Japoniorum.*

A terciera he, que ha grande numero de veados nacidade, que faõ do Pagode, e andaõ pellas ruas à maneira de cães em Efpanha. Nen hũa peffoa lhe toca, nem poem maõ, e fe alguem da pencada em qualquer veado he prezo, e paga poriffo grande pena, e fe mata matáno pollo tal crime, e perde toda à fazenda, e fe por venturа morre o veado em algũa rua, fenaõ ha prova certa, que morreo de doença, a tal rua he deftruida, e as fazendas perdidas, e affi viven fogeitos a o demonio, que naõ

fomente faz, que o adorem, mas fallos adorar beftas, como em outro Reyno adoraõ lobos e lhes fazem templos e pregaçoẽs; eftando algun doente, di zemlhe que fe con fole que fe tornara em lobo, rifponde, que naõ tem tanto merecimento, que alcance tanto bem. Verùm hæc de Japoniorum Diis dicta fufficiant. In Tartarico Regno Necbal, Pater Gruberus Idola πολυκέφαλα quoque in Fanis expofita fe obfervaffe refert, hujus Figuræ fequentis.

Ante-

Pagodes *Indorum* Numen. Idolum *Menipe*.

Antequam finem huic Capiti imponerem, in *Relationem* quandam Italicè scriptam incidi, quam *de rebus Chinensibus Christophorus Burrus* non ita pridem fecerat. Occurrerunt in ea Relatione multa sanè ad rem nostram facientia; quæ quia ad dicta confirmanda multum conferre possunt, adjungenda existimavi. Nam præter dogmata quæ cum *Sinensibus* & *Japoniis* communia habent, alia quoque propria & isti genti particularia tenent; queis maximè ad Pythagoræorum doctrinam accedunt. Credunt illi immortalitatem animæ, Μετεμψύχωσις Pythagorica. μετεμψύχωσιν, παλιϟρεσίαν, animam Mundi, aliaque Platonicæ & Pythagoricæ philosophiæ propria, præterea Mundum credunt ovum quoddam fuisse, cujus cortice firmamentum, albugine æthereum spatium, vitello demum Terra constiterit; machinam quoque Mundi nihil aliud, nisi magnum quoddam animal esse, sive hominem asserunt, cujus caput Cœlum; oculos, astra; pilos arbores, plantas, herbas; ossa metalla esse, similiaque, quæ de magno illo animali & megacosmo dicti Philosophi asseruerunt, profitentur. Verùm audiamus verba ipsius Authoris. *Die de questo Filosofo cognitione de la fabrica del Mondo con due metafore, una fù, che il Mondo era nato da un ovo, ilquale poi talmente si dilatò, che dalla scorza di quello si distesero gli cieli, dalla chiara formossi l' aria, e si sparsero l'acque & il fuoco; e dal rosso formossi la terra, e tutte l'altre cose terrestri. L' altra meta-*

Christophorus Burrus in sua Relatione de Concincina.

T

metafora prefe egli dal corpo de un certo huo-
mo grandiſſimo detto da loro Banio*, che noi*
chiamareſſimo Microcoſmos, dicendo che da
Fabula de *queſto huomo gigante altiſſimo, era uſcita*
Gygante *queſta machina del Mondo, ſtendendoſi il*
magno. *teſchio ne' cieli, i due occhi in Sole e Luna,*
la carne la terra, l'oſſa i monti, capelli in
herbe & arbori, il ventre nel mare; & in tal
guiſa adattando minutamente con operationi
tutti i membri, & compoſitione del corpo
humano, alla fabrica & ornamento di queſto
mondo, giunge à dire, che da i pedocchi di
queſto gigante ſi erano formati gl'altri huo-
mini tutti, che poi diſperſero per il Mondo.
Iterum cum cæteris vicinis gentibus aſſerunt, defunctos cibo & potu indige-
re, undè iis quotidiè ſplendida præpa-
rantur convivia. *Il terzo che l' anime de*
defunti hanno biſogno di ſuſtentamento &
mantenimento corporale, onde alcune volte
frà l' anno, ſecondo la loro uſanza, fanno
li figli à padri defonti, i mariti alle moglie,
gl' amici à gl' altri amici, ſpendidi e lauti ban-
chetti, aſpettano gran pezzo, che arrivi il
defonto convitato, e ſeda a menſa per man-
giare. Quæ omnia ſuprà fuſiùs expoſita
vide. In eodem errore *Tartari* ſunt;
Colunt (inquit Paulus Marcus Venetus)
Natagai *pro Deo Numen quoddam ab illis confictum,*
Numen *quod* Natagai *vocant, putantque illud Deum*
Tartaro- *Terræ, atque gregibus pecorum placant. Hoc*
rum. *numen in maximo honore habent, nec eſt ali-*
quis, qui in domo ſua illi non imaginem dedica-
verit. Et quoniam credunt Numini Natagai *uxorem eſſe, & liberos, collocant etiam*
ipſi juxta penates ſuos imaginiculas quaſdam
uxoris ac filiorum loco, uxoris quidem ſimula-
chrum ad ſiniſtram, & filiorum imagines ante
faciem Idoli collocantes. His idolis magnam
faciunt reverentiam, præſertim quandò va-
dunt ad prandium, vel ad cœnam, tunc etiam
antequam ipſi comedunt, perungunt ora imagi-
num pinguedine carnis coctæ, & partem pran-
dii, aut cœnæ extra domum in honorem illo-
rum ponentes, credunt eos hinc cibari. Sed
Virorum nos ad *Cocincinenſes* revertamur, quorum
illuſtrium proprium eſt, Reges ſanctitate vitæ il-
cultus. luſtres divinis honoribus, iis innumera

idola dedicando revereri: in ipſa autem
Apotheoſeos ſolennitate *Ægyptios* omni
ex parte imitantur. Modus Apotheoſeos ſequitur.

In medio palatii ἀποθευρμ̄ῥ́υ (ex- **Oſiridis**
tructo magnificentiſſimo monumento **Arcanas**
                                      Sacra ad-
unà cum altari multo & exquiſito labo- **huc du-**
re adornato) arcam cadaveri deſtinatam **rant in**
                                        Indiis.
non minoribus ſumptibus apparant,
quam in altari dicto collocatam *Onſay*
candidis induti veſtimentis, variis cærimoniis ac ſacrificiis conſecrant, vinum,
boves, aliaque animalia magno numero
offerentes; quibus ritè peractis omnem
illam molem unà cum apparatu concremant, ſolo corpore defuncti ſibi re-
ſervato, quod ſepelire fingentes per
duodecim alias ſepulturas dè una in alteram ſecretò & cum aſtu traducunt,
ut hac ratione ſuperſtitioſa plebs ſemper de loco ſepulturæ dubia maneat &
anceps, ac proinde ex hac incertitu-
dine plus erga novum hoc Idolum de-
votio creſcat & veneratio, dum in o-
mnibus iis locis, in quibus oſſa condita eſſe, aut ea inveniri poſſe ſuſpi-
cantur, ritus & ſacrificia cæteris idolis
debita perficiunt. Sed audiamus verba
Burri: *Finiti queſti giorni poſero fuoco à*
tutta quella machina, abbrugiando & il pa-
lazzo & il tempio con tutti gli addobbi & ap-
parati, ſolo conſervando l'arca con il cada-
vero; quale fù poi ſepelito & transfugato
per dodici ſepolture da una in un' altra ſe-
gretamente & di naſcoſto, acciò reſtando il
popolo dubioſo ſempre in qual luogo fuſſe la-
ſciato, con l' intercezza maggiormente creſ-
ceſſe la veneratione del novo idolo, adoran-
dolo in tutti quelli luoghi, nelli quali poteſ-
ſero penſare, che ſi ritrovino quell' oſſa. Ita
Burrus; In quo quidem *Ægyptios* imitantur, qui ab Iſide inſtructi Oſiridi illi
ſuo ſimili aſtu Divinitatem acquiſivère.
De Iſide ita Plutarchus: *Oſiridis partes*
omnes diſperſas præter pudenda cum inveniſ-
ſet, cupiens incertum eſſe Viri ſepulchrum, ab
Ægyptiis autem & ſingulis hominibus honori
haberi, ex aromaticis ac cera ſingulas eas par-
tes

tes in formam hominis viro similem composuit; convocatis deindè Sacerdotibus, singulis dedit Osiridis imaginem, asserens eis solis corpus illius creditum, atque adjurans, ut nunquam apud sese sepulchrum Osiridis ulli panderent, utque illum in abditis servatum, veluti Deum colerent; qua ex re nunc etiam quilibet Sacerdos testatur penes se Osiridem sepultum esse. Et cætera quæ sequuntur. Fuit hæc callidi Dæmonis inventio, quæ multum ad irretiendos superstitiosorum in falso Deorum cultu animos valuit. Sed hæc de Japoniis sufficiant. Dæmonum fraus.

Caput III.

De *Indorum* Idololatria Sinicæ parallela.

Dividitur *India* in varias provincias, variasque Insulas adnexas habet, quæ omnes iisdem propè in Deorum cultu cærimoniis utuntur: Nam præter innumeros alios particulares Deos, Solem cumprimis adorant & ignem; huic varia per anni decursum festa & solennitates instituunt, in quibus omnibus ita cum *Ægyptiis* & *Persis* conveniunt, ut nihil propemodum in ipsorum sacris, quod ab iis non desumpsisse videatur, appareat.

Præter *Græcorum Ægyptiorumque* imagines adhuc ibi reperiri summâque veneratione coli, quotquot eas regiones peragrârunt, testantur. Præ cæteris autem cultus *Apidis* in figura Vaccæ, seu Bovis cornuti viget, quem nullis non templis, porticibus ac viis reperias. Retulit mihi Ludovicus Sachinus mercator Avenionensis, in Regno *Mogorum* eo in loco, ubi collimat cum *Bengala*, in publica & regia via ingentem Bovem erectum, cujus oculorum cavitatibus duo prægrandes Carbunculi seu Rubini inditi Idolum mirum in modum radiare faciant; retulit quoque neminem iter suum auspicari, quin prius hoc Idolum vaccinum certis sacrificiis placârit. Marcus Paulus Venetus dictis astipulatur, plerasque enim insulas *Bengalæ* vicinas hoc improbo Bovis cultu imbutas tradit; verba ejus subjungam: *Sunt habitatores Regni* Var *omnes idololatræ, multique eorum adorant Bovem, ut rem Sanctam, nec ullum*

Apidis cultus adhuc viget in Indiis.

Bovis cultus.

M. Paulus Venetus.

occidunt, cum autem bos aliquis moritur, perungunt domos suas adipe ejus. Et de *Meliapore* urbe S. Thomæ. c. 28. *Cum hi qui boves adorant, ad bellum procedunt, deferunt secum pilos bovis sylvestris, eosque ligant ad crines equorum suorum, quibus insident; pedites verò ad scuta & crines suos pilis illis ligant, credentes se in bello tutos esse ab omni periculo; nam bovem sylvestrem magnæ sanctitatis esse asserunt.* Et Cap. 30. ejusdem Libri: *Laënses boves adorant, & cum magna reverentia perungunt se unguento, quod de ossibus bovinis contritis faciunt.* Deorum quoque *Græcorum* præter *Ægyptios*, vestigia extare, ex literis P. Joannis Lopez Soc. JESU Procuratoris *Indiæ & Insularum Philippinarum*, cum quo & oretenus postmodum de hujusmodi hîc *Romæ* tractavi, constat: *Secta Philippinorum*, inquit, *est idololatria eadem, quæ Romanorum & Græcorum, Jovem aliosque Deos adhuc adorant; nomina dictorum Deorum habent sed in sua lingua: Verbi gratia, Jupiter vocatur* Maglente, *quasi dicas, fulmina vibrans, à* lente, *quod fulmen, & mag quod vibrare significat, deducto nomine. Atlas vocatur* Tomcon Langit, *hoc est, columna Cæli,* Langit *Cælum,* Tomcon *columnam significat, & sic de cæteris: habent quoque suos Campos Elysios, quos* Calongdan *vocant, id est, occasum Solis.* Quod manifestum signum est idololatriam *Ægyptiorum & Græcorum* in ultimum Orientem usque pervenisse; imò luculentiùs id ostendit Philostratus in vita Appollonii.

Laënses bovem colunt.

Insularum Philippinarum Idololatria.

T 2   Θεῶν

Θεῶν ἢ ἀγάλμασιν ἔν τυχᾶν φάσιν. Εἰ μὲν Ἰνδοῖς, ἢ Αἰγυπτίοις, θαῦ-
μα ἐδέν. Τὰ ἢ γὲ ἀρχαιότητα τῶν
παρ' Ἕλλησι, τό τε τ' Ἀθηνᾶς τ' Πολιά-
δῶ, κὴ τῷ Ἀπόλλωνῶ ἑ Δηλίε,
κὴ τῷ Διονύσε, κὴ ἑ Ἀμυκλαίε,
κὴ ὁπόσα ὁδὲ ἀρχαῖα. Ταῦτα ἱδρύε-
θαί τε Ἰνδὸς τέτες, κὴ νομίζειν Ἑλλη-
νικῶς ἥδεσι. Φασὶ δ' οἰκεῖν τὰ μέσα
τ' Ἰνδικῆς, κὴ τὸν ὄχθον ὄμφαλον ποιε-
νῦ) ἑ λόφε τέτε. Πῦρ τε ἀπ' αὐτε
ὀργιάζωσιν, ὅ φάσιν ἐκ τῆς ἑ ἡλίε
ἀκτίνων αὐτὸ ἕλκειν. Τῶτ' ἢ τὸν ἡμνὸν
ἡμέραν ἅπα ἐς μεσεμβρίαν ἄδεσιν.

Apollonius Thyanæus apud Heroftratum.

Deorum quoque simulachra complura illic
se vidisse tradit Apollonius, nihil quoque
miratum esse, quod Indorum aut Ægyptiorum Deorum illuc imagines viderit; stu-
puisse autem, quod eorum, qui ad Græcos
antiquissimi habentur, aspexerit simulachra
ceu Minervæ Poliadis & Apollinis Delii,
præterea & Dionysii, & Amyclæi, & aliorum hujusmodi; horum enim singulis Indi statuam posuère, Græcoque ritu iisdem sacrificant; Dicunt autem Indiæ medium sese colere,
eumque tumulum quasi umbilicum esse, & ab
eodem sacrum ignem capiunt, quem sese à
Solis radiis accepisse gloriantur, atque ob ejus
rei memoriam hymnum jugiter ad meridiem
usque decantant.

Brachmanum instituta.

Brachmanes autem & Gymnosophi-
stas, uti olim, ita in hunc diem Pythago-
ricam vitam ducere ex Historia Indica
Maffæi, aliorumque constat, de quibus
& Damis comes Apollonii multis agit
apud Philostratum. Dogmata Pythagoræ
profitentur, divinationis apud eos præcipuum
studium, humi dormiunt, herbis tantùm vi-
ctitant, Solem adorant, ignem Solaribus radiis
conceptum summo studio fovent; hunc variis
ritibus & precationibus placant; comas nutriunt, Mythram gestant, & Pagodes seu
Isiacas statuas, nudis pedibus ambulant, lineis
induuntur vestimentis, baculo fulciuntur;
Quæ quidem Ægyptiis Sacerdotibus solis competunt. Meminit horum quoque

Contarenus, itinerario Indico.

Nicolaus Contarenus Venetus in Libro,
quem de itinere in Indias conscripsit:
Per tutta l'India si adorano gli Idoli (cioè
Pagodes) alli quali fanno le chiese non dissimili
à quelle de Egitto, piene d'immagini onni-
formi depinti, e nelli giorni delle loro solen-
nità le adornano con fiori & rami, gl'idoli
sono fatti ò di oro, ò di argento, ò di pietra, ò di avorio, de' quali alcuni sono sessan-
ta piedi di altezza; Il modo come gli sa-
crificano è molto vario infra di loro, perche
alcuni si lavano con acqua chiara, avanti che
entrano nel tempio, una volta la mattina, &
un'altra à vespere: Altri con legno d'Aloe,
ò simili altri odori fanno sacrificio à i loro idoli.

Indoftani hodie adhuc sectantur ritus veterum Ægyptiorum.

Quæ in hunc usque diem in Regno Indostan seu Mogorum constanter à Brachmanis servantur, dum quotidie se in sa-
cro flumine Gange, veluti altero Nilo
lavare solent, aquas versus Solem spar-
gere, similibusque eum ceremoniis venerari solent, uti non semel mihi narravit P. Henricus Rhoth. Ex quibus manifesta Ægyptiorum morum rituumque
vestigia cernuntur.

Dæmonum cultus.

Non desunt ex Indis, qui Ægyptiorum quorundam Typhonem malignum
dæmonem solennissimo ritu colentium
exemplo, & ipsi humani generis hostem
Diabolum adorent ac variis hostiis pla-
cent; Describit hujusmodi cultum ce-
remoniasque in eo peragi solitas Ludovicus Barthema lib. 2. dell'India cap. 2.

Lud. Barthema. *Idolum in Calicut.*

Verba ejus subjungam: Il Rè di Calicut
è gentile, & adora il Diavolo nel modo che
intenderete. Loro confessano che uno Dio hà
creato il cielo e la terra, e tutto il mondo, &
è la prima causa di tutte le cose, & dicono,
che s'ei volesse giudicare voi & me & il terzo,
e'l quarto, che non haveria piacer alcun d'esser
Signore, mà ch'egli hà mandato questo mondo
à far giustitia, & à chi fà bene, ci li fà bene,
& à chi fà male, ei gli fà male. Essi lo chiamano il Deumo, & Dio lo chiamano Tame-
rani, & questo Deumo il Rè di Calicut lo
tiene nella sua Capella in questo modo. La sua
Capella è larga duoi passi per ogni quadro &

Sacellum Idoli regum.

alto quattro passi, con una porta di legno tutta
inta-

intagliata di Diavoli di rilievo; In mezzo di questa Capella v'è un Diavolo fatto di metallo, qual siede in una sedia pur di metallo; il detto Diavolo tiene una corona fatta à modo del Regno Papale con trè corone, e tiene ancora quattro corone, e quattro denti con una grandissima bocca aperta, con naso brutto, & occhi terribilissimi, & che guardan crudelmente, & le mani sono incurvate à modo d'un uncino; gli piedi à modo d'un gallo, di modo che à vederlo è una cosa molto spaventosa. Intorno alla detta Capella le sue pitture sono tutte Diavole, & per ogni quadro d'essa ui è uno Satanas posto à sedere in una sedia, laquale è posta in una fiamma del fuoco, nel quale stà una gran quantità d'anime lunghe mezzo dito & uno dito della mano. Il detto Satanas con la mano dritta tiene una anima in bocca mangiandola, & con l'altra mano ne piglia una altra dalla banda di sotto; ogni mattina gli Brachmani, cioè Sacerdoti vanno à lavar il detto idolo tutto quanto con acqua odorifera, e poi lo perfumano, e come l'hanno perfumato, l'adorano, & alcuna volta frà la settimana gli fanno sacrificii in questo modo. Hanno una certa tavoletta fatta & ornata in modo di uno Altare, alta da terra trè palmi, larga quattro, e lunga cinque, laqual tavola è molto bene ornata di rose, fiori, & altre gentilezze odorifere: sopra la quale mettono sangue di gallo, & carboni accesi in uno vase d'argento con molti perfumi di sopra. Hanno poi un thuribulo, con quale incensano intorno al detto altare, & una campanella d'argento, laquale sonano molto spesso. Tegono in mano un coltello d'argento, col quale hanno amazzato il gallo, & quello intingono nel sangue; & lo mettono alcuna volta sopra il fuoco, & alcuna volta lo pigliano & fanno alcuni atti, come colui chi vuole givocare di scrimia, & finalmente abbrugiano tutto quel sangue, stando continuamente candele di cera accese; Il Sacerdote chi vuole fare il sacrificio, si mette alle braccia, alle mani, & a piedi, alcuni manigli d'argento gli quali fanno grandissimo rumore, come sonaglie, & porta al collo un pentacolo, &

Cerimoniæ Idolo Dæmoniaco exhibitæ.

quando hà fornito di fare il Sacrificio, piglia tutte due le mani piene di grano, e si parte dal altar, & va al indietro sempre guardando all'altare, insino che arrivi appresso à un certo arbore, & getta quel grano per sopra la testa alto tanto, quanto può sopra del arbore, poi ritorna & lieva ogni cosa dell'altare. Atque hactenus Ludovicus Barthema.

Præ cæteris verò ignem tanquam sacrum animal adorant, huic filios immolant, in hunc seipsos conjicientes concremant, hoc facto venerationem erga eum monstrantes: Quem quidem cultum aliundè non didicerunt, quàm à Persis, eorumque vicinis Chaldæis; asservabant ipsi, ut suprà dictum est, in ædiculis pluribus veluti perennem, & veluti oraculum interrogabant de futuris. Cujus meminit Benjaminus in itinerario his verbis:

Ignis cultus.

לפני הבמה של בית תפלתם
עמק גדול ומדליקין כל ימי
עולם שם אש גדולה וקוראין
אותה אלהותא ומעבירין
כה בניהם וגם משליך בתוה
האש

Benjamin in suo itinerario.

Ante aram Sacram ædium est ingens fovea, in qua continuatis seculis ardet ignis maximus, quem appellant divinitatem, per eum traducunt filios suos, mortuos verò prorsus illuc injiciunt. Pergit Rabbinus & commemorat admirandam stultæ gentis devotionem, quod qui sanctitatis affectent opinionem, se vivos in hunc ignem præcipitent, & magno spectantium applausu voluntariam sustineant mortem, quod me illius peregrini admonet in Luciano, qui ut aliis ludos exhiberet, sibi cruciatus fecit in Olympica panegyri seipsum sponte comburendo, saltem ut nominis famam pararet. Pergit postea Benjamin:

Sunt inter illos de Magnatibus terræ, qui devovent semetipsos in vita, ut comburantur igni; cumque id suis familiaribus & propinquis

Seipsos in Sacrificium offerunt Idolatræ.

T 3   quis

quis denunciant: Ecce votum feci sponta-
neum, ut insiliam in ignem vivus ; respondent
omnes & acclamant illi : O te felicem &
beatum ! quando autem appropinquat dies
executionis, parant ei convivium lautum, ipse
vero vehitur caballo, si dives est, vel si pau-
perior, pedes incedit, usque ad marginem
fossæ ; ibi dum præceps ruit in flammas, omnes
cognati ejus lætantur, tympana pulsantes &
agentes choream, donec totus conflagret. Ut
vero cognoscas, quænam illa persuasio
tam efficax esse possit, ut vitam sic prodi-
gere velint, imò gaudeant cruciari, per-
cipe ulterius insignem Diaboli actum,
qua ratione tanta crudelitate hominibus
illudat :

Appetente tertia die, veniunt bini Sacer-
dotes de primoribus in ædes combusti, & dicunt
hæredibus ejus : Parate domum ; nam hodie
accedet vos Pater vester, ut præcipiat vobis,
quid faciendum sit ; accersitis ergò ex urbe
testibus, apparet Satanas illius habitu. Tunc
uxor & liberi sciscitantur ; Ecquomodo ha-
beat in altero seculo ? Respondet, veni quidem
ad socios meos, sed illi me noluerunt recipere
priùs quàm solverim universa debita familia-
ribus æquè atque amicis ; partitur itaque opes
suas hæredibus, jubens dissolvere quicquid ille
debeat aliis, & exigere viciffim, quod illi de-
beant sibi. Has expensas consignant advo-
cati testes, ut ille abeat viam suam ; deinceps
non cernunt eum ullatenus. Tali mendaciffi-
ma fascinatione, quam edunt magici Sacerdo-
tes, confirmantur illi, ut dicant, simile quid
non contingere in universa terra. Hæc Benjaminus, quæ omnia à *Paulo Marco Ve-*
neto, quomodò Benjaminus ea refert,
tradita *Persarum* ritibus omninò consen-
tiunt. Et in *India* quam *Indostan* vocant,
in hunc usque diem barbaros hosce ritus
perseverare, mihi sæpè supramemorati
Patres ex *Mogorum* Regno huc *Romam*
Procuratores de mulieribus ad defunctorum maritorum amorem contestandum
seipsas Vulcano consecrantibus retulerunt, qui quo tempore *Agræ* metropoli
Mogorum morabantur, hujusmodi bar-
baras solennitates summâ admiratione

(in margine:) Indostani igne se concremant.

spectarunt. Sed quia res digna fuit, quæ
in considerationem profundæ harum
gentium cæcitatis veniat , paucis im-
piam & plenam inhumanitatis consuetudinem exponam.

Mos est in *India,* cæterisque adjacentibus Regnis, ut nonnullæ uxores post
maritorum obitum sive ob ulterioris
vitæ fastidium, sive ad immortalitatis sibi
nomen comparandum, sive etiam ea de
causa, quod maritorum absentiam sustinere amplius nesciæ, spe melioris vitæ
percitæ, eò se perventuras credant, ubi
inter Deorum relatæ cœtus, unà cum
marito perennibus perfruantur deliciis,
sese vivas concremant. Erat anno 1661.
Agræ fœmina non nobilitate duntaxat,
sed etiam divitiarum opulentia affluens ;
hæc post mariti obitum, statim advocatis
Brachmanum sacrificulis suam ad vitam
mariti amore Vulcano consecrandam,
intentionem aperuit, quæ de animi ge-
nerositate & fortitudine laudata, nihil
morata, quod mente conceperat, in
executionem deduxit. Uti sequitur :

Constituta itaque die solennitatis
ipsa pretiosissimis, quas habebat, auro,
argento, nec non omni pretiosorum lapidum genere, ex bysso intextis vestibus
induta, equum candidum non absimili
ornamentorum apparatu onustum con-
scendit, cui quicquid rarum pretiosum-
que possidebat catenatim adnexum spectabatur : Ipsa verò plenum gaudii vultum præ se ferens, & veluti summo triumpho decorata, brachiis nunc elevatis,
nunc depressis, jam in omnem partem
agitatis, manu dextra cymbalum, altera pomum gestans, miros & inusitatos
gestus internæ lætitiæ indices, queis brevi se marito unitum iri sperabat, exerce-
bat. Festivos hosce, seu potius ferales
plausus augebat ingens circumfusæ mul-
titudinis Sacrificulorum præficarumque,
quâ utrinque stipabatur, turba, quæ unà
cum triumphatrice, ridiculâ gesticula-
tione, nec non insolitâ corporis contor-
sione, inconditis vocibus identidem illud

(in margine:) Historia mira.
(in margine:) Nobilis fœminæ ad volun-tariam concre-mationem pompa.
(in margine:) Trium-phus fera-lis.

lud folitum illis epiphonema decanta-bat : *Ram Ram faltaè. Ram Ram faltaè.* Id eft, *Deus Ram falva nos.* Atque hoc fanatico triumpho per celebriores urbis plateas circumvecta, tandem loco ubi pyra diverfis lignorum pretioforum aromatumque generibus inftructa erat, fiftitur. Hæc vixdum equum defcenderat, cum ecce inter confufas facrificulorum voces, quibus ad fpontaneum martyrii tormentum fortiter conftanterque fuftinendum animabatur, tympanorumque ftrepitus pyræ apicem confcendit, ubi veluti in triumphali throno refidens, more folito fuas peragebat gefticulationes; Interim Sacriculi ignem ex omni parte, materiæ ex aridiffimis pretioforum lignorum viminumque prius nobili refina perlitorum fafcibus compactæ fuggerebant.

Atque hoc pacto inter jubilos & immenfos vociferantium ftrepitus fumo obfepta atque tandem igne quoque unà cum omnibus ornamentis in cinerem redacta, infelicem animam non campis Elyfiis, fed æternis cruciatibus deftinatam efflabat.

Hunc eundem morem inter *Tartaros* vigere, apud *Marcum Paulum Venetum* legimus : Imperatore enim mortuo unà fe cum cadavere Regio igni tradunt, quotquot aut Regem amaverunt, aut ab eodem infignibus beneficiis fuerunt affecti, ea fpe demeritati, credunt futurum, ut in altera vita Domino fuo, uti prius fideliter denuò ferviant. Atque fæpe contingit ut ad 30 millia hominum tali opinione dementata, inter exequias Regis, pereant. *Tartarorum ftultitia.*

CAPUT IV.

De Brachmanum *inftitutis, & quomodo per* Brachmanes *fuperftitio* Ægyptiorum, *quâve occafione in* Perfiam, Indiam, *& ultimum Orientis* Sinarum Japoniorumque *Regnum, fucceffu temporis propagata fuerit.*

Ægyptus à Cambyfe fubacta.

Onftat ex *Herodoto, Plinio, Diodoro, Paufania, Plutarcho, cæterif-que Hiftoricis,* poft *Cambyfis* Regis *Perfarum* in *Ægyptum* irruptionem (quæ regnante Numa Pompilio Secundo *Romanorum* Rege contigit) totam pænè *Ægyptiorum* fapientiam, quæ jam à mille & amplius annis conftiterat, in ultimam ruinam unà cum Nilotico Regno abiiffe; ubi facra Deorum fimulachra in pulverem contufa, everfæ vaftæ obelifcorum moles, *Apin* maximum *Ægyptiorum* Numen, five Bovem facrum in fepto quodam enutriri folitum ab ipfo *Cambyfe* occifum, omnem Sacerdotum Hieromantumque turbam partim trucidatam, partim hieroglyphicis monumentis omnibus igne confumptis, in exilium actam fuiffe: Sacerdotes itaque & Hieromantæ in peregrinas terra-

rum oras profugi, cum terreftrium itinerum femitæ, hoftium refertæ catervis, haud tutum præberent tranfitum, per *Sinum Arabicum Ægypto* conterminum, iter tentantes tandem in *Indiam,* quam hodiè *Indoftan* dicunt, penetraverint; quò & Hermetem, Bacchum & Ofiridem olim penetraffe cum ex fuis monumentis, & unà ex vetuftis ibidem civitatum ab iis conditarum reliquiis comperirent, ibidem leges Hieromanticas undequaque propagaffe, cultumque Deorum in *Ægypto* per *Cambyfem* abolitum, in hoc veluti remoto Orbis loco renovaffe, ex præcedentibus fat fuperque oftenfum fuit. Qui Deorum cultus adeò tenaciter fimplicioribus mentibus inhæfit, ut nullo unquam ævo eradicari potuerit; Nam uti olim, ita & in hunc ufque diem *Apidis* five Vaccæ cultus adeò increbuit, *Ægyptii Sacerdotes patria extorres per Sinum Arabicum in Indiam transmigrant.* *Vaccæ cultus.*

crebuit, ut nemo in futuro feculo falutem fe confecuturum credat, qui moriturus caudâ vaccæ non ad extremum ufque halitum , manibus apprehensâ deceffèrit ; præterea Metempfychofin five tranfmigrationem animarum , de animali in animal, ab *Ægyptiis* primùm Mundo divulgatam, *Heroftrato* tefte, *in vita Apollonii* adeò certam fibi effe perfuaferunt , ut *Brachmanes* ea de caufa

Abftinentia Pythagorica.

nullum animal vivens cujufcunque tandem generis & fpeciei fit , nec quæ à vivis procedunt , uti funt, lac, cafeus, butyrum, ova in cibum affumunt, veriti ne forte magni alicujus Herois aut Numinis unà cum nutrimento animam deglutiant, ita ut hujufmodi propudiofa fuperftitio non folùm per univerfas *Indiæ* Regiones longè latéque propagata fuerit, fed & *Camboiam , Tunchinum, Laum, Concincinam,* quin univerfam *Chinam Japoniamque* unà cum innumerabili Deorum Dearumque fanatica turba invaferit. Sed jam ad paulò fufiùs fuperftitionum in ultimum Orientem ex *India* introductarum origines fcrutandas, nos accingamus.

Origo fuperftitionis propagatæ.

Primus fuit totius fuperftitionis faber & architectus, fceleratiffimus *Brachman,* qui imbutus Pythagoricis difciplinis , ibidem fparfis, non contentus, fuperftitiones fuperftitionibus addidit eo numero , ut vix fit , qui eas non dicam enarrare , fed ne calamo quidem fufficienter defcribere queat. Fuit hic ille

Xaca novæ Idololatriæ primus in Indiæ fundator.

toto Oriente impoftor celeberrimus, quem *Indi Rama,* Sinæ *Xè Kian, Japones Xaca, Tunckinenfes Chiaga* vocant; natum fertur hoc exitiale monftrum primò in *Mediæ Indiæ* loco, quem uti *Sinenfes* narrant, *Tien Truc Gnoc* vocant, monftruofo prorfus partu ; ajunt enim matrem ejus in fomno elephantem album, ex ore primùm deinde per latus finiftrum

Fabula de Elephante albo.

emergentem vidiffe ; Unde fabula de Elephante albo tanti pretii apud Reges *Sian , Lai , Tunchini , Chinæ* orta , tantum potuit apud Reges, ut ne Regnum

quidem tantum , quantum Elephantis candidi munus æftimare videantur , feque perbeatos reputent, fi quandoque Cœlefti munere illis hujufmodi bellua offeratur. Sed de hujus Elephantis apotheofi in fequentibus plura. Natus itaque *Xaca,* primum quod perpetraffe dicitur, facinus fuit, occidiffe matrem, deinde manu in cœlum extenfâ, alterâ in terram demiffâ clamaffe fertur, præter fe alium fanctum neque in Cœlo, neque in Terra exiftere, deinde dum in occultiorem montis altiffimi feceffum fe retrahit , ibidem ferunt execrandam illam Idolomaniam magiftro Satanâ inftituiffe, quà poftea totum Orientem peftiferis fuis dogmatis infecit. Scribunt *Annales Sinici,* in eodem Natali folo mox ac ex eremo receffit, Divino, veriùs dicam Satanico fpiritu plenum , fibi ad 80 millia difcipulorum aggregaffe , ex

Xaca 80 millia difcipulorum.

quibus tamen non nifi 500 primùm, deinde ex his 100, ac tandem iterum ex his decem, tanquam ad execranda fua dogmata diffeminanda aptiores, veluti intimos fcelerum fuorum confiliarios & affeclas felegiffe , &, ut dogmata in controverfiam à nemine revocarentur, moriturus in teftamento reliquit, ut in libris fuis hoc Pythagoricum poneretur epiphonema, αὐτὸς ἔφα, five quod idem eft, *fic libri nos docent,* quibus infallibilem abfurdiffimarum fabularum veritatem, in dubium revocare nefas effe innuebat, quàm autem horrenda, quàm execranda fuis in libris reliquerit, non placita, fed fcelera, non doctrinas, fed abominationes, non hiftorias, fed putidiffimas fabulas, is legat, qui volet *Librum,* quem de *Brachmanum Theologia* P. *Robertus Nobilis* Societatis JESU,

P. Robertus Nobilis Romanus.

Miffionis Madurenfis in *India Malabarica* fundator, nec non linguæ & Brachmanicæ genealogiæ confultiffimus, fummâ fane eruditione, nec minori cum animarum tot errorum labyrinthis involutarum fructu confcripfit. De hoc memorant maleferiati *Brachmanum* Scriptores,

Octuagies milliesXacá transmigravit. res, *Xacan* octuaginta mille transmigrationes in omnis generis animalia suſtinuiſſe, quarum ultima fuerit in Elephantum candidum, quam *Lo h.m hoe Laenſes*, & *Tranluan*, id eſt, *Ŕotam* vocant; putant enim animas ex uno in aliud animal veluti rotatione quadam per ſex pœnas tranſmutari, donec tandem ſexta rotatione peracta, in ſtatum omnis mutationis expertem Deorum conſortio aggregentur, *Pagodes* facti.

Metemſychoſeos alia ſententia. Alii ſtrictiùs Pythagoricæ Metamorphoſeos leges ſectantur, ita ut tranſmutatio animarum juxta virtutum vitiorumque merita aut demerita, in animalia vitiis virtutibuſque κ᾽ τ̀ὼ ἀναλογίαν correſpondentia transformetur; hoc pacto dicunt, Tyrannos in Tygrigrides, in lupos proditores, in porcos luxurioſos, guloſos in canes; contrà in oves manſuetos, Reges in Elephantes &c. fuiſſe tranſmutatos: Quas metamorphoſes tanto numero adducunt, tot ac tam ridiculis inconcinniſque fabulis contextas, ut in Ovidiana Metamorphoſi nil tam exoticum, nil tam ſtolidum ac veſanum, quod illi Heroibus ſuis μεζεψυχϱμβίοις non attribuant; & quemadmodum unda undam trudens in innumerabilia tandem fluctuum divergit volumina, ita metempſychotica ſuperſtitio tantam poſt ſe traxit anilium deliramentorum multitudinem, ut ea inter animalia, quadrupedia, volatilia, natabilia atque inſecta contineri neſcia, vegetabilis quoque naturæ regnum invaſerit; undè nata propudioſa illa *Ἀπόϱϱητμψύχωσις.* δ̔ενδ̔ϱϱμέζεμψύχωσις, quà non in animalia duntaxat, ſed & in plantas, Ovidianæ Daphnes exemplo tranſmutari dicantur; quibus tanquam rationali homine indignis, omiſſis, unum tantùm hìc adjungam, quod anno 1632, in *Concincina* accidiſſe refert in ſuo *de expeditione Japonica libro P. Philippus Marinus.* Ceciderat ventorum impetu in terram ingentis magnitudinis arbor, 80

cubitorum longitudinem habens, tanti ponderis, ut centeni homines eam loco dimovere nequirent, quæ adjurata dixiſſe fertur: Se Capitaneum Chinenſem fuiſſe, & centenis annis jam dilapſis, tandem in hunc truncum fuiſſe transmutatum; veniſſe autem ad intimandum *Concincinæ* bellum; cum verò non eſſet, qui aut arborem reſecare noſſet, fuiſſe ibidem relictum Solis imbriumque injuriis expoſitum, ea ſpe fretum, futurum, ut nulla elementorum vis contra duritiem ſoliditatemque corticis, quà veluti lorica quadam muniebatur, prævalere poſſet; quæ ſeu fabula, ſeu Dæmonica illuſio tantum in animis gentilium potuit, ut dum arbores comperiunt magnitudine eximias, illi ſcutellam orizæ portione refertam, radicibus apponere ſoleant, veriti ne diuturno jejunio animæ Heroum in illis viventes tandem deficiant, tum ſtolida quadam eorum commiſeratione perculſi, tum ob umbræ quoque gratiſſimæ, ſubter quam æſtivo Solis ardore ſe recipiunt, ob receptum beneficium gratitudinis debitum hoc pacto perſolventes. *Fabula ridicula.*

Sanior philoſophandi ratio, ſed ridicula. Qui verò ſublimiùs, (melius inſaniùs) philoſophari videntur, dicunt, hominem intellectu in id quod concipit, objectum tranſmutari realiter, ita ut ceſſante operatione nulla homini vita ſuperſit; quod non de intellectu tantummodo & voluntate, ſed & de potentia cognoſcitiva, appetitiva & phantaſtica intelligunt. Addunt, ubi homo tantum intellectu profecerit, ut quaſi extaticus & in immobilem ſtupiditatem redactus videri poſſit, tum tandem is ſummum id, quod deſiderari poteſt, ultimam videlicet felicitatem conſecutus dici poſſit, atque inter Numina relatum Pagodem effici; unde ſimiles Pagodes etſi nec videre, nec audire, nec ullius alterius miniſterio, utpote ex materialibus rebus fabricata, fungi videantur, audiunt tamen, uti ajunt, videntque ſuo modo; Numine videlicet, velut extaſi quadam & raptu *Quando in Pagodes convertantur.*

V   in

in illis abforpto. Atque hoc pacto illi fat ridiculo ratiocinio vitam Idolorum Pagodumque contra eos, qui eos impugnant, tueri folent. Addam hoc loco aliud quoddam hujus phanaticæ opinionis de Metempfychofi *Sinarum* fpecimen, quod *in vita B. Odorici Ord. Minorum S. Francifci*, apud *P. Bollandum in magno illo Vitæ Sanctorum Opere tom.1.Jan.15.* c. 4. legitur. Nam cum dictus Odoricus *Camfanam* Sinenfis Regni urbem tranfiret,à quodam *Sina* ad contuendum infolitum inauditumque omnibus feculis fpectaculum·vocaretur, benignæ invitantis humanitati annuit ; Itaque introductus in Monafterium quorundam Religioforum, quod *Bonziorum* ego Cœnobium fuiffe interpretor, ubi nonnemo ex dictis Religiofis duàs ingentes fportas omni cibariorum genere onuftas in viridarium quoddam Cœnobio junctum tranfportari juffit ; in quo & mons erat amœnis arboribus confitus ; Hoc itaque viridarium unà cum Odorico ingreffus *Bonzius* campanulam quandam quam fecum portare folebat, infonare cœpit ; & ecce mox ingens diverforum animalium caterva, ex monte feftino gradu, id eft, Feles, Canes, Simiæ, Capræ, Porci, & fimilia alia monftruofæ formæ complura, ad ter millena, fefe Nutritoris confpectui ftiterunt. Quibus ille cibos pro cujufque natura porrigebat ; prandioque brutali finito, ad campanulæ fonitum mox fingula fefe ad interiora montis latibula recepêre. Hic Odoricus ftupore attonitus, indica, inquit, mihi Frater, quænam fint & quidnam fibi velint,brutorum hujufmodi adeò ad obedientiæ fignum promptorum congregatio ? Refpondit *Bonzius*, Iftæ funt Nobilium virorum animæ, quas nos hic amore Dei pafcimus ; refumit Odoricus ; Et quomodo hæc bruta animæ dici poffunt ; cum animæ humanæ omnis corporeæ molis expertes fint. Refpondit alter, In hæc quæ vides bruta ingreffæ funt animæ defunctorum omnis ætatis & conditionis hominum, & quantò quifpiam fublimioris fuerit dignitatis, tantò nobilius quoque animal, quod inanimat, fortitus eft : contra tantò vilius, quantò vilioris conditionis fuerit. Quamque quidem fuperftitiofarum mentium cœcitatem Odoricus, magno argumentorum pondere convellere conatus fuit ; fed fruftrà ; cum nemo effet, qui à ftulta hac Diabolici dogmatis perfuafione, dimoveri poffet. Ego fanè hæc non animalia, fed Dæmones in hujufmodi bruta transformatos, ad miferis hominibus illudendum, eorumque animos infatuandos, verius crediderim.

Mirum de Metempfychofi exemplum.

CAPUT V.

De ridicula Brachmanum *Religione circa hominum originem.*

Rachmanes originem fuam, Scriptores *Indi*, duxiffe dicunt ex *Cechian*, five *Xaca*, de cujus origine in præcedente Capite egimus, quem & iidem appellant cum Arabibus Hormoz, eumque cum Hermete Trifmegifto, alii cum Pythagora ob dogmatum fimilitudinem immerita comparatione confundunt ; Nam doctrina,quam tradidit, tam horrendis fabularum monftris,tam fœdis inconnexarum rerum commentis apud eos confufa legitur,ut in varias claffes divifi,vel ipfimet ftolidæ doctrinæ fectatores, quid fentire,quid credere debeant, nefciant. Sed fubnectamus nonnulla de Mundi creatione dogmata, quæ uti ab illis inter articulos fidei, ita à fapientibus fanaticorum nugamentorum numero meritò adfcribuntur.

Dii *Brachmanum* fumma ftoliditate ficti, funt : *Bruma, Vefne, Butzen,* & hi

Xaca cum Mercurio Trifmegifto confundunt.

Brachmanum Dii.

hi sunt præcipui, quibus subordinantur 33 milliones Deitatum, quarum caput dicunt esse *Dimenderen*, *Feltan* & *Bruma*, ex hoc tanquam nobiliori omne hominum genus prodiisse narrant, ex totidem Mundis, membris humani corporis correspondentibus: Mundum *Primum* Supercœlestem ex cerebro; *Secundum* ex oculis; *Tertium* ex ore; *Quartum* ex sinistra auricula; *Quintum* ex palato & lingua; *Sextum* ex corde; *Septimum* ex ventre; *Octavum* ex verendis; *Nonum* ex coxa sinistra; *Decimum* ex genibus; *Undecimum* ex calcaneo; *Duodecimum* ex digitis pedis dextri; *Decimumtertium* ex planta pedis sinistri; *Decimumquartum* ex ambiente cum æthere prodiisse fabulantur: è quibus Mundis pro partium humani corporis conditione nati sunt homines intellectu & sapientia conspicui; secundò Prudentes in actionibus; tertiò Eloquentes & facundi; 4. Astuti & callidi; 5. Gulosi & commessationibus dediti; 6. Magnifici & splendidi, liberales; 7. Sordidi & obscœnis moribus præditi; 8. Luxuriosi & carnalibus voluptatibus dediti; 9. Laboriosi, Artifices & Agricultores. 10. Hortulani, Rustici. 11. Vilibus operibus destinati, quos *pareàs* vocant. 12. Homicidæ, latrones, fures. 13. Oppressores pauperum. 14. Homines peculiari dote in omni genere rerum præditi. Atque hoc pacto describunt magnum illum *Brumam* tot Mundorum hominumque diversissimorum genitorem; quæ stolidissima gens adeò strictè ad literam intelligit, ut eum in suis fanis uti sequitur depictum servent, & cum hominem aspexerint, ex ejus physionomia eum ex tali & tali *Brumæ* Mundo natum esse, certa se notitia determinare posse sibi persuadeant; sed nondum sat ineptiarum; siquidem in Mundo ponunt septem maria; *Primum* Aqueum; *Secundum* Lacteum; *Tertium* Ex coagulo lactis; *Quartum* Butyraceum; *Quintum* Salinum; *Sextum* Saccareum; *Septimum* Vinosum. In Aqueo ponunt quinque Paradisos:

(marginal notes, left column:) 33 Milliones Deitatum. — *Bruma* magnum Numen hominum ex membris suis diversis diversorum genitor. — 7. Maria. 1. Aqueum. 2. Lacteum. 3. E coagulo lactis. 4. Butyraceum. 5. Salinum. 6. Saccareum. 7. Vinosum.

In Lacteo Religiosos & Sacrificulos, quos *Jogues* vocant, quæ gloria *Siven* dicitur. In tertio, quam gloriam *Divenderen* dicunt, voluptatibus corporeis deditos; In quarto quæ est gloria *Brumæ* felicis sortis; In quinto quæ est gloria *Visnu*, misericordes; In sexto, quæ gloria *Cailasan* dicitur Eleemosynarios; In septimo, quæ gloria *Vajacandam* dicitur, omni ṛ no affluentes.

In omnibus, præter primum, corporearum voluptatum abundantiam, juxta analogiam liquorum, ex quibus constant, admittunt. Dixi præter primum, quia uti illud prorsus intellectuali luce pollet, ita quoque dicunt, in eo primum voluptatis gradum esse, gratiam Dei supremi, cum quo per eandem unum & idem efficiantur, & consistere dicunt in Harmonica quadam proportione, quâ anima Deo miscetur, & Θεομόρφωσις dicitur, quam doctrinam passim ab *Ægyptiis* hausisse, tametsi infinitis superstitionibus contaminatam, haud vero absimile ei videri potest, si quæ de Θεομορφωσ$ *Ægyptiorùm* in *nostro Oedipo* exposuimus, quæque ex *Saracenis* aut *Mahumetanis* (quo in eorundem Cabala nil septem hujusmodi Mundis voluptuariis tritius est,) adducta, ritè inter se contulerit.

(marginal note, right column:) 7 Mundi voluptatum apud Mahumedanos.

Præterea quod Cabala *Saracenorum* de globo Terræ in cornu bovis firmata, *Brachmanes* de Serpente ολιαχε-φάλω, id est, *mille Capitibus monstruoso* dicunt; & quoniam Serpentem seu hydram hanc phantasticam sustinendo globo Terræ insufficientem videbant, octo illi Elephantes, quorum robore sustineatur, supposuerunt; quia verò nec hi sine sustentamento & substerniculo subsistere poterant, illis immensæ aquaticæ testudinis dorsum, supra quod firmarentur, substituerunt, quæ in infinito mari natans totam hanc monstrorum congeriem sustineat.

(marginal note, right column:) Cabala Saracenorum ex Brachmanum disciplina desumpta. — Fabula.

Alii de Mundi Origine sic sentiunt, placito sanè cæteris non minus ridiculo;

Araneum

Araneus est origo Mundi apud *Brachmanes*.

Araneum fingunt effe primam rerum caufam, qui ex ventre fuo continua filorum evolutione elementa primùm, deinde Cœlorum globos efformarit, opufque fuum continua affidentia gubernet, ufque ad Mundi interitum, quem caufari dicunt; ex filorum mundanorum, quos evolverat, intra fe retraĉtione, undè rerum omnium evanefcentia. Quæ ideò hoc loco apponenda

duxi, ut nos cœcæ gentilitatis dogmatis adeò àbfurdis & inconcinnis, quibus humanum ingenium magis abfona concipere non poffet, cognitis, D E O Opt: Max: & Chrifto Servatori noftro debitas perfolveremus gratias, quod nos è tantis tenebris ereptos, infallibili veritatis fuæ luce, præ innumeris aliis, mifericorditer imbuere non fit dignatus.

Caput VI.

De alia fabulofa doĉtrina Brachmanum, & eĤ, de decem Incarnationibus Dei, quas Gentiles Indiani extra & intra Gangem credunt.

Apollonius Thyanæus.

Variæ Brachmanum Seĉtæ.

Brachmanas, quos & GymnofophiĤas vocant, olim Aftrologia & magicis artibus celebres fuiffe ex HeroĤrato in vita Apollonii Thyanæi patet, quorum fama permotus & ipfe fufceptis magnorum itinerum ambagibus tandem eorum addifcendorum dogmatum caufa per Perfidem in Indiam ufque contendit; Regem Jarcham fapientià confpicuum adiit; ubi & feptem Planetarum figillis, magnæ, ut ipfe putabat, virtutis in lapidibus pretiofis incifis, donatus; Satanica dogmata, quibus ipfe jam dudum imbutus favebat, fatis deprædicare non ceffat; quorum quidem inftituta fi cum modernis compares, haud abfimilia effe reperies. Sunt autem duæ claffes Brachmanum; primæ funt ii qui fapientes dici volunt, & civilem vitam feĉtantur; alii Jogues vocantur, & in folitudinibus prifcorum GymnofophiĤarum more nudi funt, divinationibus cæterifque magicis artibus deditiffimi; vitam quidem, fi externam attendas, aufteram & laboribus plenam, fed revera internam fub affeĉtata hypocrifi omnibus fceleribus refertam ducunt.

Non fatis itaque fuit callidiffimo Satanæ, perverfis hujufmodi dogmatis

prifcorum gentilium propriis, mortalium animas folitis fibi artibus dementare, fed & facra profanis ad majorem Divini Numinis atque Euangelicæ Legis contemptum, mifcere aufus, adeò fimpliciores Paganorum animos Satanico Brachmanum minifterio infecit, ut Divini Verbi Incarnatio in putidiffimas fabulas traduĉta, atque abfurdiffimis Metempfychofeos commentis mixta, fucceffu temporum partum produceret tàm abfurditate celebrem, quàm fabulofa narratione monĤruofum, cujufmodi funt decem Dei Incarnationes, quas præter complura hujus farinæ figmenta mihi hîc Romæ communicavit jam fæpè laudatus P. Henricus Roth Auguftanus Patrià, Mogoricæ Miffionis indefeffus operarius, qui uti Brachmanicæ linguæ eft peritiffimus, ita quoque ex ipforum arcanioribus libris præcipua extraxit dogmata, ea intentione, ut noftris inter Brachmanes verfantibus modum, quo tantas abfurditates facilius confutare poffent, traderet. Verùm quia res confideratione haud indigna mihi vifa fuit, hîc brevem eorundem enarrationem, ipfis fupradiĉti Patris Rothii verbis fubjungendam cenfui.

10. Incarnationes Dei.

Decem

Decem fabulofæ Incarnationes Dei,

Quas credunt *Gentiles* Indiani extra & intra Gangem, *ex interpretatione P. Henrici Roth.*

De fecundæ Perfonæ SS. Trinidis Incarnatione Brachmanum fententia.

» Univerſim dicunt, ſecundam perſo-
» nam ex Trinitate novies jam incarna-
» tam fuiſſe,& adhuc ſemel incarnatum iri.
» Perſonæ Trinitatis apud illos ſunt:
» *Brahma, Bexno, Mahex.* Has dicunt eſſe
» unum quid in natura, quam vocant va-
» riis nominibus: V. gr. *Achar* (immobilis)
» *Paramanand* (quietus) *Paramexuar* (ſu-
» premus Dominus) *On* (Ens) & aliis ſex-
» centis nominibus, quæ Entis illius attri-
» buta infinuant.

Fides Brachmanum abſurdiſſima.

» Tres ſupradictas perſonas dupliciter
» explicant: Primum *Brahma* dicunt eſſe
» naturam ſeu eſſentiam illius Entis Supre-
» mi ſive Dei: *Bexno* dicunt eſſe ejuſdem
» appetitum concupiſcibilem, *Mahex* verò
» appetitum iraſcibilem. Secundum *Brah-
» ma* eſt Inexiſtens omnibus rebus. *Bexno*
» Conſervator rerum. *Mahex* deſtructor
» (hinc fingunt mortem & corruptionem
» eſſe ſervos hujus.) Tandem in compen-
» dio dicunt, totam rerum univerſitatem
» conſiſtere in *Samext & Beaxt*, id eſt, in
» *Univerſali & Particulari.* Univerſale di-
» cunt eſſe Naturam illam Entis Supremi
» in ſe. Particulare eſt Natura illa jam per
» particulas diviſa in rerum varietate.

» Undè deducunt, nullam eſſe nec ge-
» nericam, nec ſpecificam diſtinctionem
» in rebus creatis, ſed omnia eſſe unum
» idemque Ens, ſeu naturam univerſalem
» individuatam per particulas, quarum
» unaquæque aſſumit vel figuram homi-
» nis, vel lapidis, vel arboris.

» Materiam his particulis divinis ſuper-
» veſtitam dicunt nihil aliud eſſe, quàm
» deceptionem; unde eandem naturam
» divinam vocant *Ram*, id eſt, *Ludentem.*

» Deum vel potius naturam illam In-
» carnatam explicant ſic: Particula ſcili-
» cet major aſſumit, ſeu veſtit ſe materia
» (quam dicunt componi ex quinque ele-
» mentis) & per illam velut per inſtru-

mentum ſuum manifeſtat attributa ſua, «
plusquam in alio ente ordinario, cui «
ineſt particula minor. Longis eſſet opus «
commentariis ad explicanda ſeu narran- «
da ſolùm figmenta Gentilium. «

Explico nunc Incarnationes in *particulari.*

Prima eſt *Naraen*, id eſt, *Virorum* «
Princeps. Secunda *Ramchandra.* Tertia «
Machautar, id eſt, *Piſcis.* Quarta *Bara-* «
hautar, ſeu *Porcus.* Quinta *Narſeng*, homo «
leo. Sexta *Dahſer*, decem capita. Septima «
Jagarnath, *Mundi Dominus.* Octava *Cre-* «
xno, niger. Nona *Bhavani.* Decima *Har.* «

Primus *Naraen* filius fuit *Jagexuar* « I. *Na-*
(quod linguâ noſtrâ idem eſt, ac *Domi-* « *raen.*
nus «

„nus Mundi.) De hoc Naraen dicunt, „quod tam fortis fuerit, ut ense, quem in „manu habet, unico ictu mille Elephan„tes occiderit. Præsens erat ubicunque à „devotis suis colebatur. Hujus Idoli fi„gura sic exprimitur in eorum libris.

ravit tandem Mundum à Gygantibus, „quos per fratrem suum occidebat. Vi„des hîc subobscura quædam Christi in „Mundum venientis vestigia, Figuram „ejus sic exprimunt. „

II. Krexno

III ꢥꢘꢘꢣꢠ Machautar Bhavani B

N n

O o

II. Ramzandar. „　Secundus Ramtxandar filius Bal „(Fortitudo, robur) frater ipsius Laxt„man miles erat tam fortis, ut unicâ sagit„tà uno ictu mille homines occideret. „Ipse Ramtxandar pacificus erat, neque „gladio utebatur, sed quidquid volebat, „unico verbo effectui tradebat. Venit in „Mundum, ut hunc à gygantum tyran„nide liberaret. Media nocte natus est, „tunc temporis Cœlum flores demittebat „supra locum Nativitatis, & aër vocibus „spirituum suavissimis resonabat. Libe-

Tertius Matxautar. De hoc fingunt „ sequentia: Cum Dea Bhavani iret ad „ balneum cum quatuor ancillis, Gygas „ unus, nomine Bhenfafer, illam insecutus „ rapere voluit, tunc Deus formam piscis „ assumens ex aqua prodiit, & Gygantis „ caput amputavit; Unde figuram ejus „ sic exprimunt. „

III. Matxautar.

A. Ιχθυομόρφωσις.
B. Bahvani Τιτεςκίφαλθ·; κỳ πέρςθεςκίων.
C. Caput Bahvani recisum, in bovis ἀνθςωπομόρφα caput abiit.
D. Cultus seu Cerimoniæ.

Quar-

IV. Bar-
hautar. ,, Quartus *Barhautar*. Antequàm iste ,, in Mundo appareret, Gygas unus no- irâ commotus, acriter illum corripuit, ,, eumque ad columnam ligatum caſtiga- ,,

IV 𑀩𑀭𑀘𑀳𑀸𑀢𑀭
Barachautar

A

C

Pp

V 𑀦𑀭𑀲𑁂𑀁 *Narſeng*

A

B

Qq

,, mine *Harnacaſs* toti Mundo dominaba- ,, tur, caput habebat cervi, ſolo halitu ma- ,, ctabat homines, & montes poſt ſe tra- ,, hebat. Tandem Deus figuram Porci ,, Sylveſtris aſſumens, duodecim annis cum ,, dicto Gygante certavit, & tandem ma- ,, ctavit.

    A. *Barchautar*.
    C. A Deo in Porcum tranſmutato occiditur.

V. Nar-
ſeng. ,, Quintus *Narſeng*. Hic ortus dicitur ,, ob Mundi impietatem in Superos corri- ,, gendam; Cùm enim Reguli cujuſdam ,, filius ſemper diu noctuque nomen Dei ,, (*Ram*, *Ram*) ore proferret, pater ejus

vit. Tunc ex illa ipſa columna Deus, ,, aſſumptâ leonis & hominis figurâ pro- ,, diit, & Reguli illius ventrem aperuit, ,, & occiſo illo, Mundum docuit, non ,, eſſe reprehendendos, qui Superos co- ,, lunt. Figura ſequitur: ,,

    A. *Narſeng*.
    B. Regis filius occiditur ventre aperto.

    Sextus *Dahaſar*. Hujus capita decem ,, VI. Da- haſar. humana non vivebant. Hic Mortem in ,, domo ſua ligatam ſervabat, ventus ipſi ,, ſerviebat; Erat Dominus *Zailani*, ubi ,, aureum fortalitium extruxerat. Tan- ,, dem *Latxman* frater *Ramtxandar* ad illum ,, occi- ,,

„occidendum se accinxit, & secum „simiam illam celebrem *Hanuant* nomi-

ptis deinde Canis, Ibidis, & Draconis formâ, toti Mundo dominatus est.

VI

ह र म ३

Hanuant

Simia

R r

VII

ज क व र

Jagarnath

F   G

A   B

E

D

S s

A. *Jagarnath.*
B. Mater filium C ex ovo generat.
D. Mare inter Insulam *Zeilan* & *Indiam*
E. F. G. Ibin, Canem, Draconem, quorum
    formam assumpserat.

„ne, adduxit, ut si forte erraret, *Hanuant* „illum saxo occideret. Tandem ipse „*Latxman* sagittà in caput illius asininum „jactà occidit. Uti Figura ostendit.

VII. *Ja-* „
garnath. „
    Septimus *Jagarnath.* Iste totum Mun- „dum cum incolis omnibus capiti impo- „nens aliò ferre voluit, sed pondere tanti „oneris, pedes & brachia illius fracta „tandem computruerunt. Jam colitur à „Gentilibus illis, pictus sine manibus & „pedibus, quos amore Mundi amisisse „dicitur. Hic dicitur filium successorem „suum à matre B ex ovo genitum, per ma- „re in Insulam transportasse; qui assum-

Octavus *Krexno.* Hujus supremus ti- „ tulus est: Pastor vaccarum, habebat se- „ decim millia pastorissarum, vocatur vul- „ neratus in pectore. Ipsius septem fratres „ à Gygante quodam occisi fuerunt; no- „ men illius Gygantis *Kans.* Quandò ma- „ ter *Jessodha* in utero gestabat dictum „ *Krexno,* tunc Gygas ille dictam *Jessod-* „ *ham* cepit, & in carcerem conjectam „ custodiri ab aliis Gygantibus jussit, cir- „ cumducto carceri serpente; intentum „ ipsius „

VIII.
Krexno
Pastor
vacca-
rum.

„ipſius erat, & hunc octavum filium „occidere. Sed quandò hîc media no-

cant materiam & cauſas rerum. Quæ-cunque in præcedentibus de *Puſſa* &

VIII 引きZ *Krexno*

L

B C D E

Ieſſodha

Tt

IX 中वीनी *Bhavani*

Vv

„ te natus eſt, Gygantes vigiles obdor-
„ mierunt, ſicque mater cum filio au-
„ fugit, qui filius tandem Gygantem oc-
„ cidit.

    Hic dicitur ſepties in Equum; ſemel in
    Elephantem & Taurum transmutatus.
    B. C. D. E. Gygantes, qui 7 Fratres
    Krexno in Equos L. mutatos intereme-
    runt, iiſque obdormiſcentibus *Krexno*
    evaſit.

IX. Bha-
vani.
„   Nonus *Bhavani*. Quam dicunt eſſe
„ *Xacte* ſeu *Potentiam*, hujus maritum
„ dicunt *Xacteunt*, id eſt, *Potentem*.
„ Omnia quæ de hac Dea & marito ejus
„ dicuntur, ſunt myſterioſa, & ſignifi-

Harpocrate Sigalione dicta ſunt, huic
attribui poſſunt. In Lotum enim trans-
formatum volunt, & deinde univer-
ſo dominatum; Cum enim Lotus aqua-
tica planta humidi ſymbolum ſit; o-
mnia autem quæ in Mundo ſunt, humido, animari & conſervari Ægyptiorum more velint, facile Lector originem hujus fabulæ videbit. 4 Brachia
quadruplicem elementorum virtutem
denotant.

X   Deci-

Decimus *Har*, adventu suo omnes   "X. Har.
Mahumetanæ Legis Sectatores creditur   "
interempturus, & ita eum pingunt : In   "
pavones primò, deinde in Equum alige-   "
rum transmutandus.   "

Quæcunque de Gygantibus hìc dicuntur fabulæ, illæ utique originem suam nactæ sunt, aut ex *Genes.6.* etsi Sapientes per Gygantes hujusmodi Satanæ Regnum intelligant; per Debellatores verò Satanæ Deitatem deciès μετεμψυχωϊκῶς incarnatam; Ubi & complura veritatis Christianæ vestigia cognoscuntur, etsi miris variisque figmentorum & monstruosis allegoriis contaminata, quod proprium humani generis hostis est, Sacra profanis ita miscere, ut & simpliciores animas hujusmodi superstitiosis imaginibus, veluti nonnullis horrendarum formarum alliciis involvat, & unà in contemptum Dei simiam agat, ambitæ jamdudum vel à Mundi primordio Divinitatis. Quomodò verò hæc superstitiosa dogmata ex *India* in *Chinam* usque, & ultimam *Japoniam* deducta fuerint, paulò post exponetur.

C A P U T   VII.

De Literis Brachmanum.

VTuntur *Brachmanes* nonnullis literis, quas arcanas vocant, nullique tradere solent, nisi quos ex sua Secta indicant esse ad eas discendas aptiores; Verùm uti suprà dixi, cum P. Henricus Roth iis ad veram Salutis semitam deducendis totus intentus sine lingua & literatura eorum id veluti ἀδύναῖον videret, per quendam *Brachmanem* summâ benevolentiâ sibi devinctum, & jam ad Christi fidem suscipiendam inclinatum, totam & linguæ & literaturæ, philosophandique rationem li-

teris hisce conditam, sex annorum impenso studio, consecutus est. Verùm nè quicquam curiosarum rerum omisisse videar, hìc elementa eorum, manu Patris Rothii eleganter descripta adnectam.

Sunt hujusmodi Characteres in tanta apud dictos *Brachmanes* veneratione, ut eos non ab hominibus inventos, sed à Divinioris alicujus Numinis magisterio institutos dictatosque arbitrentur, tanto studio propagatos; ut quod sanè mirum est, vel ipsos *Sinas* ad Deorum suorum simulacra iis veluti mysticis, & nescio

Elementa Linguæ Hanscret.

a   i   u   re   lre   ha   ia   ua   ra   la   nja   ndda   na   nga   ma

अ इ उ ऋ ॡ ॥ ह य व र ल ॥ ञ ण न ङ म ॥

jha ddha dha gha bha   ja dda da ga ba   kha pha txha ttha tha

झ ढ ध घ भ ॥ ज ड द ग ब ॥ ख फ छ ठ थ ॥

txa   tta   ta   ka   pa   xa   kha   sa

च ट त क प ॥ श ष स ॥

a i u re lre

Vocales sunt quinqz अ इ उ ऋ ॡ quarum ultima vix est
in usu. Hæc vocales ut sint Longæ vel Breves ita distinguunt

Vocalis Longæ आ ई ऊ ॠ ॡ: Breves अ इ उ ऋ ॡ

e ei o ou

Ex Vocalibus nascuntur Diphtongi quatuor ए ऐ ओ औ e nascitur
ex a et i. Ex a et e nascitur ei. Ex a et u nascitur o. Ex a et o fit ou

Consonantibus conjungunt vocales hoc modo V G sit littera क cum Vocal
Brevi.   kă ki kŭ krĕ klrĕ   kā kī kū krē klrē
क कि कु कृ कॢ Cum Longis hoc modo का की कू कॄ कॣ

Et sic de aliis consonantibus ex quarum uno facile colligi potest quo
modo vocales prædictæ copulentur singulis   ke   kei   ko   kou

Diphtongis sic copulantur   के कै को कौ

Consonantes itidem copulantur inter se quandoqz, nulla intercedente
vocali: Illam enim, quæ Vocali privatur secundum Regulas, vocant Clau
dicantem, eúmqz solam non ponunt sed alteri sequenti copulatam

Sit pro Exemplo र Claudicans   bra bla bma bya bka bra bsa bna
ब्र ब्ल ब्म ब्य ब्क ब्र ब्स ब्न Et

sic de reliquis. Interdum contigit duas privari vocali, et sic ambæ
copulandæ erunt cum tertia sequenti Sic   ktra stra tkma
क्त्र स्त्र त्क्म Et sic de aliis

Sunt aliæ quatuor Litteræ quas copulatas vocant sed in copulatione
perdunt suam figuram kfa guia dha xtta
क्ष ज्ञ द्ध त्त W. vander Laegh scripsit et sculp.

Y

Elementa Linguæ Hanscret seu Brachmanica in India Orientali

Literæ sunt sequentes

a i u re lre e ei o ou ha ia ua ra la nja nttia na nga ma

अ इ उ ऋ ॡ ॥ ए ऐ ओ औ ॥ ह य व र ल ॥ ञ ण न ङ म ॥

jha ddha dha gha bha ja ttia da ga ba Kha pha chha ttha tha xa Kha sa

झ ढ ध घ भ ॥ ज ड द ग ब ॥ ख फ छ ठ थ ॥ श ष स ॥

chha guea dha xtta

च ज ह क्ष ॥

Prima quinqʒ literæ sunt Vocales. Secundæ quatuor Diphtongi. Reliquæ
omnes sunt Consonantes. Vocales prout ibi ponuntur sunt Breves

ut in Longas transeant, sic formantur

$\overset{a}{}$ $\overset{i}{}$ $\overset{u}{}$ $\overset{re}{}$ आ ई ऊ ऋ ॡ

Vocales nunquam separatim ponuntur nisi initio dictionis alias semper
mutatâ figurâ præcedenti Consonanti combinantur.

Combinatio vocalis Brevis अ cum consonantibus est sequens.

अ Breve.

ha ia ua ra la nja nttia na nga ma jha ddha dha gha bha ja ttia da ga ba

ह य व र ल ॥ ञ ण न ङ म ॥ झ ढ ध घ भ ॥ ज ड द ग ब ॥

Kha pha chha ttha tha xa Ki sa txha gea dha xtta

ख फ छ ठ थ ॥ श ष स ॥ च ज ह क्ष ॥

आ Longum sic combinatur.

hā

हा या वा रा ला ॥ आ णा ना ङा मा ॥ झा ढा धा घा भा ॥ जा डा दा गा वा ॥

खा फा छा ठा था ॥ शा षा सा ॥ चा जा हा क्षा ॥

इ Breve sic combinatur cum consonantibus.

hi ii ui ri li nji nttii ni ngi mi jhi ddhidhi ghi bhi ji ddi di

हि यि वि रि लि ॥ ञि णि नि ङि मि ॥ झि ढि धि घि भि ॥ जि डि दि

ji bi Khi phi chhi tthi thi xi Khi si txhi gui dhi xtti

गि बि ॥ खि फि छि ठि थि ॥ शि षि सि ॥ चि जि हि क्षि ॥

ई Longum.

ही यी वी री ली ॥ ञी णी नी ङी मी ॥ झी ढी धी घी भी ॥ जी डी दी

गी बी ॥ खी फी छी ठी थी ॥ शी षी सी ॥ ची जी ही क्षी ॥

W. vander Laegh scripsit et sculp.

Yy. 2

Combinatio Diphtongorum cum Consonantibus.

he ie ue ve le nje ndde ne nge me jhe ddhe dhe ghe bhe je dde de ge be

khe phe tœe tthe the xe khe se tche gue dhe xtte

Ei

hei

O

ho io uo ro lo njo ntddo no ngo mo jho ddho dho gho bho jo ddo do go

bo kho pho tœo ttho tho xo kho fo tcho guo dho xtto

Ou

hou

ǔ Breve adjunctum Consonantibus.

hu iu uu ru lu nju ntddu nu ngu mu jhu ddhu dhu ghu bhu ju ddu

du gu bu xu ku fu tcu guiu dbu xttu

ū Longum.

hū.

H. vander Laegh scripsit et sculp.

Z z

ꝶᵉ Breve.

hre ire ure lre   ngre nddre nre mre ngre jhre ddhre dhre ghre bhre

ह्रे य्रे व्रे ल्रे ॥ ड्रे ण्रे ऩ्रे म्रे ङ्रे ॥ झ्रे ढ्रे घ्रे ध्रे ऴ्रे ॥

jre ddre dre gre bre   xre kre sre   txre gure dhre xttre

ज्रे ड्रे द्रे ग्रे ब्रे ॥ क्ष्रे क्रे स्रे ॥ त्रे ग्रे ध्रे त्त्रे ॥

ꝶᵉ Longum.

hrei

ह्रै य्रै व्रै ल्रै ॥ ड्रै ण्रै ऩ्रै म्रै ङ्रै ॥ झ्रै ढ्रै घ्रै ध्रै ऴ्रै ॥

ज्रै ड्रै द्रै ग्रै ब्रै ॥ क्ष्रै क्रै स्रै ॥ त्रै ग्रै ध्रै त्त्रै ॥

ꞁᵉ Tam Breve quam Longum rarissimè est in usu, quando tamen combinatur cum consonante, non mutat figuram, sed prout est in Alphabeto
ita ad pedem consonantis affigitur V. G. ꞁ ꞁ c

Consonantes mutæ in hac Lingua vocantur Claudicantes, eo quòd careant sua vocali cui inniti deberent. Nulla earum sola ponitur, nisi
in fine, sed cum sequenti consonante combinatur. Paucæ tamen
sunt quæ in ista combinatione figuram mutant. Alia item sunt
quæ nunqꝫ claudicantes cum alys concurrunt, quarum combinationem
cum his frustraneum esset monstrare.

ह c Claudicans combinatum cum aliquibus.

hia kha hba hra hla   iaia iaua iara iala   uua uia bra ula

ह्य ह्ख ह्ब ह्र ह्ल ॥ व्य व्ख य्य य्ल ॥ व व्य ब्र ब्ल ॥

rra rha iara rla

र्र र्ह य्य र्ल ॥

Littera ण quando duplicitur sic fit ण्ण   Littera र in combinatione sæpe mutat non nihil figuram V. G. ब्र bra c ब्र tra, in
hac combinatione particulari ट्र et ट्र figuram mutant.

W: vander Laegh scripsit et sculp.

A a a.

Pro Exercitio huius Linguæ ponam hic Pater noster
Literis Indicis scriptum.

Pater   noster   qui   es   in   cælis   Sanctificetur

या तिरू नोसिरू की एसू इरू सेलिसू सक्लीफीसतूरू

nomen   tuum   adveniat   regnum   tuum   fiat   voluntas

नोसिरू त्वम इद्येयरू रेग्रूरू तूवमू फीयरू वोलुतारू

tua   sicut   in   cælo   et   in   terra   panem   nostrum

तू सीकुरू इरू सेलु एरू इरू तेरू यानिरू नोस्रूरू

quotidianum   da   nobis   hodie   et   demitte   nobis

कुती दिययुरू दा नोविसू होदीरू एरू दीमिते नोविसू

debita   nostra   sicut   et   nos   dimittimus   debitoribus

देविता नुस्रा सीकुरू एरू नोसू दीमि त्विरुसू देवितो रिवुसू

nostris   et   ne   nos   inducas   in   tentationem   sed

नुस्त्रिसू एरू ने नोसू इदूकसू इरू तेत्तीॐनिरू सेदू

libera   nos   à   malo.   Amen.

लीविरा नोस्अा मालु अामिरू

Ave Maria

Ave Maria   gratia   plena   Dominus   tecum   benedicta

अावे मारीआ ग्रसीअा प्रेना दोमिनुसू नेकुसू वेनेदिकू

tu   in   mulieribus   et   benedictus   fructus   ventris

तू इरू मूलीरारिवूरू एरू वेनिदिकुसू कुकुसू विद्रिसू

tui   Jesus   Sancta   Maria   mater   Dei   ora

तूसी ीीयसुू साक्ता मारीआ मातिरू दईी ॐरा

pro   nobis   peccatoribus   nunc   et   in   hora

त्रो नोविसू वेक्कातोरिवुसू नुक् एरू इरू ीरू होरा

mortis   nostra   Amen.

मोतीसू नोसे अामिरू

W: vander Laegh scripsit et sculp.

nescio quid Divinum sub se continentibus notis, adornanda impulerint, uti in *Sinensium* Idolorum descriptione patuit: Ego verò eorundem anatomiâ factâ, nil sivè apicum rationem, sive eorundem in unam literam contractionis structuram spectes, quod aut ingenio polleat, aut mysticum quidpiam tibi promittat, nihil unquam indagare potui; Undè semper credidi, eos ab *Hebræis* & *Saracenis* instructos (quos grandia sub eorum literis ex Cabala deductis mysteria effutire audierant) eadem deindè & suis characteribus ad altiores superstitionis radices in animis suæ doctrinæ Sectatorum fundandas attribuisse. Vix enim monumentum reperias, quod suis hisce fanaticis Characteribus non defœdent. Scripsit olim ad me P. Antonius Ceschius Tridentinus, eximius in Mogorica Christi vinea multorum annorum Operarius, in *Bazaino Indiæ* urbe montem se reperisse, quem *Pagodes Bazaini* vocant, cujus rupes pænè tota hujusmodi Characteribus incisis exornabatur, quorum & copiam mihi sua manu decerptam ad ejus interpretationem eruendam transmisit; Verùm cum nec literarum inusitatos ductus, neque linguam nossem, eos in suo chao relinquendos consultius duxi, quàm vano labore iis enodandis, magno temporis dispendio oleum operamque perdere. Atque hæc de *Indorum* dogmatis dixisse sufficiat.

P. Antonius Ceschius.

ATHANASII KIRCHERI
CHINÆ
ILLUSTRATÆ
PARS IV.
CHINA
Curiofis Naturæ & Artis miraculis illuftrata.

PRÆFATIO.

Um in Patrum Noftrorum Operibus admiranda quædam, quæ tum in Indicis Regnis, tum in Sinarum Imrio occurrunt, Artis & Naturæ miracula, à nonnullis Criticaftris veluti conficta, falfa & nulla fide digna carpantur; ea hoc loco opportuno ad eorum finceræ fidei integritatem conteftandam denuo ad incudem reducenda duxi; ut verum à falfo, certum ab incerto fejunctum, rerum perperam intellectarum veritas fublato fuco innotefcat; Omnibufque luculenter conftet, nil in iis adeò infolitum atque ἐξωλικώτερον fpectari; quod tum in Europa, tum cæteris Mundi partibus non reperiatur.

CAPUT I.

De mirabili fitu Chinæ, *ejufque Politica vivendi ratione.*

CHINA mirificè à Natura & Arte munita.

Uemadmodum Imperium *Sinarum* omnium opulentiffimum, nec non quindecupartita Rêgnorum diftributione potentiffimum, abfolutæ Monarchiæ rationem, hodierna die præ omnibus Mundi Regnis obtinet, ita quoque tum Naturæ tum ingenii politici artibus ita inftructum eft, ut à reliquo Orbe prorfus feparatum, abfolutum μικρόκοσμον à nullo altero dependentem conftituere videatur. Natura, ne ulli ad illud aditus concederetur, à Septentrione & Syrophænice præter trecentarum leucarum murum vafto & intermino arenofi maris repagulo fepfit; ab Ortu & Meridie, tum vaftiffimis & incognitis adhuc Orientalis Auftrinique Oceani receffibus, tum abditis fcopulis, infidifque ftationibus ita munivit, ut fine manifefto naufragio vix ad littora tum ob ventorum fævitiem vehementiamque, tum ob vehementiffimas æftûs marini reciprocationes, appulfus detur. Nè verò ab Occafu nonnullus concede-

retur

retur aditus, eccè Natura ejus vias semitasque præruptis, inaccessis, & impenetratis adhuc montium clauftris obstruxit, tot immanium belluarum, serpentumque exitialium ibidem ftabulantium, veluti præsidiorum quodam agmine ita armavit, ut ex hac parte transitus nemini sperare liceat, ac proinde *China* non sine ratione linguâ patriâ paffim vocetur *Cungboa*, modò *Cungque*, quorum hoc *medium Regnum*, eò quod in medio Orbis loco, ab omnibus aliis separato constitutos sese esse credant; illud verò *medium hortum*, five *floridum* notat, ob rerum omnium vitæ humanæ necessariarum ubertatem & affluentiam: Siquidem totum Imperium tum vastiffimis ex occiduis montium hydrophylaciis undique erumpentibus amnibus, tum mediterraneis montium continuatorum veluti aquarum quibuldam promis condis, modò lacuum, modò novorum fluminum diffusione ita fœcundatur, ut vix campus fit, qui iis non irrigetur, nulla pænè urbs, quæ cum aliis per fluvios foffasque ingenti mercatorum viatorumque emolumento navibus correspondere non queat : Quos inter

Hoang & Kiang principales Chinæ Fluvii. maximè conspicui sunt ; *Kiang*, quem & ob vaftitatem *Maris filium*, & alius *Hoang*, quem *Croceum* ab aquarum flavedine vocant, qui universam *Chinam* è finitimis *Indiæ* montibus orditi univerfum Imperium bipartitis juribus dividunt, atque innumeris aliis intra se receptis tandem in Oceanum Orientalem magna aquarum mole sese exonerant, uti ex Mappa patet. Eft & hoc in Sinico Orbe admiratione digniffimum, & quod nulli alteri Monarchæ accidit, quod hodierno die univerfum Imperium *Tartarico-Sinicum*, ex Auftro in Boream

Magnitudo & vaftitas Imperii Sinici. ita conftitutum fit, ut non contentum propriis Zonæ temperatæ beneficiis, insuper & torridam frigidamque suis subjecerit jurisdictionibus; Nam à decimo octavo gradu torridæ initium ducens, recta per Zonam temperatam progres-

sum, usque ad glacialis Tartarici maris septuagesimum ferè altitudinis gradum extensum intra Zonam frigidam comperiatur, quod spacium conficit 32 gradus, quos si in 15 duxeris, efficiuntur 780 milliaria Astronomica, quorum quindecim unum gradum, & Italica 3120, quorum 60 unum gradum constituunt.

Ex quibus sequitur, omnis generis *Summæ Regis Sinarum deliciæ in fruct. bus suæ mensæ recentibus, ex tribus Mundi Zonis allatis.* fructus, aromata, ligna, fruges peregrinas tum arbores, tum animalia, uni imperio ita esse communia, quemadmodum singula illa unicuique Zonæ aut Climati propria, atque adeò quod alicubi sparfim continetur, hîc copiofo proventu in unum collectum habeatur. Cui unquam Monarchæ concessum fuit, quotidiè non Æftate tantùm, sed quovis tempore, Hyeme, Autumno, Vere, recentibus *Indiæque* propriis in mensa sua ex Zona torrida allatis frui fructibus, deindè pyris pomisque omnis generis, præter domestica, cydoniis, punicis, aureis, citrinis, persicis, ingentique prunorum, cerasorum, aliorumque fructuum, quæ Zonæ temperatæ proprii funt, varietate deliciari ? Quod idem de frugibus, animalibus, sive in cibum, sive ad Regis magnificentiam mentisque relaxationem destinatis, intelligendum eft; Huic enim quicquid vasta *Tartaria*, terra marique rarum, delicatum, mirum, sive volucrum, sive natatilium, quadrupedumve œconomiam spectes; quicquid Auftralis *Chinæ* tractus peregrinarum rerum continet, præter ingentem lapidum pretioforum, unionum, aromatum, lignorumque pretioforum congeriem, ad usum delitiasque Regi siftitur; ut proindè non infrequenter mira- *Cur Deus tot bonis infidelem sibi Clinam beaverit.* tus sim, infinitæ Divinæ bonitatis abundantiam, qua Regno tam profundæ gentilitatis caligini immerso, & nefandis luxuriæ contaminationibus obnoxio, de tanta tamen bonorum ubertate & opulentia providere sibi complacuerit; Verùm cum abdita sint Divinorum judicio-

X 3　　　　　　　　dicio-

diciorum confilia , nobis non tam inveftigare quàm admirari convenit ineffabilem Divinæ bonitatis altitudinem, quæ ficuti Solem fuum oriri fecit fupra bonos & malos, ita quoque forfan æternas pœnas, quas Indigenas fubituras prævidebat , ob moralis vitæ optimè conftitutam , quam colunt amantque difciplinam, bonorum temporalium affluentia compenfare voluiffe, piè cogitare poffumus.

Caput II.

De Politica difciplina Sinarum.

CUm in præcedentibus pluribus de Politico *Sinarum* Imperio egerimus, hìc nonnulla confideratione magis digna fubjungere vifum fuit, ut fingula Lectori curiofo innotefcant. Rex itaque Monarchiæ totius abfolutiffimum & Caput & Dominus eft , totumque Imperium ita ab Imperatore regitur , ut nulli quid ipfo inconfulto liceat. Monarchia à parente in filios, vel ubi hi defunt , ad propinquitate vicinos transfertur ; reliqui omnes five fratres, five fanguine juncti Regum titulo honorantur, affignatâ cuique provinciâ , quam adminiftrent , eâ tamen authoritatis limitatione , ut certis ipfis redditibus affignatis, cæteri omnes Regis ærario importentur. Præterea fex tribunalia optima fanè ratione conftituta funt, ad quæ totius Regni caufæ, lites , controverfiæ revocantur, & funt veluti Magiftratuum, Reddituum, Rituum, Militiæ, Ædificiorum publicorum ; Criminum curiæ quædam, quibus præfunt totidem præfecti cum fuis fubordinatis officialibus , atque horum operâ omnia negotia conficiuntur. Habet & Rex fui confilii Affeffores, quos *Colaos* vocant, hi uti confummata politices fcientia inftructi funt, ita quoque primo poft Regem loco habentur ; Habet & variorum graduum præfectos, quos *Mandarinos* vocant, omnes literis & fcientiâ confpicuos, quibus urbium publicorumque negotiorum curæ & negotia commiffa funt, ita ut totum Regnum eo ferè modo , quo Platonica

(marginalia left column:)
Monarchia *Chinici* Imperii.

Sex Tribunalia.

Regnum *Chinæ* à Literatis & Philofophis regitur.

Refpub. à folis Literatis adminiftretur, adeóque Platonis votum in *Sinenfi Monarchia* completum videatur ; felix nimirum Regnum id futurum, in quo vel Rex philofopharetur, vel Philofophus imperitaret. Teftatur id innumerabilis hominum multitudo, quam tamen Rex non minori difficultate, quàm Paterfamilias domum fuam , adminiftrat ; teftatur urbium magnitudo, fplendor & magnificentia incredibilis ; pontium ubique obviorum frequentia, quorum ftructura , five longitudinem, five architectonicas leges fpectes, quotquot eos viderunt, fatis mirari nequeant, uti poftea dicetur; adhæc viarum publicarum commoditas , continuus navium undique & undique fine numero confluentium ad Metropolitanas urbes affluxus : Agricolarum indefeffus in colendis agris labor & induftria ; fumma militum in omnibus urbibus vigilantia & indefeffa cuftodia ; fummus Judicum in fceleratis puniendis rigor & feveritas : quæ quidem in tanto Imperio originem fuam non habent, nifi ex optimis legibus ad pacem & tranquillitatem Regni confervandam, ftabilitis.

Ad redditus annuos Regis quod attinet, etfi ii non femper pro temporum viciffitudine fint ftabiles, ut plurimum tamen pacis temporibus ad 150000000. juxta *libros Computifticos Sinenfium*, quibus tefte *P. Martinio* non folum hominum in fingulis provinciis & urbibus, numerum, fed & reddituum quotannis computum exactiffimè defcriptos habeant, facilè

(marginalia right column:)
Urbium fplendor & magnificentia.

Numerus Imperium inhabitantium.

Redditus annuus totius Imperii.

facilè pertingunt. Sub Imperatore *Van lie*, numerum hominum in Imperio quasi ad 200 milliones perveniffe, exceptis Regiis Miniftris, Eunuchis, Mulieribus & pueris. Redditus verò annuos 150000000 milliones aureorum noftratum publica æftimatione, pertigiffe; hodierno verò *Tartarorum* Imperio computatis unà reddituum ex *Tartaricis Regnis* proventibus multò etiam excedere certum eft. Verùm ne quicquam, quod aut fidei contradicat, afferuiffe videar, hoc loco Tabulam omnium redituum annuorum cujufvis

ex quindecim Regnis *Sinici Imperii* Regiæ Cameræ quotannis folutorum, unà cum hominum feu virorum (exceptis tamen, uti paulò antedixi, Regiis Miniftris, Eunuchis, mulieribus & pueris) numero., quot nempè unumquodque Regnum tempore *Van lie* continebat, fubjungendam cenfui, in qua Redditus ex Oriza, Serico, Fafcibus fœni pro jumentis, Sale (exceptis iis, quæ ex teloniis proveniunt, & muneribus, quæ Regi ex pretiofis lapidibus, unionibus, lignis offerri confueverunt) ex *P. Martinii Atlante* depromptos contemplare.

Catalogus Familiarum Virorum, exceptis parvulis & Mulieribus, Regiifque Miniftris, & unà tributorum per univerfum Imperium Regi quotannis perfolvi folitorum, exceptis quæ ex teloniis comparantur, ex Libro Computùs Sinarum, *anno quo Imperium florebat, extraɛtis, à* P. Martini Martinii *aliorumque interpretatione.*

Pechinck Peck.ali,	Familiæ.	Homines. Viri.	Orizæ. Saɛci.	Sericum. Libræ.	Fœnum pro equis. Fafces.	Sal. Libræ. 24 Unciæ.
1. *Cambalu* Metropol. & 135 Civitates fub ipfis.	418989	3452254	2274022	45135	8737284	180870
2. *Xanfi* Regnum Habet fub fe 5 Metropol. quibus parent Civitates 92.	589939	5084015	1929057	4770	3544850	420000
3. *Xenfi* Regnum.	831051	3934176	2812119	9218	1514749	
4. *Xantung*, Sub fe habet Metropol. fex, & fub his Civitates 92.	770555	6759675	2414477	54990	3824290	
5. *Honan* Regnum Oɛto Metropoles habet, quibus parent 100 Civitates.	589296	5106270	6106660	9959	2288744	
6. *Suchuen* Provincia.	464129	2204170	2167559	6339		149177
7. *Hucqueng* 15 Urbes habet Metropol.	531686	4833590	1616600	17977		
8. *Kiamfi* 13 Metropol. fub fe habet, & fub his Civitates 62.	1363629	6549800	5995034	11516		

Nankin

		Familiæ.	Viri.	Oriza.	Sericum.	Fœnum.	Sal.
9.	*Nankin Quiang* Metropol. 14. fub his 110 Civitates.	1969816	9967429	2510299	28452	5804217	5804217
10.	*Chekian* 11 Ingentibus Urbibus pollet, & his 62 Civitates ; Serico abundat.	1242135	4525470	883115	2574	8704491	444763
11.	*Fokien* Ipfi 8 Metropoles pariunt, & his 48 Civitates.	509200	1802677	1017772	600		
12.	*Quantung* *Canton* vulgò, habet 10 Metropoles, quibus parent 73 Civitates.	483360	1978022	1017772			37380
13.	*Quemgfi* Sub fe habet 12 Metropoles, fub his Civitates, & his ultra centum aliæ.	186719	1054760	431359			
14.	*Queicheu* Huic octo parent Metropoles & hifce 10 aliæ.	45305	231365	47658			
15.	*Junnan* Sub hoc 12 Metropoles, & fub his 84 Civitates.	132958	1433110	1400568			56965

CAPUT III.

De Urbibus Chinæ, *Incolarumque moribus.*

NArrant oculati teftes *P. Martinius, Samedus, Trigautius, Gruberus*, adeò univerfum *Sinarum* Regnum habitationibus refertum effe, ut fi muro illo Tartarico ad mare ufque Auftrale circumdaretur, una meritò Civitas tota Monarchia muro fuo claufa dici poffit, quarum quas Metropolitanas, & diverfarum Provinciarum capita vocant, 150; Inferioris verò ordinis 1226. omnes muris foffifque munitæ, præter præfidiarias arces, propugnacula, municipia, oppida, pagos, villas, quorum non eft numerus, adeò ut vix ad milliare procedatur, quin novæ femper novæque habitationes occurrant, omnes tamen ferè urbes eodem modo, videlicet fub quadrati figura conftructæ vifuntur, domus plerumque ligneæ, unà potiffimum contignatione conftant, extrà rudes, intus magno fplendore radiant. Tenentur autem fingulæ domus, *Samedo*, & *Martinio* teftibus affigere unum fcutum fupra portam, qua numerus incolarum, & cujufnam quifque conditionis fit, defcriptus contineatur, eo fine, ut quotnam una quæpiam Civitas homines contineat, *Mandarinis* quorum

(margin note left:) Multitudo Urbium.

(margin note right:) Quot hodie mines una domus contineat, ex præfixa domui tabula conftat, & confequenter quot in urbe homines.

quorum officium eſt, id ſcire, tum ad ſeditiones evitandas, tum ad redditus exigendos, miro ſanè politici aſtus conſilio, innoteſcat. Omnium maximæ urbes, quæ non dicam in *China*, ſed in toto Orbe reperiuntur, maximæ ſunt *Nanquinum*, *Pekinum* & *Hancheu*, quam & ſuprà Pauli Marci Veneti *Quinſai* ex P. Martinio oſtendimus; de quarum magnitudine cum in præcedentibus actum ſit, ea reiteranda non cenſui. Undè mirum nemini videri debet, exteros ſi ſubinde quacunque tandem ratione *Chinam* penetrent, ſtatim detegi, hoſpitibus ad eos manifeſtandos ſub gravi pœna obligatis. Mechanicæ artes ſummo apud eos in pretio ſunt, tantaque eas induſtria tractant, ut nihil pænè etiam viliſſima quævis uſque ad ipſas ſordes perire ſinant, quin eas in uſum aliquem lucrumque convertant. Literati aliam ſcientiam non ſectantur, niſi politico-moralem; de Scholaſticis & Speculativis diſciplinis, ne quid nominis ſint, norunt; quod in Natione ingenioſis hominibus pollente mirum eſt, Medici tamen per traditiones docti, inſigni prædити ſunt pulſuum notitià, qua origines & affectiones, morborumque ſymptomata mirà induſtrià explorant, & deinde congruam iis aptant medicinam; Liberalioris verò diſciplinæ in Architectonicis, Sculpturis, Texturis, ſi proportionum Opticæque notitiam excipias, ſolertià Europæis non cedunt; De reliquis artibus in præcedentibus actum vide. Aſtuti ſunt, verſipelles & ſimulatoriæ artis peritiſſimi; ex nimia & innata ſuperbia plerumque exteros omnes præ ſe contemnunt, ſeipſos omnibus Mundi populis tum ingenio, tum ſcientiarum notitia præferentes, donec ad Noſtrorum Patrum in *Chinam* adventum, depoſità pavoneà caudà, tantò ſe rerum omnium notitia, inventionumque novitate iis inferiores deprehenderunt, quantò priùs ſeſe aliis ſuperiores, vanius jactaverant; Unde ex rerum allatarum novitate & præſtantia eos non ex communi hominum proſapia, ſed veluti Cœlo delapſos genios ſatis mirari non potuerunt; ex qua quidem æſtimatione ortus fuit deinde felix ille in Chriſtiana Lege per univerſum Regnum propaganda, quem ſuprà expoſuimus, progreſſus. Sed hæc de moribus *Sinenſium* paucis dicta ſufficiant; qui plura deſiderat, is ſupra citatos Authores adeat.

(marginal notes: Maximæ Urbes totius Mundi. Artes Mechanicæ. Speculativarum ſcientiarum nullus uſus. Medicorum peritia.)

DISQUISITIONES PHYSICÆ
De rarioribus Naturæ Spectaculis, quæ in *China* reperiuntur.

CAPUT IV.

De *Montibus* Chinæ ſtupendiſque *Naturæ*, quæ in iis obſervantur, *Prodigiis*.

Uamvis *Sinenſe Regnum* innumeris montibus ſit inſtructum, grandiores tamen vaſtioreſque tanta apud ipſos in veneratione ſunt, ut nullo pænè ſtudio tantopere, quam vana montium obſervatione diſtineantur; Nam quod apud nos in Cœli contemplatione præſtant Aſtrologi, id Oreologi *Sinæ* in montium obſervatione faciunt, dum quàm diligentiſſime primò eorum ſitum, deinde figuram, poſteà vertices, cryptas, flumina, fontes, lacus

Y   in

in iis exiſtentes explorant , ex quibus deindè , ut ipſi ſtolidè ſibi perſuadent, veriſſimas Oreomantiæ regulas componunt ; Verùm cum ea ſcitè ſanè à P. Martinio deſcribantur , hîc verba ejus apponam. *Poſt Urbium deſcriptiones, montes haud procul diſſitos ab eis enumero. In* **Sinæ in obſervatione montium ſuperſtitioſi.** *his notandis deligendiſque non minus curioſi, quàm ſuperſtitioſi ſunt* Sinæ , *in illis conſiſtere ſuam felicitatem ac fortunam omnem rati, idque ob Draconis, quem felicitatis putant principem , in illis habitationem. Unde pro ſepulchris ſtruendis montis figuras diligenter examinant , venas omnes ac viſcera* **In Dracone variæ obſervantiæ.** *rimantur , ſumptibus nullis aut laboribus parcunt , ut felicem ſcilicet terram obtineant , caput puta , vel caudam , vel cor Draconis ; Nam indè pro ſepulti poſteris felicia omnia, & ex voto fluxura exiſtimant. Multi hujus artis periti per totam hanc extremam* Aſiam *vagantur , qui montium figuras venaſque obſervant , non aliter atque Aſtrologi ſiderum conjunctiones & aſpectus, & Chiromantici manuum , ac Phyſiognomi (cui ſtudio admodum dediti* Sinæ) *totius corporis habitum & lineamenta. Mira ſuperſtitio , in qua tamen ad inſaniam uſque delirant. Inventum id credo fuiſſe Philoſophi cujuſdam , ut ita virorum in demortuos augeret pietatem & obſequuum: montes autem* Sinenſes *plerumque à magnis pagis occupantur ; pulcherrimis ſepulchris, ſaltibus ac lucis amœni ſunt ; utque induſtria* Sinarum *nihil incultum ſquallere ſinit , in planitiem & æquor orizæ inibi ſerendæ montes deducunt : ad hæc ubi arrident nemora ac ſylvæ amœnique proſpectus, in iis collocantur Idolorum fana magnitudine & ſplendore præcipua : illic ſacrificulorum adſunt monaſteria ; in denſioribus vepretis inculta adhuc gens , necdumque ipſis* Sinis *ſubjecta degit.*

Miræ nonnullorum montium proprietates. Multa ſanè in hujuſmodi montibus obſervantur , quæ ſi vera ſunt , certè inter Naturæ miracula meritò computari poſſunt. Sunt nonnulli ob immenſam altitudinem perpetua ſerenitate ſtabiles , alii perpetua nebularum ambientium caligine tecti ; Sunt quidam , qui

ſalutiferis ſolummodò herbis , omni virulentarum plantarum propagine proſcriptâ , triumphant. In Monte *Queyu* **In Monte Queyu omnes lapides ſub cubica forma ſpectantur.** lapides tam minuti , quàm grandes ſub quadrata ſeu cubica figura reperiuntur : quod Naturæ miraculum in uno quoque ex *Calabriæ* montibus ſpectatur, de quibus in *Mundo noſtro Subterraneo* , quem conſule. *Paoki* Mons in Provincia **Paoki Mons figuram refert galli, ingentes ſtrepitus edit.** *Xenſi* ſub galli gallinacei figura ſpectatur,tempeſtate imminente tanta murmura , ſtrepitus , boatuſque edit , ut ad 30 ſtadia exaudiantur ; ratio in ſequentibus aperietur : & *Olaus Magnus* in *Hiſtoria ſua Sept.* ſimilia ſonorum monſtra in Botnici maris montibus contingere refert.

Admiratione dignum eſt , quod de **Scopulus imminente tempeſtate mobilis.** monte *Cio* referunt *Orioſcopi Sinenſes*, eſſe in ejus vertice lapidem quinque perticarum altitudinis , & in Regno *Fokien* alterum , qui quoties tempeſtas imminet , omnino titubet , & hinc indè adinſtar Cypreſſi vento agitatæ moveatur.

Quæritur hujus rei ratio ? Suppoſita **Cauſa exponitur.** rei veritate ; Reſpondeo id contingere ex ventorum intra concava montis viſcera ſævientium flatibus, quibus primò pes lapidis intra concava montis protenſus, impetitur , & uti non ſtrictè cum reliquo ſcopuloſo montis tractu nectitur, ita quoque veluti libratione quadam , ex ſubterraneorum ventorum impulſu facilè in motum agitabitur. Quod verò **Cauſa tempeſtatum.** tantum ingruente tempeſtate moveatur , cauſa eſt , quod uti ventorum flatus ingentem ex ſubterraneis montium ſpecubus vaporum halituumque copiam arguunt , ita quoque ii per poros, rimas, fiſſuraſque montium tandem erumpentes,mox ubi frigidiorem auram nacti fuerint ; in copioſos imbres reſoluti dictas tempeſtates efficiant , qui vapores ſi ſulphuris admixtam habuerint materiam, etiam tonitribus, fulmine & fulgore ſæviunt. Obſervantur & in *Europa* hujuſmodi Naturæ ludibria, de quibus vide

pluribus

pluribus actum in *Mundo nostro Subterraneo*, & in *Itinerario Hetrusco*.

Mons perpetuò rigidus ejusque rei causa.

Est & alius mons perpetuo rigens frigore, cujus rei causam ego conjecturo esse nitrosos spiritus, quos mons undique unà cum hydrophylaciorum ibidem conditorum vaporibus expirat; hi verò uti naturà suà frigidissimi sunt, ita quoque frigus tum in aqua, tum in ambiente intendunt.; accedit, quod mons hujusmodi ab omni pyrophylacio remotissimus sit; quod non fit iis montibus *Chinæ*, è quorum verticibus flam-

Montes flammivomi.

marum globuli perpetuò evomi spectantur; hi enim procul dubio aut pyrophylacium, aut ejus veluti cuniculos quosdam subditos habent, uti in *Mundo Subterraneo* ostensum fuit. Sunt præterea montes nonnulli, qui exoticarum plantarum, radicum, fructuum, lignorum, terrarum lapidumque alibi non visorum proventu singulari Naturæ privilegio gaudent, de quibus in sequentibus. Sed prosequamur jam montes singulari aliqua & mysteriosa figura præditos.

Mons in Provincia Kiamsi

Scopulus qui Draco dicitur

Scopulus qui Tygris dicitur

Est in provincia *Kiamsi* mons in duos vertices divaricatus, quorum superior Draconem exprimens, in inferiorem, quam Tigridem dicunt, veluti impetu quodam se præcipitare videtur, undè à Dracone & Tigride nomen habet; Quam ob rem Sacrificuli multas ex similibus, ridiculas divinationis leges condunt. Vide Figuram.

Mons Urſæ majoris figuram 7 apicibus ſuis exprimens

Eſt & alius Mons, qui ſeptem apicibus ſuis Urſæ Majoris figuram , id eſt, Stellarum in Urſa Majori diſpoſitionem exprimit ; quod ita intelligendum cenſeo , uti verticum apices, quo unus alterum magis ac minus eminet, eo ordine conſtitutos cenſeamus , ut ex certo & determinato loco ſeptem Urſæ Majoris Stellarum ſchema ſpectari videatur, ut in Figura apparet.

Admirationem omnem ſuperat Mons in Idolum efformatus juxta civitatem *Tunchuen* Provinciæ *Fokien*, de quo ita ſcribit P. Martinius in ſuo Atlante fol. 69. *Primus hujus Provinciæ Mons admiratione dignus eſt in ripa* Feu *fluminis* ; *Nam ex Monte Idolum non monſtruoſum, ut ita dicam, ſed & montoſum efformarunt.* Fe *vocant,*

decuſſatis ſedet pedibus , manus ſibi invicem ſuperimpoſitas in ſinu complicat ; ejus magnitudinem vel inde collige , quod oculi , aures, nares ac os , ad duo & plura noſtratia conſpiciantur milliaria : Undè minimè mirum noſtris antiquariis videri debet, quod olim *Dinoſtratus* celeberrimus ille *Architectus* , uti refert Vitruvius, *pollicitus ſit, Magno illi Alexandro ſtatuam ex monte* Atho *, quæ una manu urbem maximam, altera fluvium contineret aut lacum, cujus aquarum copia abundè ad incolarum uſus ſufficeret, cum hujus Idoli vel caput ſolum ad utrumque ſufficiat* Hæc P. Martinius. Utrum verò Mons ille Artificis manu exſculptus, an Naturæ induſtria ita effigiatus ſit, meritò quiſpiam dubitare poſſet. Ego ſanè nullum non lapidem movi, ut id ex Patribus

Idolum FE in Monte expressum.

E ee

tribus noſtris intelligerem, qui omnes aſſeruerunt, nil horum ſeſe in *Sinenſium hiſtoria* reperiſſe, cum tamen tantum opus, quod ſeptem Mundi miracula multis, ut ajunt, paraſangis ſuperaret, non debebant ſilentio ſuppreſſiſſe, cum multas alias nullius ferè momenti res tam diligenter & exactè in *Geologia ſua* deſcripſerunt. Unde ego judico, montem hunc non arte factum opus, ſed ſcopulis & variis eminentiis ita conſtitutum eſſe, ut remote & eminùs eum aſpicientibus Idolum *Fe* repræſentare videatur; quemadmodum & in multis *Europæ* Provinciis montium figuræ nunc in hanc, modò in illam figuram transfiguratæ comparent; Et *Panormitanæ* Urbis mons in *Sicilia* id luculenter docet, in cujus medio ſcopuli numiſmatis veteris unà cum Cæſaris figura ectypon tam pulchrè exhibent, ut in ſaxo periti Artificis manu inſculptum quis jurare poſſet. Rurſus, ad *Meſſanæ* portum ambulantibus *Scyllæum* promontorium 12 millibus paſſuum inde diſſitum ſub humani capitis figura ſe conſpiciendum præbet, quod non ſemel, cum ibidem degerem, admiratus ſum. Innumera hoc loco ſimilia adducere poſſem, ſi eorum paſſim in Operibus meis mentionem non feciſſem; eſt enim phantaſia noſtra adeò lubrica, ut facilè ſibi rem fingat formetque, quæ tamen non eſt, unde montem Sinicum quoque non tam artis quàm imaginatricis facultatis ludibrium eſſe, cenſere debemus, atque

Y 3 adeo

adeò innumera paffim itinerantibus hujufmodi formarum phantaftica fpe-ctacula in montium afpectu occurrere foleant ; Nifi forfan dicere velimus non totum fupradictum montem, fed unam aliquam rupem ejus in memorati Idoli figuram ab infigni artifice transfor-matam fuiffe, cui minimè contradixe-rim, cum Coloffæarum ftatuarum ca-pita, brachia, pedes cæteraque mem-bra ingentis molis, id haud ἀδύνατον effe Romæ in Capitolio adhuc reliqua fragmenta luculenter doceant. Tradit Olaus Magnus in Septentrionali fua hiftoria ad Norvegiæ littora in medio maris fco-pulum immenfum fpectari, qui Mona-chi formam habitumque à longe eum confpicientibus referat.

Monſtem-peſtates excitans ſi in eo tym-pana pul-ſentur.

In monte Taipe Provinciæ Xenſi ab Oreoſcopis ſummè celebrato fertur, pul-ſata in eo tympana, fulgura & fulmi-na ingentes excitare tempeſtates ; undè cautum eſt quàm ſeveriſſimè, nec ulli omninò licitum eſt, ibi tympanis pul-ſandis admovere manum ; quæ res ſi à Naturæ principiis dependet, effectus ejus cauſa à diſpoſitione montis inveſti-ganda eſt, quam cum Author non de-ſcribat, ita quoque meum interponere judicium non fuit viſum, quamvis etiam ſubindè hujuſmodi effectus ex pacto ex-plicito, quod Magus quiſpiam ad hujus loci immunitatem cum Satana iniit, de-pendeat, & non paucæ hujus ſuppetant hiſtoriæ de montibus Dæmonum illu-ſionibus infeſtis.

Mons ſu-perſtitio-ſus.

Referunt & Oreologi montem effe in Provincia Uquang, qui juris ſui adeo

tenax eſt, ut ſi quiſpiam ex ejus ſive lignis, ſive fructibus aliiſque ſimilibus furtivè abſtulerit, indè nunquam ſeſe, veluti labyrintho quodam perpetuo in-cluſus expedire queat ; qui verò religio-sè ab hujuſmodi criminibus abſtinuerit, eum nullo negotio exitum quantocyùs reperire. Sed hoc Bonziorum fabulis & ſuperſtitioſis vetularum enarratiunculis relinquamus.

Montes Æolii, ſeu ventorum flatibus turgentes

Reperiuntur & montes Æolii in China non ſecus ac in Europa ; Nam in Provin-cia Huquang mons eſt Fang dictus, cujus eam naturam effe Atlas refert, ut Vere & Autumno nullus in eo omninò ven-tus percipiatur, Æſtate verò è cavernis ventum aſſiduò emittat, Hyberno verò tempore ventus contrario modo non extra, ſed ab extra intus attractus impel-latur, quæ omnia multis in Europa mon-tibus communia ſunt, uti in Italia de Monte Æolio Cæſiorum & Alverniæ Divi Franciſci ſtigmatis ſacro Monte, in Iti-nerario Hetruſco docuimus, ubi veras quoque & legitimas horum effectuum cauſas detectas videat Lector.

Caſus in-ſularum prodigio-ſus, & cauſa.

Lacus Peli dictus in provincia Hu-quang olim in 99 Inſulas diſcretus fertur, hodiè una tantum ſubſiſtente ſub eodem ſpatio, quod haud dubiè accidiſſe pu-tem, quod aqua paulatim deficiente reliquarum inſularum intermedia par-tim herbis radicibuſque, partim arena, limo, viminibuſque oppleta tandem ſucceſſu temporis in unam coaluerint. Vide quæ de hiſce fuſius egimus in Iti-nerario noſtro Hetruſco, Cap. de Inſulis na-tantibus.

CAPUT V.

De Lacuum, Fluminum, Fontium admirandis.

Lacus fer-rum in cuprum vertens.

Lacus Sinenſium non minoribus quàm montes proprietatibus à natura dotati comperiuntur. Eſt in provincia Fokien Lacus, qui fer-rum in cuprum vertit, totus viridi colore

imbutus, cujus quidem rei ratio alia non eſt, niſi quod aqua tota vitrioli conſtet corpuſculis ; & color viridis ejus manife-ſtum indicium eſt, cujuſmodi in Europa quoque nullibi non occurrunt, in iis po-tiſſimum

tiffimum locis, ubi copiofum è montibus cuprum extrahitur. Vide *Mundum
Subterraneum Lib. 1 0. de Fodinis Cupri.*

*Prodigio-
fus cam-
panæ fo-
nitus in
palatio ad
lacum
Chung
fito.*

Alter Lacus *Chung* dictus in Provincia *Fokien*, majorem habet admirationem; ferunt enim ad ripam ejus palatium extructum effe in decem aulas dif-
pertitum, in quo quoties pluvia aut
tempeftas imminet, toties fonus veluti
campanæ exaudiatur.

Quæritur hujus rei ratio? Refpon-
deo, Suppofito femper id verum effe,
hunc fonum aliundè non provenire, nifi
ex fubterranea crypta, fupra quam palatium extructum eft; Lacus enim
aquæ vaporibus halitibufque fubterra-
neis tumefactæ, uti per abditos terræ
meandros intra dictum antrum violen-
tius impelluntur, ita quoque ex varia
inclufi aëris agitatione & tinnulæ rupis
proprietate fonum æris campani fimillimum edere neceffe eft; Vapores verò
ex commotione lacus altiùs in aërem af-
furgentes, facile in imbres & tempefta-
tes refolvuntur; Sonus itaque tempe-
ftatem ut præcedat, neceffe eft.

*Rivus Au-
tumno
cæruleo
tinctus
colore,
reliquis
menfibus
limpidus
vifitur.*

In monte *Talao* Provinciæ *Quantung*
rivus effe dicitur, qui toto anno limpi-
diffimus eft, præter autumnale tempus, quo cæruleas aquas vehit tinctrices
etiam pannorum; Cujus fi caufam quæras; Dico effe cryptam ibidem propè
abfconditam, vitriolo Cyprio refertam, id eft cæruleo, quà aqua intra fuum
lebetem tingitur: Accidit autem poft
imbres & pluvias hanc cryptam confluxu aquarum tum primùm repleri; ex-
undans itaque fe huic rivo mifcet, unde
cæruleus apparet, detumefcente verò
aquarum tumore intra cryptam, rivus
ab hac mifcella liber, limpidus more fo-

lito fpectatur. Vide *Mundi Subterranei
Librum V. de Prodigiofis Fluminum effectibus.* Quoniam verò in *China* complures fontes æftum maris fubeuntes reperiuntur, Lector *citatum librum* adeat, ubi
omnium caufas expofitas comperiet.

*Lacus, cui
fi quid-
piam inje-
ctum fue-
rit, tempe-
ftates ciet.*

Eft propè *Sining* mons *Tenlu* dictus
Provinciæ *Quantung*, cavernofus atque
afpectu horridus, in eo tefte *P. Martino*
ftagnum effe ferebant, cui fi ex alto lapis injiciatur, ftatim boatus atque ftrepitus audiatur tonitrui inftar, ac mox
cœlo turbido imbres copiofi fundan-
tur; hujus naturæ lacus cum non in Py-
renæis duntaxat, fed & Rheticis Alpi-
bus reperiantur in *Europa*, caufas *citato
libro* detectas vide: Cavernæ enim multiplici injecti lapidis reflexione fonum
vehementem efficiunt, fundus verò lacus porofus à lapide deterfo limo poris apertis exitum præbent vaporibus,
quibus qua data porta ruentibus, aërem implent, & refoluti in imbres de-
cidunt.

In *Junnam* Provincia vifitur lacus
ille Geographorum mentione celeberrimus, & paffim in Mappis depictus, *Chin*
dicitur, de quo referunt *Sinarum hiftoriæ*, ex ingentis Urbis terræ motu abfor-
ptæ ruina, ob nefanda incolarum fcelera, lacum fucceffiffe, neminemque præter puerum ligno evectum evafiffe; Vocatur & hic lacus mare ftellatum, ob
herbas ut equidem puto aquaticas, quarum folia in fuperficie lacus fub ftella-
rum figura expanfæ cernuntur, uti in
noftris lacubus, نوفر *Nuphaz*, feu
Nymphæa, aut quas ftratiotas vocant,
herbæ præftant. Cujus Lacus Figuram
fequenti pagina exhibemus.

CAPUT

Lacus Chin.

CAPUT VI.

De Exoticis Chinæ *Plantis.*

Ti *Sinarum* Imperium ex continuato terrarum tractu cum *India*, maribus torridæ Zonæ subjectis, exoticas rerum proprietates participat, ita quoque peregrina plantarum genera, miris facultatibus prædita non poteft non producere. Sed jam nonnullas recenfeamus. Quarum prima eft

Rofa bis fingulis diebus colorem mutans,

I. Rofa Sinica arboribus innata, quæ diebus fingulis bis colorem mutat, purpureaque modò tota, modò rurfus omninò candida evadit, omnis tamen odoris expers. Cujus fi caufam quæras, ego quantum conjecturare aufim, aliam effe non reperio, nifi temperamentum floris ejufque nutrimentum, atque aliam aliamque ambientis conftitutionem; Cum itaque Rofa humidum temperamentum fortita fit, hinc fit, ut noctu in naturali fuo ftatu candefcat, interdiu verò planta ardentiffimo Solis æftu perculfa fubtiliffimi falis armoniaci fpiritum in extremas floris partes fufcitet, cujus vapore & halitu tincta prótinus purpuraſcit; verùm prævalente Solis calore
fpiritu-

spirituque paulatim exhalante , planta ad priſtini ſplendoris candorem reduci neſcia , donec novo attraſto diſti ſalis ſpiritu , denuò purpureo imbuatur colore , & tandem deficiente calore Solis, uti ſpiritus non elicitur amplius , ita quoque candori ſuo reſtituitur ; Cujus quidem rei experimentum ſi quiſpiam facere deſiderat, is accipiat violam aut roſam , quam Damaſcenam vocant, eamque ſale ammoniaco ſuffumiget , & cum admiratione videbit, roſam candidam in purpuream tranſmutari , & tandem in flavam & candidam: contrà ſulphure ut viola & roſa rubea ſuffumigata, in candidum colorem tranſmutantur ; quod experimentum uti ſæpiùs à nobis exhibitum fuit, ita quoque cauſam detexit hujus, quam ſcribimus, roſæ Sinicæ χεωμαℸμόςφωσιν. Neque in *China* ſolum hujuſmodi Naturæ prodigia reperiri putes ; habet hìc *Romæ* nobilis Botanicus Franciſcus Corvinus in ſuo horto, omni quæ deſiderari poſſunt, plantarum genere inſtruſtiſſimo plantam, quam violam noſturnam vocat, quæ diverſos pro Solis aſcenſu aut deſcenſu colores ad ſenſum mutat, & quæ interdiu nullo odore pollet, illa noſtu nobiliſſimum gratiſſimumque odorem exſpirat ; de quibus vide fuſiùs aſtum in *noſtra Philoſophia lib.* XII. *Mundi Subterranei* inſerta.

II. Naſcitur & in provincia *Quantung* planta , quam *Chiſung* dicunt, quod idem eſt, ac herba ventum demonſtrans; ſiquidem Nautæ, uti *P. Martinius* refert, ex illa quo menſe , quot toto anno futuræ ſint tempeſtates, colligere ſe poſſe autumant, idque ex geniculis ipſius, quò enim nodi pauciores ſunt , eò tempeſtates eo anno futuræ ſint pauciores, atque adeò ut ex multitudine geniculorum paucitas aut copia ventorum tempeſtatumque innoteſcat;uti ex diſtantia nodorum à radice, quo menſe accidere debeant. Verùm uti hæc nullo Naturæ fundamento nituntur, ita quoque phantaſticis Nautarum ludibriis adſcripta relinquamus. Quomodò

enim futuræ & nondum exiſtentes tempeſtates in hac planta influxum imprimere queant, multò minus quomodò ex paucitate aut copia internodiorum hujus plantæ paucitas aut multitudo tempeſtatum futurarum colligi poſſit, nemo Philoſophorum concipiet ? Cum nulla inter hujuſmodi agentia naturalia dependentia ſit,illaque totâ fortuita ſit,tum in planta, tum in tempeſtatibus,quæ dum ex alia & alia ventorum conſtitutione vaporumque ſubterraneorum halitu dependent, certè illis nec ullum tempus, nec menſis dieſve præciſè præſcribi poteſt, cum vix in Oceano plaga occurrat, quæ repentinis tempeſtatibus non ſit obnoxia.

Sed dicent forſan , quemadmodum ex nonnullis animalibus piſcibuſque futuræ aëris mariſque tempeſtates prædici poſſunt,ita quoque ex hujus herbæ conſtitutione. Dico, aliud dici poſſe de materia jam ad tempeſtates diſpoſita, quam animalia nonnulla inſtinſtu naturali præſentiunt, aliud de tempeſtatibus totius anni decurſu futuris, uti de herba *Chiſung* ſibi imaginantur ſuperſtitioſi Nautæ,cum in planta hac nulla diſpoſitio prævia, nullum tempeſtatum toto anno exoriturarum indicium concipi poſſit ; undè hæc inter fabulas ſolitas recenſenda ſunt. Si verò Sinenſes Phytologi dixiſſent, plantam eſſe, quæ illuc unde ventus ſpirat,continuò ſe vertat , ventumque aſtu ſpirantem ſympathico ſuo motu demonſtret,illius forſan haud difficulter rationem aſſignare poſſemus, quemadmodum de piſce marino aligero quem *hirundinem* vocant,in *Arte Magnetica* docuimus, & in hunc uſque diem Muſæum noſtrum viſitantibus ſimile Naturæ prodigium jam ab annis quidecim exhibemus.

III. Naſcitur in provincia *Quanſi* arbor , quam *Quanglang* vocant, quæ loco medullæ pulpam obtinet molliſſimam farinæ ſimillimam, unde & arbor farinacea vocatur ; hanc farinaceam pulpam exemptam indigenæ in uſum panum conficiendorum convertunt ; dicitur enim

Z

M. Paul.
Venetus.

enim farina saporis haud ingrati & ad omnes esculentorum usus peridonea; harum arborum mentionem quoque facit Paulus Marcus Venetus l. 3. c. 19. *Sunt in Regione* Fanfur *arbores quædam crassæ, quæ habent delicatum corticem, sub quo invenitur farina quædam optima, ex qua delicata præparant cibaria, quæ aliquoties non sine voluptate comedi.* De quo quod dicam, non habeo, cum Naturæ benignitas nunquam ad hominum necessitati succurrendum in operibus suis deficiat, adeóque nobis non tam hujusmodi causas explorare, quàm paternam Divinæ providentiæ dispositionem in omnibus admirari liceat.

Folia arborum in aquis in hirundines animantur.

IV. Dicitur Lacus ad urbem *Vuting* in provincia *Hunnam* esse *Hociniao* dictus, id est, *generans aves,* undique arboribus pulchrè septus; quarundum harum arborum hanc proprietatem esse ajunt, ut folia in eum prolapsa continuò in nigras mutentur aviculas, tanta cum admiratione ac stupore accolarum, ut spiritus esse credant; ita ex *Sinica Geologia* P. *Martinius.* Quæritur hujus rei causa; Certè idem in *Scotia* contingere non solum in foliis arborum, sed & conchis, rupibus & carinis navium, unde anates nascuntur, indubitatà experientià nobis jam dudum innotuit, & nos in *Arte Magnetica,* quemadmodum & in XII. *Libro Mundi Subterranei* amplissimè de hujusmodi nittogenesia philosophati sumus. Quod itaque in anatibus contingit, id in aliis similibus aviculis aquaticis contingere posse verisimile est: Neminem tamen existimare velim, hujusmodi aviculas ex ipsa arboris foliorumque substantia, uti neque illas, quæ in *Scotia* proveniunt, nasci, sed vel ex seminio ovorum ruptorum, quorum in dictis arboribus magnam copiam nidulantes excludunt, vel ex seminio quoque aliarum volucrum; hanc stupendam ὀρνιθοφύεσιν prodire consultiùs existimaverim, cum naturæ principiis repugnare videatur, inferioris naturæ gradum, cujusmodi sunt vegetabilia, altioris quoad gradum

animal, sine proprio aut alterius animalis seminio producere, uti in XII *Libro Mundi Subterranei* copioso experimentorum apparatu ostendimus.

V. *Atlas Sinicus* herbæ meminit in provincia *Huquang pusu* dictæ, quam mille annorum durare immortalemque esse fingunt; hujus enim usu homines credunt senio confectos rejuvenescere, non alia de causa, quàm quod aqua macerata ac epota canos albosque crines in nigros convertat. Sed quis nescit hoc variis liquoribus & succis præstari posse? Ut verò aut Sinica illa herba, aut aliis succis homo ad incorruptibilem statum perducatur, uti superstitiosi *Sinæ* sibi imaginantur, id credere non tam prudentis animi quam stolidi & amentis philosophastri esse, prorsus mihi persuadeo.

Herba vitam immortalem præbens.

VI. Reperitur & alterius herbæ radix *Ginseng* dicta in provincia *Leautung* totà *China* celeberrima, & summè pretiosa, cujus usu *Sinæ* homines veluti immortalitatem consequi perperam sibi persuadent. Verùm ne quicquam sine authoritate asseruisse videamur, audiamus Patris Martinii verba, quibus eam folio 35. *Atlantis* sui hoc pacto describit: Jungseng *urbs recta in Ortum ab urbe Regia* Peking *protenditur, tota regio montibus collibusque extuberat, quia tamen adjacet sinui maris* Cang, *nihil eorum, quæ ad vitam sustentandam necessaria sunt, magnopere in eà desideratur. Magna piscium copia est, nobilissimæque radicis totà* Sinà *celebratissimæ* Ginseng, Japonibus Nisi; *nomen Sinicum illi à figura, divaricatis quippe cruribus hominis formam refert (*Gin *porrò hominem significat)* Mandragoram *nostratem credas, nisi quod ea multò minor sit, quin illius tamen species sit aliqua, nullus dubito, quippe & formam & vim habeat; folia ejus mihi hactenùs videre non contigit; siccata radix flavescit, fibras seu capillos, quibus alimentum sugat, vix aut ne vix quidem habet, nigricantibus venulis tanquam subtili atramento ductis circumspersa est; cum manditur dulcedine ingrata est nonnulla admista amaritie, sed tenui;*

Gensen herba ad vitam perpetuò salubrem perducens.

Ginseng radix pretiosissima.

nui ; auget plurimum vitales spiritus, tametsi uncia vix duodecima pars dosis sit, sumptum illius pondus paulò amplius debilium vires restaurat, suavem corporis calorem excitat, Balneo Mariæ, ut vocant, coctâ adhibetur, atque fragrantem adinstar aromatum exhalat odorem, fortioris calidiorisque naturæ qui sunt, ejus sumptione vitæ periculum adire solent, nimium auctis exundantibusque spiritibus; debilibus, fatigatis, vel morbo diuturniori aliave de causâ exhaustis ad miraculum prodest : moribundis ita vitales quandoque vires reddit, ut sæpè illis adhuc tempus sit sumendis aliis medicamentis sanitatique recuperandæ. Mira alia de hac radice Sinenses prædicant, triplo argenti pondere appenso emitur libra.

Ego Gentianam nostro etsi beneficio climatis nobilioribus dotibus præditam esse existimo, & id folia, sapor, radix, virtus, satis ostendunt. Certe hanc herbam mirificam vim instaurandorum spirituum & caloris nativi habere, nostri ipsâ experientiâ docti asseruerunt, non tamen tantum de ea conceptum habent, quem plus æquo creduli, ne dicam superstitiosi habent de vita per eam perpetuanda, cum (uti vulgatum adagium habet,)

Contra vim mortis non sit medicamen in hortis.

Mirum tamen est, homines cæteroquin non exiguo ingenio præditi, de similibus tamen adeò ridicule philosophari.

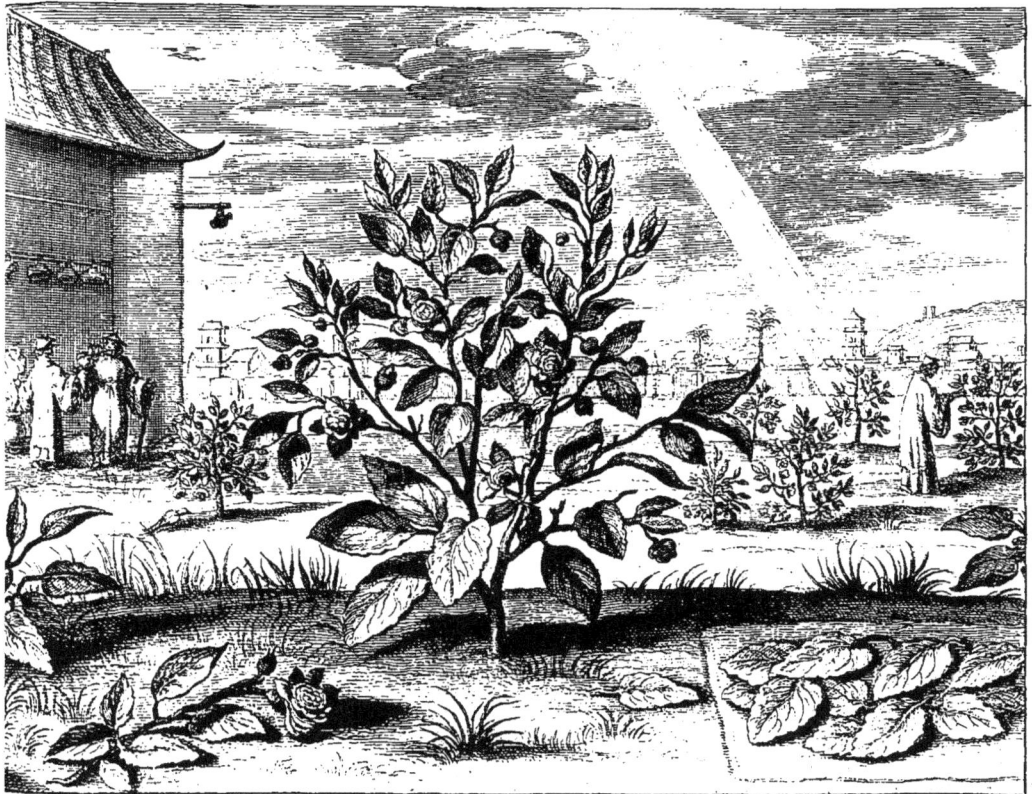

A. Cia sive Te Herba.   G gg

VII. Planta dicitur *Chà*, vel nostro pronunciandi modo *Cià*, cujus usus in *Chinæ* claustris contineri nescius, *Europæ* quoque paulatim sese insinuare

Z 2   nuare

nuare attentat. Hæc planta etsi in variis *Chinæ* regionibus, uti & in *Tartaria*, copioso proventu lucroque nascatur, in una tamen, quàm in altera Provincia melioris præstantiorisque notæ est, potissimùm in Provincia *Kiangnan* in territorio civitatis *Hocicheu*; passim notus est potus ex ea confectus, qui calidus sumitur, quo non solum universum *Chinæ* Imperium, sed & *India*, *Tartaria*, *Tebeth*, *Mogor*, ac omnes Orientalis Oceani incolæ utuntur, non semel in die, sed quoties ipsis libuerit; virtute sanè præstantissimâ pollet, quam nisi sæpius Patrum nostrorum invitatione didicissem, vix ad id credendum induci potuissem, cum enim diureticæ facultatis sit, omnes meatus nephriticos seu renum mirificè aperit, caput ab omni vaporum fuligine liberat, adeò ut Viris literatis, nec non magna negotiorum mole distentis ad vigilias continuandas nobilius aptiusque remedium à natura non concessum videatur, & quamvis prima vice nonnihil insipidum amarulentumque sit, usu tamen ejusmodi potus non solùm non sit inamœnus, sed in tantum gulæ irritamentum exurgit, ut eo assuefacti semel, vix amplius eo abstinere queant; Et quamvis *Turcarum Cave*, & *Mexicanorum Cocolata* eundem præstent effectum, *Cià* tamen, quam nonnulli quoque *Te* vocant, ea multùm superat, tum quia temperatioris naturæ est, tum quia *Cocolata* temporibus calidis plus æquo inflammat, *Cave* verò bilem quoque accendat; *Cià* verò semper nullo ad tempus respectu habito & innoxia est, & mirificè proficua, non ut dixi, semel sumpta, sed centies etiam in die. Verùm cum plantam hujus quàm exactissimè Atlas Sinicus describat, ejus verba hìc addam: *Foliculum est omninò illi simile, quod* Rhus Coriaria, *quam &* Sumach *vocant, profert, imò illius quandam esse speciem tantum non mihi persuadeo, non tamen sylvestre illud, sed cultum est, non arbor, sed virgultum est, quod in ramulos varios aut*

virgulas potius sese diffundit, nec flore admodum differt, nisi quod hujus albedo nonnihil magis in flavedinem declinet: æstate primum florem emittit levi odore fragrantem, sequitur bacca viridior; mox nigricans: pro potione Chà *coquenda expetitur folium primum vernum ac mollius, quod studiosè ac sigillatim unum post alterum manu carpunt, mox in ferreo cacabo, tenui ac lento igne aliquantulum calefaciunt, deindè supra stoream subtilem ac lævem manibus propellendo involvunt, atque involutum iterum exponunt igni, ac denuò confricant, donec intortum rursus & conglomeratum planè siccum sit; quod servant in vasis plerumque stanneis ab omni humiditate diligentissimè & evaporatione custoditum; hoc cum in ebullientem aquam conjicitur, & jam post diuturnam asservationem ad pristinum virorem redit, seque expandit, aquam odore suavi, si optimum est, saporeque non ingrato, præsertim ubi adsueveris, ac colore subviridi inficit. Multis hujus calidi potus vires ac virtutem deprædicant Sinæ, qui eo noctu & interdiu frequentissimè utuntur, hospitesque excipiunt: tanta autem ejus varietas ac præstantiæ discrimen est, ut libræ pretium apud ipsos Sinas ab obolo ascendat ad duos pluresque aureos. Illi potissimum adscribitur, quod Sinæ podagram ac calculum nesciant. Post cibos sumptum omnem indigestionem ac cruditatem stomachi tollit: maximè enim concoctionem juvat, quin & ab ebriis adhibitum, levamen iis, novasque ad potitandum vires affert, adeòque & crapulæ omnes molestias levat, siquidem exsiccat & abstergit superfluos humores, ac vigilare cupientibus somniferos vapores expellit, oppressionemque somni studiis vacare volentibus arcet. Varia apud Sinas habet nomina, juxta varia loca, eamque quam obtinet præstantiam hujus urbis præclarissimam* Sunglocha *vocari solet.*

Dicitur & herba in provincia *Xensi*, quam *Quei* vocant, produci, quæ comesta tristitiâ expulsâ risum & lætitiam parit; forsan hìc simile erit quidpiam apiorisus, cui mox subscriberem, si venenatam

Facultates herbæ *Chà* vel *Cià*, aut *Te*.

Chà sive *Cià* aut *Te*, herba, ejusque frequens in potu usus.

Herba tristitiam discutiens.

nenatam diceret; verùm cum eam falu- | fimilem effectum præftantibus facilè ad-
tiferam dicant, eam cardiacis plantis | fcripferim

Clematis five Vitis alba noftras

Viminis
genus mi-
rabile.

Addam hoc loco mirabile viminis genus, quod in montibus Provinciæ *Quantung* crefcere dicit *Atlas*, quod *Sinæ Teng*, *Lufitani rotam* dicunt, funem à naturâ tortum effe crederes, in maximam enim longitudinem extenditur, ac veluti funis per terram montofam ferpit; fpinis horridum eft, foliifque oblongioribus viret, craffitie vix digitum æquat, & tamen fæpe ad integrum ftadium diffunditur, tantaque hujus per montes copia obviat, ut ftirpes inter fe intricatæ, etiam cervis iter impervium reddant, lentiffimumque vimen fractioni maximè refiftit, undè ex eo validiffi-

mi rudentes funefque in ufum navium confici folent. Eft quoque in fubtiliffima filamenta diffolutum carbonibus, cratibus, fedilibus, pulvinaribus, lectis, ftoreifque contexendis mirè opportunum, tum ob munditiem, quia nil immundorum animalculorum fuftinent, tum ob refrigerium, quod æftate corporibus calore laxatis præbent. Ego *Clematis* fpeciem, quam *vitam albam* vocant, effe exiftimem, at peregrino Sole & climate, uti omnia alia degenerem. Vide Figuram B.

Sunt præterea arbores in Provinciis *Junnan* & *Chianfi*, quarum ligna inter pretiofio-

Lignum
Aquilinum
& Calam-
ba.

tiosiores merces meritò connumerari possunt; estque lignum quod *Aquilinum & Calambanum* vocant, vulgò *legna Aquila & Calambi*, quæ tametsi unius & ejusdem speciei arboris sint, differunt tamen in hoc, quod *Aquilinum* illud vocetur, quod adhuc tenerum & in florida ætate constitutum est; *Calambà* verò tum dicitur, cum ad maturam, &, ut ita dicam, decrepitam ætatem pervenerit; totum itaque pretium hujus plantæ in odore consistit, quum recens est, non adeò fortem spargit, uti ætate provecta *Calambà*, cujus odoris fragrantiâ nil suavius, eò quod in multis internodiis, cum jam adoleverit, vis osmetica sit fortior unitiorque, non item in *Aquila*, ob humiditatis necdum benè compactæ, ac facilè resolubilis abundantiam. Optimum sanè hujus plantæ lignum in montibus *Concincinæ*, qui *Moi* dicuntur, nec non in *Junman* & *Chiamsi* provinciis *Concincinæ* conterminis, natura producit tantâ copiâ, ut unicuique liberum sit, quantum voluerit indè excisum sui juris, cum ingenti lucro facere, passimque in portibus pretio non magno venditur, at in *India* centuplo lucro distrahitur; præsertim *Brachmanibus*, qui pyra ex illo extructa in magno solemnitatis die, quo fœminæ vel seipsas ob maritorum amorem incendio consecrant, aut magnorum meritorum virorum cadavera comburuntur, singulari rituum insolentia utuntur:

Superstitio in odore hujus ligni.

siquidem stolidè credunt, Dæstros suos hujusmodi odoribus vehementer delectari, animabusque defunctorum in transmigratione propitios fieri. *Calambà* uti est majoris pretii, ita quoque Regi reservatur, adeoque natura pretium laboribus summis, quibus id obtinetur, recompensari voluit. Nam in montium rupibus prorsus inaccessis Natura id provenire voluit, ut omnibus obvium non foret, quod tanta omnium æstimatione quæritur. Cum nulla ad præcelsarum rupium inaccessa loca, ubi id invida natura condi voluit, pertin-

Calamba in rupibus montium inaccessis crescit.

gendi spes sit; Accedit tamen, ut subindè sive ventorum impetu, aut imbrium vehementiâ radices arborum evulsæ in infrapositas vallium profundissimarum saxorumve pendentium crepidines concidant, atque hoc pacto plerumque indè ab indigenis eruantur; Sed nec hoc summo vitæ discrimine vacat:

Sylvæ ferocissimis belluis refertæ.

cum enim montium hujusmodi sylvæ Elephantibus ferocissimis, Tygridibus immanibus, Ursis, Rhinocerotibus referti sint, pretiosum hujusmodi lignum indè nisi validâ multorum hominum armatorum manu extrahi non potest, idque magis noctu, quàm interdiù, accensis siquidem facibus ignibusque extructis, (quibus nil magis dictæ belluæ timent) eorum incursus arcent; viso enim igne aut strepitu explosi sclopi statim fugiunt; atque hoc pacto tempus sufficiens ad lignum quærendum auferendumque relinquunt. In *Japonia* tanti

Pretium hujus ligni in Japone.

æstimatur hujusmodi lignum, ut vel una libra communis sedecim aut pluribus scutis vendatur; & quamvis una hujusmodi ligni libra etiam in ipsa *Concincina* utplurimum 16 scutorum pretio vendatur; in *Japonia* tamen ligni hujus quantitas, quanta ad culcitram (qua ob odoris tum suavitatem, tum salubritatem utcunque nobiliores utuntur) conficiendam sufficit, subinde ad ducentorum scutorum aut amplius etiam pretium pertingat. Putant nonnulli hujusmodi lignum nostratis *Lentisci*, aut *Terebinthi* speciem esse, etsi Solis cœlique benignitate in nobiliorem indolem degenerarit; cujus veritas facilè innotescere posset, si quispiam plantulam illinc studiosè abductam in Europæo solo plantaret. Sed jam ad medicas herbas progrediamur, inter quas præter eas, quas suprà recensuimus, *Rheubarbarum* quoque est, quod uti à paucis hucusque rectè descriptum fuit ita ab oculatis Nostris Patribus, jam genuinam ejus descriptionem apponemus.

Quan-

Rheubarbarum Matthioli

Reubarba-
rum ex
Flora Si-
nica.
P. Boim.

Quanquam hoc in univerfa *Sina* na-
fcatur, in provinciis tamen *Su civen*,
Xenfi, atque *Socieu* Civitate ad muros
Sinarum proxima uberius provenit; Illam M. Paulus Venetus *Socuir* appellat,
ubi & *Mauri*, qui dum cum *Caravanis* in
Katay, hoc eft, *Sinas*, & *Cambale*, hoc
eft *Pequinum* proficifcuntur, fubfiftunt,
(quo etiam olim cum illis Benedictus
Goez Lufitanus è Societate J e s u quærens *Catajum* pervenit) coemunt. Terra
in qua gignitur rubra eft & lutofa ob
fontes & pluvias: folia pro ratione plantæ magis vel minus duobus palmis longa,
infernè angufta, fupernè ampla, limb-
bus illorum lanuginem pilofam habet,
quæ tamen ubi adolefcunt & maturan-
tur, marcefcuntque, flavefcunt & in

terram declinant. Truncus fupra terram
uno palmo cum foliis fupereminet, ex
quorum medio ramus fubtilis onuftus
floribus, violis magnis non abfimilibus
exurgit, qui fuccum expreffum inftar
lactis cærulei habent, odorem acutum,
& quem nares faftidiant redolentes. Radix feu caulis, quem terra recondit, eft
longus uno, duobus & aliquando tribus
palmis; illius color æreus fubobfcurus,
fæpè groffitie humanum brachium adæquat, alias quoque radices tenues cir-
cumcirca projicit, quibus refectis *Rheubarbarum* divifum in frufta, carnem interdiu flavi coloris rubeis refertam venis
oftendit, ex qua fuccus flavus & rubeus
aliquantulum vifcofus diftillat. Porrò fi
quis ftatim illa frufta humida ad ficcan-
dum

dum appenderet, experientia docuit, unctuosum illum humorem mox evaporare, radicemque leviſſimam remanere, adeòque omnem virtutem deperdere. Ideò periti recentis *Rheubarbari* fruſta primò in oblongis reponunt menſis, & qualibet die tribus aut quatuor vicibus ea revolvunt, ut per hanc induſtriam ſuccus incorporetur fruſtis, & conſtipatus maneat: tum verò quatuor dierum ſpatio concreto humore, tranſactis per fruſta illa funiculis, appenſa vento exponunt, loco tamen umbroſo, nè radiis Solaribus contingantur. Effodiendo *Rheubarbaro* hybernum tempus eſt optimum, antequam viridia folia incipiant pullulare: quod ſcilicet eo tempore, circa menſis Maji initium ſuccus & virtus uni-

ta & collecta ſit; Quod ſi verò *Rheubarbari* radix effodiatur æſtate, aut illo tempore quo viridia folia producit, uti necdum hoc tempore maturuit, flavoque illo ſucco & rubeis venis caret, poroſaque ac leviſſima eſt, ita ad perfectionem *Rheubarbari* hyeme effoſſi, minimè pertingit: Currus humidis adhuc *Rheubarbari* caulibus onuſtus, uno ſcuto & medio venit, ſiccatum verò tantum pondere ſuo decreſſit, ut ex ſeptem libris recentis, ſicci vix una vel altera libra obtineatur. Recens ac viride amariſſimum eſt & guſtui maximè contrarium. Sinicè vocatur *Tayhuam*, quod ſignificat *ſumme flavum*. Quamvis illa de *Rheubarbaro* ſatis; hæc tamen ex relatione Doctiſſimi Viri *Jacobi Golii* adjicere nobis viſum fuit.

Rheubarbarum Verum

Hæc

Hæc Rhabarbari *deſcriptio atque appoſita Figura, quæ & in* Matthioli ad Dioſcoridem commentariis, *aliorumque ſcriptis expreſſa exſtant, primum à Joanne Baptiſta Ramnuſio prodita fuere in illa, uti inſcribit, declaratione, quam Marci Pauli Veneti Itinerario, à ſe Italicè edito, præmiſit; ubi eandem* Rhabarbari *hiſtoriam cum ipſius effigie mercatori cuidam Perſæ, ingenioſo, ut inquit, viro, in provincia* Chilan *nato, nomine* Chaggi Memet, *acceptam refert. Utique venerat circa A. C.* 1550. *mercator ille Venetias, magna ſecum* Rhabarbari *copia advecta, & per interpretem narraverat Ramnuſio, aliiſque ſimul amicis, aditam ſibi viſamque fuiſſe provinciæ* Tanguth *civitatem* Succuir, *in cujus ditione copioſus eſſet præſtantiſſimi* Rhabarbari *proventus, de eo ediſſerens eadem pene omnia, quæ ſuperius ſunt expoſita; feceratque picturæ copiam, quam ex regione illa ſe attuliſſe dicebat. Ita ut mercatoris hujus fide, qui, ut veriſimile eſt, mercis ſuæ ſtuduit diſtractioni, rem totam niti ſatis eſſe manifeſtum videatur. Attamen ad plantæ formam quod attinet, prorſus aliam pro vera agnovit Vir talium ſtudioſus, & ſpectator accuratus,* P. Martinius, *Atlantis Sinici auctor. Qui cum A. C.* 1654, *circa menſis Junii medium,* Amſtelædamo *Antverpiam tendens, forte* Lugdunum Batavorum *tranſiret, nobiliſque & magnifici viri D. Juſti Nobelarii cultiſſimum in ſuburbano hortum luſtrare cuperet, ex ipſo ingreſſu vel eminus conſpiciens* Hippolapathi *genus quoddam, foliis quidem amplis & rotundis, virentibus ex obſcuro, floribus verò in altum elatis, comoſis & albicantibus; verum illud eſſe & genuinum* Rhabarbarum; *non interrogatus, ultro pronunciavit. Quapropter tam præclari probatique viri teſtimonio impulſus ipſe* P. Kircherus *annuit voluitque, ut ejuſdem quoque plantæ effigies, quæ tunc haud multo poſt tempore delineata fuit, hoc loco exhiberetur.*

Craſſities & altitudo arborum. Cur verò in dictis Regionibus, præſertim in provincia *Chechiang* juxta urbem *Sungiang,* pinus ſpectentur tam inſolitæ craſſitiei, ut octo hominum am-

plexum non detrectent, imò quæ intra trunci corticem ad 38 homines contineant, uti *P. Philippus Marinus* de nonnullis arboribus quoque in *Tunchino* recenſet, uti & de arundinibus tantæ craſſitiei, ut quot internodia ſint, tot ex iis vaſa, quæ *Barilia* vocamus, conficiantur. Mirum cuipiam videri poſſet. Ego cauſam primò rejicio in ſoli bonitatem, quæ uti humiditate perpetuò ex abditorum fontium venis abundat, ita quoque vehementi calore Solis humiditas attracta quaquaverſus ſe in longum, latum, profundumque dilatata, in tantam arborum molem extenditur: cujuſmodi quoque olim in *Ætna* me vidiſſe memini, illo in loco, qui *tre Caſtagne* ab exotica & incredibili trium caſtanearum, quæ ibi ſpectantur, magnitudine dicitur. Et quod forſan παράδοξον videri poſſit, oſtendit mihi viæ dux unius caſtaneæ corticem tantæ amplitudinis, ut intra eam integer pecorum grex à paſtoribus tanquam in caula commodiſſima noctu concluderetur.

Cortex arboris ingens in monte Ætna.

Sunt prætereà in *China,* utpote quæ multum à Zona torrida participat, arbores fructuſque, toto, ut ajunt, cœlo ab *Europæis* differentes, tametſi *Europæis* ferè omnibus, præſertim in Septentrionalibus provinciis, abundet, uti ſuprà diximus; atque inter cætera illa arbor eſt, quæ ob pungentium ſpinarum multitudinem à *Sinis Po-lo-nie* appellatur, quæ quamvis ampliſſimis foliis oneretur, neque fructum tamen, neque florem in iis fert ullum, ſed in trunco producit cum tempore fructum tuberoſum tantæ vaſtitatis, ut ſingulis portandis ſinguli homines ſint neceſſarii, cucurbitam diceres noſtris maximis majorem; Cortex ejus ſpinoſus, melleos fructus corticis concavitati ſub pulpa alba adnatos monſtrat, nucleus toſtam caſtaneam ſapit, fructus plures in uno fructu, veluti in burſa quadam reconditos habet, & quemadmodum *P. Michael Boim* in ſua *Flora Sinica* docet, tantæ granditatis, ut

Aa vel

vel unicus fructus decem aut viginti hominibus ad comedendum sufficiat; undè non incongruè saccum melleis fructibus confertum *Sinæ* nominant, Melopepones nostros dicitur sapore an-tecellere; in quo natura suam ostendisse sagacitatem videtur, quod cum rami tantæ moli ferendo non essent, illos ex solidiori trunci substantia eduxerit.

Similis huic arbor est, quam *Papaya Indi*, *Sinæ Fan-yay-xu* vocant, arbor sine ramis, unà cum floribus tuberosus fructus ex trunci cortice supernè infernéque erumpat, Melopepone nostrate major, pulpa interior subrubri coloris est, ad liquorem declinans, ita ut cochleari excipi possit, dulcissimi saporis, atque toto anno haud secus ac apud nos in pomis aureis citrinisque, & flores & fructus immaturi maturique reperiantur. Vide Fig. E.

又 Tan
曰 Yay.   Arbor   Papaya.
揭 Xu.

Fructus apertus.

M. m̃.

Est & in *Hainam* Insula Sinica, provinciisque *Quamsi*, *Fokien*, & *Quantung* arbor, seu potiùs arbustum, quod semestri spatio ex sex vel septem foliorum medio ramum, multiplici fructuum, dulcissimorum ficuum adinstar foeturâ onustum, sine ullis foliis producit; folia hujus plantæ in tantam amplitudinem dilatantur, ut homo commodè sese iis involvere queat. Ego sanè omnibus examinatis hujus plantæ fructúsque circumstantiis, nullam aliam esse cènseo, quàm quæ ab *Arabibus* Mauz; à Latinis *Musa* dicitur; cujusmodi plantam olim *Rhegii* in *Calabriæ* urbe, *Mamertino* freto adjacente, vidisse, ejúsque fructum degustasse memini; folia habet amplissima sine ullo ramo, figuram quoque & saporem ficus habent, undè nonnulli *Ficus Paradisi* nominant; Protoplastósque post innocentiam perditam istiusmodi se foliis vestisse nonnulli conjiciunt. Hujus autem plantæ Figuram versa pagina repræsentamus.

Ficus Indica, Arbor Paradiſi.

N nn

Naſcitur & in *China* arbor *Kagiu* dicta, bis in anno fructus producens, quæ inversâ ratione ſemina non intus, ſed in capite exterius portat; Inter cæteros tamen præſtat fructus, quem *Americi* & *Orientalis Indiæ* populi, quibus communis eſt, *Ananas*, *Sinæ* verò *Fam polo nie* vocant, & ingenti copiâ in provinciis *Quantung*, *Chiamſi* & *Fokien* provenit, & putatur primum ex *America Peruviana* in *Chinam* allatus; arbor tamen in qua creſcit, non eſt frutex, ſed herba adinſtar cardui, quam *Cartciofoli*, vocant, pullulaſcit, ut proindè in Europæo climate conſita in carduum domeſticum degeneraturam planè mihi perſuadeam, in cujus folio fructus naſcitur cauli ſua inſiſtens, ut in Figura patet, tanti & tam exquiſiti ſaporis, ut inter nobiliſſimos *Indiæ* ac *Chinæ* fructus primum facilè locum obtineat; vide Fig.G. In qua planta hoc admiratione dignum occurrit, quod non ſemina ſolùm in terram projecta, ſed & ſurculi, quin & folia ipſa terræ implantata novas ſimileſque plantas fructuſque producant, quod & multis aliis plantis accidit, adeò ut ſpermatica vis omnibus hujus plantæ partibus inſita ſit; de qua admiranda ſanè Naturæ facultate vide, quæ de ſeminis rerum fuſè ſcripſimus *Libro* XII. *Mundi Subterranei*; Faciunt enim hujuſmodi plantarum ſemina plurimum, ad novam quam ibi condidimus phytoſophiam comprobandam.

De

Ananas Fructus

Ananas

Manga fructus. De *Manga*, *Lici*, *Quei* notiſſimis *Indiæ* & *Chinæ* fructibus non eſt quod dicam, cum apud alios paſſim deſcribatur; Modus quo *Manga Citrio pomo* inſeritur, oppidò ab *Europæorum* arte diverſus eſt: Nam neque per arboris inciſionem fit, neque per transfoliationem; ſed ramum *Mangæ Citrii pomi* ramo ſolummodò alligant & luto opplent, & hoc præſtito, cum tempore deſideratum conjugium paranympha arte ineunt, & præſtantiſſimos *Mango-citrios* fructus producunt.

Arbor ſævum producens. Narrat *Atlas Sinicus*, in provincia *Che Kiang* arborem naſci, cujus fructus pinguedinem adinſtar ſebi producit, tantâ copiâ, ut ex illa collecta candidiſſimæ candelæ, quæ manus non inficiant, qua-

cunque tandem ratione tractentur, neque extinctæ fœtorem exhalent ullum; Arbor ſat magna eſt, pyros noſtrates & foliis & formâ exprimens; flore candido niteſcit ceraſi inſtar, cui fructum quoque haud abſimilem parit, quem jam maturum diſrupto cortice aquâ calidâ macerant, & liquefactam pulpam mox ubi frigidâ irrigarint, in mucilaginem denſatur, ſævo prorſus ſimilem; quin & ex nucleo oleum quoddam omnibus domeſticis, uti apud nos oleum olivarum, uſibus commodiſſimum, eliciunt; hyberno verò tempore arboris folia cupræa rubedine fulgent, quæ tandem in terram delapſa, ovibus & vaccis cibum, ex quo mirificè pingueſcunt, præbent. Non dicam hic de floribus

Manga,

Manga, *Mentau*, *Quei* similibusque, cùm ii ab aliis amplè descripti sint. Atque hæc de plantis Sinicis sufficiant. Addimus hic arborem piperis & innominatæ arboris Figuram, cujus fructus non nisi circa radicem protuberant, quorum sapor *Europæis* ficubus similis est. Vide Figuram S.

Caput VII.

De Exoticis Chinæ Animalibus.

Um Naturæ Regnum in quadruplex animalium genus, quadrupedum, volucrium, natatilium & insectorum distinguatur, de singulis iis, quæ in *China* rariora & magis exotica reperiuntur, hoc loco agam. Quadrupedia præter ea, quæ in *Europa* inveniuntur, sunt Elephantes, Tygrides, Ursi, quæ maximè in provinciis *Junnam* & *Quamsi* stabulantur; de quibus cum jam alii quàm copiosissimè egerint, hìc silebo, ea tantùm, quæ præterquam intra *Chinam*, alibi non spectantur, prosecuturus.

1. Inter cætera animalia, quæ in Occiduis *Sinarum* provinciis *Xensi* & *Chiamsi* occurrunt, est Cervus odoratus, ita enim *Sinæ Xechiam*, vocant, animal

ex

鹿 Hiam Cervus Muscatus

Q 49

ex quo muſcus. De quo Atlas Sinicus hiſce verbis : *At nè diutius quid Muſchus ſit, quiſpiam hærere poſſit, dicam ipſe plus vice ſimplici teſtis oculatus. Tuber ſeu exuperantia quædam ad umbilicum animalis eſt, parvum marſupium referens, ſubtili pelliculâ, ac ſubtiliſſimis pilis veſtitâ conſtans. Animal ipſum Sinæ Xe vocant, indè Xehiang, hoc eſt animalis Xe odor ſeu fragrantia, quod Muſchum ſignificat; quadrupes eſt, exili cervulo haud abſimile, pilo paulò magis nigreſcente, cornuum omninò expers eſt, caro occiſi etiam pro cibo adhibetur à Sinis; in hac Provincia, prætereáque in* Suchuen, Yunnan *locisque illic ad Occaſum vicinioribus ingens Muſchi reperitur copia, ut ſuo dicam loco. Tubera illa ſeu marſupia ſi ſincera ſunt, miniméque adulterata, præſtantiſſima ſunt, adeóque vehementis odoris, ut organum ipſum ſicut &* Zybethus *pura, omniſque lux, aut ſonus æquo vehementior aures, aut oculos, odoratum offendant: at verſipelles Mercatores ex ſanguine, pellibus, aliiſque animalis exuviis* Muſcho *additis, marſupia quæ pellis animalis ſubminiſtrat, infarciunt, ac tanquam vera & genuina vendant. Sunt qui id miſcent cum ſanguine* Draconis, *& hoc pacto ex una veſica tres aut quatuor faciunt; fucus tamen non latet peritiores; ſi enim aduſtum evaporet, verum eſſe creditur, quod ſi carbonis adinſtar quidpiam aduſtum remaneat, adulterato aſtu contaminatum eſt.* Quæ eadem

_{P. Philippus Marinus in hiſtor. Tunchin.} ferè tradit de Cervo hoc odorato P. *Philippus Marinus in* Hiſtoria *ſua de* Tunchino, ubi non deeſt horum animalium copia, quod adeò ſtolidum dicit, ut venatoribus fugæ neſcium, interimendum ultrò ſe ſiſtat. Sed audiamus P. Philippum Marinum de iis in ſua Hiſtoria Tunckinenſi ſic differentem; verba Italica ſunt : *Vi ſi trova à uſo di traffico però dell' ambra roſſa, e del muſchio, che vi entra da päeſi vicini: l' ambra viene dal Regno di* Avà, *naſce in ſelve pretioſe à piè di certi alberi, quando eſſi gia ſono benè invecchiati, e radicati fra le feſſure delle rupi alpeſtri e nudi ſaſſi. Il muſchio vero e naturale ſi hà dal Regno* Gnai; *Quivi fra le ſelve ſi ritrova*

certo animale da i Cineſi, chiamato Ye Hiam, *che tanto è come dire in noſtra favella, Cervo odorato, è grande quanto un cerbiotto, di cui hà le fatezze, eccetto che nel capo, che è ſimile à quel del lupo, & hà due denti longhi, come di vecchio Cignale, che li eſcon fuori di ſotto all labro ſuperiore rivolti all' ingiù verſo terra; è di pelo più ſcuro, che non è il cervo, tardo al corſo, e ſi ſtolido, che ſola fatica de Cacciatori è trovarlo, perche trovato, ſenza moverſi e ſenza difenderſi, ſi laſcia uccidere à man ſalva. Hor di queſto ſi fà il muſchio in varii gradi di perfettione, e faſſi in queſta maniera. Preſo l' animale li cavano tutto il ſangue, & il ſervano da parte, e di ſotto all' ombilico li cavano una veſica, ò ſia di ſangue, ò di altro humore odoroſo quivi congelato, poſcia li traggon la pelle, & in più parti dividono l' animale, ſe di eſſo vogliono muſchio in tutta perfettione, prendono la metà dell' animale, ciò è dalle reni in giù, & in un gran mortaio di pietra il peſtano bene e tritano, e vi vanno verſando tanto del ſangue, che di tutto ſi facci paſta, della quale gia ſecca, riempiono le borſette, che della ſua medeſima pelle ſi fanno. Se vogliono muſchio non tanto perfetto, mà pur buono e ſincero, peſtano tutte inſieme le parti dell' animale, & impaſtatele col ſuo ſangue doppo eſſere ben aſciutte, empiono parimente di quella paſta le borſette. Oltre à queſte due ſorti ve ne hà un altra non coſì fina, mà pur vero e buono muſchio, & è quella, ove ſolamente entrano in compoſitione le parti dell' animale dal capo ſin' alle reni, che laſciano col reſto di eſſo à fare la ſchiettiſſima come è detto. Di queſto animale niuna parte v' è che via ſi butti, onde ſogliono dire, che più val morto che vivo. Un' altra ſorte di muſchio ſi compone, che viene in* Europa *in più abondanza, che non viene il vero; la ſua miſtura è parte quell' ambra, che à certa ſtagione ſi peſca intorno alle ſpiaggie di alcune Iſole dell'* India Orientale, *e parte il ſucco, che ſi cava dal corpo del gatto detto di* Algalia, *e rieſce con tal temperamento più grato l' odore, che non ſarebbe quello della ſemplice ambra che da ſe il manda aſſai forte, e poco* e poco grato alle narici. Et è quest' ultimo il mutschio, di cui s' hebbe prima notitia in Europa, intendesi di quello che venne da quelle parti.

Vacca monoceros.

2. Occurrit Animal, cui nomen Vacca velox, tantæ siquidem velocitatis est, ut 300 stadia vel uno die conficiat; in fronte oblongo & tereti cornu instructum est, undè multi id Monocerotem putant esse, sed hallucinantur, cum Monocerotis descriptio in nullo ei conveniat; verùm de hisce vide fusiùs actum in VIII. Libro Mundi Subterranei, ubi quid propriè Monoceros sit, exponitur.

Hippopotamus sive Equus Marinus, *Hayma Syris* dictus.

3. Spectantur in lacunis littorum Oceani Sinici & *Indiæ* passim hujusmodi animalia. In *Hainam*, *Insulis Philippinis*, *Maldinis*, & maximè *Mozambici* ad littora *Africæ* Meridionalis. Animal prorsus deforme est, & visu horridum. Verùm ne quicquam hic omisisse videamur, rerum curiosarum, hisce jungam, quæ P. Boim (qui illud vivum & mortuum quam exactissimè dum ventum prosperum operturus, *Mozambici* commoraretur, examinarat,) in scriptis reliquit. *Duplex*, inquit, *schema veri equi marini subjeci, quorum cum essem* Mozambici *in* Africa, *aut verius in* Cafraria, *greges ad littora marina in lacuna quadam volutari plures vidi. Erat* Mozambici *Civitatis Judex amicus meus singularis, qui* Hippo-

Hippopotami *caput integrum ad Collegium misit eo fine, ut illud diligenter observarem; mensus itaque id inveni ab ore versus scapulas habere tres cubitos, ex parte inferna duos recurvos maximos dentes, quibus supernè similiter grossi aptè congruebant, linguâ intermediante extortâ. Cum verò postea à nobili quodam* Lusitano *ad interiora continentis* Cafrariæ *è regione* Insulæ Mozambici *perlustranda fuissem invitatus, rudentes littora maris in navi (quam remis* 20 *mancipia remigando propellebant) vidimus ad jactum unius lapidis equos marinos hinnientes ad* 50. *qui variis lusibus indulgebant intra aquas summâ meâ voluptate. Quidam è mancipiis* Cafer *cum sociis propius accedens, & exonerato sclopo, cum frontem equi graviter offendisset, tandem mortuum reperit, quem etiam ob vastam molem non sine difficultate & labore operâ sociorum in littus extractum, mihi perlustrandum exhibuerunt; Postquam autem carnem* Cafres *inter se diviserunt, dentes extractos eosque majores mihi obtulerunt. Pellis hujus animalis adeò dura est, ut sæpe* Cafres *acutis suis lanceis illam perforare nequiverint. Nullos pilos habet præterquam in extremitate caudæ qui flexiles, ac veluti ex cornu nigro pellucidi quovis modo contorti non frangantur, calamum grossitate facilè æquant, ex singulis pilis armillas faciunt singulas* Cafres *&* viri *&* fœminæ*, quas in ornamentum manu gestantes, simul earum virtute à paralysi immunes se fore arbitrantur. Ex dentibus solent in* India *globulos precarios, cruces, & statuas Sanctorum conficere, sanguinis enim fluxum sistere probantur: Compertum tamen est non cujuslibet promiscuè* Hippopotami *dentes hâc virtute pollere, verùm illorum solummodo qui certo anni tempore capiuntur: Quod utrum verum sit, experientiâ comprobandum foret. Novi* Goæ *in regio* Nosocomio *esse unum ex maximis dentibus equi marini, cujus admirandæ facultatis si experimentum sumere volunt, dentem venæ sectæ adhibere solent, & ecce, mirum dictu, statim sanguinis prosilientis impetus, sanguine intra venam recepto, sistitur. Nota est historia cadaveris cujusdam* Malabarici *Principis à* Lusitanis *occisi, quod*

cum juxta navem occupatam pluribus glandibus transfossum, sine ullo tamen ex hiantibus vulneribus sanguinis effusi vestigio reperissent, in vestibus jam spoliati collo frustum ossium appensum cum detraxissent; quod uti unum ex ossibus Hippopotami *erat, ita quoque sanguinis veluti aggere perrupto è mortui corpore copiosissimè ad stuporem omnium profluxit: cujus quidem aliam causam esse non puto, quam frigidissimam qualitatem, quâ sanguis protinus congelatur, & à fluxu prohibetur. Hæc* P. Boim. Nos dentes hujus animalis ternos in nostro Musæo exhibemus, quorum quidem qualitatis experimentum necdum sumpsimus: quod ubi fecerimus, tunc unà quoque rationem tam mirificæ qualitatis investigabimus. Est & in Domus Professæ Romanæ nostræ Societatis Bibliotheca scheletrum capitis *Hippopotami*, ex quo paulò ante figuram primæ belluæ depingi curavimus; Sirenis ossa, cujus costam & caudam in nostro Musæo exhibemus, & *Pesce Muger* dicitur, sistentis sanguinis effectum multò *Hippopotami* rariorem experti sumus. De qua cum quam amplissimè in 3. *Lib. Art. Magnet.* egerimus, eò Lectorem remittimus.

4. Refert *Atlas* in provincia *Fokien* ~Homines Sylvestres.~ animal reperiri pilosum homini prorsùs simile; simile in Regno *Junnam* & *Gannan* inveniri recitat *Fese* nomine, ανθρωπόμορφον, longioribus brachiis, corpore nigro & piloso, cursus velocissimi, & ανθρωπόφαγον; homini enim obvium vocem edit risui humano similem, deinde eum invadit. Narravit mihi P. Henricus Roth, Regi *Mogorum* simile monstrum, dum in *Agra* moraretur, oblatum fuisse, quem hominem Sylvestrem dicebant; Ego verò ex variis historiis doctior, illa certis Simiarum ferocitate immanium speciebus adnumeranda existimo, quod & pilosum corpus & risus demonstrant, quem simiæ contractâ fronte, & corrugato naso, dentiumque denudatione, ubi exacerbati fuerint, collisione, unà cum stridulæ vocis sono

Bb facilè

Quinam
Homines
Sylveſtres
propriè
dici que-
ant.
facilè exprimunt. Si quis verò pertina-
cius ſylveſtres homines dari velit, is ſciat,
caſu ſubindè accidere, ut pueri ſylvis ex-
poſiti ibidemque derelicti, non niſi Divinæ providentiæ commiſſi, vel à feris,
vel alio quovis modo ſuſtententur ; uti
verò hi ex vaſtis ſolitudinum labyrinthis
ſe evolvere nequeunt, ita quoque ferino
more vitam tolerant, piloſo totius corporis amictu veſtiti ; ſi quandoque à venatoribus capiantur, pro ſylveſtribus
hominibus reputantur ; Sunt enim veri
homines, at feri, qui nempe omni cultu

deſtituti, non tam humanam, quàm bel-
luinam vitam ducunt. Talem puerum
octennem circiter anno 1663. in *Lythua-
niæ* ſylvis inter urſos inventum ſcribunt,
voce & habitu urſis, quibuſcum ſemper
vixerat, & ab iiſdem educatus fuerat,
ſimillimum, aliam præterquam carnem
crudam comedere neſciebat, donec magno tandem labore cibis ſolitis veſci, &
unà loqui diſceret. Hujuſmodi exempla plurima tum in hiſtoriis exoticis,
tum in vitis Eremitarum paſſim leguntur.

Eſt hoc animal domeſticum , *Sum-
xu* dictum, feli haud abſimile, nigri &
ſubindè crocei coloris, pilos habet mirè
ſplendidos ; Cicurant illud *Sinenſes*, &
collum argentea circumdant corolla,

murium eſt avidiſſimus Venator ; ob ra-
ritatem tamen ita carum eſt, ut ſubindè
ſeptem aut novem etiam ſcudis veneat.

Sunt & in *China* diverſæ ſpeciei Simii,
quorum alii homines, & ſunt ἄκερκοι,
alii

alii canes felesque mentiuntur, & sunt κερκοπίθηκοι tantâ docilitate præditi, ut nisi clunium fœditas illos proderet, vix bestias crederes; & ut mira nonnullorum docilitas videatur, subjungam, quod de iis P. Henricus Roth, se præsente contigisse narrabat. Rex *Bengalæ* ad Regem *Mogorum* in nescio cujus accepti beneficii recognitionem, solennem cum pretiosissimis muneribus adornatam legationem expediebat anno 1660; In qua in omnium admirationem rapiebat currus triumphalis auro atque omni gemmarum lapidumque pretiosorum genere refulgens; non humanâ, sed belluinâ directione ducebatur. Trahebatur currus à duobus candidissimis & perquam mirificè adornatis caballis; in superiori currus loco, veluti in solio Regio ingens sedebat molossus, preciosis phaleris monilibusquè mirificè adornatus, qui uti sese tanto splendore fulgentem aspiciebat, ita quoque superbia quadam elatus, aliquid se supra belluinum esse, putare credebatur, siquidem incredibili gravitate, proceribus obviis debitam profundâ capitis inclinatione reverentiam exhibebat; Non deerat huic satellitium splendidum; Simii enim superbè vestiti, thronum epheborum adinstar circumdabant, ad nutum domini promptissimi; quicquid

(margin: Triumphus bestiis institutus.)

enim caninum Regem facere in reverentia obviis præstanda videbant, id omnes unanimi capitis inclinatione pariter præstabant. Aurigam agebat grandis Simius, aureâ chlamide indutus; cujus pileolus capiti impositus auro pariter gemmisque fulgebat, manu sinistrâ fræni lorum tenebat, alterâ scuticâ tam dextrè suos regebat caballos, ut non à bruto, sed à peritissimo veredario agitari viderentur; verbo, humanæ belluæ triumphum adeò scitè adornabant, ut quid homines belluinos deceret, belluæ humanæ mirâ quâdam metamorphosi docere viderentur. Quantâ autem ex hoc mirifico spectaculo Rex voluptate perfusus fuerit, indè patet, quod brutorum solertiam opiparo, verius belluino convivio recompensandam duxerit, dum quid equis, quid Simiis, quid Molosso, ex optimis cibis unicuique congruebat, in pavimento tapetibus exornato apposuit, ubi pari gravitate jam ad omnia prius instructi, sedentes, quisque suo contentus pabulo delitiabatur. Acta fuerunt hæc *Agræ* Civitate Regiâ, præsente supramemorato Patre Roth; ut vel hinc appareat, quantum *Indi* in hujusmodi belluis instruendis industria valeant, quam & in Elephantis erudiendis ad stuporem omnium præstant. Sed jam ad Volucrum genus progrediamur.

Caput VIII.

De certis quibusdam Volucribus extrà Chinam *invisis.*

1. Reperiuntur in *China* Volucres, in aliis extrà *Chinam* Regnis invisæ; inter quas primum meritò locum occupant Aves illæ Regiæ, quas *Fum Hoam* vocant, de quibus ita P. Boimus in sua Flora: *Avis est extremæ pulchritudinis, quæ si quandoque humano sese conspectui subduxerit, sinistri id in Regia familia alicujus eventus omen habetur. Mas* Fam, *fœmina* Hoam *vocatur; nidos habent in montibus* Tan, Leotung *provinciæ*

Pekino *confinibus; In capite assimilantur pavoni,* Sinicum *poëma hoc pacto illas describit:* Humeris virtutes, alis Justitiam, lumbis obedientiam, reliquo corpore fidelitatem significat; Avis piissima, antè instar Rhinocerotis, retrò tanquam cervus graditur; gerit caudam sicut gallus, caput Draconis in modum, pedes simillimos testudini gerit; quinque pulcherrimarum avium coloribus alas coruscas refert; hasce aves veluti Symbolico quodam amictu adornatas Colai & Mandarini,

darini, *quin vel ipfe Rex in veftibus auro depi-* | peregrinæ Pavonum fpeciei adnume-
Etas geftant. Ego has aves facilè, certæ & | rem.

Gallinæ Lanigeræ.

2. Eft & aliud admiratione dignum in Regno *Suchuen*, & funt Gallinæ Lanigeræ, quarum lana ovinæ fimillima eft, parvæ funt corpore, breviffimis pedibus, audaces tamen & generofæ, nec non fœminis, uti *Atlas* meminit, in deliciis. Quæritur itaque utrum hæ gallinæ verè pilofâ lanâ uti pecora veftiantur, an non? Ego fanè, ut paucis me abfolvam, omnibus circumftantiis ritè examinatis, combinatifque; Dico Lanam quadrupedum illam minimè dici debere, fed uti ex fubtiliffimis plumulis toto corpore crifpatis amiciuntur, ita quoque ex crifpatis plumulis lanam crifpatam folummodò videri putarique,

unde & Gallinæ Lanigeræ nomen meruére, haud fecus ac linum afbeftinum, ejufque rafura lana dicitur. Rationem hanc affigno: Quod uti volucres pilofo feu laneo veftitu nafci, ita quoque quadrupedes plumaceo amiẽtu veftiri, naturali rerum temperamento repugnat, cum aliud fit in quadrupedibus pilorum aut lanæ, aliud fit plumarum in volucribus naturale principium, fierique non poteft, ut in horum feminibus differentiffimis una & eadem infit virtus plaftica & formatrix, five pilorum, five plumarum; ex hoc enim non tam verum & legitimum quempiam certæ alicui fpeciei proprium, quàm monftruo-
fum

sum Naturæ partum præter intentionem Naturæ produci, is videbit, qui Naturæ in utrisque leges exactius ponderaverit; & patet ex iis rationibus, quas suprà de Cattis volantibus ad hanc veritatem comprobandam adduximus. Gallinarum Lanigenarum familiæ adnumeratur *Jeki* dicta, quæ in variis Provinciis Sinensibus, uti *Corea*, *Chensi*, & *Quansy*, in altis montibus reperitur, & mirà uti formæ, ita pennarum varietate conspicitur à natura exornata: optimi saporis esse comperitur. Gibbosum dorsum, & pectori nescio quid globosum adnexum habet, unde meritò quis tantam à communi Gallinarum specie degenerationem mirari queat. Ego salvo aliorum judicio, eam ex diverso cum aliis gallinis, v. g. cum Gallina Indica congressu, cujus similitudinem præ se fert, accidisse putem. Verum cum hæc ex professo in *nostra Arcæ Noëmicæ descriptione* decidamus, eò Lectorem suo tempore amandamus.

Gallina Lanigera

Neque quispiam hîc objiciat, suprà à me propositum de pisce croceo, qui cum tempore plumaceo vestitu indutus volatum affectet; hunc enim de una specie in aliam abire juxta metamorphoticas leges ei naturale est, sicuti erucis & bombycibus naturale est, ex vermibus in papiliones transmutari: Unde nos hoc loco tantùm loquimur de iis, quæ intra certos speciei terminos constituta sunt animalia; hoc enim pacto fieri non potest, ut quadrupes, aut volucris;

Bb 3 illud

illud alas, hoc pilos aut lanam admittat, nifi illa metaphoricè tantum & per fimilitudinem quandam ità dicantur. Accedit, quod nullam ex hujufmodi gallinarum lana telam contextam fuiffe, omnes fateantur Sinicarum rerum Scriptores, nifi fecreto mihi noto in lixivio fatis macerentur; de quo vide XII. *Lib. Mundi Subterranei.*

Anates fornacibus exclufæ.

3. Anates quoque in provincia *Quantung*, non fecus atque *Cairi* in *Ægypto*, fornaculis in hunc finem affabrè inftructis, in iifque ovis impofitis incredibili numero excludere folent. In naviculis magnos fæpè harum anatum greges alunt, eofque vel ad maris littora, vel fluminum ripas exponunt, ut æftu recedente oftreis, cancris, tellinis fimilibufque maris fructibus, quibus fummoperè delectantur, cibentur; & quoniam in variarum navium confluxu illæ variè diffipantur, mirum tamen, eas noctu ad fonum pulfatæ pelvis, columbarum adinftar ad nidos fuos, quafi figno receptui dato, in fuam quæque navem reverti. Eft & hoc experimentum in ovis anatum admirabile, quod fi ea condire-cupias, id nunquam confequère, fi aquæ falfæ aut muriæ ea impofueris; at fi terrà cretaceà, feu argillà fali mixta ova illiveris, falfedine imbuta gratiffimum faporem acquirent.

Avicula ex flore nafcens.

4. Dicitur in *Suchuen* provincia avicula ex flore *Tunchon* nafci, quæ proindè *Tunchonfung* Sinicè appellatur; hanc *Sinæ* dicunt vitam fuam menfurare ad vitam floris, quo intereunte & ipfa avicula intereat; eft & tanta quoque colorum varietate à natura dotata, ut alarum remigio aërem tranans, florem expanfis foliis pulchrè exprimat. Utrùm verò animal five volucris, five infectum, ex planta immediatè produci queat, meritò quifpiam dubitare poffet; Nos fanè in XII. *Libro Mundi Subterranei*, id negavimus; cum fieri non poffit, ut vegetabilis Naturæ gradus, ad fenfitivum, fuperiorem Naturæ gradum a-

fcendendo, effectum potentiæ fuæ imparem & improportionatum fenfitivæ fubftantiæ producat. Dico itaque hoc fieri ex feminio ovorum, quæ uti pifa non excedunt, ita quoque facilè intrà folliculos five foliorum, five floris depofita, ubi rupta fuerint, ex humido floris femini volucris admixto, animalculum volatile fimile flori nafcitur; cui fi volucris accedat imaginatio, dum incubando colorum in flore varietatem perpetuò intuetur, eoque fympathico quodam affectu gaudet, certè colores floris in pennas phantafticæ virtutis efficaciâ derivari, jam frequenti experimento etiam in *Europa* innotuit.

De Nidis qui rundam volucrum edulibus.

5. *Conchinchinam* inter & *Hainan Infulam* tractus quidam Oceani non procul à littore Sinico, fcopulis magnis, parvis, minimis confertiffimus reperitur, intra quos aquarum æftus horrendis fluctibus collifus, cavernas & angiportus rupium tanta fpumoforum voluminum coacervatione exagitatur, ut formidinem fpectantibus procul incutiat. Intra meditullium harum rupium, in Vere, conftituto illis à Natura tempore, aviculæ quædam incognitæ, quas alii pafferibus, alii hirundinibus fimiles effe perhibent, innumerabili multitudine, undè, nefcitur, adveniunt, quæ hirundinum inftar mox littori infiftentes, nidos ædificant, quos rupibus iftis fingulari artificio affigunt, quali ex materia, hucufque incompertum fuit, atque in hifce ovis pullifque exclufis, denuò aliò avolant, relictis in Nautarum poteftate nidis, qui integras naves iis onuftas *Chinæ* & *Japoniæ* in menfarum delicias divendunt. Nidi funt quafi diaphani, uti patet ex tribus, quos in Mufæo noftro exteris oftendere folemus, fubflavi coloris, nefcio ex qua aromatica compofitione hucufque incognita elaborati, tali autem proprietate à natura imbuuntur, ut cuicunque cibo, five ex pifcibus, five è carnibus herbifque parato mifceantur, iis fercula mirâ faporis gratiâ condiantur.

Mira Naturæ induftria condita.

Ad

Ad materiam nidorum quod attinet, illam aliundè non putantur portare, sed materiam viscosam ex stomacho visceribusque putantur eructare, quam rupibus affixam in nidum efforment, & quia humido opus habent, mucilaginoso quodam liquore ad scopulos spumante (uti nautis harum venatoribus observatum fuit) supervolitando & alas & rostrum implent, eoque nidulos ad firmiorem materiæ agglutinatæ consistentiam identidem alarum agitatione aspergunt. Contingit autem ut tempestatum sævitie subindè magnâ horum nidorum copiâ unâ cum ovis vi fluctuum ruptis in piscium nutrimentum intra mare decidat; ita Patres nostri oretenus mihi retulerunt, & P. *Daniel Bartolus in Sinensi sua historia* hoc nidificium amplissimè juxtà atque Italico Idiomate elegantissimè descripsit, uti & P. Philippus Marinus pariter in Historia Sinensi hoc pacto eos describit Fol. 42. *Se hora da gl' animali detta terra vogliamo salire à volatili d' ogni generatione, quanto altra parte di quest' Oriente ne abunda il Tunchino. E per dire di alcuna specie, mi si presentano certi uccelletti simili alle rondini, che volano vicino alla spiaggia, e fanno i loro nidi negli scogli della* Cocincina, *& è il nido cosa si pretiosa, che si vende à prezzo assai caro, quanto altro più delicato*

cibo, per le rare virtù e buoni effetti, che cagiona ne sani à preservarli, e negli infermi à torre la loro inappetenza, e disvogliati à metterli in appetito di mangiare. Non si è sin hora potuto sapere, che materia sia, tenace esso è, e transparente composto di molte cellette, à guisa di cocchiglie maggiori, che come foglie intorno ad un cespo si dirami, stanno attaccate, e ciascuna formata à lavoro crespo e rugoso, come le stesse cocchiglie, e di egual sottigliezza, e prendono il color di pasta, quando sia secca, ò quello che disseccandosi, è proprio delle provadure. Non vi hà convito che senza questo cibo s' imbadisca e mancandovi questo boccone, pare che vi manchi il meglio, e senza esso non è solenne. Il modo che costumano cuocerlo è, una notte prima tenerlo in acqua calda, si che ammollito, tutto intenerisca, e così intenerito si ponga à seccare per breve tempo all' ombra, e poscia gentilmente si sfili. Da se schietto non hà sapore, ma se come auviene de fonghi, buona mano il condisce con sue specie aromatiche, sollecita mirabilmente l'appetito, e contro alla proprietà d' altri cibi, de quali col mangiarne ne passa la voglia, questo par sempre che più t' aguzzi.

De hirundinibus verò ex foliis arborum in lacum incidentibus jam suprà nostram sententiam aperuimus: quare progrediamur ad pisces.

P. Philippus Marinus de nidis edulibus.

Nullum convivium sine conditura horum nidorum.

Caput IX.

De Piscibus Maris & fluminum Sinensium.

6. OMnem admirationem superat, quod jam dicam: Est in provincia *Quantung* animal, quod *Hoangcioyu*, id est, *Croceum piscem* vocant *Sinæ*; est enim modo piscis, modo avis; per æstatem siquidem avis est crocei coloris galgali instar, per montes volitans, more avium suum sectatur nutrimentum; autumno verò finito ad mare redux in piscem convertitur, quem hyberno tantum tempore ad delitias cum sit suavissimi saporis piscantur Indi-

Crocei piscis in avem mutatio.

genæ. Quæritur hujus tam admirandæ metamorphoseos causa. Dico itaque, supponendo primò hoc naturalibus principiis minimè repugnare, cum quotidiè hujusmodi transformationem in insectis intueamur, cujus & causam in XII. *Libro Mundi Subterranei* quàm fusissimè exposuimus; Videmus enim plerasque erucas in volatiles papiliones transmutari, aquaticos vermes ex festucis exclusos in perlas mox ac aërem subierint, quadruplici alarum remigio conspicuos fpicuos aërem tranare ; Innumera hujus farinæ adducere poſſem, ſi ea *citato Libro* non fusè profecutus fuiſſem.

Sed dicet forſan quiſpiam, id in infe-ctis facilè concedi poſſe, at non in perfe-ctis animalibus. Contrà dico, in perfectis quoque animalibus hujuſmodi meta-morphoſes ſpectari ; Quid enim aliud ſunt Scoticæ anates prius, quàm vermes, quæ tamen cum tempore aſſumptis alis & pennigero indutæ habitu in anates aut anſeres tranſmutantur, cujus cauſam *citato loco* vide ; piſces quoque in volu-cres, uti & quadrupedia in piſces tranſ-mutari, non deſunt hiſtoriæ, quæ id at-teſtentur. Certè *Albertus* nomine & re *Magnus l. 24. in Aſtoix* aſſerit, eſſe ani-mal marinum, cui nomen *Abides*, quod cum reliquis piſcibus in mari natales ha-beat, cum verò ſenuerit, mutatâ formâ terreſtrem aſſumere, & terram incole-re, terreſtriumque animalium more veſ-ci, mutatoque nomine, quod primò dum piſcis adhuc erat, *Abides*, modò terreſtris animalis aſſumptâ formâ *A-ſtoix* appelletur. E contrà in Oceano Orientali quadrupes eſſe, quod in ſene-ctute omnibus mutatis membris in Pi-ſcem degeneret; teſtanturque *Conimbri-cenſes lib. 1. de Gen. & Corrupt. q. 17. art. 1.* apud *Japones* in Inſula, quam *Gotum* vo-cant, animal quoddam eſſe, corporis magnitudine & figurâ ſimile cani, vel ut alii narrant, lupo ; quod primò qui-dem in terra vivit, deindè conſtituto à natura tempore, mare incipit frequen-tare, ubi aſſiduo natatu exercitatum pelagoque commiſſum, omnibuſque membris in formam piſcis compoſitis in belluam marinam tandem convertitur. Sed hæc ad veritatem rei atteſtandam ſufficiant. Quomodo itaque piſcis cro-cei in avem accidat metamorphoſis, ex-ponendum reſtat. Dico itaque hunc piſcem ex eorum eſſe numero, quæ am-phibia dicuntur; cujuſmodi ſunt illi vo-lantes piſces, quos hirundines marinas vocant, quorum forma adeò volucri ſi-

milis eſt, ut vix diſtingui poſſit; Croceos itaque piſces uti inſignem ad volandum à natura diſpoſitionem obtinuerit, ità facilè quoque in volucrem converti poſ-ſe, nullus ſanè phyſiomyſtarum facilè negaverit; Verùm cum difficile ſit con-cipere, quomodò piſcis in pennigerum animal degenerare poſſit, niſi ingenti mutatione in ſe factâ, de cauſa hujus paulò altiùs philoſophandum duxi.

Multi putant ex hiſtoriis perſuaſi, transformationem unius ſpeciei in aliam fieri ex promiſcuo coitu unius cum alte-ro; alii vi imaginationis, ut ſit in notis à gravidis mulieribus, fœtibus impreſſis: alii alias cauſas adinvenerunt, quæ ta-men ſine magna difficultate defendi non poſſunt. Ad primum quod attinet, coi-tu hujuſmodi transformationem fieri non poſſe, indè deducitur, quod ovipa-rarum cum viviparis coitus, ſive mo-dum, ſive tempus, ſive denique geneti-ca inſtrumenta ſpectes, ob naturæ repu-gnantiam à nemine phyſiologorum con-cedatur. Latet itaque aliud quidpiam, quod hunc monſtruoſum effectum cau-ſet. Quod ut detegerem, multus fui in examinandis omnibus hujus piſcis cro-cei circumſtantiis, donec unus è Patri-bus noſtris, qui nonnullis annis in Inſu-la Sinica, quam *Hainan* vocant, com-moratus, mira mihi de raris Naturæ effe-ctibus in ea conſpicuis retulit: Inter alia de hoc piſce croceo verum eſſe aſſeruit, qui præterquam in hoc Sinico mari non capitur. Sed jam ad rem.

Diximus paulò ante, de nidorum à certis aviculis in *rupibus Hananinis* fabri-catorum multitudine: Cum itaque cro-ceus piſcis maximè circa iſtum tractum verſetur, neque alio præterquam ovo-rum tempeſtate maris ruptorum cibo alatur: hinc ego ob naturalem quandam inclinationem & ſympathiam, quam ad hujuſmodi volucres habet, ex ovorum intra rupes diffuſorum materia, quæ ſe-minis hujus animalis vices explet, devo-ratione fieri exiſtimo, ut approximante

Vere

Ex qua-drupede fit piſcis animal aquati-cum.

Quomodo cr cei piſ-ci transformatio fiat.

Quænam ſit plaſtica vis in pen-nas piſcem animans.

Vere vis spermatica hujus piscis sese paulatim exerat, atque ad volandum sollicitet, & quoniam plastica ad aves pennis instruendas facultate semen ovorum præditum est, accidere quoque, ut ea sese in pisce exerente, branchias quibus longis constat, in alas paulatim expandat, squamisque in plumas unà cum cauda transmutet. Atque hoc pacto volucrem fieri, galgali adinstar flavi coloris, quia ipse à flavo colore, quo imbuitur, piscis croceus dicitur. Quomodò verò Autumno prætereunte denuò in piscem mutetur, dicendum restat.

Notum est, temperamento mutato totum mutari; contingit itaque ut adveniente Hyeme, virtute formatice avis destructa, sive ob humoris abundantiam, sive alia de causa volucris id quod primò fuerat, esse appetat, atque adeò nativam maris stationem repetens decedentibus plumis, tum naturali maris facultate, tum plastica videlicet seminis virtute, quâ piscem primò formaverat, sese paulatim exerente, in squamas branchiasque denuò convertat, donec redeunte Verno tempore jam novo ovorum semine introsumpto, ei ad volandum appetitus innascatur, & tandem denuò volucris fiat perpetua quadam vicissitudinis pericyclosi. Quod verò hoc aliis piscibus non contingat, causa est temperamenti diversitas, quod metamorphoseos hujusmodi uti incapax est, ita quoque in actum deduci minimè potest. Quod verò hæc transformatio ex semine volucris in ovis latente fiat, patet ex iis, quæ de anatum Scoticarum origine *Lib.* XII. *Mundi Subterranei* tradidimus, & in hominibus subindè similem transmutationem contigisse, historiæ narrant. Dominicus Leo de Arte Med. l. 6. c. 2. apud Petrum Damianum: *Robertus*, inquit, *Gallorum Rex propinquam sibi copulavit uxorem, ex qua suscepit filium, anserinum per omnia collum & caput habentem, sed & hominem fuisse fertur, cujus totum corpus alitum more, plumis*

omo an- *i similis.*

vestiebatur; at plumæ ut humano corpori adnascantur, fieri non potest, sine virtute formatrice seminis alicujus volucris in ovis latente; neque vis hæc exercere se potuit, sine humani cum volucris semine mistura quacumque tandem ratione peracta: Cum nefarii homines vel in ipsam naturam injuriosi & crudeles Magistro Diabolo, ea adinveniant, quæ nobis exponere non licet. Si itaque hoc in homine, multò magis in brutis simili naturæ temperamento præditis factu possibile putem, ad quæ omnia à nobis *citato loco* fusiùs deducta, Lectorem remitto.

7. In provincia *Quantung* referunt, piscem spectari, quem *Vaccam Natantem* vocant, hunc in terram exire & sæpè cum domesticis vaccis pugnare ac cornu petere; at si diutiùs extra aquas perstiterit, cornu ejus mollescere omni duritie destitutum, undè in aquas redire coactum piscem denuò evadere pristina duritie cornu recuperata. Qualecunque sit hoc animal, ego id inter amphibia numerandum censeo, speciemque esse vitulorum marinorum, quas Phocas appellant, aut Rosmarorum dentibus prælongis sævorum, solo cornu, quo præ reliquis sub hujusmodi Climate singulari Naturæ beneficio potiuntur, differentem: Cur verò cornu in aëre mollescat, in aqua verò indurescat, ex temperamento illius cornu dependet; cum plurima sint quæ extra aquam mollescant, intra aquam verò indurentur; de quibus in V. & VII. *Libro Mundi Subterranei*, de diversis aquarum saliumque, & quæ ex hisce componuntur, facultatibus fusè egimus.

Vacca marina piscis.

8. In provincia *Xensi* Vespertiliones reperiri dicit *Atlas*, quæ corporis mole gallinam aut anserem æquent, undè & à *Sinis* in singulares mensarum delicias quæruntur, eo quod eorum caro gallinarum ferculis longè preferatur. Vide quæ suprà de *Vespertilionibus seu Cattis volantibus* in Regno *Mogorum* fusiùs egimus.

Vespertiliones prægrandes cibo apti.

9. Rursus in provincia *Quantung* monstrum

Cc

Monſtrum marinum 4 oculorum & ſex pedum.

ſtrum marinum reperitur, τετρόφθαλμον, id eſt, *quatuor oculis*, & ἐξαπȣ́ς, id eſt, *ſex pedibus inſtructum*, hepatis figuram utrumque repræſentans, quod uti ex oſtreis vitam tolerat, ita quoque uniones ſubindè evomere videtur. Ego quantum ex comparatione unius cum altero comperire licuit, dicerem ſane ex eorum eſſe genere, quos araneos marinos vocant; ſunt enim teſtudini ſeu torpedini prorſus ſimiles quoad formam, quatuor aut etiam pluribus oculis in dorſo inſtructis, ſex verò pedibus, teſtudineis pedibus haud abſimilibus, natant & non gradiuntur. Ad hanc claſſem referri puto illos piſces, quos *Atlas* dicit in provincia *Quamſi* in montis caverna reperiri quadrupedes & cornupetas, quoſque *Sinæ* ſuperſtitioſi Draconis delicias vocant, quos ideò occidere nefas morte piandum cenſent. Hoc in tractu pariter dicunt, animal reperiri, quod capite volucrum, cauda piſcem referat, quæ omnia in ſupramemoratis alatis piſcibus, quos *Rondones*, id eſt, *hirundines*, à capite χελειδόνομόςφω vocant; unde quæ *Sinis* mira videntur, noſtris nautis vulgaria ſunt, utpote quæ in Oceano ubivis ferè obvia ſpectentur, & nos in Muſæo noſtro unum intra Rhomborum cyclum appenſum exhi-

Piſces cornupetæ.

bemus, utpote cujus natura ſit, ad eam ſe partem, undè ventus ſpirat, convertere.

10. Rurſum *Atlas* hoc in tractu fert Cancros reperiri, qui ubi aqua relicta aërem ſubierint, ſtatim figura antiqua conſervata in lapidem convertantur duriſſimum; & ratio patet, cum omnia illa quæ ex ſalino temperamento conſtituuntur, intra aquam diſſipatis ſalinis corpuſculis mollia ſint, extrà verò ſiccitate aëris condenſati in lapideam maſſam transformentur, quæ omnibus lapideſcentibus communia ſunt; Quod verò alibi cancris id non contingat, cauſa eſt, quod ille locus, in quo ſimiles cancri reperiuntur, lapidifico ſucco vel vapore non abundet; Hujus enim facultate, quidquid humiditate affectum offenderit, id in lapidem convertit. Exhibemus & nos in noſtro Muſæo hujuſmodi Cancros non in *China*, ſed in noſtrorum fluminum mariſque ripis inventos, in lapides converſos: neque enim quicquam ferè eſt, quod ubi in lapidificum hunc vaporem inciderit, in lapidem non commutetur. Vide quæ de hiſce ampliſſimè egimus *Libro* V. *Mundi Subterranei, Itinerario Hetruſco, cap. de Conchylibus*, ubi quæcunque circa hanc materiam rara ſunt, deſcripta reperies.

Cancri in ſaxum converſi.

Caput X.

De Serpentibus Chinæ.

Serpentum magnitudo.

AD Serpentes quod attinet, illi in Provincia *Quamſi*, uti *Atlas* dicit, adeò ingentis longitudinis reperiuntur, ut nonnulli eorum decem perticas æquent, id eſt, triginta pedes geometricos, quibus ſi groſſities reſpondeat, vix majores dari, exiſtimare quis poſſet; Idem teſtatur Flora Sinenſis: *Gento*, inquit, hoc enim ſerpentis nomen eſt, *ſerpentum omnium in* Quamſi, *in* Haynan *Inſula, in* Quantun, *facilè maximus reperitur, cervos integros exugen-*

do & diminuendo *devorat, non adeò venenoſus, colore cineritio variegatus, longus* 18, *aut etiam* 24 *pedum, famelicus è dumetis proſilit, cauda innixus in altum ſe erigit, & cum feris æque atque hominibus acriter luctatur, ſubindè ex arbore inſidioſe in hominem inſilit, & complexu interimit; fel illius contra oculos morbidos* Sinis eſt *pretioſum*: Idem teſtatur *Marcus Paulus Venetus*, qui in provincia *Carrajam* ait, ſerpentes reperiri tantæ vaſtitatis, ut nonnulli in longitudine

M. Paul. Venet. de Serpentum in Carrajam magnitudine.

tudine denos paſſus, & in groſſitie decem palmos contineant, & quoniam paſſus geometricus quinque pedibus conſtat, certe longitudo hujus Serpentis ad 50 pedes pertingeret, atque adeò Quamſianos Serpentes 20 pedibus ſuperaret. Si verò communes trium pedum paſſus contineat, tunc iis, qui in *Quamſi* reperiuntur, prorſus æquarentur: Sed audiamus M. Paulum propriis verbis illos deſcribentem: *Naſcuntur in provincia* Carrajam Magno Cham *ſubjeƐta ſerpentes maximi, quorum quidam in longitudine continent decem paſſus, & in complexu groſſitiei decem palmos: Aliqui ipſorum prioribus carent pedibus, quorum loco ungulas (melius ungues) habent in modum unguium leonis aut falconis. Caput ipſorum eſt magnum & oculi prægrandes, ut duorum panum æquent quantitatem; os & riƐtum habent tam amplum, ut hominem deglutire valeant, dentes quoque magni & acerrimi riƐtui illi tam horrendo non deſunt; nec eſt homo aliquis, aut animal, quod ſine terrore ſerpentes illos aſpicere, ne dicam, adire queat. Capiuntur verò in hunc modum; Solet is ſerpens interdiù latitare in cavernis ſubterraneis aut ſpecubus montium, noƐte verò egreditur circumiens terram, & potiſſimum aliorum animalium latibula luſtrat, quærens cibum, quem devoret, nec formidat ullius beſtiæ genus; devorat enim beſtias magnas & parvas, leones & urſos, & ubi ventrem exſaturaverit, redit ad ſpeluncam ſuam; cum verò terra illa ſit multum ſabuloſa, mirum eſt, quantam foveam corporis ſui pondere in arena imprimat, putares dolium aliquod vino plenum per ſabulum devolutum. Venatores itaque belluæ inſidiantes interdiù figunt multos palos, in ſabulum fortes, & acuto ferro in ſuperiore extremitate dentatos, hoſque ſabulo tegunt, ne à Serpente videri poſſint, multoſque infigunt, maximè eo in loco, ubi belluam in vicino latitare norunt; & quandò noƐtu more ſolito ad pabulum egreditur, accidit ut per cedentem arenam reptando & vaſtam corporis molem trahendo, peƐtus in alicubi latentem ſudem ferream incidat, quo penetratis viſceribus, dum infixus ſaucia-*

tuſque, indè ſe extricare nequit, venatores inibi latitantes, accurrentes draconem interficiunt, & fel ejus extraƐtum magno vendunt pretio; eſt enim medicinale, ita ut ſi quis à rabido cane læſus fuerit, ſi vel modicum, quantum eſt pondus denarii, de illo biberit, ſtatim ſanetur; & mulier in partu laborans hujus fellis guſtu protinus partum acceleret; Rurſus qui hæmorrhoidas aut ficum anus ſuſtinuerit, hujus fellis unƐtione intra paucos dies convaleſcat; Carnes verò hujusmodi ſerpentis vendunt in cibum, nam libenter eâ veſcuntur homines. Hucuſque Marcus Paulus Venetus; ex quibus patet, hujuſmodi Serpentes Draconibus adnumerari poſſe, innoxios tamen, & ſine veneno, cujuſmodi Atlas in provincia *Chekiang* eſſe dicit: Verba ejus ſunt: *Prope* Caihoa *mons eſt* Cutien, *in quo Tigrides & Serpentes maximi, minimè tamen noxii vivunt, illæ cum alibi in circumvicinis regionibus ferociſſimæ ſint, at hîc ita manſueſcunt, ut nulli omninò noceant, ſerpentes verò etiam veneno carent.* Si quis cauſam quærat, Dico totum id ex naturali montis aëriſque diſpoſitione dependere: Conſtat enim ex naturalium rerum hiſtoria, locos complures reperiri, in quibus nec herba, nec animal ullum venenatum vivere poſſit, quemadmodum in *Europa* de *Hybernia* & *Inſula Meliteñ* certò conſtat: Si enim ex *Sicilia* caſu unâ cum fœno ſerpens aut bufo inferatur, is ſimul ac aërem Inſulæ ſenſerit, eum protinus mori neceſſe eſt; idem de *Hybernia* recenſent authores & Indigenæ; verùm uti id in *Hybernia* privilegio particulari SanƐti Patricii precibus obtento, ita hoc S. Pauli patrocinio adſcribitur; cujus luculentiſſimum ſignum eſt, quod ante Divi Pauli adventum Inſula ſerpentibus lethiferis non caruerit, & cum una quoque ex viperis, uti in *AƐtibus Apoſtolorum* legitur, ejus manui ſine ullo tamen nocumento adhæſerit, Incolæ eum, ceu Numen quoddam, & humana conditione majus, eò quod à tam peſtiferis ſerpentibus nil pateretur, adorandum cenſuerint; Sed de

Medica vis horum Serpentum.

Cur Melita & Hybernia venenoſis animalibus careant.

supernaturalibus hujusmodi effectibus non hîc tractamus; Sed quæritur, utrum locus verè detur, in quo noxia animalia venenum naturaliter deponant, ut in *Chinæ* supranominata provincia de serpentibus dictum fuit. Dico quod ita. Cum enim venenosorum animalium terrestrium proprium sit, omne quod in terrestribus glebis virulentum est, in se veluti in bursas quasdam vivas attrahere; certè ubicunque terrenum fuerit ex se & natura sua à venenosis qualitatibus alienum, serpentes sine veneno esse necesse sit, uti in *Samo* & *Lemno* Insulis fertur accidere; cum enim terra istiusmodi venenis omnibus contraria sit, quam & ideò *Turcæ* magno pretio vendunt, & Sigillata vulgò dicitur; certò colligitur serpentes ibi morari non posse, & si morantur, veneni tamen omnis expertes esse. Pari pacto nascuntur in nonnullis montibus herbæ quædam serpentibus oppidò contrariæ; undè rursus, vel non possunt ibi consistere vel si consistant, veneno carent; undè concludo, simile quid in montibus *Xuntien* evenire, quo serpentes à venenis immunes existant.

Cur in nonnullis locis serpentes non vivant, aut si vivant, veneno careant.

Ad Tigrides, quæ in dictis montibus mansuescere dicuntur, quod attinet; Dico idem contingere, quod in Tauris furiosis, quorum cornibus caprificus alligata, eum ad mansuetudinem, si fides *Plinio* habenda, reducit; quod idem accideret, si in loca incideret caprificis conserta; exhalatio siquidem caprifici suâ acrimoniâ conceptam bilem dissipat, unde ad mediocritatem reducta bile Taurus ex furioso sit mansuetus. Plantas itaque, uti in Tauris caprifici, ita quoque in Tigridibus mansuefaciendis plantæ dari possunt, quæ hunc in ferocissimis belluis effectum præstent; dici enim vix potest, quàm mirificis effectibus hujusmodi specificæ rerum qualitates ϰ τ λὼ συμπάθειαν præstent. Verùm de hisce in *Libro* VIII. *Mundi Subterr.* fusiùs actum vide.

Tigrides mansuetæ in nonnullis locis, & cur?

Sunt & nonnulli alii serpentes in *Chi-*

Serpentum viru-

na, veneno irremediabili pollentes; quorum primus *Cabra de Cabelo,* id est, *Serpens capillatus* dicitur, de cujus lapide in Regno *Mogor* jam amplissima mentio facta est; alter adeò lethifero toxico turget, ut intra paucas horas hominem interimat; ita *Flora Sinensis*; summo tamen in pretio habetur, ob medicamentorum, quæ inde componuntur, præstantiam. Compositio ita instituitur: totus serpens amphoræ, quæ nobili & generoso vino repleta sit, immergitur, ita ut capite solo constrictum per medium operculi foramen exstet; hoc peracto igne supposito usque ad ebullitionem ferveat vinum, & serpentis venenum paulatim in vaporem resolutum totum per os expiret, caro deinde reciso capite infirmis datur, & unicum illud pretiosum contra omnia venena antidotum conservatur.

lentia & antidotum.

Testudines in Sinico Oceano adeò grandes reperiuntur, ut *Atlante* teste, eminùs spectantibus scopuli videantur. *Flora Sinensis* in Regno *Honan* testudines reperiri, subinde viridi, nonnunquam cæruleo colore imbutas; Esse quoque nonnullas, quæ pedibus alas adjunctas habeant, ut hoc pacto tardissimum progressum alarum velocitate compensent. Ego quidem, quantum conjecturare possum, pennigeras alas hisce adnatas non facilè assererem, cum hoc natura testudinum, ex primis naturæ principiis repugnare videatur, sed testudines viscosum quendam liquorem circa pedes emittere, ut in Figura patet, qui cum tempore in cartilagineas veluti branchias quasdam extendatur, quarum ope non tam volare, quàm saltando progressum promovere videatur, cum subindè multa in vulgus spargantur, quæ sensati ac longâ experientiâ viri docti, ubi ea studiosiùs examinaverint, aliter omnia, ac fama ferebatur, reperiunt. Atque hæc sunt, quæ de rarioribus *Chinæ* animalibus comperi, ut proinde Dei Opt. Max. admirabilem in rebus omnibus dispositionem & sapientiam admirari, & laudare non cessemus.

Testudines alatæ.

CAPUT

Lo Vindium
Mie alarum
Teſtudo

X xx

CAPUT XI.

De Lapidum Mineraliumque in China admirandis.

IN Lapidibus Mineraliumque Oeconomia non minora Naturæ ludibria reperiri , Atlas Sinicus cæterique Scriptores teſtantur. In provincia Huquang ad montem Xeyen poſt lapſas potiſſimum pluvias, lapides reperiuntur , quæ hirundines dicuntur ; has enim ita exprimunt, ut præter vitam nihil ipſis deſit , imò inter eas mares & fœminas ex colorum varietate Medici diſtinguant, iiſque ad medicamenta conficienda utantur. Ego ſuppoſita narrationis veritate, dicerem ſanè non à Natura hoc eas corporis habitu è ſaxis efformatas eſſe , ſed dum vivæ eſſent, & in terræ fiſſuris laterent, ſucco ſeu vapore petrifico in lapidem converſas fuiſſe, quas deinde imbrium pluviarumque aqua ex meatibus terræ fluxu ſuo evolutas in conſpectum det ; cujus rei varia animalium tum hominum quadrupedumque, tum volucrium in lapides converſorum exempla vide Libro VIII. Mundi Subterranei.

Narrant Geologi Sinæ Lapidem in Xenſi provincia reperiri, qui juxta incre-

Hirundines lapideæ.

Lapis ad incrementum & de-

Cc 3

crementum Lunæ crescens & decrescens.

incrementum decrementumve Lunæ crescit, inæstimabilis apud eos pretii, sed & hunc eundem effectum præstare apud nos Sileniten, plerique tradunt Naturalium rerum Scriptores. Ego dico, esse Talci speciem, sive lapidem specularem, quem summo studio sæpè observavi, non solùm ad Lunæ splendorem lucere, sed & veluti in speculo quodam Lunæ sive plenæ, sive dichotomæ, sive sextilis figuram perfectè exhibere; undè de Lunari hoc lapide juxta phases Lunæ, nunc crescente, nunc decrescente fabulam natam esse putem; dum enim figuram Lunæ sub quacunque phasi veluti in speculo exhibet, simplices reali lapidis incremento decrementove, phantasmate illo illusi id adscripserunt, quod non nisi in speculari lapide *ἀνακαμλικῶς*, sive reflexo Lunæ radio repræsentatur; & indè patet, quod lapis semper sibi similis, nulla in se mutatione facta, quacunque Lunæ phasi, in quacunque tandem rerum exhibitione persistat.

Terra Quei.

Illic quoque terra reperitur, quam *Quei Sinæ* vocant; mineralis terra candidissima mirificè à mulieribus ad fucum appetita, cosmetica siquidem virtute pollet, aqua diluta, & hoc pacto ad nævos maculasque corporis extergendas mirè opportunam tradunt, unde Sinico nomine *Quei xi*, id est, *Nobilem fœminam* vocant. Ego cerussam mineralem ex plumbo & antimonio, seu stibio miscellam esse puto, quæ & in multis *Europæ* locis reperitur; ut proinde nil in hoc admiratione dignum occurrat.

Lapis Vaccinus.

Lapis in provincia *Xantung* è vaccarum stomacho educitur, lutei coloris, magnitudine subinde ovum anserinum æquat, soliditate Bezoartico cedit; levioris enim substantiæ est, & illo præstantioris virtutis à Medicis judicatur. Ostendimus nos in Musæo nostro similem ex vaccæ stomacho eductum, qui tamen minimè ex terrestri substantia compositus videtur, sed ex minutissimis fibris herbarum, quæ indigestam hanc molem consumpto succo in stomacho boum convolutam in globum superinductâ subfuscâ pelle, efformant, quem ego eundem esse puto, quem *Bellonius* lapidem fellis vocat *l. 3. de ani:* aut quem *Arabes* هرزي *Harazi* appellant.

Non dicam hîc de laboribus, quos in Bombycum & Serici cultura adhibent *Sinæ*; unde tanta byssi sericique copia provenit, ut toti Orbi sufficere jure possit; unde non sine ratione eam, quam *Ptolomæus* Sericam vocat regionem, aliam non fuisse, quàm *Chinam* conjicio. Eminet inter cæteras hisce provincia *Chekiang*, utpote quæ bis quotannis bombyces educit, eorumque culturam bis mille & octingentis annis ante nostræ Salutis adventum priscos exercuisse, *annales* eorum referunt.

Bombyces.

In provincia *Kiamsi* ad montem *Yangkiu* mirabile saxum conspicitur, quod à Natura vel arte in humanam figuram adaptatum varios, pro varia aëris futuri tempërie, colores inducere scribunt *Sinenses Geologi;* ex his enim futuram sive serenitatem, sive pluvias se prædicere posse sibi persuadent; Ego ea thelesmata Magica esse puto, cujusmodi plura in *China* spectantur, à Magis, Magistro Satana ad superstitiones propagandas consituta; & ab *Arabibus* طلسمات *Thalesmat* dicuntur. Sed progrediamur ad mirabilem naturam Asbesti paulò exactiùs describendam.

Saxum ἀνθρωπόμορφον.

Atlas Sinicus ait, in *Taniu Tartariæ* Regno supra lapides nasci herbam quandam, quæ ab igne non consumatur; hæc enim in ignem projecta, rubescit quidem, & aliquo modo ignescit, at educta ex igne mox pristinum candorem recuperat, nonnihil in cinericium declinantem; non adeò in longum excrescit, sed sub forma capillaris excrescentiæ, fragilis & imbecillis consistentiæ, aquæ imposita in lutum abit, statimque consumitur. Atque hæc est descriptio herbæ asbestinæ; in qua ego insignem errorem

Asbestus, igne inconsumptibilis.

rem

rem noto , dum herbam illi putant, quod nos pura lapideæ fubftantiæ filamenta afferimus : per abufum itaque vel imperitiam hominum, qui dum lapidis hujus efflorefcentiam fpectant, herbam ex lapide excreviffe inconfultâ naturâ arbitrantur. · Hic abufus quoque Latinos inter Authores comperitur , dum filamenta hujufmodi linum dicunt, non quod revera linum hujufmodi ex vegetabilium œconomia depromptum fit, fed quod inftar lini filari & texi poffit. Eft itaque fuftis hujus herbæ nihil aliud, quàm efflorefcentia quædam ex lapide asbefto, qui in *Tartariæ* regionibus paffim reperitur, evibrata ; non fecus ac mineralium , falium efflorefcentias *ὀϑ-ανϑήμαϊα, five arbores metallicas* per *καϊάχϱησιν* appellare folemus. Habeo & ego magnam hujus Afbefti five Amianti, ut vocant, in Mufæo noftro copiam ; cujus filamenta digitis foluta prope propius herbarum fibras exprimunt , è quibus contufis , & certo modo præparatis chartam confici, quæ literis exarata , & in ignem conjecta , ftatim confumpto atramento chartam candidam exhibebat , novis literis infcribendis aptam. Quomodò verò, aut quo arcano artificio id in fila duci queat , in XII. *Libro Mundi Subterranei* tanquam magnum & paucis notum fecretum innui.

M. P. Venet.

Meminit hujus mineralis quoque Marcus Paulus Venetus lib. 1. Itinerarii fui, cap. 47. *Eft,* inquit, *in provincia* Chinchin (quod eft *Tartariæ* Regnum) *mons, in quo inveniuntur mineræ chalybis & Salamandræ , de hac fit pannus, qui in ignem projectus non comburitur. Fit autem pannus ille de terra in hunc modum, uti quidam è fociis meis Vir fingulari præditus induftria curiofior, nomine* Turcus *me edocuit , qui in provincia dicta mineralium operi præfuit. Invenitur in monte illo minera quædam terræ , quæ fila producit lanæ haud diffimilia, & hæc ad Solem conficcata in mortario æneo conterentur, deindè lavantur , & quidquid terrarum illis adhæferit, fubmovetur ; demùm fila illa fic purgata*

& attenuata, ut alia lana nentur, atque in pannum contexuntur; & quando pannos illos volunt dealbare , projiciunt eos ad horam integram in ignem, & tunc ex flammis illæfi educuntur nive candidiores, haud fecus purgant eos , fi maculas aliquas contraxerint , nam alia præter ignem lotura illis non adhibetur. De Salamandra verò ferpente , qui in igne vivere dicitur, nihil explorare licuit in Orientalibus Regionibus. Ajunt tamen Romæ *mappam quandam haberi ex Salamandra contextam, in qua fudarium Domini involutum retinetur , quam Rex quidam* Tartarorum *Romano Pontifici mifit.* Hæc de Asbefto Marcus Paulus Venetus, ubi per Salamandram non intelligitur , uti fimpliciores credere videntur , ferpens, qui in igne paffim vivere dicitur, fed de Asbefto five Amianto, quod in igne non fecus ac Salamandra fine ulla noxa perduret, κỳ τlώ μεϊαφοϱὰν dictum velim. Quamvis etiam quæ de Salamandra animali in igne incorruptibili , pyrauftifque dicuntur , fabulofis verius, quàm veris hiftoriis adfcribenda putem ; Cum, uti in VIII. *Libro Mundi Subterr.* docuimus, nullum animal in valido igne fine fui corruptione exiftere poffe : unde igitur fabula originem duxerit, aperiam.

Salamandra ex eorum numero, quas Lacertas vocant, fpecies quædam eft ; Lacerta videlicet nigra & aureis maculis infignita, cæterum animal muco & vifcido humore afpectu horridum & naufeâ plenum, vel ex eo capite, limacum inftar, tardiffimi progreffus ; hoc in *Germania* fæpius me vidiffe memini , quod vix nifi poft frequentes imbres ex humidis & lutulentis fpecubus exire folet, Germanicè Molen vocantur. Hoc itaque animal cum frigidiffimi juxta ac humidiffimi temperamenti fit , & totum quafi ex mucore conftitutum, fi quis fupra carbones accenfos impofuerit, id illos nimia fua humiditate vifcofitate plenâ ftatim extinguat, quod idem fieri in limacibus expertus fum : Si quifpiam verò

Afbefti five Amianti mirabilis proprietas.

Salamandra cur dicatur Afbeftus.

Salamandra quid?

verò illos in ignem validum projecerit, is eas non secus ac alia combustibilia in cinerem protinùs converti reperiet; Quod idem Franciscus Corvinus in Salamandra ei ex *America* transmissa se expertum esse testatus est. Quod verò *Marcus Paulus Venetus* dicat de Salamandra contexta & *Romæ* detenta, in qua Sudarium Christi involutum sit, de eo nihil hucusque comperire licuit, & si foret, id non de Salamandra lacerta, sed de asbestina tela, quæ per similitudinem quandam Salamandra dicitur, intelligendum foret.

Est in provincia *Kiamsi* ad Borealem ripam *Po* fluminis urbs *Jaocheu*, aquarum fluminumque irrigatione pulchra, amœna & cumprimis deliciosa. Hæc Urbs, id sola, quod in totius Orbis admiratione & ambitione est, possidet; suntque vasa illa pretiosissima, quæ *myrrhina* seu *porcellana* vocant, à Regibus & Principibus tantopere æstimata, de quorum materia magna inter Authores lis & controversia : Sunt qui terram quandum mineralem post centum annorum durationem subterraneam, suam nanciscatur perfectionem; Non desunt, qui fabulis quoque propudiosis annexis, ex nescio qua materia eam oriri velint, sed Patres nostri experientiâ sensatâ ocularique docti, quænam illa sit materia, quis eam elaborandi modus & ratio, tandem detectâ varietate nos ab omnibus falsitatis conceptæ erroribus liberarunt, & inter cæteros curiosissimus Martinius, qui hoc argumento in suo Atlante Sinico fol. 37. scitè sanè prosequitur his verbis: *At quod maximè eam commendat, est elaboratio & copia scutellarum Sinensium, quas Porcellanas, nescio undè petito nomine vulgò vocant: quæ nullibi in toto Regno fiunt præstantiores, quàm in pago Feulcang civitatis: Licet enim alibi terram ex qua fortè confici possint, habeant, nullo modo ad eas accedunt, quæ in hoc pago fiunt, imò quod admiratione dignum, terram ex qua eas efformant, non ex hujus provinciæ solo hauriunt, sed ex*

Kianguan provinciæ urbe Hoeicheu *advectam accipiunt, nec ibi, licet tanta illius adsit terræ copia, ullo modo effingere illas queunt; sunt qui id aquarum temparaturæ adscribant. Ex hoc ergò hujus urbis pago omnes scutellæ illæ, ac vasa Sinensia sunt, quæ à rusticis rudibusque hominibus figlinâ arte elaborantur, eodem modo, quo* Faenses *in* Italia: *Coloris varii sunt, licet omnes ex subtilissima illa argilla, ac aliquantulum diaphana constent, quæ colore illiniuntur croceo, variisque Draconum figuris illusæ sunt, Regio destinantur palatio; pro vulgo fiunt rubræ, luteæ ac cæruleo colore, ad quem effingendum glastum à* Sinis *adhiberi solet, quod ibi magnâ reperitur copiâ, præcipuè in Australioribus Provinciis, quo etiam ad tingendas vestes utuntur. Quàm verò rara ac præclara vasa hìc fiant, longum esset referre, nullam formam, nullum florem, figuramve finges, qui non eandem ex porcellanâ argillâ apud illos admittat : quanta verò horum vasorum sit copia, facilè quivis colliget ex ea, quam quotidiè videmus in* Europa *nostra. At miror, undè hìc increbuerit rumor, ex ovorum testis, aut contusis conchulis marinis præparari hanc materiam, idque ex relatione quorundam centum annorum spatio repositam ab avis pro successuris nepotibus : planè rerum gnaris ridicula sunt hæc, & merè commentitia, namque omnia ex terrâ, quæ ad hunc pagum ex urbe vicinâ* Hoeicheu *advehitur, figlinâ arte fiunt ; terra autem illa non pinguis, ut creta est, sed veluti arenulâ pellucida quam macerant, & aspersâ aquâ in massam cogunt, quin & ex fractis vasculis denuò frusta comminuunt, atque iterum nova vasa efformant, sed hæc ad priorem vix accedunt nitorem aut pulchritudinem; quod præterea hæc vasacula commendat, est, quod eduliorum etiam ferventium vim innoxia patiuntur, imò, quod magis mirandum, frusta inter se claviculis æreis filoque consuta liquorem continent, nec transmittunt: hujus sutoriæ artis periti totam passim Sinam obambulant, ii ad foraminula efformanda subtilissimum adhibent terebellum (Vulgo* dril *vocant) cujus cuspis ex adamante est, quali hyalo sculptores apud nos ferè utuntur, aut ii potius qui apud* Mediola-

diolanenfes *cryftallum montanam perfo-*
rant. Hæc P. Mart.

Minera-rum in China co-pia.

Montes *Sinarum* omni mineralium
metallorumque genere referti funt; nec
defunt, qui auri argentique mineras
fœcundiffimas habeant, quamvis ediētis
Regiis eas excolere non permittatur,
eo quod ob virulentas, ut ajunt, terræ
exhalationes foffores innumeris paffim
morbis expofiti avaritiam tandem morte luant, vitam autem hominum auro

Fodinæ non co-luntur à Sinis.

pluris fieri debere par effe. Undè aureis folummodo contenti ramentis, quæ
ex fluminum fontiumque limo educunt,
cæterùm fodinarum ferutinio cum vitæ
tot hominum periculo incumbere fuper-
vacaneum effe exiftimant.

Alchymi-ftæ Sinen-fes.

Chimici tamen, ut ubique locorum,
ita & in *China* potiffimùm auri fiti torti,
artem fuam tametfi impofturis fucifque
infamem, tantis tamen verborum ampullis depingunt, ut etiam maximis po-
tentiffimifque Regni Magiftratibus artis
veritatem perfuadeant, dum non aureos
folummodo montes, fed & immortalitatem in hac vita ftultæ plebi arte fua polli-
centur, quorum tamen idem prorfus, qui
Europæorum fcopus eft, fplendidè mentiri,
& plus æquo credulos avarofque iftiufmodi offuciis fallere & dementare.

Primus Alchymiæ profeffor in China.

Eft in provincia *Suchuen* parvus Lacus *Yot.in* ad urbem *Puki.ng* fitus, vel ex
hoc nomine celebris, quod Hoangtius
Alchymiæ primus profeffor hic chryfo-
pœiæ operam dederit, 2500 ante Chrifti adventum annis. Verùm cum hujufmodi veriùs nugas, quàm antiquitates
in *Libro* XI. *Mundi Subterr.mei* quàm ampliffimè confutatas exhibuerimus, illùc
Lectorem remittimus. Imperium tamen
auro cæterifque metallis dives effe, fuprà
dictum eft, & multitudo thermarum,
falium omnis generis, communis, nitri,
aluminis, vitrioli, fulphuris, & fubterra-
neorumignium copia id facile convincit,
unde varii ifti aquarum nigrarum, viridi-
um, flavarum, rubearumque, quibus tin-
guntur, colores, ubique paffim occurrunt.

Fons info-litus.

Eft & in provincia *Honan* fons, cujus extima aquarum fuperficies cùm fri-
gidiffima fit, fi tamen paulò profundius
manum immerferis, calidam ferventem-
que aquam fis repertuus, cujus rei caufam uti *Sinæ* ignorant, ità facilè quoque
admirantur. Certè plures hujufmodi me
in *Italia* vidiffe memini, & potiffimum in
Lacu *Albaneo Tyburtinæ* Urbi vicino, in
cujus fuperficie aqua perpetuò friget,
profundior verò contrà femper fervet:
Ratio hujus facilè affignatur: cum enim
fuperficies frigidi ambientis aëris beneficio continuò perfletur, eam frigidam
manere neceffe eft, interno calore exter-
ni efficacia veluti retufo, habetque veluti
caloris fui gradus quofdam, ita ut in fundo aqua fit calidiffima, in medio cali-
diufcula, & deinde tepida, & ultimò tandem frigida. Sed de hifce vide quæ in *Itinerario* noftro *Hetrufco* & *Latio* de hifce
fufius egimus.

Lacus Al-banetisTy-burtinus.

Unum hoc loco apponam, quod nifi
Patrum Noftrorum oculari teftimonio
comprobatum effet, παράδοξον meritò
videri poffet. Sunt in provincia *Xanfi*
putei ignei non fecus ac aquei apud nos,
qui paffim in dicta provincia vifuntur,
magnoque compendio ac fumptuum
parfimonia ad cibos coquendos adhi-
bentur. Hoc autem pacto procedunt:
Putei orificium ita clauditur, ut præter
ollam aut cacabum nihil aliud admittat,
eo fine, ne calor per laxiora foramina
diffipatus obturatis ftrictè terminis magis magifque intendatur, atque ita nullo pæne labore cibos intra breve tempus Indigenæ excoquere confueverunt.
Atlas ait, *Audivi quandoque hunc ignem*
craffum effe, neque admodum lucentem aut
diaphanum, calidus quidem eft, fed ligna in-
jecta non comburit, quin & in tuborum majo-
rum concavitate collectus conftrictufque fa-
cilè circumferri poffit, & cum libuerit, ad co-
quendum eo uti quis valeat, fiquidem aperto in
tubo foramine, erumpens ignis res leviores
facilè elixat, donec exfpiraverit miro fanè
Naturæ artificio: Si res ita fefe habeat,
neque

Puteorum igneorum mira vis.

neque enim ipſe coram vidi, adeoque' fides ſit penes Authores Sinicos, quos in iis quæ comperi, rarò fallaces inveni. In tota hac Provincia carbo ille effoditur, qualis ferè apud Belgas Leodienſis eſt, ea ad alendum ignem & hypocauſta calefacienda Boreales Sinæ paſſim utuntur, prius contuſos perfringunt (lapides enim ingentes & nigerrimos effodiunt) tum aquâ perfuſos miſcent, maſſaſque conficiunt; difficulter quidem ignem concipiunt, at conceptum ſemel diutiſſimè vegetum urentemque fortiſſimè retinent. Fornaces in hypocauſtis Sinicis uti in Germania ex lateritio opere fiunt, & nonnunquam ad modum lectuli extructæ, adeò ut in cœnaculis non fornacem, ſed lectum te videre credas, & illis etiam ad incumbendum ſat commodè hybernis temporibus ſervit. Hucuſque Atlas.

Pyrophylacium.

Ad igneos itaque puteos quod attinet, Dico illos nihil aliud eſſe, quàm canales ſeu caminos ex profundiſſimis terræ viſceribus, id eſt, è pyrophylaciis, ita enim in noſtro Mundo Subterraneo vocamus ignis Subterranei receptacula, quorum orificium in ſuperficie terræ eminens non poteſt non præſtare dictum in coctione ciborum effectum, ob vaporum halituumque perpetuò indè exſpirantium intentiſſimum calorem. Neque quiſpiam putet, in ſola China hujuſmodi Naturæ prodigia ſpectari, cum in pluribus Italiæ & Siciliæ locis ea paſſim obvient, potiſſimùm hujuſmodi in Puteolano Vulcani foro, ſeu Campis Phlagræis, quam & Sulphaturam vocant, me obſervaſſe memini; Siquidem hujuſmodi canales

nales adeò ardentem exspirant ventum; ut si quis orificio ejus ollam carne refertam imponeret, intra quadrantis horæ spacium haud dubiè carnem optimè coctam sit reperturus. Nihil itaque inter nostros & Sinicos ignium puteos differentiæ est, nisi quod nos hujusmodi Naturæ beneficium in culinæ usum non convertamus, Sinæ verò data hac oportunitate ad sumptibus in lignis cremandis parcendum, insigni sanè emolumento utantur: Idem igitur accidit in igne quod de Æolio Cæsiorum monte diximus in Itinere Hetrusco, cujus frigidissi-

mum ventum cives per canales non secus ac aquam per rivos, quisque in domum suam ad refrigerandos tum fructus, tum potum æstivo tempore, deducunt; ita quoque Sinæ igneum hunc subterraneum calorem per divisos veluti canales rivorum instar ad ciborum cocturam derivare consueverunt, atque adeo res non tam mira, quàm insolita nobis esse videtur. Vide Figuram in qua A pyrophylacium subterraneum AB, AC, AD, canales pyrogogi, orificia E, F, C supra quæ ollæ ponuntur.

A T H A N A S I I K I R C H E R I

C H I N Æ
I L L U S T R A T Æ

P A R S V.

DE ARCHITECTONICA,
Cæterifque Mechanicis Artibus
Sinenfium.

P R Æ F A T I O.

*E*Tfi Sinæ *non eam obtineant Scientiarum Speculativarum notitiam, ut cum* Europæis *comparari queant, earum tamen funt capacifsimi, uti ex Curfu Philofophico Conimbricenfium in Linguam Chinicam converfo patet, cujus fubtilitates ita facilè comprehenderunt, ut noftris non cedant; Mathemata quoque etfi præter Aftronomiam & Calculatoriam vix reliquas fpecies nôrint, continuò tamen ufu à noftris Patribus exercitati, librifque imprefsis ita profecerunt, ut admirationi omnibus fuerint, imò quidpiam nobis etiam altius fapere velle videantur. Nihil olim ne nomine quidem de Geometria, Optica, Mufica, Statica, Horologiographia, nihil de caufis Naturalium, abditarumque rerum virtutibus nôrant, noftrorum tamen editione librorum adeò illuminati fuerunt, ut & ipfi nonnihil de occulta Philofophia in lucem edere paulatim attentarint; Quemadmodum verò nihil Ethica & Politica ad vitæ humanæ felicitatem conducibilius cenfent, ita huic omnes maximè operam dant, hanc excolunt folam tanto ftudio & afsiduitate, ut qui majorem hujus notitiam affecutus fuerit, illum ad majores Imperii dignitates capeffendas aptiorem judicent: Comprehendunt autem fub illa Éthicam & Oeconomicam tum ad privatos, tum ad domefticos mores formandos aptam, five Monarchicam Politicam ad publicum regimen conducibilem. Ultimam hujus Politicam, dici non poteft, quantoperè excolant, quanto & quàm miro ordine ad Imperium adeò vaftum ab omni rebellione immune confervandum,*

Cultus fcientiarum apud Sinas.

Cultus Politices maximus apud Sinas.

dum,

dum, leges suas disponant ; quanta curâ ad Rerumpublicarum admi-
nistrationem intendant ; undè evenit, ut Regnum ubique locorum sit
cultissimum ; Et quia Agricultura meritò primum locum, ex qua salus
populorum dependet, obtinet, huic unicè ita student, ut vix locus sit,
qui non summâ industriâ excolatur. Secundò est mercimoniorum ingens
negotiatio, quâ fit, ut totius Imperii incolæ, quà terrâ, quà flumini-
bus, quibus totum irrigatur, innumerabili navium multitudine inter
se negotientur. Quod ut quàm commodissimè fiat, pontes ubique loco-
rum admirabili structura splendidi, sunt obvii ; Si quandóque asperio-
res montium anfractus occurrerint, incredibili sumptuum laborumque
expensa viæ publicæ stratis lapidibus ad commodam ultrò citróque com-
meantium opportunitatem exstructæ sunt, & ne fluminum diverticulis
cæterisque impedimentis itinerantium commoditas retardaretur, miro
artificio canales extruxerunt, de quibus singulis ordine nonnihil di-
cendum.

CAPUT I.

De Pontibus reliquisque prodigiosis Sinensium *Fabricis.*

VTi nihil ad negotiationes ritè perficiendas Pontibus commodius est, ita quoque universum Imperium tot admirandis Pontium fabricis splendet, ut hac in re nulli in Orbe terrarum Nationi cedere videantur, tanto ubique numero, ut in nonnullis primæ magnitudinis urbibus *Nanquin*, & *Hancheu* aliisque ad decem millia numerentur, & *Paulus Marcus Venetus*, quæ de *Quinsai* Urbis pontibus narrat, Nostrorum relationibus prorsùs consentiant. Sed de hac Urbe vide in præcedentibus fusiùs actum.

I. Primi Pontis *Loyang* dicti in provincia *Fokien* structura omnem admirationem superat, quem Præfectus quidam nomine *Çayang* extruxit, ejus longitudo ultra 360 perticas protenditur, latitudo ejus sesquiperticam obtinet, priusquam pons extrueretur, navibus patebat transitus, sed ob æstus vehementiam naufragiis infamis, undè pons hic fabricatus, in cujus fabricam insum-

pta scribuntur quatuordecies centena aureorum millia, de quo ita scribit Atlas: *Jacet* Loyang *pons ad Urbis* Barrolybicum *supra* Loyang *flumen exstructus, dicitur etiam* Vangan *pons, hunc ædificavit Urbis Præfectus dictus* Çayang, *ejus longitudo ultra trecentas & sexaginta perticas protenditur, latitudo autem sesquiperticam obtinet, priusquam pons structus esset, navibus patebat transitus, sed quotannis propter æstus vehementiam quamplurimæ cum ipsis vectoribus mergebantur, optabat* Çayangus, *ut hominum, ac præsertim suorum saluti & incolumitati consuleret, pontem exstruere, sed cum ad hoc opus hominum vires nullo modo intelligeret sufficere, videretque maximam aquæ altitudinem, fundamentis jaciendis minimè aptam esse, invocato maris spiritu petiit, ut æstum contineret, obtinuitque (si credere fas est) postquam maria omnia fuêre pacata, atque uno ac viginti diebus cessavit æstus, tum demum fundamenta jacta, insumptaque ad quaterdecies centena aureorum millia:* Hæc *Ille.* Sed nos relictis fabulis ad pontem verè

Pons urbis Loyang.

Dd 3

verè omni admiratione digniſſimum ve-
niamus : Bis ego eum, ait *Atlas*, nòn ſine
ſtupore inſpexi, atque accuratè notavi
omnia : totus ex eodem ſecto nigrican-
teque eſt lapide , nullum habet arcum
300 Pilis feu fornicem , ſed pilas ex lapidibus
conſtat.
ingentibus ſtructas ſupra trecentas, o-
mnes maximi navigii figuram habent,
utrimque in angulum acutum deſinen-
tem , ut minus aquæ vim ac alliſionem
ſentiant: in ſuprema lapidum coagmentatione à pila ad pilam quinque , iique
omninò æquales lapides ſpatium quod
in latum eſt, occupant : Lapis quivis ad
duodeviginti latus eſt paſſus meos communes , quos ibi modeſtè inambulans
ad menſuram adhibebam, & duos omninò latus , ac totidem altitudo ſeu craſſities obtinet : Sunt ergò ſimiles omninò & æquales ibi ingentes illæ lapideæ,ut ſic dicam,trabes mille & quadrin-
gentæ, ſtupendum omninò opus, non
ex eo tantum , quod pilis impoſitæ tot
hujuſcemodi moles ſint , ſed vel maximè quod tot tantæque adeóque æquales
uſpiam reperiri exſcindique potuerint :
ne verò tranſeuntes delabendi ullum
ſubeant periculum, podia ex eodem lapide utrimque cum leonibus ſuis baſibus
inſiſtentibus adſtricta ſunt , ſimiliaque
plura addita ornamenta ; ſed notandum
me illic tantùm deſcribere pontis hujus
partem , eam nimirum , quæ eſt inter
Logan oppidum & caſtellum ſupra
ipſum pontem ædificatum, illo enim ſu-
perato alia pars pontis ſequitur ſuperiori haud multò minor, cæterùm totus
æqualis. Quod ad ſumptus attinet, par-
vi hi fortè cenſebuntur ab *Europæis* pro
tanto opere , verùm illud hìc conſide-
randum eſt , maximam operarum partem apud *Sinas* gratis ſervire debere cum
publicum quid exſtruitur, eorum verò
quibus ſtipendium ſolvitur, adeò exilis
eſt merces, ut unius *Europæi* ſtipendium
hìc facile pro decem ſit ſatis.Hujus pontis
mentionem quoque facit *Paulus Marcus
Venetus*, dum *Xartem* urbem deſcribit.

II. Spectatur & in provincia *Quei-* Pons Tien-
cheu pons *Tienſem*, eò quod à cœlo factus ſem ex u-
videatur, ſic dictus, eximium ſanè Na- no lapide.
turæ opus, ſiquidem ex uno conſtat lapide ſupra torrentem *Tanki*, cujus latitudo perticas duas , longitudo viginti
adæquat. Ego putem olim hunc locum
monte clauſum fuiſſe , ſed torrentium
impetu & violentia cum tempore roſum
excavatumque pontem hunc reliquiſſe,
uti in multis quoque Alpeſtribus *Helve-*
tiorum locis cum admiratione ſpectantur.

III. In provincia *Xenſi* pons videtur Pons mi-
à Duce exercitus *Chang leang* , ad mon- rabilis.
tium aſperitates, voragines & præcipitia
ſuperanda, ingenti opere extructus, in
quo extruendo totus Exercitus ad multa
centena hominum millia deſudaſſe feruntur ; ſecti integri montes, exſurgen-
tibus utrimque quaſi ad perpendiculum
montium ſectorum parietibus adeò altis,
ut in cœlum attolli videantur, unaque
ipſa via lumen ab alto illapſum admittat,
alicubi lignis, trabibus, aſſeribuſque ſtra-
tis de monte ad montem pontes ſtruxit,
intra ipſas montium rupiumque commiſ-
ſuras exterebratis exciſiſque foramini-
bus , quibus impoſitæ trabes ſuſtentan-
tur,præcipuè ubi torrentes ex montibus
delapſi quaſi viam ſternunt, quorum ſe-
mitas ſæpè ſecutus eſt, alibi ubi valles la-
tiores ſunt, columnæ adhibitæ,atque hujuſmodi pontibus tertia ferè itineris pars
conſtat, tantâ autem ſubinde per inter-
valla ſunt altitudine , ut fundum vora-
ginis aſpicere vix audeas ; Viæ latitudo
quatuor equitum capax eſt, & ne viatoribus per præcipitia fortè ex pontibus
dilabendi aliquod immineret periculum, addita ſunt utrimque podia fulcra-
que ferrea aut lignea, vocaturque *Cien-*
tao ; id eſt, *pons fulcrorum* , ob compendium itinerum, quod cum ex civitate
Hanchung ad Metropolim *Siganfu* iter
20000 ſtadiorum per ambages facere
cogerentur , id per hujuſmodi montes
non niſi 80 ſtadiorum intervallo confi-
ciant, exſtructis.

IV. Ali-

Pons volans in Provincia Xensi unico arcu
à Monte ad Montem long: 400 cub: altitud: 50

Pons Vo-
lans, ex
monte ad
montem
unico ar-
cu extru-
ctus 400
cubit. al-
titud. 500
cubit.

IV. Alius pons in hac eadem provincia *Xenſi* prope *Chogan* ad ripam *Fi*, ſpectatur, prioribus non minùs mirabilis; ſiquidem de monte ad montem unico extructus arcu, cujus longitudo 40 Sinenſium perticarum, id eſt, quadringentorum cubitorum eſt; altitudo verò ſeu perpendiculum uſque ad flumen Croceum, qui ſub ponte tranſit, 50 perticarum eſſe fertur; undè *Sinæ* eum Pontem Volantem vocant. Quâ verò arte is conſtructus fuerit ſub unico arcu, quibus in extruendo ſuſtentabant, videant noſtrates pontium ſtructores. Nos hic Figuram poſuimus, ex qua facile fabricæ ratio patebit. Similem huic ex monte ad montem conſtructum in *Gallia* prope *Nemauſam* vidi, qui tres contignationes habet; prima quaternis arcubus conſtat, curribus tranſitur, altera duodenis arcubus inſtructa equitibus etiam tranſitum dat, tertia 36 arcubus ſpectabilis, aquæductui ſervit; & à veteribus *Romanis* conſtructus, dicitur vulgò *le pont du Gardon*, ſupra fluvium enim hujus nominis conſtructus eſt.

In provincia *Junnan* ſupra profundiſſimam vallem, per quam torrens rapidiſſimo aquarum fluxu atque impetu volvitur, pons ſpectatur, quem *Mingus Hamæ* familiæ Imperator anno Chriſti 65. condidiſſe fertur, non lateritio opere, aut ingentium ſaxorum coagmentatione, ſed craſſiſſimis ferreis catenis ad annulos hamis unciſque ex utraque montium parte ita firmatos, ut ſuperimpoſitis aſſeribus pontem extruxerit; catenæ ſunt 20, quarum unaquæque 20 perticarum, id eſt, 300 palmorum longitudinem habet, quem cum plures ſimul tranſeunt, pons titubat ac hinc indè movetur, non abſque tranſeuntium metu ruinæ perculſorum, horrore & vertigine; ut proindè ſatis mirari non poſſim Sinenſium Architectorum dexteritatem, quâ ad itinerantium commoditatem tot ac tam ardua opera attentare ſint auſi.

Si porrò de montium præruptorum pontibus in planiora loca deveneris, vias publicas ingredieris, quæ meritò omnes in admirationem trahunt, quadratis lapidibus adeò ſtratas, ut per urbem te incedere credas; ubi verò tranſitum negare videbatur montium aſperitas, ibi tamen non defuit ingenium,
neque eos cum facilitate tranſeundi modus, dum reſciſſis hinc indè rupibus, abruptiſque ac ſolo æquatis montium cacuminibus, impletis vallium concavis, magno faciendi per univerſam Regionem itineris compendio, incredibili hominum multitudine adlaborante, viam aperuerunt. In hujuſmodi viis publicis, certis intervallis, ad ſingulos nimirum lapides, ſeu metas milliarias,
quæ decem ſtadia Sinica continent, diſpoſiti curſores, quorum ope breviſſimo tempore diplomata, nec non Regia præfectorum edicta celerrimè perferuntur; ad ſingulas octenas metas unius diei itinere erectæ domus publicæ, *Cünquon*, & *Yeli* vocant, ad quas Præfecti ac Magiſtratus divertunt, Regioque ſumptu excipiuntur tabellâ præmiſſâ, quâ de eorum adventu dignitateque reddantur certiores, præſcriptis dierum, quibus ad quælibet loca venturi ſunt, numeris. Fluminum quoque ripæ non ſecus ac viæ regiæ adornatæ ſunt, arbore nulla aliove impedimento, niſi ad quinque cubitorum ab aquis diſtantiam relicto, nè remulco pertrahentes naves ibidem retardentur; quin & littora multis in locis quadratis ab imo lapidibus erecta ſunt, interpoſitis, ſicubi neceſſitas poſtulaverit, lapideis plurimorum arcuum pontibus, ut horum operum magnificentia veteres *Romanos* ſi non ſuperare, ſaltem æquare videantur; tantus eſt omnium ad boni publici emolumenta procuranda ardor & ſtudium.

Nihil hîc dicam de ſplendore & magnificentia navium earumque infinita
penè multitudine, quæ in toto Imperio in nullo non flumine deſunt, tanto numero,

mero, ut Patrum Nostrorum testimonio, pluresne homines in navibus, an
præsertim in mari vicinis Regnis, & urbibus degant, meritò quispiam dubitare possit. Sed de hisce vide *Trigautium,*
Samedum, Atlantem, Marinum aliosque.

Architectura ædium.

Ad Architecturam ædium quod attinet; Intra mœnia privatorum domus
haud admodum operosæ, commodorum illi magis quàm splendoris aut ornatus curam gerunt, omnes utplurimum
una contignatione constant, plures incommoditatis causa, & in ascendendo
per scalas laborem pertæsi nolunt; undè
quod in altitudine ipsis deest, id in longitudine recompensant; undè mirum

Cur urbes
in *China*
tam vastæ
sint.

non est tantæ vastitatis urbes in *China* reperiri, si enim contignationes v. gr.
ædium Romanæ Urbis, aut Parisinæ in
longitudinem extenderentur, certè majorem in Orbe terrarum. reperiri non
posse crederem; solius Collegii Romani sex contignationes in longum disposttæ ad quingentos quinquaginta passus
geometricos pertingerent, id est, dimidium milliaris Italici & 50 passus insuper expleret, ut interim sileam hortos,
templa, scholas, atria, quæ in planum
disposita vastam urbem constituerent;
nitor præterea urbium *Sinensium Euro*
pæorum non adæquat, cum nullas plateas versus fenestras admittant, omnibus
intus vergentibus, haud secus ac apud
nos Monasteria Monialium. Domus divitum splendidæ, & diffusæ, reliquas superant ædes Magistratuum sive Mandarinorum, quæ verè palatia dicere possis.
In singulis Metropolitanis Urbibus 15,
aut 20, aut sæpè plures sunt, in Urbibus
reliquis utplurimum octo, in minoribus
quatuor, formâ omnes similes, nisi
quod unæ aliis pro majori præfecti dignitate majores sint, omnia Regiis sumptibus ad præfectorum vel militarium vel
togatorum habitatione extructa, neque
solùm palatia hisce navesque suis suppeditat Imperator *Sinarum,* sed & omnem
necessariam supellectilem & victum &

famulos. Majora palatia quatuor aut
quinque habent atria cum totidem domibus in fronte atriorum; In frontispicio cujusque portæ tres, maxima media
est; utrumque portarum latus marmorei leones armant; ædes in varia habitacula pro varia habitantium conditione
dispartitæ. Primum hoc atrium aliud sequitur, ad cujus terminos capacissima
aula est, ingentibus suffulta columnis,
Tang dicitur, in ea jus dicit Præfectus,
utrimque tabelliones & cursores publici
suas habent ædiculas haud incommodas; Post hoc sequitur aula interior
priori nobilior, nomine *Sutang,* id est,
secreta; intra hoc soli amicissimi ad colloquium & salutationes admittuntur: Sequitur tandem porta maxima & domus
Præfecti uxorum liberorumque, habitationi percommoda & ornamentis splendida, adjacent nemora, horti, lacus, similiaque ad voluptatem amœnitatemque
allectamenta. Hoc tamen omnia sive domus, sive palatia incommodi habent,
ut quemadmodum omnia ex ligno ferè
constructa sunt, ita quoque incendio
alicubi exorto nisi obstetur, integræ
sæpè urbes exiguo temporis spatio in cineres rediguntur; uti *Pekino* accidit, quæ
urbs post *Nankingum* omnium vastissima à Rebelle & Tyranno ad initium irruptionis *Tartarorum* quadriduano incendio consumpta fuit, à *Tartaris* tamen
quadriennali fabricatione in pristinum
dignitatis statum restituta. Artificium
Architecti maximè in polyzoniis turribus, fanisque extruendis ponunt; de quibus in præcedentibus, ubi ex polyzoniis
unam ad vivum expressimus, & revera
fabricæ sunt in admirationem trahentes
quotquot eas curiosiùs intuentur; putarunt quidam è nostris Turrim Babylonicam simili modo extructam fuisse, de
quo nos volente Deo suo tempore &
loco. Claudam tandem de Sinicis fabricis argumentum celeberrima illa, quæ
tertiam ferè *Sinarum* Imperii partem circumit, murorum fabrica; opus sanè

ex

ex iis, quæ humanâ potentiâ extructa ſunt, jure ſuo maximum; Ità autem res habet.

Murus Sinenſis.

Murus Chinenſis.

De quo ita Atlas Sinicus. *Hujus, inquit, muri celebris quidem, ſed adhuc obſcura, uti video, apud eos fama eſt; is non unam ſed quatuor omninò provincias, ſeu potiùs Regna ambitu ſuo cingit, quamquam mihi qui-*

Longitudo.

dem hactenus de eximia ejus exiſtimata longitudine ſemper aliquid demendum viſum eſt: nec enim, quod trecentas leucas Germanicas ſuperet invenio, ex quibus 15. uni Gradui pares; tota enim illius longitudo à Sinici ma-

ris, in quem Yalo fluvius ex Tartaria Orientali influit, ad uſque Kin civitatis montes, propè ripas Crocei fluminis, non excedit gradus viginti, licet illud, quod deeſſe ob parallelorum coarctationem videtur, abundè ſuâ inflexione & curvitate compenſet. Nuſquam interrupta ejus continua ſeries, præterquam ad Boreales partes Urbis Siuen provinciæ Pequing, *ubi exiguum ſpatium tenent horridi & inacceſſi montes, qui firmiſſimum murum nectunt, & ubi Croceum fluvium ad ſe fauces admittit reliqua flumina minora; ab exteris ſubingredientia regionibus arcubus hinc inde fornicibuſque ſuper extructis adinſtar pontis admittit, cætera totus ſibi conſtans ac ferè uniformis non per planitiem*

Portiuncula Muri Sinenſis, qua ſtructura ejus exprimitur

modo, quæ in hiſce partibus rarior eſt, nec per montium crepidines tantum, ſed & | *qua ipſos montes tranſcendit; certis intervallis altiores habet turres, portas etiam*

quasdam ad exeundum , ubi neceßitas postulat , & illis castella vicina munitißima tum
ad muri custodiam , tum ad militum habitationem aptè disposita , ut in Mappa videre
est ; habuit enim aluitque ad ejus custodiam,
qua longè ab Ortu in Occasum patet Imperator Sinicus , haud minus quàm millionem ut
vocant militum , seu decies centena millia.

1000000 custodum muri.

Altitudo ejus. Muri altitudo 30 Sinensium cubitorum est,
Latitudo duodecim , & sæpius quindecim :
Sinæ quidem Vanli ching vulgò dicunt , hoc
est , decem millium stadiorum moenia ,
quo numero ingentem & prodigiosam muri
longitudinem denotant , cum enim 250 Sinica
stadia gradum unum Æquatoris constituant,
extenderetur illius longitudo ad gradus omninò 40, qui longius spatium occupant,quam tota
hæc extrema Asia in longitudinem excurrat.

Author muri quis & quo tempore. Inchoavit hoc opus Xius Imperator Chinæ
imperialis familiæ auctor, qui Sinicos Impe-
ratores omnes , & operum magnitudine , & rerum gestarum ac bellica gloria vel æquavit ,
vel superavit. Hic postquam totam jam Chinam devicta Cheva familia subjecisset Imperio , ex Regulo factus Imperator Tartaros
ipsos multis magnisque cladibus afflixit ; ut autem futuras eorum imposterum in ipsam Chinam irruptiones reprimeret , murum hunc magnum extruxit ; aggressus opus anno secundo
sui Imperii supra vigesimum , qui fuit ante
Christum natum ducentesimus decimus quintus ; quinque annis totam absolvit fabricam,
incredibili hominum allaborantium multitudine ; Nam ex denis tres viros adesse per totam
Sinam delectu habito voluit, variis in partibus
Regni extructio cœpta , & quinquennii spatio
incredibili velocitate absoluta tanta operis fir-
mitate ex meris videlicet silicibus lapidibusque,
ut si alicubi clavus infigi posset per lapidum
commissuras , morte luerent , qui partem illam fabricassent ; ad sinum maris in quo illius
initium per aliquot stadia aquas subit , scribunt Sinæ ad hæc sub aquis jacienda fundamenta quamplurimas naves non lapidibus , sed
crudi ferri massis plenas fuisse demersas ; his
innixus fundamentis assurgit Occasum versus
& Leatung regionem, mox excurrit ad Peking, indè Xansi & Xensi provincias mu-

nit , non recta semper progrediens , sed quandoque deflectens juxta varium locorum situm,
opus sanè mirificum, ingens,& omni admiratione dignum , ad hæc usque tempora ferè sine labe
aut noxa contra tot temporum injurias persi-
stens. Hæc Atlas.

Cum itaque muri longitudo 20 graduum intercapedinem includat , is ad
300 milliaria Astronomica seu Germanica se extendere facilè comprobabitur,
ut spacium illud inter *Gedanum Prussiæ* ,
& *Caletum Galliæ* portum facilè sit æqua-
turum ; vel si juxta Meridiani gradus
negotium ordiamur ; spacium inter *Ge-*
danum & *Messanam Siciliæ* murus ille sit
facilè comprehensurus. Quæ res prorsus
paradoxa, & omnium opinione incredibilis videtur. Undè mirum non est,
quod de ejus structura memorant *Sinæ* ,
integros lapideos montes in fabricam ex-
cisos consumptosque ; in cæmentum desertum arenosum evacuatum. Fecit hujus muri quoque mentionem *Nasrodinus*
Astronomus Persa apud Golium qui non
mensura milliarium, sed 23 dierum intervallo ejus longitudinem definit his
verbis :

Quanta longitudo muri com-parata ad Europæ spatia.

Nasrodi-nus Astro-nomus Persa.

قد حلت مدينه طمغازي
ولاد طمغازي هي بلاد الخطا
ويزعم المسفرون السور داير
علي بلادهم وضياعهم وساير
عبارهم مسرة ثلثه عشرون
يوما في طول من الغرب الي
الشرق ۞

Inclyta evasit Urbs *Thangazi:* Sunt autem
Regiones *Tangazi* eædem quæ *Cathajo-*
rum , existimant qui illuc fecerunt iter,
murum cingentem urbes eorum & oppida reliquasque mansiones in longum , ab
Occasu in Ortum exporrigi 23 dierum
itinere ; quæ mensuræ superius adductæ
non correspondet ; verùm cum *Nasro-*
dinus ea tantùm ex relatione mercatorum, qui vastum hujus muri in Ortum in-
terval-

tervallum noffe non poterant, didicerit, condonandum illi eft ; cum 60 dierum fpatio 300 milliaria Germanica non facilè conficiantur, pofito fingulis diebus curforem quinque tantùm eorum continuato itinere conficere. Sed hæc de mirandis *Sinenfium* fabricis dicta fufficiant.

Reftat admirandi fanè artificii canalis, quam *Sinæ* ad commodam navigationem ad Regiam *Pekin* incredibili fumptuum magnitudine conftruxerunt. Verùm ut operis excellentiam Lector propius cognofcat, *Atlantis* verba, quibus eum amplè defcribit, apponam.

De Canalis Jun *artificiofa ftructura.*

Mirantur multi *Batavorum* in foffis cataractifque adornandis, ad itinerantium ex una in aliam civitatem exftruendis induftriam ; fed mirari definerent, fi canalem *Jun* in *Sina* ejufque admirandam ftructuram vidiffent, de quo ita *Atlas.* „ Eft provincia *Xantung* una ex nobiliori„ bus provinciis, cujus divitias maximè „ commendat *Jun* fluvius, cujus arte effof„ fus eft alveus, Canalis tota *China* celeber„ rimus, per quem ex toto ferè Imperio „ naves mercefque in *Regiam Pequinenfem* „ tendunt. Incipit ingens hæc foffa ad Bo„ ream *Socien* Civitatis in ipfa ripa *Crocei* „ *fluvii*, ex quo undequaque advenientes „ naves in *Jun* fluvium deducuntur, indè „ ad *Cining* ufque pertingit, mox ad *Lin-* „ *cing* civitatem, ubi in *Quei* fluvium aquas „ effundit in eo Canali ; quia multis locis „ aqua pro majoribus navibus tranfmit„ tendis humilior eft, fupra viginti catara„ ctas numeravi, quadrato fectoque lapi„ de, ac egregio firmoque opere ftructas, „ relicta porta navium capace, quam ma„ gnis craffioribufque afferibus claudunt, „ ac aquas detinent, mox illius rotæ be„ neficio ac machina facili negotio fubla„ tis, & aquæ & navibus tranfitum præ„ bent, donec ad fecundam cataractam „ eodem fanè ordine ac methodo, atque

ità deinceps per reliquas tranfmittantur ; „ in medio autem itinere, priufquam ad „ *Cining* veniatur, ex lacu *Cang* per catara„ ctam maximam, aquæ quantum volunt, „ immittunt, fimulque lacum ne nimium „ diffluat fundumque aqua diffolvat, tem„ peftivè claudunt ; perpendiculum enim „ aquæ in lacu vicina adjacente regione „ altius eft, quare intra exiguum terra„ rum fpatium octo ad minimum catara„ ctæ funt, *Tung pa* vulgò dictæ, quia „ nimium aquæ ex lacu profluentis pre„ mentifque impetum ac pondus compri„ munt & fuftinent, cum autem naves ad „ ipfum lacum perveniunt, ne ipfum „ lacum enavigare cogantur, ad ripam „ ipfius lacus foffam feu canalem utrim„ que aggeribus egregiè munitum duxè„ re, quo facto naves omnes faciliter tranf„ eunt. Sanè fi hæc coram fpectarent Ar„ chitecti *Europæi*, viderentque hujus a„ quæductus longitudinem aut aggerum „ altitudinem & craffitiem, aut cataracta„ rum ex mero lapide fecto ornatum & fir„ mitatem operis, haberent, quo Sinicam „ admirarentur induftriam, vixque alia à „ natione tam naviter exanthlatos labo„ res ; adfunt ad fingulas cataractas viri, „ quibus publico ære parata folutione in„ cumbit remulco alligatas naves protra„ here, donec cataractas pertranfierint. „ Extenditur autem hic canalis ad aliquot „ centena millia paffuum, uti mihi retule„ runt, qui eum totum tranfierunt. „

Reftat ut interiorem domuum palatiorumque nitorem & ornamenta exponam, quo fanè *Europæos* longè fuperare videntur ; cum enim pleræque domus interiores partes & fupellex Vernice illa Sinica fplendida & nunquam fat ab *Europæis* laudata, illita fint omnia, ità quoque adinftar fpeculi fplendent omnia, parietes, menfæ, fedes, feneftræ, & ne fola vernice nigra omnia illita videantur, in omnis coloris genera ita attemperare norunt, ut nobiliffimis picturis impleant omnes domûs angulos, potiffimum volucrum ad vivum expreffarum

imagi-

imaginibus Draconum qui Imperii Sinici infignia funt, nec non Deorum Dearumque fimulacris, ità dextrè depingunt, ut & admirationem ingenerent ad primum afpectum intrantibus; & oculos fummâ amoenitate picturarumque nitore unà perfundant. Verùm ut qualifnam fit illa Vernix, ex qua materia, quomodò præparetur, & an à nobis præparari poffit, reftat explicandum.

Gummi feu Vernix Sinica qualis, & quomodò præparetur in provincia Chekiang.

Chekiang provincia montibus collibufque exafperata, etfi reliquis five Urbium magnitudine, five frequentiâ populi, aut feracitate comparari nequeat, duas tamen præ omnibus magni lucri & emolumenti merces producit, quibus univerfum Imperium beat. Primum; ingens, quam producit, eft papyri copia, quâ melioris notæ in *China* non reperitur. Alterum eft gummi illud, quod

Signa bonitatis Gummi feu Vernicis Sinicæ quæ?

Cie vocant, quod ftillat ex arboribus, & haud abfimile eft lachrymæ, quam therebinthus apud nos fundit; æftate colligitur purgaturque à *Sinis*, & quo volunt colore inficiunt; optimum quod aureo flavefcit colore, judicatur, proximum quod nigerrimum; cum nondum ficcatum eft, venenatam quandam

Gummi iftiufmodi venenofum eft.

emittit exhalationem, cui inaffueti intumefcunt, & pallefcunt vultu: Nam remedio, quod ipfi foli norunt, non ftatim adhibito, in phtifin lapfi, lentâ paulatim tabe moriuntur; remedium tamen fub initium morbi facilè paratum habent, antidotum infallibile. Res materiales iftiufmodi gummi, five vernice illitæ, tardè nifi in humido fint loco, ficcantur; ubi tamen exficcata fuerint, nunquam amplius liquefactum defluit; quàm autem res fit elegans, jucunda ac fplendida, jam dudùm *Europa* ex capfulis, quæ ex *Sinis* quotannis adducuntur, didicit: Et quamvis multi ex *Europæis* hucufque allaboraverint, Vernicem

Inventio nova vernicis Sinicæ in Europa.

fimilem præparandi, nemo tamen hucufque inventus fuit, qui perfectionem artis attigerit; venit tandem *Romam* ex Ordine Sancti Auguftini, Pater Eufta-

chius Jamart, Ordinis S. Auguftini Religiofus, qui Vernicem tam dextrè apparare novit, five propriâ inventione, five ab aliis ipfi communicato invento, nefcio, ut in rerum eo tinctarum à *Sinarum* artificio, nitore rerum & fplendore in nullo difcrepare vifus fit. Verùm ut is mecum multoties de novarum arcanarumque rerum repertis, quàm familiariffimè amiciffiméque verfatus eft, ità quoque reciprocâ arcanorum communicatione, illud fuæ Vernicis fecretum communicare non eft dedignatus: utitur ipfe gummi quodam, fi non idem cum Sinico, faltem non difparis conditionis, quod *Gummi Laccæ* vulgò vocant, & ex arboribus *Indiæ* colligitur, non ut nonnulli ridiculè fibi perfuadent, à formicis collectum actuatumque; fed arbori à Natura infitum; colorem ei admifcet, fanguinem Draconis vocant, ex quibus deindè tincturam extrahit, per menftruum fpiritus vini fæpius rectificati; atque hoc pacto nitidiffimas politiffimafque res conficit. Verùm cum multi hujus arcani defiderio teneantur, ego totius rei proceffum fincerè & germana fide & candore, ad boni publici emolumentum, ne unà cum pereunte authore, & ipfum intereat, prodendum duxi. Ita autem res fe habet.

Confectio Vernicis pro poliendis variis rebus.

1. Recipe *Gummi Laccæ* benè purgatum (de quo infrà) hoc ponatur in vafe vitreo ne frangatur, fat capaci. **A.**

2. *Huic fuperaffundatur Spirit. Vini optimè rectificatus ad quatuor digitorum eminentiam.*

3. *Uno vel duobus diebus digeratur, indies liquorem in vafe fpatula agitando, ne gummi vitro adhæreat.*

4. *Hoc peracto, illud per linteum tranfcoletur, identidem digitis expremendo in vitreum aliquod ftrictioris vafculum.*

5. *Hoc*

5. *Hoc in digestione pones in loco calido, vel balneo cinericeo moderato per* 24. *circiter horas.*

6. *Et comperies Vernicem intentam supernatare limpidam prorsus & diaphanam, quam per inclinationem decantabis.* Atque hæc est Vernix rebus poliendis destinata.

Purgatio Gummi Laccæ.

H. Gummi Laccæ ubi variis quisquiliis mixtum repereris, ejus purgatione opus est; ità autem procedes.

1. *Separandum est gummi à ramulis suis, quibus accrevit.*

2. *Hoc separatum in mortario contundendum non omninò in pollinem farinaceam, sed in pulverem granitum.*

3. *Ponatur hic pulvis in crassiori panno,* Pezzo *vocant, eique adjungantur aliquot fragmenta saponis, seu smegmatis puri & defæcati; deindè hoc intra concham aquâ limpidâ refertam integrâ nocte immersum relinquatur.*

4. *Postero die exemptus facculus unà cum impositâ materiâ agitetur tam diù donec rubedo, seu tinctura rubra exeat, quæ addito nonnihil aluminis absque tamen sapone, ad varios usus conservetur: quod verò in facculo manet, est vernix illa purgata, quam deindè in usum in* Recipe A. *præscriptum applicabis.*

De modo imbuendi baculos cæterámque supellectilem.

Vernix rubra.

B. Recipe *Lachrymam Sanguinis Draconis melioris notæ, quam dissolves in Vernice illa, quæ in fundo sacculi remansit juxta* 4. *punctum, operationis* H. *id est, colore rubro imbuenda sit materia ligni; tum lachryma Sanguinis Dracon: miscenda est Vernici dictæ, & baculus imbuendus,* de quo paulò infrà pluribus.

Vernix nigra.

C. *Fit pro fundamento nigro color niger ex ossibus combustis, & quàm optimè contri-* tis, *& subigatur vernice in fundo sacculi repertâ.* Uti paulò ante monuimus.

Modus procedendi in praxi.

1. *Fiat cistula seu baculus ex ligno lævi, & quàm exactissimè politus, & si quidem variè maculatum velis, sic age. Accipe cerussam in pollinem redactam, quam subiges Vernice* A.

2. *Hoc peracto hujusmodi mixturâ tertiò illinies cistam aut baculum, sive quodcunque aliud materiale, ità tamen ut prima illitio non fiat per liquorem nimis crassum, sed peroptimè dilutum; Secunda illitio instituenda erit per liquorem paulò densiorem; & Tertia per adhuc densiorem, & deindè materiale ad siccandum sepone, siccatum verò pumiceo pulvere per cribrum seu setacetum prius colato, usque ad polituram perfricabis.*

3. *Maculæ depingantur cum vernice nigra* C; *& si maculæ siccatæ jam non benè comparuerint, aut perfricatione abrasæ fuerint, denuò tinctas ad siccandum sepone, & hoc semper quater aut quinquies cum dicta Vernice* A; *deindè denuò pumice perfricandus baculus siccatus, usque dum politè sese exerant maculæ testudinaceæ.*

4. *Baculus denique ita politus purgatúsque ultimam subibit tincturam Vernicis* H. *tertiò aut quartò, deindè denuò pulvere pumiceo poliendus est, & denuò stagni adusti perfricatione opus absolvitur, quæ sit panno madefacto prius.*

Ad Baculum Venturini colore imbuendum.

Sic age. 1. *Accipe fila aurea, per prælum subtilissimè traducta, quibus passim textores & acupictores utuntur, latitudinis minimæ; ità ut propè in pulverem ex subtilissimâ scissione redigantur, non tamen in pulverem impalpabilem, sed qui corpus habeat.*

2. *Vernix crassa misceatur rubro vel violaceo colore.*

3. *Accipe sedimentum Vernicis, & eâ imbuatur baculus, deindè aspergatur adhuc hu-* midus

E e 3

midus vernice baculus pulvere hoc aureo, & ubi siccatus fuerit.

4. *Accipe Vernicem colore Sang. Dracon.* mixtam, & illines eâ baculum, & ubi siccatus fuerit denique repetes illitionem, deindè siccato, vernicem A. d.ibis; & deindè pulvere pumiceo & st.mni combusti reliquam polituram ultimam absolves.

Nota, non omnem colorem Vernicem sustinere; Cæruleo enim colore alia vernix imbuenda est, quam multi præscribunt. Atque hæc de Vernice Sinica sufficiant.

De aliis Inventionibus à Sinis usitatis.

Multa prætereà in *China* reperta ante nostras in *Europa* inventiones, spectantur, & ad tria potissimum revocantur. Primum est Typographiæ inventum, quod in quo consistat, explico.

Typographia Sinensium in quo à nostra differat. Certum est *Europæam* inventionem præstare *Sinicæ*, eò quod *Sinenses* non secùs ac apud nos imagines, suos libros imprimant; Librum enim edituri, tot tabulas ligneas habere oportet, quot in libro folia sunt; ex hisce primum incipiunt incidere, & deindè ex prima tabula literis incisa tot imprimunt exemplaria, quot exemplaribus opus habent; deindè procedunt ad secundam, & sic de cæteris: Atque hoc pacto integras sæpè domos tabulis Typographicis implent; & ideò valdè differt à nostra Typographica inventione, in qua non singulæ voces, uti *Sinica* lingua postulat, suis inciduntur peculiaribus tabulis, sed literæ, ut vulgò notum est, juxta Alphabeticam dispositionem ex receptaculis, singulis literis correspondentibus collectæ, in voces & periodos formantur; deindè impresso folio, denuò dissolutæ literæ, singulæ suis redduntur cellulis; quæ res & minoris laboris est, & universale Artis combinatoriæ opus. De hoc itaque invento, uti *Sinis* olim nihil unquam innotuit, ita quoque Typographicum inventum *Europæ* primò, eo modo, quo dixi, competit; imaginum enim imprimendarum ratio uti inventionis nomen non meretur, ità quoque & *Sinica* Typographia; cum natura doceat in tabulis incisarum imaginum rimas, ubi atramento oppletæ fuerint, pressurâ adhibitâ in charta imaginem incisam relinquere.

Pyrii pulveris inventio. Alterum est Pyrii pulveris inventio, quam primùm ante nos in *China* detectam fuisse, negare non possum; Cum Patrum Nostrorum testimonio in variis Imperii provinciis ingentis magnitudinis tormenta, potissimùm *Nankini* ab immemorabili tempore fusa se vidisse memorent; etsi ad eam perfectionem, ad quam *Europæi* pertigerunt, & in admirandis pyrabolicæ artis operibus demonstrant, nunquam accesserint; Certum tamen est, in fusoria arte *Sinenses* esse insignes, quod tum ex ingentibus fusorum operum, tum statuarum, tum tormentorum molibus, quæ passim in omnibus civitatibus occurrunt, patet. Et ut reliqua taceam, habentur *Pekini* tantæ magnitudinis campanæ, ut earum respectu, totius *Europæ* maximæ pumilionœs dici possint; & nè hyperbolicis verborum ampullis uti videar, literas, quas ea de re P. Joannes Gruberus Sinensis Missionarius ad me non ità pridem dedit, apponendas duxi, ut ex iis, quid de *Sinarum* ingenio sentiendum sit, patefiat.

Magnitudo campanarum Pekini.

Epistola P. Gruberi ad Authorem. *Petit ut sibi quædam ibi petita transmutam, quod libenter facio. Ex observationibus P. Henrici Buscei ac etiam meis altitudo poli Agrensis est 26.43. Delliensis verò 28.39. utriusque verò longitudo exacta est, 4.16.16. id est, distantia ab Urbis Romanæ Meridiano. Altitudo poli Surratensis à me exactè observata est 21.10. Longitudinem ejusdem colligat ex Ecclipsi Lunari, quæ contigit anno 1657. in Decembri, ad cujus initium sinistrum genu Orionis sive Regel. transivit justè Meridianum, uti*

ipse

ipfe obfervavi, atque hanc obfervationem in Europam tranfmifi, quam tamen intercidiffe puto.

Reperi tandem in uno libro toties Romæ quæfitam epiftolam P. Ferdinandi poft meum Pekino difceffum ad me in Singanfù miffam, in qua defcribit illas prodigiofas campanas Pekini inventas, quam hìc de verbo ad verbum defcriptam Vræ. Revæ. transmitto.

Extractum ex Epiftola P. Ferdinandi Verbift, ex Pequino ad P. Gruberum data in Siganfù commorantem.

Incredibilis campanæ Pekinenfis magnitudo.

„ Jam à quatuor vel quinque diebus,
„ quatuor Regni Gubernatores decreve-
„ runt Campanam maximam ex Chini Leû
„ demittere, & aliam majorem & melio-
„ rem ejus loco fubftituere, quarè fta-
„ tim miferunt ad P. Joannem Adamum,
„ ut hujus rei curam vellet fufcipere; ma-
„ gnum profectò onus & ipfi Campana-
„ rum ponderi æquale, ex quo tamen ma-
„ ximus etiam honos & magnum planè
„ pondus accedet authoritati Reverendi
„ Patris, fi res felicem, uti omninò fpero,
„ confequatur effectum; Res profectò
„ magna eft, & digniffima, quam Europa
„ fciat, quamque propterea breviter quo-
„ que hic fubjungo. Olim anno Chrifti
„ 1403. factus eft Rex Sinarum nomine
„ Yumì lö, ille fcilicet, qui primus etiam
„ aulam Nankinenfem Pekinum tranftulit,
„ hic ut fibi nomen æternum apud pofte-
„ ros relinqueret, varias campanas ære fu-
„ fas prodigiofæ magnitudinis reliquit,
„ omnes penè ejufdem magnitudinis &

ponderis, & præterea una ferrea, quæ "
una cum octo ære fufis adhuc hìc extat. "
P. Athanafius Kircherus in fua Mufurgia "
fol. 522. adfert maximas Europæ cam- "
panas; fed has merito fuperat (inquit P. A- "
thanafius) Erfordienfis omnium campana- "
rum regina; de qua paulò ante habet hæc "
verba: Campana Erfordienfis totius non "
dicam Germaniæ, fed totius Mundi maxima. "
Hæ autem campanæ Pekinenfes fupra- "
dictæ fingulæ funt 120000 librarum, "
quarum unaquæque eft pondere Euro- "
pæo apothecario 16 unciarum. P. Joan- "
nes Adamus nefciebat illas hìc effe, ficut "
nec alii noftri vicini, quia jacent in an- "
gulo urbis remotiffimo à domo noftra "
plufquam leucâ diftante, alioquin erat "
res digniffima quam Vræ Reverentiæ vi- "
derent. Ego ftatim eò excurri, & vidi "
feptem uno loco, id eft, ipfi Chini leû pro- "
ximò jacentes, omnes pulcherrimè fu- "
fas formâ noftrâ Europæâ, præterquam "
quod infimi orificii labium vix habeant "
repandum aut reflexum, & fuperius ver- "
fus anfam non claudantur tam angufta "
conoide ficut Europææ, quare etiam ex "
hac parte multum fuperant Europæas; & "
quoniam P. Athanafius campanæ Erfor- "
dienfis, quam etiam prodigiofam appel- "
lat, menfuras in libro fuo Pag. 522. ad- "
fert, ego hic rudi faltem modo menfu- "
ras etiam appono unius, quam ego ipfe "
menfuravi in eodem, ubi jacent, loco, & "
ex oppofito adfero campanæ Erfordien- "
fis menfuras à P. Athanafio allatas, atque "
redactas ad cubitos & pondus Sinicum. "

Campanæ Pekinenfis.

Menfura partium campanæ.

„ 1. Altitudo inclusâ curvaturâ eft 12 cubitorum.
„ 2. Diameter orificii five bafis, 10 cubitorum. 8. digitor.
„ 3. Craffities campanæ 9. digitor.
„ 4. Peripheria exterior orificii menfurata per diametrum duntaxat ter fumpta, id eft, omiffa; diametri, eft 39 cubitor. & 6. digit.
„ 5. Pondus 120000 Librarum.

Campanæ Erfordienfis.

Altitudo inclusâ curvaturâ eft 8 cubit. "
5 digit. ¼ "
Diameter 7. cubit. 1. digit. "
"
Craffities 6. digit. & ¼ "
Peripheria fecundum menfuras à P. A- "
thanafio allatas, eft 26 cubitor. "
1. digit. "
"
Pondus 25400 Librarum. "

Diame- "

„ Diameter proxima anſæ in Campa-
„ na Pekinenſi, ſive manubrio, ubi ſcili-
„ cet Campana ad verticem claudi incipit,
„ eſt cubitorum 8. digit. 5. Peripheria
„ manubrii cylindracei inflexi, eſt trium
„ cubitorum, adeóque craſſities ejus ſive
„ diameter eſt unius cubiti circiter. Alti-
„ tudo perpendicularis manubrii extantis

ſuprà verticem Campanæ, eſt trium cu- „
bitorum. Cubitus Sinicus dividitur in „
decem digitos, quorum novem æquiva- „
lent pedi noſtro geometrico. *Hæc ſunt*
excerpta ex literis P. Ferdinandi, quæ utrum
aliquandò inſervire poterunt, Vrᵃ. Revᵃ. vi-
derit; delineationem figuræ Campanæ illius
hîc ruditer factam ſubnecto.

Campana Pekinenſis.   Campana Erfordienſis.

Hæc Vrᵃ. Revᵉ: pro interim tranſmitto, *ceſque animitus commendo. Datum Venetiis*
proximâ vice effigies illas miſſurus, atque hiſ- *10 May. 1664.*
ce me in Sacroſancta Revᵉ. Vrᵃ ſacrificia pre-

ATHA-

ATHANASII KIRCHERI

CHINÆ

ILLUSTRATÆ

PARS VI.

DE SINENSIUM

LITERATURA.

Ullam ferè esse Gentem adeo Barbaram, nullam Natio-
nem ita incultam, quæ non suis ad conceptus sibi invicem
manifestandos characteribus utatur, experientia temporum
nobis innotuit. Non loquimur hîc de literis & characteri-
bus certo quodam Alphabeto constitutis & definitis, sed de characteri-
bus significativis, integrum alicujus rei certæ conceptum involventibus.
Et his præ reliquis Orbis terrarum gentibus, tres usas esse Nationes
constat, videlicet Sinenses, Brachmanes, *&* Mexicanos; *Nos*
relictis binis ultimis Nationum characteribus, ab Sinis *exordium au-*
spicabimur.

CAPUT I.

Characteres Hieroglyphici Sinensium.

Prima Li-
terarum
inventio,
quando.

Sinenses ex *Annalium* suorum tem-
porumque concatenatione, primam literarum inventionem
ponunt trecentis ferè annis post Diluvium; quarum primus institutor & Rex
fuit nomine *Fòhì:* ita habetur in *Libro de*
successione Regum. Et prima characterum
Reforma habetur in libro de formandarum
literarum ratione, quem dum hæc scribo, mihi communicavit negotiorum
causa ex *Sinarum* Regione *Romam* profectus R. P. Michael Boym Polonus è Soc.
JESU, tùm linguæ Sinicæ, tùm rerum omnium ad dicti Regni mores &
consuetudines pertinentium peritissimus; à quo quàm plurima ad *Sinensium*
legendi atque scribendi rationem spe-
ctantia oretenus excepi; ex quibus ea
tantùm, quæ instituti mei propria sunt,
describam; reliqua quæ *Sinarum* Regnum ejusque politicam, atque linguæ
rationem concernunt, Lector curiosus
copiosissimè descripta reperiet *in Diluci-*
datione summaria rerum Sinicarum à me-
morato Patre uberrimè & curiosissimè
concinnata.

F f

Dixi

Dixi trecentis ferè poft diluvium annis, eodem ferè tempore, quo filii *Noëmi* Mundo dominabantur, in univerfi Mundi fines imperium propagantes, primam literarum inventionem ab Imperatore *Fohi* detectam fuiffe, qui haud dubiè eam à Noëmica ftirpe acceperat. Nam uti *in primo Tomo Oedipi* relatum fuit, *Cham* primus ex *Ægypto* in *Perfiam*, & hinc in *Bactriam* colonias fuas tranftulit, quem & eundem cum *Zoroaftre Bactrianorum* Rege conftituimus; *Bactriana* autem ultima *Perfidis* Regio, *Mogolico* feu *Indoftanis* Regno contermina, ea loci opportunitate fita eft, ut ex ea facilè in *Chinam*, ultimam habitati Orbis terrarum Nationem, colonias; atque unà prima literarum elementa, quæ à Patre *Cham*, & *Mercurio Trifmegifto Nefraimi* filii fui Confiliario, primoque hieroglyphicorum inftitutore, tametfi imperfectè didicerant, transferre potuerint. Certè ut ad hoc credendum inducar, magni momenti argumentum funt veteres ifti *Sinenfium* Characteres, hieroglyphicorum in omnibus æmuli. Primò fiquidem ex omnibus rebus mundialibus primos *Sinas* characteres fuos conftruxiffe, tùm ex *Chronicis ipforum* patet, tum ipfa characterum forma fat fuperque demonftrat; fiquidem non fecus ac *Ægyptii* ex animalibus, volucribus, reptilibus, pifcibus, herbis, arborumque ramis, funiculis, filis, punctis, circulis, fimilibufque characteres fuos, aliâ tamen & aliâ ratione difpofitos formabant. Pofteriores verò *Sinæ* rerum experientiâ doctiores, cum magnam in tanta animalium, plantarumque congerie confufionem viderent;

Cham primus coloniarum in ultimum Orientem traductor

Primi Sinenfium Characteres ex omnibus rebus compofiti.

Characteres hujufmodi variè figuratos, certis punctorum linearumque ductibus æmulati, in breviorem methodum concinnarunt, quâ & in hunc ufque diem utuntur. Quorum quidem tantus eft numerus, ut hodie è fummorum Literatorum numero non habeatur, qui ad fummum octuaginta characterum millium notitiam non poffederit; atque adeò, quantò quis plurium literarum cognitionem habuerit, tantò cæteris doctior habeatur. E quibus tamen decem millià ad idioma perdifcendum, ut tolerabiliter converfari poffit, fufficiunt. Porro literas *Sinæ* nulla ratione in Alphabeti morem, uti cæteris Nationibus confuetum eft, difpofitas, neque voces ex literis & fyllabis compofitas habent; fed finguli characteres fingulis vocibus & nominibus refpondent, adeoque tot characteribus opus habent, quot res funt, quas per conceptum mentis exponere volunt; ut fi totum *Calepinum* in eorum idioma quis vertere attentaret, tot diverfos & differentes characteres habere oporteret, quot voces ibi differentes funt. Neque enim aut declinationibus, aut conjugationibus utuntur; cùm hæc omnia, uti paulò poft videbitur, in ipfis characteribus implicentur; atque adeò magna memoria præditum effe oporteat, cui vel ad aliquam faltem mediocrem eruditionem *Sinis* propriam pertingere fit animus, ut proinde non immeritò illi, qui per fummos labores, & poft totum vitæ tempus in characteribus addifcendis impenfum, ad fummam eruditionem pervenerunt, primos in Regni adminiftratione gradus titulofque fortiantur.

Multitudo literarum Sinicarum.

Literæ Sinenfium fingulæ fingularum rerum conceptus notant.

C A P U T II.

Veterum Sinicorum Characterum Anatomia.

Iximus in præcedentibus, *Sinas* primævos characeres suos ex omnibus rebus, quæ visui objiciuntur, assumpsisse, atque ex vario tantùm harum rerum congestarum ordine & dispositione mentis suæ conceptus *Quis usus Literarum* manifestasse. Hinc igneæ naturæ argumentum *Sinensium.* tractaturi, serpentibus, aspididus, & draconibus utebantur, qui tali aut tali ordine & dispositione digesti, tale & tale quid significabant. In aëreis rebus describendis, volucrum variâ dispositione; in aqueo argumento, piscibus; in Vegetabili natura describenda floribus, foliis, ramis; in Sideribus, punctis seu circulis, quorum singuli singulas stellas exprimebant, utebantur; in reliquis indifferentibus argumentis ligna, globos, fila certâ lege dispositâ adhibebant. Verùm ut hæc luculentiùs pateant, hic primævos veterum *Sinarum* Characteres apponendos duxi, ut differentiam illorum à modernis, & hieroglyphicis Ægyptiorum luculentiùs videat curiosus Lector. Moderni enim non ampliùs figuratis ejusmodi characteribus usi videntur, sed certis quibusdam ductibus linearum, qui figuratarum literarum Antiquis usitatarum propè referrent, uti in sequentibus Figuris apparet, in quibus litera A eosdem ductus imitatur quos figurata litera B veterum. Idem apparebit in litera C modernorum, comparata ad literam veterum D, uti E ad F, & G ad H, & I ad K, quarum utraque flumen significat ex certa dispositione piscium, quam moderni per literam I ex similibus literarum ductibus efformatam imitantur.

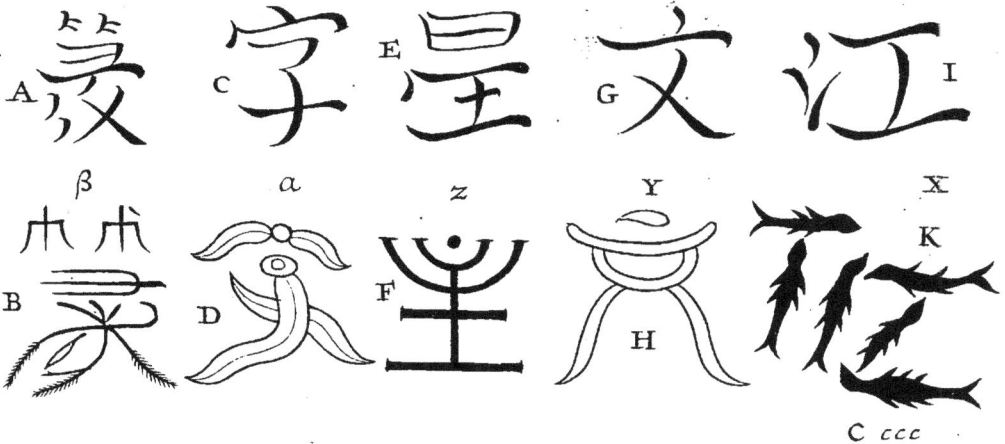

Hujusmodi itaque characteres figuratos, quâ dispositione diversorum animalium figuratas primævi ad conceptus suos manifestandos ordinabant, eâdem posteri non quidem animalium, sed certis linearum punctorumque tractibus,

F f 2   exhibe-

exhibebant, uti dictum est, qui mos in hunc usque diem permansit, ut videre est in Figuris paulò ante propositis A B, C D, E F, G H, I K, ubi loco ramorum, foliorum, piscium certo ordine dispositorum, moderni certis tractibus utuntur, similibus tamen, & quodammodo parallelis. Sed ad institutum nostrum revertamur.

Caput III.

Characterum antiquissimorum Chinensium *explicatio.*

I Literarum forma.

PRimævi *Sinæ*, uti dixi, *Ægyptios*, à quibus descendebant, secuti, scripturam suam non literarum compositione, sed figuris, ex variis rebus naturalibus compactis, peragebant, quibus quot conceptus rerum, tot signa diversa respondebant. Primus *Sinarum* Imperator *Fòhì* certum quoddam characterum genus invenit, ex serpentibus & draconibus confectum, quo usum ferunt *Annales Sinici*; unde & *Liber*, quem *de rebus Mathematicis & Astrologicis* conscripsit, *Draconum liber* dicitur: Characterum formam hìc apponimus, signanturque literis A B C

I. Imperator Sinarum Fòhì.

Draconum liber.

plicantur: *Fòhì xì lùm xù*, hoc est, *Fòhì Draconum liber*. Vides hìc serpentes mirè intricatos, & in formas varias, pro diversitate rerum, quas illis significabant, transformatos; tametsi vix sint inter *Sinas* qui eorum notitiam habeant, utpote nimia vetustate deperditorum.

Secunda priscarum literarum forma ex agriculturæ rebus desumitur concinnaturque, quo priscus *Sinarum* Rex nomine *Xìm Nùm*, in describendis rebus ad agriculturam pertinentibus usus est, & nomina *Sinica* numero 4 signata satis indicant, ut sequitur: *Chum xu xìm Nùm çò*, id est, *agriculturæ literas xìm Nùm Rex fecit*, id est, similibus scripturis usus est; characterum forma signatur literis F G H I K, & hoc ordine legi debent, uti sequitur 1 colum.

II Literarum forma, qua Rex Xìm Nùm utitur.

Tertia literarum forma, ex alis Avis, quæ *Fum hoam* dicitur omnium quam oculus spectare potest, pulcherrimæ, vario pennarum alarumque situ constructa est, atque hisce notis usus esse *Xau hoam* Imperator priscus, librumque de volucribus hisce literis concinnatum scripsisse dicitur. Ita characteres Sinici numero quinto signati exprimunt *Fum xù xan hoam çò*, id est, *Librum Fum hoam, Xan hoam fecit*, & hisce ac similibus characteribus conscripsit; characteres prisci signantur literis L M N O P, & hoc ordine legi debent; moderni verò characteres Sinici eos explicant eo modo quo dictum est. Vide binas columnas, ult. & penult.

III Literarum forma, qua Imperator Xau Hoam usus est.

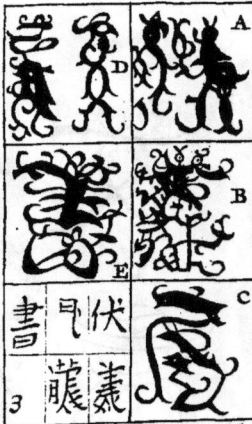

D *ddd*

D E, qui quidem characteribus modernis *Sinarum*, numero 3 signatis, sic ex-

Quarta

II. Forma.   IV. Forma.   III. Forma.

E eee

IV Literarum forma. Quarta priscorum characterum forma exhibetur signis Q R S T V, ex ostreis & vermiculis constructa, ita Sinici characteres signati numero 6, totidem literis eos explicant: *Li teu chuen kim çò*, hoc est, *notæ ostrearum & vermiculorum, quos Chuen kim Rex fecit*, & librum hisce & similibus exaravit. Vide columnas binas suprà exhibitas.

VII. Forma.   VI. Forma.   V. Forma.

F fff

V Literarum forma. Quinta characterum vetustorum forma exhibetur literis X Y Z A B, ex herbarum radicibus composita; & hisce prisci utebantur, in literis & libris conscri-

conscribendis, atque hoc pacto eos explicant Sinica nomina signata numero 7
Kim yun hoam ty chuen, id est, *literæ quibus
scribebant literas & libros.*

VI For-
ma Chara-
cterum. Sexta characterum forma signata literis C D E F G, componitur ex decurtatis avium vestigiis, quibus usus est
olim Rex *Choam ham*, ita Sinici Characteres signati numero 8 explicant; *Choam*

ham miao cye chi ; id est, *Choam ham ex
avium decurtatis vestigiis descripsit libros.*
Figura in præcedenti pagina exhibetur.

Septima characterum forma, ex te-
studinibus constructa signatur literis H I
K L M ; quos invenit *Yao* Rex. Sic explicant nomina Sinica signata numero 9:
Yao yn quey çò, id est, *Yao Rex per testudines
fecit literas.*

VII For-
ma Lite-
rarum.

IX. Forma.   VIII. Forma.

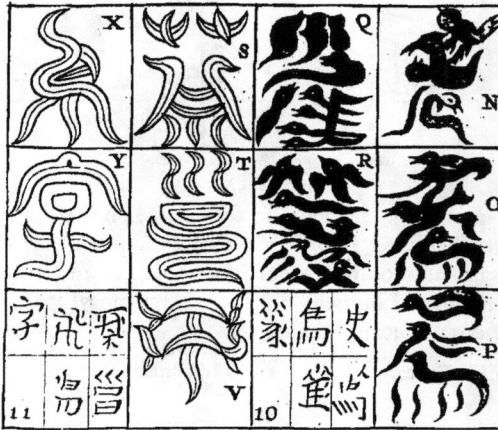

G *ggg*

VIII For-
ma Lite-
rarum. Octava forma characterum signatur
literis N O P Q R ex avibus & pavoni-
bus, ita indicant Sinicæ literæ numero
10 signatæ ; *Su gney niao cyò chuen*, id est,
*Su historiæ per avium & pavonum literas de-
scribebantur.*

IX Forma
Litera-
rum. Nona characterum forma signatur literis S T V X Y, & ex herbis, alis, &
fasciis constructa videtur, ità Sinicæ
notæ numero 11 significant. *Cha yè fi
mien çò*, id est, *herbarum, alarum, fasciarum literæ.*

X Forma
Litera-
rum. Decima characterum forma signata
literis Z A B C D, sic à Sinicis literis
12 numero signatis exponitur : *çò xi ho*

ki ven, id est, *has literas çò author tabula-
rum quarundam recordandi gratia componebat.*
Vide sequentem figuram.

Undecima characterum forma signata literis E F G H I, exhibet notas stellarum & plantarum, ità explicant Sinici characteres numero 13. *çu guey sym so
chuen*, id est, *de çu guey, literæ plantarum
& stellarum.* XI For-
ma Lite-
rarum.

Duodecima characterum forma literis K L M N O signata, vocantur literæ edictorum olim usitatæ, ità docent
Sinica nomina numero 14. *Fu chuen tay
venchi*, id est, *literæ edictorum, privilegio-
rum, & magnarum compositionum.* XII Forma Lite-
rarum.

Decima

XII. Forma.   XI. Forma.   X. Forma.

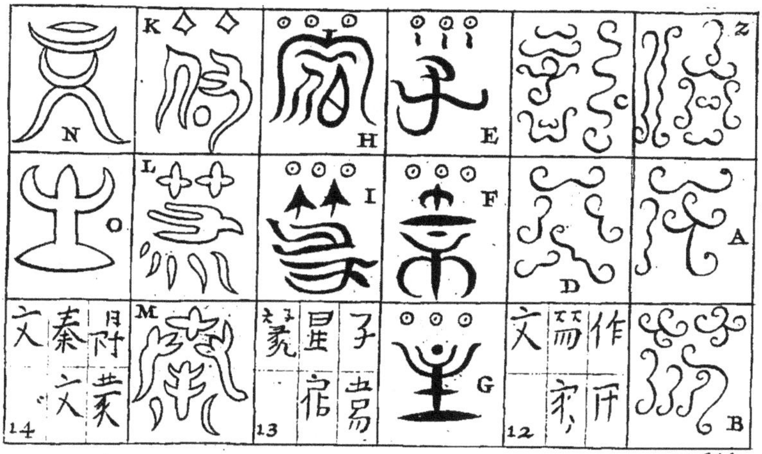

H *hhh*

XIII. Forma.

XIV. Forma.

Decima tertia characterum forma signata literis P Q R S T exprimit literas numeri 15. *Yeu çau chi çyen tao.*

Decima quarta forma signata literis

V X Y Z A B C D funt literæ quietis, lætitiæ, fcientiæ, difcurfus, obfcuritatis, claritatis, ita exponit numerus 16. *Ngan lochi fu yeu min fym quey.*

XIV. Forma.   XIII. Forma.

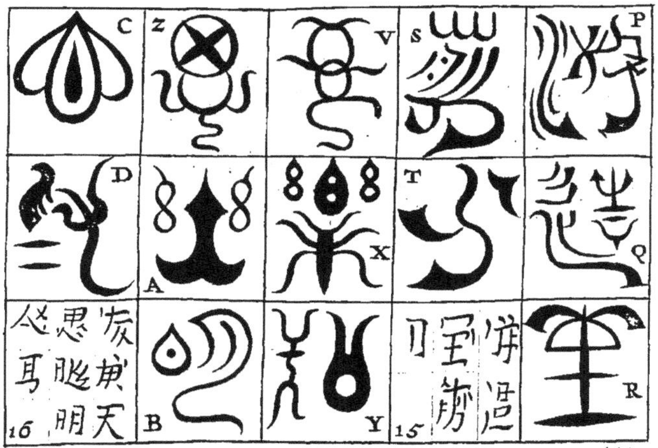

I *iii*

Decima

XVI. Forma. XV. Forma.

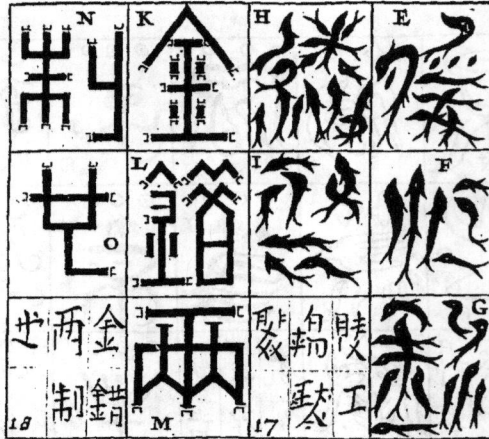

K kkk

<table>
</table>

XV Forma Literarum.

Decima quinta literarum forma signata E F G H I ex piscibus composita fuit; ita numerus 17 explicat, *Ngun kiam mien lien cyeù*, id est, *obscuri fluminis, & piscium squamatorum coacernationis literæ*.

XVI Forma Literarum.

Decima sexta literarum forma signata literis K L M N O, uti legi non potuit, ita nec compositio, & structura literarum innotescere valuit.

Atque hæ sunt formæ literarum veteribus *Sinis* usitatarum, quas hic fusius exponendas duxi, ut correspunsus cum hieroglyphicis luculentiùs pateret. Quòd verò manum adpictam cum penicillo intueris, scias *Sinenses* non uti nostratibus calamis, neque atramento, verùm in lapide marmoreo tantillum de nigro colore atterunt ad imbuendum penicillum, quem eâ ratione, cum scribunt, aut potiùs cùm pingunt, digitis tenent, uti in præsenti Figura apparet. Plura de hujus linguæ proprietate, uti & varia lectionis peragendæ specimina, vide in *Opere de Monumenti Sinici vetustissimi interpretatione*; nolui enim hic plura addere, ne Lectorem curiosum diutiùs detinerem, & quia dicta hucusque abundè declarant Sinensium Characterum ab Hieroglophycis differentiam, convenientiamque.

CAPUT

J.III.

CAPUT IV.

Differentia inter Sinenses & Hieroglyphicos Ægyptiorum Characteres.

Iximus in præcedentibus, ve-risimile esse, posteros *Chami* coloniis in ultimam usque *Sinarum* Regionem propagatis unà quoque & literas propagasse ; non tamen tantò, quantò *Ægyptiorum* hieroglyphica, mysteriorum apparatu adornatas, sed quantum sufficiebat ad conceptus mentis exponendos, rudi Minerva comparatas. Certè inter Sinenses characteres Crux, quæ tanto apud *Ægyptios* honore habe-tur sæpissimè spectatur, uti Figura O docet, quæ non secus ac apud *Ægyptios* de-

10 decem   *xĕ*   ✝

narium numerum significat, perfectionis symbolum. Huic si subjiciant aliam

G g   lineam

lineam, ut in N comparet, efficitur character qui *terram* significat. Si aliam

Terra	*hĕ*	
Rex	*uám*	
Petragemma	*yŭ*	

lineam superiùs inferiori parallelam, ut in M comparet, adjiciant, efficitur character qui *regem* significat. Si lineolam, ut in L apparet, adjiciant huic Figuræ, character efficitur qui *gemmam* significat. Qui tres ultimi Characteres, uti in suo genere perfectionem quandam indicant, ita non incongruè per Crucem constituuntur.

Et tametsi non secus ac *Ægyptii* ex variis animalium, vegetabilium, instrumentorumque congerie, sensa mentis suæ exposuerint; magna tamen inter utramque scribendi rationem differentia extitit. *Ægyptii* enim hieroglyphica nequaquam in communi conversatione adhibebant, neque licitum erat unicuique eadem addiscere, sed qui ex lege & instituto politico ad id deputabantur; neque enim temerè, aut ἀλόγως animalium figuris utebantur, sed per occultas eorum virtutes & operationes, summa in natura rerum, uti ex toto Opere *Oedipi nostri Ægyptiaci* patet, mysteria significabant. Præterea literæ hieroglyphicæ non simplices voces, aut nomina, sed integros conceptus ideales involvebant; ita Scarabæum intuentes, non animal, aut Solem præcisè, sed occultas operationes, quas non tantum Sol materialis in hoc sensibili mundo, sed & archetypus in intelligibili mundo efficit, intelligebant. Quæ omnia in Sinensium characterum structura deficiunt; cùm hi præcisè solùm ad vocum nominumque simplices conceptus indicandos, nullo alio sub iis latente mysterio instituti sint. Non nego tamen, *Sinas* subinde diversorum characterum significata ita adaptare, ut indè ingeniosæ allusionis significatio emergat, quæ tamen ad subtilitatem, hieroglyphicorumque argutas allusiones minimè accedunt, uti ex sequentibus literarum compositionibus patet, ubi character C, idem significat, quod *afflictum esse*, & componitur ex duobus characteribus B & A, quorum B *cor*, A verò *portam*

Porta		
Cor	*sin*	
Afflictus	*muén*	
Homo	*gîn*	

significat; quasi dicerent, *portam cordis clausam esse*; homo enim dum in afflictione constitutus est, omnes spiritus intra cordis portam concentrari sentit, unde timor, metus, afflictio. Iterum dum hominem perfectum indicare volunt, characterem F formant, qui ex characteribus D & E, quorum D hominem,

Rex	*uần*	E 王	Sol	*gĕ*	K 日	
Perfectus	*teiuên*	F 全	Luna	*yuễ*	I 月	
liuên Amore alicujus captus, Mulier, filum, verbum.		G 姦	Claritas	*mîn*	H 明	

nem, E verò Regem fignificat, componitur ; quo indicare volunt, Regem inter homines folum perfectum eſſe. Rurſus character G hominem indicat amore alicujus captum, & ex characteribus tribus componitur, quorum unus *a* mulierem, alter *b* filum, tertius *c*, verbum indicat ; indicaturque hoc ipſo, quod ſicuti filo ſeu chorda res attrahimus materialiter, & verbo moraliter homo hominem, ſic mulier virum. Hoc pacto

character H idem fignificat quod *claritatem* ; componiturque ex characteribus I & K, quorum ille *Lunam*, hic *Solem* indicat, quaſi omnis ab hiſce Luminaribus Mundi claritas ſcaturiat. Innumeros alios hujuſmodi characteres habent *Sinæ*, ex diverſorum characterum coagmentatione compoſitos, quibus non ſine ingenio ad arcanas rerum ſignificationes alludunt, quos conſultò omittimus.

CAPUT V. & *Ultimum.*

H Is itaque expoſitis, ne quicquam circa hoc argumentum ſcitu dignum omiſiſſe videamur, nonnihil quoque de Sinicæ linguæ ratione diſcurrere hoc loco viſum fuit, præſertim cùm non tam mea voluntate quam aliorum complurium inſtantibus precibus ad id præſtandum ſolicitatus adigar.

Difficultas in addiſcenda lingua Sinica. Cum itaque lingua Sinica mirum in modum æquivoca ſit, unumque verbum ſæpè decem, ſæpè viginti res differentes, ſola accentûs diverſa prolatione enunciata, ſignificet ; illa ſuprà quàm dici poteſt, difficilis redditur, & non niſi ſummo labore, intenſo ſtudio, & cum mille reflexionibus addiſci poteſt ab exteris. *Lingua Mandarina.* Mandarina toti Regno communis eſt, ejuſque principalis uſus eſt in

curia & aula Regis, quæ ſunt *Paquini*, & *Nanchini*, eſtque in toto Regno eadem, quæ in *Hiſpania* Caſtellana, & in *Italia* Toſcana. Characteres toti Regni *Sinarum*, uti & *Japoniæ*, *Coreæ*, *Conchinchinæ*, *Tonchini* communes ſunt ; idioma diverſiſſimum eſt: hinc *Japones*, *Conchinchinæ*, *Coreæ* & *Tunchini* gentes, libros & literas hoc characterum genere ſcriptas intelligunt quidem, ſibi tamen mutuò loqui, ac ſe invicem intelligere loquentes non poſſunt ; non ſecus ac figuræ numerorum toti paſſim *Europæ* uſitatæ ab omnibus intelliguntur, tametſi voces, quibus pronunciantur, diverſiſſimæ ſint ; characteres enim ſigna ſunt conceptuum rerum omnibus communium. Hinc aliud eſt, noſſe charecteres Sinicos, aliud Sinicà

Vicinæ Chinæ nationes intelligunt ſcripturam Sinicam, non tamen idioma.

nicâ linguâ loqui ; poſſet enim externus quidam bonâ memoriâ præditus, & ſtudio conjunĉto, ad ſummam eruditionem ex librorum Sinicorum lectione pervenire ; tametſi neque loqui, neque loquentes intelligere poſſet. Quia tamen idioma in Dei cauſa negotiantibus Apoſtolicis Viris omninò neceſſarium eſt ; hinc juxta Muſicas notas, *ut`, re, mi , fa, ſol, la* , aſcenſus deſcenſuſque Sinicorum accentuum in pronunciatione obſervatorum, quibus in linguæ difficultate ſuperanda juvarentur , P. Jacobus Pantoja primus notas invenit; quas ſupra Europæo modo ſcriptas dictiones Sinicas , ſequenti modo exprimunt Λ ,—, \ ,/, ʊ. Prima nota, quinque Sinicorum accentuum Λ reſpondet Muſico *ut* , & ſonus ſeu enunciatio Sinicè vocatur *chŏ pĭm,* quaſi dicas , *prima vox prodiens æqualis.* Secunda nota — reſpondet muſico *Re* , & ſonus Sinicè vocatur *pĭm xĭnĭ,* quaſi dicas , *clara vox æqualis.* Tertia nota \ reſpondet Muſico *Mi* , & ſonus Sinicè dicitur *xām xĭnĭ,* id eſt, *alta vox.* Quarta nota / reſpondet Muſico *Fa,* Sinicè dicitur *Kiú xĭnĭ,* id eſt, *abeuntis alta vox.* Quinta nota ʊ reſpondet Muſico *Sol* , Sinicè dicitur *gĕ xĭnĭ,* id eſt , *ingredientis propria vox.* Sic verbi gratia unica dictio, *ya,* ſcripta Europæis literis ; notis quinque ſuperioribus effecta enunciari debet diverſis vocibus & accentibus, quemadmodum conſcribitur à Sinicis diverſis characteribus.

De quibus vide novam noſtram Polygraphiam anno 1663. Romæ editam.

Dens	yâ	
Mutus	yà	
Excellens	yà	
Stupor	yá	
Anſer	yă	

Ut ſignificationes diverſas eadem pronunciata dictio ingerat auribus audientium, oratio verò paulatim prolata Muſices referat ad tactus tempora. Ex monoſyllabis dictionibus (nulla enim apud *Sinas* polyſyllaba) ordinatam harmoniam. Figuras quinque vocalium ſeu accentuum ſuprà poſitorum expreſſimus hìc, ut vides.

Dictarum notarum ope exteri linguam addiſcunt, quanto tamen cum labore quantiſque reflectionibus , faciliùs eſt cogitare , quàm calamo depingere. *Sinæ* verò hujuſmodi accentuum virgulis non utuntur, ſed ad hujuſmodi pronunciationes, uti ferè omnes nationes à pueritia aſſueſcunt, quanquam illorum literati quamlibet literam accentu ſibi debito pronunciandam non ſolùm in actu exercito, verùm & in actu ſignato ſciant & doceant. Mirantur autem *Europæos* pronunciata verba eorum, literis Latinis ſcribere poſſe, & tam genuinè repræſentare ; & cùm , uti diximus,& ſuo & noſtro Alphabeto careant, quilibet ipſorum character prima litera eſſe poteſt , & media , & ultima , cùm unaquæque vocem , & dictionum integram ſignificet, quæ quidem vocis magnam habent ſignificationum pro diverſitate literarum & pronunciationis diverſitatem. Iterum prima litera v. g. *Chùn* in lingua Mandarina aliter , aliter in *Japonia* , aliter in Regnis differentibus pronunciatur,tametſi idem ſemper ſignificet. Sic qui videt hanc literam , format conceptum *çán,* quod idem eſt ac *revereri* ; & ſic de aliis ; & hinc eſt quod dixi , qui unam ipſorum linguam unà cum literis novit, non ſolùm totum Regnum *Sinarum* , verum multa alia ſcripta peragrare poterit.

CON-

CONCLUSIO
OPERIS.

HÆc funt quæ de Regni *Sinarum* & adjacentium illi Regnorum admirandis, Curiofo Lectori communicanda duxi. Innumera alia hoc loco adduci poterant, verùm cum alii de iis jam uberrimè egerint, ea non iteranda cenfui, vel ex hoc capite; quod potior inftituti noftri ratio foret, non vulgo nota, nec ab aliis jam tradita, fed rariora quædam & reconditiora, tum in vafto illo Imperio; tum in reliquis vicinioribus Orientis *Indiarumque* Regnis à PP. NN. obfervata, in unum volumen congerere, congefta in lucem publicam evulgare; ne, quæ tanto labore, per immenfos Oceani, Terrarumque longè latéque diffufos diftrictus à PP. NN. obfervata, & fcriptis commiffa fuerunt, illa, aliis majoris momenti negotiis intentis Patribus, injuriis temporum confumpta perirent; Juffu itaque eorum hoc opus qualecunque tandem fit, occepi, digeffi, & ea qua fieri potuit, fide ac diligentia publicæ luci commifi. In quo fi quidpiam dignum, nec non Chriftianæ Religioni & Reip. Literariæ fructuofum emerferit, id non tam meo ingenio, laborumque affiduitati, quam dictorum PP. liberalitati, & in promovendis literis & fcientiis zelo cumprimis adfcribi velim. Vale Lector, & σφάλμαζα fi quæ occurrerint, excufa.

OMNIA

Ad M. D. G. Virginifque Matris honorem & gloriam.

 INDEX

INDEX
RERUM & LOCORUM
MEMORABILIUM.

Numerus Paginæ index eſt, Literæ *a* & *b* Columnam
primam & ſecundam denotant.

Cio

Mundus

Ramzan-

TYPOGRAPHI
LECTORI

SALUTEM.

POstquam hoc Opus, *Benevole Lector*, maximam partem typis impreſſum erat, nobis ab Auctore miſſa fuit ſubſequens hæc Serpentis Cobra de Capelos dicti, accurata deſcriptio; ſed cum ſuo loco, Pag. nimirum 81. ob prædictam rationem inſeri non poſſet, ſatius judicavimus hîc eam curioſo exoticorum animalium Indagatori, pro noſtro in Rempubl. Literariam ſtudio, exhibere, quàm penitus ſupprimere. Tu æqui bonique conſule ac vale.

Serpens dicitur *Cobra de Capelos*, non quod pilis capilliſque inſtructus ſit, uti multi falſò ſibi perſuaſerunt, ſed quod in ſuperiori capitis parte habeat veluti tegmen quoddam adinſtar pilei plani, quod & prout concitatur, ſurgit, verſatile. Refert P. Sebaſtianus d'Almeida hæc dum ſcribo ex *India* Romam advena, hujuſmodi ſerpentes per totam *Indiam* paſſim reperiri; qui verò lapides *Cobra de Capelos* dictos intra ſe generant, non niſi in Dienſi territorio reperiri, hujus quam *Pag.* 81. vides formæ, in inferiori maxilla SS. Literam natura ei inſculpſit, quo ſine hucuſque incognitum eſt. Hunc ſerpentem priùs contuſum, variiſque junctis materiis, lapidem conficiunt *Jogues*, qui ſunt Eremicolæ idololatræ, quos & *Santonos* vocant, artificialem, æquæ ad extrahenda venena, cum naturali efficaciæ, & roboris.

F I N I S.

ELEN-

ELENCHUS
LIBRORUM
A
P. ATHANASIO KIRCHERO
E SOCIETATE JESU
EDITORUM.

Quorum, qui non amplius reperiuntur, apposita ✝ denotat.

✝ 1. MAgnesia sive Conclusiones experimentales de effectibus Magnetis, edita *Heliopoli*, Anno 1630. in 4.

✝ 2. Gnomonica Catoptrica, sive Horologiographia reflexa, quà per specula totius Primi Mobilis doctrina, horarumque ductus in interioribus Domus parietibus delineati, radio reflexo demonstrantur. *Avenione* Anno 1634. in 4.

✝ 3. Specula Melitensis Encyclica, hoc est, Syntagma novum Instrumentorum Physico-Mathematicorum. *Messanæ* Anno 1638. in 8.

4. Prodromus Coptus, in quo tum linguæ Coptæ, sive Ægyptiacæ, quondam Pharaonicæ origo, ætas, vicissitudo, inclinatio; tum hieroglyphicæ literaturæ instauratio, novâ methodo exhibentur. *Romæ* Anno 1636. in 4.

5. Ars Magnetica, quà Magnetis natura, ejusque in omnibus usus explicatur, ac prætereà è viribus Magneticarum Motionum in Elementis, Lapidibus, Plantis, Animalibusque elucescentium, plurima nova hucusque per varia experimenta recluduntur. *Romæ* primò in 4. dein *Coloniæ*. Ultimò iterum *Romæ* pluribus aucta Anno 1654. in folio.

6. Lingua Ægyptiaca restituta, quà Idiomatis primævi Ægyptiorum Pharaonici, vetustate temporum pænè collapsi, ex abstrusis Arabum monumentis, instauratio continetur. *Romæ* 1643. in 4.

7. Ars Magna Lucis, & Umbræ in II. Tomos divisa, quà Lucis, & Umbræ in Universa Natura Vires effectusque nova reconditiorum speciminum exhibitione, ad varios rerum usus panduntur. *Romæ* Anno 1646. in folio; quæ nunc *Amstelodami* recuditur.

8. Musurgia, sive Ars Magna Consoni, & Dissoni, quà Musicæ Theoricæ, & Pra-
9. cticæ scientia traditur: Consonique & Dissoni vires effectusque mirabiles in Natura, in omni pænè facultate demonstrantur. Opus in II. Tomos divisum. *Romæ* Anno 1650. in folio.

10. Obeliscus Pamphilius in foro Agonali (vulgò *Piazza Navona)* erectus; in quo Veterum Theologia hieroglyphicis involuta symbolis detecta, è tenebris in lucem asseritur. *Romæ* Anno 1650. in folio.

Oedipus Ægyptiacus in quatuor Tomos divisus, quorum

11. Primus dicitur Templum Isiacum, quo ad originis, progressus, durationis Ægyptiacæ sapientiæ, ac Hieroglyphicæ institutionis notitiam portæ referantur. *Romæ* 1652. in folio.

12. Secundus dicitur Gymnasium Ægyptiacum, quo veterum Hæbreorum, cæterorumque Orientalium recondita sapientia, temporum injuria perdita, per contextum sacrarum sculpturarum demonstrata instauratur. *Romæ* 1653. in folio.

13. Tertius variarum Artium veteribus Ægyptiis usitatarum Classes continet, & sunt Arithmetica, Geometrica, Musica, Astrologia, Mechanica, Alchimia, Magia, Theologia Ægyptia hieroglyphicis exhibita.

14. Quartus dicitur Theatrum Hieroglyphicum, quod est Obeliscorum, cæterorumque Hieroglyphicorum monumentorum, quæ tum Romæ, tum in Ægypto, ac celebrioribus Europæ Musæis adhuc supersunt, interpretatio. *Romæ* 1654. in folio.

15. Iter Extaticum cœleste, sive Mundi Opificum, quo Cœli siderumque tam errantium, quam fixorum natura, vires, proprietates, compositio, & structura sub ficti raptus integumento ad veritatem exponitur. *Romæ* Anno 1656. in 4. posteà à P. Gaspare Schot variis commentationibus illustratum, prostat *Norimbergæ*.

16. Iter

16. Iter Extaticum Terreftre, five Geocofmi Opificium, quò Terreftris Globi ftructura, arcanarumque in ea partium conftitutio, figmento ad veritatem compofito exponitur. *Romæ* 1657. in 4.

17. Scrutinium Phyfico-Medicum, five de Pefte, quo ejufdem origo, caufæ, figna, prognoftica, infolentefque in malignantis Naturæ effectus, & appropriata remedia demonftrantur. *Romæ* 1658. in 4.

18. Diatribe de Crucibus Neapolitanis, quæ ibidem tum fupra veftes hominum, tum potiffimum fupra Lini fupellectilem, paulò poft ultimum Vefuvii incendium comparuerunt. *Romæ* 1661. in 8.

19. Polygraphia five Artificium linguarum, quo cum omnibus totius Mundi Populis & linguis, unufquifque, licet non alia quàm materna lingua inftructus correfpondere poffe demonftratur: cum multis aliis ad Steganographiam Trithemianam pertinentibus arcanis. *Romæ* 1663. in folio.

20. Mundus Subterraneus, in quo univerfæ Naturæ Majeftas & divitiæ, fumma rerum
21. varietate exponuntur, abditorumque effectuum caufæ in totius Naturæ ambitu duobus Tomis demonftrantur. *Amftelodami* 1664. in folio.

22. Hiftoria Euftachio-Mariana, quà Vita, Genealogia, & Locus Converfionis S. Euftachii, nec non Ecclefiæ tam in Urbe, quam in eodem Converfionis loco, Deiparæ, & S. Euftachio à Conftantino Magno dedicatæ defcribuntur. *Romæ* 1665. in 4.

23. Arithmologia five de occultis Numerorum myfteriis, qua origo, antiquitas, & fabrica Numerorum exponitur, eorumque abditæ proprietates demonftrantur, & fontes fuperftitionum hoc tempore currentium aperiuntur, & acriter confutantur. *Romæ* 1665. in 4.

24. CHINA monumentis quà facris, quà profanis, nec non de admirandis Artis & Naturæ in triplici ejus regno fpectaculis, aliarumque rerum memorabilium tum de China, tum de Tartaria, vicinaque India enarrationibus illuftrata. Opus ob incognitarum hucufque rerum novitatem, rarum, & curiofum. *Amftelodami* 1667. in fol.

25. Obelifci Ægyptiaci præterito anno intra rudera Minervæ effoffi Interpretatio hieroglyphica; novà methodo tradita. *Romæ* 1666. in folio.

Libri, jam prælo parati, qui poft enarratos luci, Deo volente, dabuntur, funt

26. Ars Combinatoria five Ars magna fciendi; qua Ars Lulliana reftituitur, & ad omnes Artes & fcientias facili methodo addifcendas, nec non de quocumque argumento propofito, difcurrendi porta aperitur. *Amftelodami* II. Tomi in folio.

27. Ars Analogica, quæ de quovis propofito themate, per rerum naturalium analogifmos five fymbolicos conceptus, tum expeditè fcribendi, tum amplè dicendi materia fubminiftratur. *Amftelodami* in folio.

28. Iter Hetrufcum, quo Hetruriæ tum prifcæ, tum tempore Reip. Rom. tum pofteræ, origo, fitus, natura, politica, Cataftrophæ, monumenta facro-profana, nec non Naturæ admiranda, triplici ratiociuio, Politico-Phyfico-Geographico defcribuntur & explanantur. *Amftelodami* in folio.

29. Latium Prifcum, quo ejus origo, fitus, Natura, urbes, montes, lacus, monumenta veterum, æquo cum præcedenti paffu curiosè defcribuntur. *Amftelodami* in folio.

30. Splendor Domus Joanniæ, quæ eft una ex perilluftribus & antiquiffimis Hifpaniæ familiis.

31. Geometria practica combinata, in ufum Principum elaborata.

32. Arca Noë, una cum Turri Babylonica; qua Architectura utriufque exponitur, prior in 3. libros diftinguitur & res ante diluvium, in diluvio, & poft diluvium peractas curiofis quæftionibus exponit.

33. Ars Veterum Ægyptiorum hieroglyphica, qua Sacerdotum prifcorum in Obelifcorum, fimulacrorum, aliorumque monumentorum hieroglyphicis fymbolis, difponendis, ordinandis, & fingula cum fingulis combinandis, ratio, modus & methodus, à nemine, quod fciam, hucufque tentato artificio verè & genuinè exponitur, & Hieroglyphica fapientia reftituta, jure dici poteft.

Nota ad Lectorem.

Quicumque corpus integrum horum Operum hactenus impreffarum defideraverit: is ea à Dom. *Joanne Janfonio à Waesberge*, & *Elifæo Weyerftraet*, Amftelodami Magnificis Librorum Kircherianorum Impreffaribus & Bibliopolis, ad unum omnes obtinere poterit.

Juxta Exemplar ROMÆ, Typis Varefii. SUPERIORUM PERMISSU.